船舶及海洋工程材料与技术丛书

船舶电化学保护技术

Electrochemical Protection Technology for Marine Ships

中国船舶集团有限公司第七二五研究所
许立坤　孙明先　编著

国防工业出版社
·北京·

内 容 简 介

电化学保护技术是防止船舶海水腐蚀以及海水管路系统等特殊部位海洋生物污损的有效方法。本书以海洋船舶为保护对象，主要围绕船舶电化学保护技术进行论述，包括阴极保护、电解防污以及杂散电流腐蚀控制等内容。本书阐述了船舶的腐蚀和海洋生物污损问题、海洋船舶防腐和防污的常用方法、船舶牺牲阳极阴极保护技术、船体外加电流阴极保护系统、船舶阴极保护优化设计技术、船舶电解防污技术、杂散电流腐蚀与防护技术、船舶电化学保护技术的新发展和新应用。

本书主要读者对象为船舶设计、研制、建造、使用、维护维修及管理部门的工程技术人员和管理人员，以及从事材料腐蚀与防护等工作的科技人员，也可供相关专业的研究生和大学生参考。

图书在版编目（CIP）数据

船舶电化学保护技术/许立坤，孙明先编著．—北京：国防工业出版社，2022.8
（船舶及海洋工程材料与技术丛书）
ISBN 978－7－118－12570－2

Ⅰ.①船… Ⅱ.①许… ②孙… Ⅲ.①电化学—应用—船舶—防腐—研究 Ⅳ.①U672.7

中国版本图书馆 CIP 数据核字（2022）第 139182 号

※

国防工業出版社出版发行
（北京市海淀区紫竹院南路 23 号　邮政编码 100048）
雅迪云印（天津）科技有限公司印刷
新华书店经售

＊

开本 710×1000　1/16　印张 26½　字数 486 千字
2022 年 8 月第 1 版第 1 次印刷　印数 1—2000 册　定价 236.00 元

（本书如有印装错误，我社负责调换）

国防书店：(010)88540777　　书店传真：(010)88540776
发行业务：(010)88540717　　发行传真：(010)88540762

船舶及海洋工程材料与技术丛书
编　委　会

名誉主任委员

刘艳江

主任委员

王其红

副主任委员

刘丕人　廖志谦

委　　员（按姓氏笔画排序）

马玉璞	王　月	王　君	王伏喜	王任甫	王国玉	王建辉
王洪仁	王晶晶	方大庆	叶章基	付洪田	包淑娟	许立坤
孙　磊	孙明先	李　龙	李士凯	李文军	杨学东	吴　亮
吴智信	余　巍	宋富长	张欣耀	张俊旭	陈派明	陈继志
林新志	孟祥军	胡伟民	钟玉平	郝雨林	姜建伟	徐　健
高灵清	郭万涛	常　海	蔺存国			

总序 FOREWORD

海洋在世界政治、经济和军事竞争中具有特殊的战略地位,因此海洋管控和开发受到各国的高度重视。船舶及海洋工程装备是资源开发、海洋研究、生态保护和海防建设必要的条件和保障。在海洋强国战略指引下,我国船舶及海洋工程行业迎来难得的发展机遇,高技术船舶、深海工程、油气开发、海洋牧场、智慧海洋等一系列重大工程得以实施,在基础研究、材料研制和工程应用等方面,大批新材料、新技术实现突破,为推动海洋开发奠定了物质基础。

中国船舶集团有限公司第七二五研究所(以下简称"七二五所")是我国专业从事船舶材料研制和工程应用研究的科研单位。七二五所建所60年来,承担了一系列国家级重大科研任务,在船舶及海洋工程材料基础和前沿技术研究、新材料研制、工程应用研究方面取得了令人瞩目的成就。这些成就支撑了"蛟龙"号、"深海勇士"号、"奋斗者"号载人潜水器等大国重器的研制,以及港珠澳大桥、东海大桥、"深海"一号、海上风电等重点工程的建设,为我国船舶及海洋工程的材料技术体系建立和技术创新打下了坚实基础。

"船舶及海洋工程材料与技术丛书"是对七二五所几十年科研成果的总结、凝练和升华,同时吸纳了国内外研究新进展,集中展示了我国船舶及海洋工程领域主要材料技术积累和创新成果。丛书各分册基于船舶及海洋工程对材料性能的要求及海洋环境特点,系统阐述了船舶及海洋工程材料的设计思路、材料体系、配套工艺、评价技术、工程应用和发展趋势。丛书共17个分册,分别为《低合金结构钢应用性能》《耐蚀不锈钢及其铸锻造技术》《船体钢冷热加工技术》《船用铝合金》《钛及钛合金铸造技术》《船舶及海洋工程用钛合金焊接技术》《船用钛合金无损检测技术》《结构阻尼复合材料技术》《水声高分子功能材料》《海洋仿生防污材料》《船舶及海洋工程设施功能涂料》《防腐蚀涂料技术及工程应用》《船舶电化学保护技术》《大型工程结构的腐蚀防护技术》《海洋环境腐蚀试验技术》《金属材料的表征与测试技术》《装备金属构件失效模式及案例分析》。

丛书的内容系统、全面，涵盖了船体结构钢、船用铝合金、钛合金、高分子材料、树脂基复合材料、海洋仿生防污材料、船舶特种功能涂料、海洋腐蚀防护技术、海洋环境试验技术、材料测试评价和失效分析技术。丛书内容既包括船舶及海洋工程涉及的主要金属结构材料、非金属结构材料、特种功能材料和结构功能一体化材料，也包括极具船舶及海洋工程领域特色的防腐防污、环境试验、测试评价等技术。丛书既包含本行业广泛应用的传统材料与技术，也纳入了海洋仿生等前沿材料与颠覆性技术。

丛书凝聚了我国船舶及海洋工程材料领域百余位专家学者的智慧和成果，集中呈现了该领域材料研究、工艺方法、检测评价、工程应用的技术体系和发展趋势，具有原创性、权威性、系统性和实用性等特点，具有较高的学术水平和参考价值。本丛书可供船舶及海洋工程装备设计、材料研制和生产领域科技人员参考使用，也可作为高等院校材料专业本科生和研究生参考书。丛书的出版将促进我国材料领域学术技术交流，推动船舶及海洋工程装备技术发展，也将为海洋强国战略的推进实施发挥重要作用。

王其红，中国船舶集团有限公司第七二五研究所所长，研究员。

前言
PREFACE

　　船舶是进行海上交通、运输以及作业的工具。与码头或导管架海洋平台等固定式海洋结构物不同，船舶属于浮式结构物，并且经常处于航行状态。由于长期处在严酷的海洋环境中，并且经常受到风浪的作用，船舶的腐蚀问题表现得尤为突出。

　　船舶的腐蚀与所用材料、船舶结构以及环境工况密切相关。由于船舶各部位和各系统所处的环境非常复杂，常常存在很大的差异，同时船舶结构和系统所采用的材料种类繁多，这就决定了海洋船舶的腐蚀是一个很复杂的系统性问题。

　　海水不仅是一种严酷的腐蚀环境，而且还是一种复杂的生物环境。船体水下部位和海水管路系统会生长和附着海洋生物既包括微生物，也包括宏观生物，这些附着的生物对船舶的性能会产生不利的影响。

　　腐蚀和海洋生物污损是海洋船舶必须面对的两个关键问题。腐蚀不仅会导致船舶寿命缩短、维护维修费用增加、在航率降低，造成巨大的经济损失，而且严重影响船舶的技术性能和结构可靠性，甚至会导致严重的海难事故。在航运史上曾发生多起由于船体结构腐蚀老化，在恶劣海况下船舶断裂和沉没的事故，不仅造成了惨重的人员生命损失，而且泄漏的溢油严重污染海洋环境，造成难以挽回的生态破坏。正是基于这些惨痛的海难事故及其经验教训，自1990年以来，国际海事组织(IMO)推出了一系列改善船舶结构、提高船舶安全性的强制性标准。针对腐蚀严重的船体部位和结构，如压载舱、货油舱等，规定必须采用符合要求的专用涂层体系以及其他方法来防止腐蚀。海洋生物污损不仅会显著增大船体表面的粗糙度，增大船舶的航行阻力，影响船舶的航行速度，增大船舶的燃料消耗，导致更多的碳排放，而且会堵塞海水管道，导致设备不能正常工作，甚至引发停机、停航事故。

　　电化学保护技术是防止金属海水腐蚀、避免海水管路系统以及局部区域海洋生物污损的有效方法。阴极保护已广泛应用于保护浸泡在海水中的船体(含附体)、海水压载舱以及海水管路系统。电解防污成功用于防止船舶海水管路系统以及某些特殊部位的海洋生物生长和附着。基于与电解防污相同原理的电化学水处理技术在船舶压载水处理以及船舶生活污水处理领域也有非常好的发展和应用前景。电化学保护技术对保证船舶结构的完整性、保障船舶的技术性能、保护海洋生态环境具有十分重要的作用。

本书以海洋船舶为保护对象,主要围绕船舶电化学保护进行论述,包括阴极保护、电解防污、杂散电流腐蚀控制等内容。第1章主要阐述了海洋船舶的腐蚀与海洋生物污损问题,本章由许立坤和郑纪勇撰写。第2章阐述了海洋船舶的防腐防污方法,包括合理选材与防腐蚀结构设计、防腐涂层、防污涂层、电化学保护以及系统性腐蚀控制,本章由李相波、叶章基、郑纪勇和许立坤撰写。第3章阐述了船舶牺牲阳极阴极保护,涉及牺牲阳极材料以及船舶不同结构部位如船体、压载舱、海水管路系统(含设备)的阴极保护技术,本章由马力、孙明先、许立坤、李相波和段体岗撰写。第4章主要介绍船体外加电流阴极保护系统,包括外加电流阴极保护系统的构成、电源设备、辅助阳极材料与组件、参比电极材料及组件以及外加电流阴极保护系统的设计、安装、运行及维护,本章由许立坤和辛永磊撰写。第5章介绍船舶阴极保护优化设计技术,包括基于缩比模型的阴极保护实验设计方法以及基于边界元计算的数值模拟优化设计方法,本章由邢少华撰写。第6章主要介绍船舶电解防污技术,包括管路系统以及某些特殊部位的防污,包括电解铜铝防污技术、电解氯铜防污技术以及电解海水防污技术,本章由张海兵和辛永磊撰写。第7章主要介绍船舶的杂散电流腐蚀与防护,包括船体和海水管路系统杂散电流腐蚀的原理、特点、案例以及防止杂散电流腐蚀的方法,本章由许立坤和刘广义撰写。第8章阐述了船舶电化学保护技术的新发展与新应用,包括传统阴极保护技术的新发展、新型光生阴极保护技术的发展、电解防污材料和技术的新发展以及电解海水防污技术在船舶压载水处理和生活污水处理中的应用,本章由许立坤、姚萍和张海兵撰写。

本书在编写过程中得到了中国船舶集团有限公司第七二五研究所(以下简称"七二五所")领导的大力支持和鼓励,得到七二五所科技委以及海洋腐蚀与防护国防科技重点实验室领导和同事的大力支持和帮助,在此表示衷心的感谢。本书部分内容参考了七二五所在腐蚀与防护领域多年来的研究成果,在此对各位前辈和同事所做的贡献表示诚挚的谢意。廖志谦研究员、姚华研究员、查小琴研究员对书稿进行了审阅,郭泽亮研究员在书稿统稿过程中给予了帮助,国防工业出版社的编辑同志为本书的出版付出了辛勤的劳动,在此一并表示衷心感谢。

由于编著者水平有限,书中难免存在不妥或不足之处,敬请读者批评指正。

作 者
2022年1月

目 录
CONTENTS

第1章 海洋船舶的腐蚀与海洋生物污损

1.1 海洋船舶的腐蚀 ··· 1
    1.1.1 海洋船舶的腐蚀环境 ··································· 1
    1.1.2 海洋船舶的主要腐蚀类型 ····························· 26
    1.1.3 海洋船舶腐蚀的危害 ·································· 44
1.2 船舶的海洋生物污损 ··· 46
    1.2.1 海洋生物污损的现象与过程 ·························· 46
    1.2.2 海洋生物污损的危害 ·································· 52
参考文献 ·· 57

第2章 海洋船舶的防腐防污方法

2.1 合理选材与防腐蚀结构设计 ··································· 63
    2.1.1 合理选材 ··· 63
    2.1.2 防腐蚀结构设计 ·· 71
2.2 防腐涂层 ··· 74
    2.2.1 概述 ··· 74
    2.2.2 船用防腐涂料及涂料体系 ····························· 79
    2.2.3 船体水下防锈防污涂料体系 ·························· 80
    2.2.4 船舶水线以上涂料体系 ································ 84
    2.2.5 船舶内舱保护涂料体系 ································ 88
    2.2.6 其他船舶涂料体系 ····································· 93
    2.2.7 船用防腐涂层的发展趋势 ····························· 95

2.3 防污涂层 ·· 96
    2.3.1 防污涂层概述 ··· 96
    2.3.2 船舶常用防污涂料 ·· 97
    2.3.3 防污涂层技术的新进展 ·· 104
2.4 电化学保护 ·· 106
    2.4.1 阴极保护 ·· 106
    2.4.2 电解防污 ·· 119
2.5 系统性腐蚀控制 ··· 123
    2.5.1 系统性腐蚀控制的概念 ·· 123
    2.5.2 船舶的系统性腐蚀控制 ·· 126
参考文献 ·· 128

第 3 章 船舶牺牲阳极阴极保护

3.1 牺牲阳极材料 ·· 134
    3.1.1 锌及锌合金牺牲阳极材料 ··· 135
    3.1.2 铝合金牺牲阳极材料 ··· 138
    3.1.3 铁合金牺牲阳极材料 ··· 146
    3.1.4 复合牺牲阳极材料 ·· 147
3.2 钢质船体牺牲阳极阴极保护 ·· 148
    3.2.1 钢质船体腐蚀与阴极保护特点 ·· 148
    3.2.2 钢质船体阴极保护常用牺牲阳极及型号规格 ······················· 149
    3.2.3 钢质船体牺牲阳极阴极保护参数 ······································· 151
    3.2.4 钢质船体牺牲阳极阴极保护设计计算 ································ 154
    3.2.5 钢质船体牺牲阳极布置与安装 ·· 156
    3.2.6 钢质船体牺牲阳极阴极保护效果检测 ································ 158
3.3 铝壳船体牺牲阳极阴极保护 ·· 159
    3.3.1 铝壳船体腐蚀与阴极保护特点 ·· 160
    3.3.2 铝壳船体牺牲阳极保护参数 ··· 160
    3.3.3 铝壳船体牺牲阳极保护设计与安装 ··································· 161
3.4 船舶压载舱的阴极保护 ··· 163
    3.4.1 压载舱阴极保护特点 ··· 163
    3.4.2 压载舱阴极保护用牺牲阳极 ··· 164
    3.4.3 压载舱阴极保护参数 ··· 171

3.4.4 压载舱阴极保护设计与安装 ………………………………… 175
3.4.5 压载舱阴极保护监测与维护 ………………………………… 178
3.4.6 压载舱阴极保护典型实例 …………………………………… 180
3.5 船舶海水管路系统的阴极保护 …………………………………… 182
3.5.1 海水管路系统的腐蚀与阴极保护特点 ……………………… 182
3.5.2 海水管路系统牺牲阳极保护设计与安装 …………………… 185
3.5.3 海水管路系统牺牲阳极保护应用效果 ……………………… 191
3.6 国内外船舶牺牲阳极阴极保护技术对比分析 …………………… 193
3.6.1 国内外牺牲阳极材料性能对比 ……………………………… 193
3.6.2 国内外船舶牺牲阳极阴极保护标准对比 …………………… 194
3.6.3 国内外牺牲阳极阴极保护设计技术对比 …………………… 195
参考文献 …………………………………………………………………… 196

第4章 船体外加电流阴极保护系统

4.1 船体外加电流阴极保护系统的构成 ……………………………… 201
4.2 电源设备 …………………………………………………………… 202
4.2.1 船用恒电位仪的原理与技术要求 …………………………… 202
4.2.2 船用恒电位仪的类型与特点 ………………………………… 205
4.3 辅助阳极材料与组件 ……………………………………………… 210
4.3.1 船用辅助阳极材料的技术要求与分类 ……………………… 210
4.3.2 铅合金阳极 …………………………………………………… 211
4.3.3 铂复合阳极 …………………………………………………… 212
4.3.4 钛基混合金属氧化物阳极 …………………………………… 217
4.3.5 船用辅助阳极组件 …………………………………………… 230
4.4 参比电极材料及组件 ……………………………………………… 233
4.4.1 铜/饱和硫酸铜参比电极 …………………………………… 233
4.4.2 锌及锌合金参比电极 ………………………………………… 235
4.4.3 银/氯化银参比电极 ………………………………………… 237
4.4.4 银/卤化银参比电极 ………………………………………… 243
4.4.5 影响参比电极性能的外部因素 ……………………………… 245
4.5 其他附件 …………………………………………………………… 246
4.5.1 阳极屏 ………………………………………………………… 246
4.5.2 轴接地装置及舵接地 ………………………………………… 251

4.6 外加电流阴极保护系统的设计与安装 ·················· 253
    4.6.1 外加电流阴极保护系统的设计准则 ·············· 253
    4.6.2 船体(含附体)所需保护电流量的计算 ············ 254
    4.6.3 外加电流阴极保护系统的选型与布置 ············· 255
    4.6.4 阳极屏蔽层的设计与涂装 ····················· 256
4.7 外加电流阴极保护系统的使用与维护 ················· 258
4.8 国内外船体外加电流阴极保护技术对比分析 ············ 259
参考文献 ·· 260

第5章 船舶阴极保护优化设计技术

5.1 船舶阴极保护设计概述 ··························· 266
5.2 缩比模型法阴极保护优化设计技术 ··················· 267
    5.2.1 物理量缩比关系 ··························· 267
    5.2.2 基于缩比模型的外加电流阴极保护优化设计技术 ······ 267
    5.2.3 基于缩比模型的牺牲阳极阴极保护优化设计技术 ······ 269
5.3 基于数值仿真的阴极保护优化设计技术 ················ 271
    5.3.1 数值仿真原理 ···························· 271
    5.3.2 基于数值仿真的外加电流阴极保护优化设计方法 ······ 273
    5.3.3 基于数值仿真的牺牲阳极阴极保护优化设计方法 ······ 275
5.4 船舶阴极保护优化设计技术应用案例 ·················· 276
    5.4.1 船体阴极保护优化设计案例 ···················· 276
    5.4.2 压载舱阴极保护优化设计案例 ·················· 279
    5.4.3 海水冷却器阴极保护优化设计案例 ··············· 284
参考文献 ·· 286

第6章 船舶电解防污技术

6.1 电解铜铝防污技术 ······························ 289
    6.1.1 电解铜铝防污技术原理 ······················ 289
    6.1.2 电解铜铝防污系统 ························· 290
    6.1.3 电解铜铝防污参数设计 ······················ 294
6.2 电解氯铜防污技术 ······························ 295
    6.2.1 电解氯铜防污技术原理 ······················ 295

6.2.2　电解氯铜防污系统 ……………………………………… 296
6.2.3　电解氯铜防污参数设计 …………………………………… 297
6.3　电解海水防污技术 ………………………………………………… 298
6.3.1　电解海水防污技术原理 …………………………………… 299
6.3.2　电解海水防污装置 ………………………………………… 299
6.3.3　电解海水防污参数设计 …………………………………… 311
6.4　电解防污技术的应用 ……………………………………………… 313
6.4.1　电解防污在船舶海水管路系统的应用 …………………… 313
6.4.2　电解防污在船舶推进系统的应用 ………………………… 316
6.4.3　电解防污在船体其他部位的应用 ………………………… 317
6.5　国内外的船舶电解防污技术对比分析 …………………………… 318
参考文献 ……………………………………………………………… 319

第7章　船舶杂散电流腐蚀与防护

7.1　船体杂散电流腐蚀 ………………………………………………… 321
7.1.1　船体杂散电流腐蚀的原理 ………………………………… 321
7.1.2　船体杂散电流腐蚀分析 …………………………………… 324
7.1.3　船体杂散电流腐蚀案例 …………………………………… 332
7.1.4　船体杂散电流的检测 ……………………………………… 339
7.2　船体杂散电流腐蚀的防护方法 …………………………………… 342
7.2.1　消除杂散电流源 …………………………………………… 342
7.2.2　采用导线直接排流 ………………………………………… 345
7.2.3　牺牲阳极排流 ……………………………………………… 346
7.2.4　加强对杂散电流腐蚀的管理 ……………………………… 347
7.3　船舶海水管路系统的杂散电流腐蚀与防护 ……………………… 348
7.3.1　海水管路杂散电流的来源与危害 ………………………… 348
7.3.2　海水管路杂散电流腐蚀特点 ……………………………… 350
7.3.3　海水管路杂散电流的检测 ………………………………… 350
7.3.4　海水管路杂散电流腐蚀的防护措施 ……………………… 351
参考文献 ……………………………………………………………… 354

第8章　船舶电化学保护技术的新发展与新应用

8.1　船舶阴极保护技术的新发展与新应用 …………………………… 357

  8.1.1 传统阴极保护技术的新发展 …………………………… 357
  8.1.2 光生阴极保护技术的发展 ……………………………… 363
 8.2 船舶电解防污技术的新发展与新应用 ………………………… 376
  8.2.1 电解防污材料与技术的新发展 ………………………… 376
  8.2.2 电解海水防污技术在船舶压载水处理中的应用 ……… 380
  8.2.3 电解海水防污技术在船舶生活污水处理中的应用 …… 396
参考文献 ………………………………………………………………… 404

第 1 章

海洋船舶的腐蚀与海洋生物污损

1.1 海洋船舶的腐蚀

1.1.1 海洋船舶的腐蚀环境

1. 船舶腐蚀环境分类

船舶是进行海上交通、运输以及作业的工具,和钢桩码头或导管架海洋平台等固定式海洋结构物不同,船舶属于浮式结构物,并且经常处于航行状态。由于长期在严酷的海洋环境中工作,并且经常受到风浪的作用,船舶的腐蚀问题表现得尤为突出。

腐蚀是金属材料与环境发生物理化学作用的过程,船舶的腐蚀与所用材料、结构以及环境工况密切相关。船舶所处的环境可分为外部环境和内部环境,前者为与船体结构相接触的外部海洋环境;而后者为船舶舱室结构内部所处环境。外部环境和内部环境的区分也是相对的,例如,舱内环境对于布置在船舱里的管路和设备等系统来说,也可视为外部环境,而管路和设备的内部受工作介质作用的环境则属于内部环境。船舶腐蚀环境也可以分为自然环境和人为环境,或者是宏观大环境和局部小环境。自然环境包括海洋大气环境、海水环境以及风、浪、流等的作用,属于受自然气候和地理条件影响的大环境。人为环境则为受到人为干预和影响的环境,通常为局部小环境,如有空调的舱室环境、海水冷却系统中的流动海水环境、有的结构部位由于设计或工况造成的积水环境、船舶压载舱所处的海水干湿交替环境、柴油机烟气排放而带来的高温环境等。有时,也存在自然环境和人为环境相结合的混合环境,如船舶停靠的港口环境,其所处的自然环境会受到人为的影响而发生变化。港口的大气和水环境易受到污染,往往对船舶具有更强的腐蚀性。

事实上,自然环境和人为环境都对船舶的腐蚀有重要影响,正是直接接触金属表面的环境作用导致了船舶结构和设备的腐蚀。由于船舶各部位和各系统的环境非常复杂,常常存在很大的差异,同时船舶结构和系统所采用的材料又种类繁多,这就决定了海洋船舶的腐蚀是一个很复杂的问题。

2. 海洋大气腐蚀环境

1) 大气腐蚀机理

船舶的上层建筑、露天甲板以及船体水线以上区域均处于海洋大气区。与城市大气、乡村大气、一般工业大气等其他大气环境相比,海洋大气环境具有较强的腐蚀性[1]。海洋大气的典型特征是大气中含有较高的盐分,在大气流动的过程中会在金属表面产生盐雾沉降而形成盐粒沉积。

海洋大气腐蚀也属于电化学腐蚀过程,实质上是一种薄液膜电解质下的腐蚀。液膜可以来自一定湿度下的潮湿大气,也可以来自凝露、降雨、浪溅等过程。由于暴露在海洋大气中的材料表面会沉积粉尘、盐粒等污染物,特别是像 $CaCl_2$ 和 $MgCl_2$ 等海盐粒子具有较强的吸湿性,所以容易在结构物的表面形成液膜。液膜中溶解有较多的氯盐,同时供氧比较充分,所以海洋大气的腐蚀性要比内陆大气高得多。如果海洋大气中还含有 SO_2、H_2S 和 NO_x 等工业污染物,则会造成更强的腐蚀[2]。

图 1-1 所示为大气腐蚀的原理示意图。表面形成薄液膜是发生电化学腐蚀的先决条件。由于金属表面组分的不均一性,导致表面不同区域存在电位差,形成腐蚀电池,阳极区发生金属溶解反应,导致金属腐蚀;而阴极区发生还原反应,通常主要是氧还原反应。氧通过扩散和对流从大气中传递到金属与溶液的界面。腐蚀速率会受到氧在液膜中扩散传质过程的影响。同时,腐蚀速率也取决于其他因素,如阳极反应速率、离子通路(电解质)的电阻、阳极区和阴极区面积的大小、表面形成的腐蚀产物和钝化膜等。在海洋环境中,由于盐粒和其他污染物沉积造成薄层电解质中含有较高浓度的可溶盐,使电解质具有很高的电导率和很强的侵蚀性(如含有较多的氯离子),促进了腐蚀电化学反应的进行[1]。

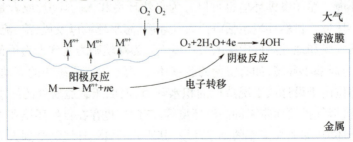

图 1-1 大气腐蚀的原理示意图

当金属表面形成腐蚀产物后,金属大气腐蚀机理会发生变化,锈层会参与腐蚀电化学过程[3]。对于钢铁材料来说,锈层一般由疏松的外锈层和较致密的内锈层所构成。外锈层主要为 FeOOH,而内锈层主要为 Fe_3O_4 和 α-FeOOH、γ-FeOOH[4]。在表面润湿的条件下,腐蚀的电化学反应发生在内锈层孔隙中电解质与钢的界面(阳极区)以及电解液与 FeOOH 的界面(阴极区)。内锈层 Fe_3O_4 起着导体作用,连接阴极和阳极。在阳极区发生钢的腐蚀,在阴极区铁锈 FeOOH 作为氧化剂发生还原反应,形成 Fe_3O_4。在表面干燥过程中,在大气中 O_2 的作用下,Fe_3O_4 又被氧化成 FeOOH。随着表面干湿交替的进行,表面锈层的转化会促进钢的腐蚀。研究发现,当形成的锈层尤其是内锈层越致密,锈层的阻抗越高,则锈层对钢基体的保护作用就越好。耐候钢就是基于这样的致密内锈层腐蚀机制来提高耐大气腐蚀性的。通过加入 Cu、P 等元素,耐候钢内锈层的晶粒更细小、结构更致密,促进磷酸盐中间层的形成,降低内锈层的电导性,从而显著降低耐候钢的大气腐蚀速率[5]。

图1-2所示为表面液膜厚度对金属大气腐蚀速率影响的示意图[6]。腐蚀速率的变化可分为四个区域。区域Ⅰ对应的液膜厚度只有几个分子层,约为 1~10nm,相当于干大气腐蚀,腐蚀速率非常低。区域Ⅱ的液膜厚度约为 10nm~1μm,属于潮大气腐蚀,在此范围内,表面能够逐渐形成完整连续的液膜,且空气中的氧易于通过液膜到达金属与溶液的界面,因此随液膜厚度增加,腐蚀速率显著增大。当液膜厚度进一步增大而进入区域Ⅲ(对应的液膜厚度为 1μm~1mm,属于湿大气腐蚀)时,由于随水膜增厚氧的扩散阻力增大,所以腐蚀速率又开始逐渐降低。当液膜的厚度超过 1mm 后(区域Ⅵ),此时金属腐蚀已与浸泡在溶液中的腐蚀类似,受到氧扩散过程控制,腐蚀速率趋于平稳。

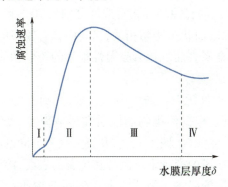

图1-2 表面液膜厚度对金属大气腐蚀速率的影响

2)海洋大气腐蚀的影响因素

海洋大气腐蚀的影响因素有很多,主要包括温度、湿度、大气污染物等。降雨、风的方向和速度、离岸边的距离和离海面的高度等因素对海洋大气腐蚀也有显著影响。

（1）温度。温度（气温）对海洋大气腐蚀有很强的影响。温度能影响金属表面水蒸气的凝聚、液膜中盐类和腐蚀性气体的溶解度、液膜的电导率以及腐蚀电化学反应的速率。温度的影响通常要和湿度综合起来考虑。一般情况下，当湿度很低时，气温对大气腐蚀的影响是很弱的，即便气温很高，但在干燥的大气环境中腐蚀也很轻。只有当空气湿度达到一定临界值后，温度的影响才会比较明显。一般来说，在一定湿度下，随温度升高，大气腐蚀速率会增大，如热带湿热海洋大气环境的腐蚀性一般比温带要明显高很多。这是因为温度升高会增大电化学反应和扩散过程的速率从而促进腐蚀。但温度升高又会降低相对湿度，并加快表面液膜的蒸发。由于减少了金属表面润湿的时间，所以腐蚀又会减轻。有时船舶需要在冰区航行，尤其是随着全球变暖，北极航道的开通逐渐成为可能，将来会有更多的船舶经历极区环境。在寒冷的气候条件下，大气腐蚀速率通常会很小。这是因为金属表面液膜会结冰成为固体，在没有氯化物污染的情况下，电化学腐蚀的活性会降得很低。然而，在有盐分沉积的情况下，在一些极地寒冷气候下仍监测到相对较高的腐蚀速率，这可能是因为氯盐降低了液膜冰点[7]。

（2）湿度。湿度是影响金属表面液膜形成和液膜厚度的重要因素，因而对大气腐蚀有显著影响。相对湿度是指在某一温度下空气中水蒸气的含量与在该温度下空气中所能容纳的水蒸气最大含量的比值。当空气中的相对湿度达到一定的临界值时，水蒸气会在金属表面凝结形成液膜。此时，金属表面能够发生腐蚀电化学反应，导致金属腐蚀速率显著增加。这一临界相对湿度值即为金属腐蚀的临界相对湿度。不同金属具有不同的腐蚀临界相对湿度。例如，钢铁的腐蚀临界相对湿度大约为65%，而锌和铝的腐蚀临界相对湿度分别为70%和76%。金属腐蚀的临界相对湿度还和金属的表面状态密切相关，当表面具有较高的粗糙度，存在很多微裂纹和孔隙时，或者当金属表面沉积有吸湿性很强的粉尘和盐粒时，其腐蚀临界相对湿度值会明显降低。

（3）大气污染物。大气污染物的种类和数量，受到所处位置周边环境的影响，不同地域有很大的差别。根据污染物的性质和污染程度，大气环境可以分为工业大气、海洋大气、海洋工业大气、城市大气、乡村大气等不同的类型。海洋大气的典型污染物为海盐粒子，在风的携带下可沉降在金属的表面，溶于液膜后会成为强腐蚀性的电解质，加速金属的腐蚀。海洋工业大气污染物，除了海盐粒子外，还包括工业废气的污染物质，如 SO_2、H_2S、HCl、NO_x、HNO_3 等。这些工业污染物对金属的大气腐蚀有显著的加速作用。而且，在工业污染物和海盐粒子的联合作用下，金属的腐蚀比在单一的污染物（如 SO_2 或 Cl^-）作用下要严重得多。

(4) 润湿时间。大气腐蚀的过程中,金属表面会周期性地处于润湿/干燥的循环状态。金属只有处于湿态时才会发生腐蚀。表面润湿时间是指金属表面覆盖有能引起大气腐蚀的液膜电解质的时间。高湿度大气中的水分凝聚、表面的凝露、下雨、融化的冰雪等都可使金属表面处于润湿状态。润湿时间的长短反映了金属发生电化学腐蚀的时间,润湿的时间累积越长,金属腐蚀的总量就越大。

(5) 日照。日照尤其是强紫外线照射对高分子材料和有机涂层老化有显著的影响,日照时间越长、紫外线越强烈,导致高分子材料的老化损伤就越严重。日照对金属大气腐蚀也有影响。长时间的日照可使表面的液膜蒸发,促进表面干燥,减少表面润湿的时间,使得腐蚀的总量减小。另外,在强紫外线照射下,金属表面形成的具有半导体特性的氧化膜(腐蚀产物)也可产生光伏效应,形成光生电子和空穴,参与腐蚀电化学反应,影响金属的腐蚀速率。当光生电子能被金属获取时,则产生光生阴极保护效应;当光生空穴从金属中夺取电子时,则产生光腐蚀效应。在很多情况下,紫外线会导致钢和锌等金属的加速腐蚀[8-10]。

(6) 降雨。降雨也是影响海洋大气腐蚀性的重要因素。降雨对大气腐蚀有两方面的影响。一方面,降雨直接在金属表面形成水膜,并增大大气中的相对湿度,使金属表面润湿的时间增加,增强金属的腐蚀;同时,雨水冲刷可使表面腐蚀产物产生破坏而失去保护作用。另一方面,雨水也会冲刷掉表面沉积的粉尘和盐粒,减轻表面的吸湿性和液膜的腐蚀性,从而减轻金属的腐蚀。这种作用在海洋大气环境中表现得更为明显。有的海洋结构物的背风面或阴面,尽管温度通常较低,但由于沉积的污染物不易被雨水冲洗掉,沉积盐的浓度较高,结果腐蚀往往更为严重[11]。另外,在工业大气污染严重的区域,雨水中会溶入大气中的污染物,如 SO_2 等,形成酸雨,从而加速金属的腐蚀。

(7) 沉积物。金属表面的沉积物主要由细小的固体颗粒物所组成,由于改变了金属表面的微环境,对腐蚀过程会产生明显的影响。沉积物会降低金属腐蚀的临界相对湿度,使腐蚀易于发生。沉积物中的一些盐粒具有可溶性和腐蚀性,当溶解在液膜中时会增强液膜的腐蚀性,增大金属表面的腐蚀速率。有些灰尘颗粒如碳粒本身没有腐蚀性,也不溶解,但能吸附腐蚀性物质,提高液膜的腐蚀性,而且碳粒由于具有导电性和较正的电位,可与金属表面形成腐蚀微电池,加速金属的腐蚀。有些沉积的颗粒物如砂粒没有腐蚀性和吸附性,但能与金属表面形成缝隙,促进毛细作用,易于水分凝聚,从而促进金属腐蚀,尤其是局部腐蚀。

(8) 风的方向和速度。风向和风速在尘粒和污染物的迁移过程中发挥着重要的作用,对不同结构部位(迎风或背风侧)污染物和尘粒的沉积有明显的影响,进而影响金属的腐蚀。海面风向随季节的不同会发生变化,风向和风速也与船舶航行的方向和速度有关。风可以加速雨水对沉积物的冲洗作用,也可加速表面液膜的干燥过程。如果风中含有砂粒,对金属表面或涂层还具有磨损作用。海风尤其是强风还会增大船舶结构物的风载荷,导致结构应力增大和结构振动,促进金属的应力腐蚀开裂和腐蚀疲劳破坏。

(9) 离海边的距离和离海面的高度。大气中的氯离子(Cl^-)主要来自海洋,离海岸边越近,则大气中的氯离子浓度越高,对金属的腐蚀性越强。海洋大气影响范围与风速、风向、地形、地貌以及结构物的阻挡有关,通常离岸超过 300m 后,大气中的氯盐含量会显著降低。例如,在印度曼达巴姆 - 凯姆堡地区,离海岸 45m 处沉积海盐的含量为 1000mg/($m^2 \cdot d$),而在离海岸 270m 处的沉积盐含量只有 120mg/($m^2 \cdot d$),下降至约 1/8,而钢的腐蚀速率则从 78.3mg/($m^2 \cdot d$) 下降到 12.5mg/($m^2 \cdot d$),下降至约 1/6[12]。大气中含盐的浓度随着离水面的高度增加逐渐降低。通常把离海面高度 15m 以内的区域视为重度盐雾区,而高度在 15m 以上的区域为轻度盐雾区[13]。海洋船舶长期处于重度盐雾大气中,金属更容易发生严重腐蚀。

3) 海洋大气环境的腐蚀性

金属在大气中的腐蚀速率取决于表面形成的液膜电解质的性质,以及液膜在金属表面作用的时间。尤其是大气中悬浮污染物的种类和含量,对金属大气腐蚀有显著影响。了解大气环境的腐蚀性对金属结构物设计时的合理选材以及采取合适的防护措施具有重要的参考作用。对于大气腐蚀性的分类与评估有两种方法:一种是采用标准试样测量暴露一年的腐蚀失重来评价大气环境的腐蚀性;另一种是根据环境信息来进行腐蚀性评估。

按照国内外对大气环境腐蚀性的分级标准[14-15],大气环境的腐蚀性从低到高可以分为 6 个等级,分别为 C1~C5 和 CX,如表 1-1 所列。表中还给出了对应不同等级的标准金属试样暴露试验第一年的腐蚀速率范围。通常海洋大气环境(含受工业污染影响环境)的腐蚀性在 C4~CX 级,属于强腐蚀性环境。

表 1-1 大气环境腐蚀性分级及对应的标准试样暴露第一年的腐蚀速率

等级	腐蚀性	金属的腐蚀速率 r_{corr}				
		单位	碳钢	锌	铜	铝
C1	很低	g/($m^2 \cdot a$)	$r_{corr} \leq 10$	$r_{corr} \leq 0.7$	$r_{corr} \leq 0.9$	可忽略
		μm/a	$r_{corr} \leq 1.3$	$r_{corr} \leq 0.1$	$r_{corr} \leq 0.1$	—
C2	低	g/($m^2 \cdot a$)	$10 < r_{corr} \leq 200$	$0.7 < r_{corr} \leq 5$	$0.9 < r_{corr} \leq 5$	$r_{corr} \leq 0.6$
		μm/a	$1.3 < r_{corr} \leq 25$	$0.1 < r_{corr} \leq 0.7$	$0.1 < r_{corr} \leq 0.6$	—
C3	中等	g/($m^2 \cdot a$)	$200 < r_{corr} \leq 400$	$5 < r_{corr} \leq 15$	$5 < r_{corr} \leq 12$	$0.6 < r_{corr} \leq 2$
		μm/a	$25 < r_{corr} \leq 50$	$0.7 < r_{corr} \leq 2.1$	$0.6 < r_{corr} \leq 1.3$	—

续表

等级	腐蚀性	金属的腐蚀速率 r_{corr}				
		单位	碳钢	锌	铜	铝
C4	高	g/(m²·a)	$400 < r_{corr} \leq 650$	$15 < r_{corr} \leq 30$	$12 < r_{corr} \leq 25$	$2 < r_{corr} \leq 5$
		μm/a	$50 < r_{corr} \leq 80$	$2.1 < r_{corr} \leq 4.2$	$1.3 < r_{corr} \leq 2.8$	—
C5	很高	g/(m²·a)	$650 < r_{corr} \leq 1500$	$30 < r_{corr} \leq 60$	$25 < r_{corr} \leq 50$	$5 < r_{corr} \leq 10$
		μm/a	$80 < r_{corr} \leq 200$	$4.2 < r_{corr} \leq 8.4$	$2.8 < r_{corr} \leq 5.6$	
CX	极高	g/(m²·a)	$1500 < r_{corr} \leq 5500$	$60 < r_{corr} \leq 180$	$50 < r_{corr} \leq 90$	$r_{corr} > 10$
		μm/a	$200 < r_{corr} \leq 700$	$8.4 < r_{corr} \leq 25$	$5.6 < r_{corr} \leq 10$	

注:(1)用于腐蚀性评估的标准试样腐蚀速率测定方法见 ISO 9226:2012。
(2)单位为 μm/a 的腐蚀速率是由测量的腐蚀失重速率换算而来。
(3)铝经受不均匀腐蚀和局部腐蚀,表中所列腐蚀速率是按均匀腐蚀计算得到,最大点蚀深度和点蚀坑数量是更好的局部腐蚀评价指标,由于钝化作用以及腐蚀速率逐渐降低,不均匀腐蚀和局部腐蚀不能在暴晒的第一年后就用于评估。
(4)腐蚀速率超过 C5 等级上限是极端情况,腐蚀性等级 CX 是指特定的海洋大气及海洋工业大气环境。

通过采用标准金属试样在不同位置开展暴露试验,可以获得某个地域的大气腐蚀性地图。图 1-3 所示为一个典型的腐蚀速率等值线地图的示例,反映了澳大利亚新南威尔士洲大纽卡斯尔地区的大气腐蚀性差异[1]。图 1-3 中数值为标准的含铜低合金钢的大气腐蚀速率,单位为 μm/a。从图中可以看出,在东面靠太平洋的滨海地区具有最高的腐蚀速率,说明海洋环境的强腐蚀性,随着往内陆距离的增加,腐蚀速率明显降低。这表明在海上的金属结构物遭受的腐蚀作用最强。从图中还可看出,在钢铁厂和铅锌熔炼厂区域,受到工业污染的影响,腐蚀速率也明显高于周边地区。

表 1-2 给出了对应于不同腐蚀性等级的典型大气环境类型[14],包括室内和室外环境。从表中可以看出,长时间处于湿热状态的环境、海洋环境、工业污染环境常常具有强腐蚀性和高腐蚀性等级,当这些强腐蚀性因素结合在一起时,便构成了极端的大气腐蚀环境。这种环境对包括船舶在内的海洋装备和工程结构物的腐蚀防护提出了严峻的挑战。

实际上,大气腐蚀性是一个很复杂的问题。根据标准试样一年期的腐蚀速率进行的分级结果可能和长周期腐蚀试验的结果并不一致。图 1-4 所示为碳钢(A3 钢)在我国不同地域环境试验站暴露 16 年所测得的平均腐蚀深度变化情况[4,16-17]。

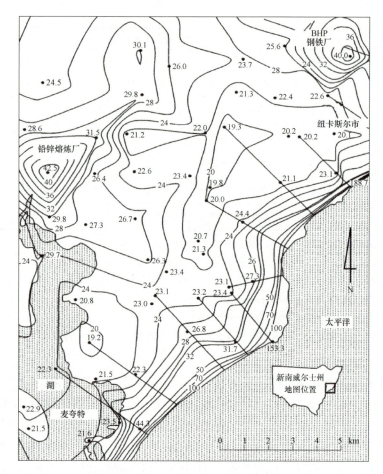

图1-3 澳大利亚新南威尔士洲大纽卡斯尔地区的腐蚀速率等值线地图

表1-2 对应于不同腐蚀性等级的典型大气环境类型

腐蚀性等级[①]	腐蚀性	典型环境-举例[②]	
		室内	室外
C1	很低	低湿度和无污染的加热空间,如办公室、学校、博物馆	干冷地区,污染非常低且潮湿时间非常短的大气环境,如某些沙漠、北极中央/南极地区
C2	低	温度和相对湿度变化的不加热空间,低频率冷凝和低污染处所,如储藏室、体育馆	温带地区,低污染(SO_2含量≤$5\mu g/m^3$)大气环境,如乡村、小镇 干冷地区,潮湿时间短的大气环境,如沙漠、亚北极地区

续表

腐蚀性等级[①]	腐蚀性	典型环境-举例[②]	
		室内	室外
C3	中等	中度频率冷凝和中度污染的生产空间,如食品加工厂、洗衣店、啤酒厂、乳品厂	温带地区,中度污染($5\mu g/m^3 <$ SO_2 含量 $\leq 30\mu g/m^3$)或氯化物有些作用的大气环境,如城市地区、低氯化物沉积的沿海地区;亚热带和热带地区,低污染大气
C4	高	高频率冷凝和高污染的空间,如工业加工厂、游泳池	温带地区,重度污染($30\mu g/m^3 <$ SO_2 含量 $\leq 90\mu g/m^3$)或氯化物有重大作用的大气环境,如污染的城市地区、工业地区、没有盐水喷溅或没有暴露于融冰盐强烈作用下的沿海地区;亚热带和热带地区,中度污染大气
C5	很高	非常高频率冷凝和/或高污染的生产空间,如矿山、工业用洞库、亚热带和热带地区的不通风工作间	温带和亚热带地区,超重污染($90\mu g/m^3 <$ SO_2 含量 $\leq 250\mu g/m^3$)和/或氯化物有重大作用的大气环境,如工业地区、沿海地区、海岸线上受遮蔽位置
CX	极高	几乎永久性冷凝或长时间暴露于极端潮湿和/或高污染的生产空间,如湿热地区有室外污染物(包括空气中氯化物和促进腐蚀物质)渗透的不通风工作间	亚热带和热带地区(润湿时间非常长),极重污染(SO_2 含量 $> 250\mu g/m^3$)包括间接和直接因素和/或氯化物有强烈作用的大气环境,如极端工业地区、海岸与近海地区及偶尔与喷溅盐水(雾)接触的地区

注:(1)沿海地区氯化物沉积受风向、风速、当地地貌、海岸外岛屿、离海距离等因素影响。
(2)氯化物的极端影响,如海水飞溅或重盐雾,是超出本部分范围的。
(3)特定服役大气环境的腐蚀性分类,如化学工业,是超出本部分范围的。
(4)有氯化物沉积和积累的海洋大气环境中,由于吸湿性盐的存在,被遮蔽的表面和没有雨水冲刷的表面具有更高的腐蚀性等级。
(5)腐蚀性等级 C1 和 C2 的室内环境类型的详细描述见 ISO 11844 – 1,其对室内腐蚀性等级 IC1 ~ IC5 进行了定义和分类。
① 预期为 CX 等级的大气环境,建议根据一年腐蚀失重来确定大气腐蚀性分类;
② SO_2 浓度的测定至少要经过一年,并且表达为年平均值。

从图 1 – 4 中可以看出,大气污染在碳钢第一年的腐蚀中有着非常大的影响。第一年在青岛(海洋环境)和江津(酸雨环境)的腐蚀速率最高,表明盐粒和 SO_2 污染所起的腐蚀加速作用。武汉、广州、北京的大气污染较轻,这时润湿时间对腐蚀起了很重要的作用。北京气候干燥,年润湿时间只有 2358h,而武汉和广州的年润湿时间分别为 4871h 和 5048h,所以北京第一年的腐蚀速率比武汉和广州低得多。然而,对比北京和琼海的情况以及青岛和万宁的情况,则可以看出润湿时间的长短与钢的腐蚀速率大小并没有对应的关系,甚至是相反的情形。琼海的年平均温度为 24.5℃,年润湿时间 6314h,这样高的润湿时间却没有增加初始大气腐蚀性,琼海第一年的腐蚀速率甚至比干燥的北京还要低。万宁和青岛都属于海洋环境,都受盐粒子污染,但万宁属于湿热环境,其年平均温度为 24.6℃,年润湿时间 6736h,而青岛的年平均温度为 12.5℃,年润湿时间只有 4049h。有意思的是,万宁的第一年腐蚀速率却明显低于青岛。出现上面这种反常情况,可能是万宁和琼海的高日照时数和高雨量同时存在起了很重要的作用,这两地的年降雨量均超过 1500mm,年日照时数均超过 2000h。

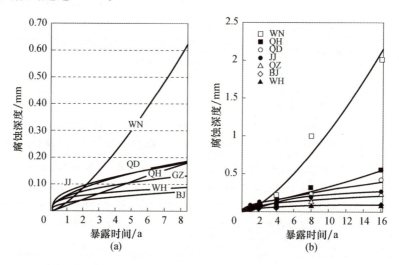

图 1-4　碳钢(A3 钢)在我国不同地域环境试验站暴露 16 年的腐蚀情况
(a)前 8 年的腐蚀情况;(b)暴露 16 年的腐蚀情况。
WN—万宁;QD—青岛;JJ—江津;GZ—广州;QH—琼海;WH—武汉;BJ—北京。

然而,长期暴露后的情况和第一年的试验结果存在很大的差异。随暴露时间的延长,万宁和琼海的腐蚀量要显著高于青岛和江津,表明长远来看湿热的环境具有很高的腐蚀性,明显高于一般海洋环境和工业污染大气环境。湿热的环境,受到海洋环境影响时,则产生极高的腐蚀性。如图 1-4(b)所示,万宁站的长期腐蚀深度远高于其他地方的试验站点。这种强腐蚀因素的结合能产生协同效应,导致环境的腐蚀性显著增强。对于碳钢来说,湿热环境和高雨量的长期作用与其短期作用效果正好相反,从长期看这种环境条件极大增强了大气环境的腐蚀性,其作用远超过了单纯污染的影响。

英国钢铁学会的低碳钢腐蚀试验数据也证明了热带海洋气候的强侵蚀性[12]。表 1-3 给出了不同大气环境中碳钢的腐蚀速率,从表 1-3 中可以看出,热带海洋的近岸处的腐蚀速率是一般海洋大气环境的约 17 倍,并且远高于工业污染区。

表1-3 不同大气环境中碳钢的腐蚀速率

大气环境特点	腐蚀速率/(g/(m²·a))
低湿度	10.03
炎热干燥	80.3
乡村	200.8
海洋	301.1
中等工业	401.5
大工业	1003.8
热带海洋的近岸处	5018.8

如果不能通过标准试样的暴晒试验来测定大气腐蚀性等级,则也可依据环境参数来计算腐蚀失重。相关标准(《金属和合金的腐蚀 大气腐蚀性 第1部分:分类、测定和评估》(GB/T 19292.1—2018)和金属和合金的腐蚀—大气腐蚀性—分类、测定和评估(ISO 9223:2012))中给出了碳钢、锌、铜、铝四种标准金属的第一年腐蚀失重的计算方法[14-15],其采用剂量-响应函数描述了第一年的腐蚀量与二氧化硫干沉积、氯化物干沉积、温度以及相对湿度之间的关系。这些函数是根据全球范围内的现场暴晒腐蚀结果而得来的,反映了气候条件和大气污染物的影响。

3. 海水腐蚀环境

1) 海水腐蚀的原理与特点

船体(含附体)的水下部分长期浸泡在海水中,受到海水的自然腐蚀。船上也经常要用海水来做冷却介质、消防用水、压载水和盥洗用水,因此船舶的海水管路系统和压载舱也会受到海水的侵蚀作用。

海水是自然界中最丰富的天然电解质,对金属有很强的腐蚀性。这种腐蚀特性与其物理化学性质密切相关。与金属腐蚀相关的海水物理化学性质主要包括盐度及其组成、电导率、温度、溶解氧含量、pH值、流速以及生物因素等。正是由于海水具有较高的氯化物盐类浓度、高的溶解氧含量以及高的电导率等独特的环境特点,使其成为自然界腐蚀性最强的介质之一。

海水中的盐分主要包括氯化钠、氯化镁、硫酸镁、硫酸钙、硫酸钾、碳酸钙、溴化镁等。海盐的主要组成为氯化钠(占77.8%)、氯化镁(占10.9%)和硫酸盐(占10.8%)。表1-4给出了清洁海水(盐度35‰,密度1.023g/cm³,温度25℃)中主要物质的浓度[18]。

海水是一种含有多种盐类的近中性的电解质溶液,并且含有一定量的溶解氧,因此金属在海水中的腐蚀本质上属于电化学腐蚀过程。金属表面不可避免存在微观不均匀性,例如,存在化学成分的不均匀性、相结构的不均匀性、表面缺陷和损伤导致的不均匀性、表面氧化皮膜的不均匀性、表面应力应变不均匀性以及与金属接触界面处海水物理化学性质的微观不均匀性等。这种表面状态的微观不均匀性会导致金属在海水中表面电位分布存在差异,这就形成了很多的腐蚀微电池。电位较负的部位(如碳钢中的铁素体相、表面氧化膜的缺陷处等)成为腐蚀微电池的阳极区,而电位较正的部位(如碳钢中的渗碳体、缺陷周边完好的氧化膜)成为腐蚀微电池的阴极区。金属本体以及海水介质则分别构成了腐蚀微电池的电子和离子通路。

表 1-4　清洁海水中主要物质的浓度

组分	浓度/(mmol/kg)	浓度/(g/kg)
Na^+	468.5	10.77
K^+	10.21	0.399
Mg^{2+}	53.08	1.290
Ca^{2+}	10.28	0.4121
Sr^{2+}	0.090	0.0079
Cl^-	545.9	19.354
Br^-	0.842	0.0673
F^-	0.068	0.0013
HCO_3^-	2.30	0.140
SO_4^{2-}	28.23	2.712
$B(OH)_3$	0.416	0.0257

在构成的腐蚀微电池中,阳极区发生氧化反应,产生电子;而阴极区发生还原反应,消耗电子。以钢为例,其阳极电化学反应为

$$Fe \longrightarrow Fe^{2+} + 2e \qquad (1-1)$$

对应的阴极电化学反应为

$$O_2 + 2H_2O + 4e \longrightarrow 4OH^- \qquad (1-2)$$

上述反应的结果导致金属腐蚀并在金属的表面形成腐蚀产物(锈层)。

海水腐蚀具有如下特点。

(1)氧是金属海水腐蚀的主要去极化剂,钢铁在海水中的腐蚀主要是阴极氧去极化控制的过程(吸氧腐蚀)。尽管表层海水中的溶解氧处于饱和状态,但海水中的氧含量还是比较低的,并且氧需要通过扩散层才能到达金属的表面。氧扩散过程的速度和阴极氧还原的反应速度相比要更小,因此氧扩散过程是整个腐蚀电池中阴极反应过程的控制步骤。由于式(1-1)所示的阳极反应速度一般很快,所以海水中影响溶解氧浓度以及氧扩散过程的因素都会明显影响钢的腐蚀速率。在海水中,大部分金属发生的都是氧去极化腐蚀(吸氧腐蚀),只有电位很负的金属,

如镁及镁合金等,阴极主要发生析氢反应,从而产生氢去极化腐蚀(析氢腐蚀)。

(2)由于海水中氯离子含量很高,如表1-4所列,因此氯离子对金属腐蚀的影响很大。氯离子易吸附在金属表面,由于离子半径小,易穿透氧化膜;对胶状保护膜有解胶作用;氯离子吸附形成强电场能促进金属的离子化;氯离子与金属离子易形成络合物,加速金属的阳极溶解。氯离子的这些作用会阻碍和破坏金属表面的钝化,使得大多数金属,如钢、铸铁、锌、铜等的阳极极化阻滞(阳极极化率)很小,不耐海水腐蚀。在海水中想用提高阳极阻滞的方法来提高钢的耐蚀性是比较困难的,有些所谓耐海水钢通过微量合金化使表面形成的腐蚀产物膜层更致密,但其耐海水腐蚀的性能仍然是非常有限的。普通的不锈钢在海水中的钝化膜也是不稳定的,易发生点蚀等局部腐蚀。只有少数易钝化金属如钛、钽、铌、锆等以及某些耐蚀合金才能在海水中建立和保持稳定的钝态,具有显著的阳极阻滞作用。

(3)由于海水介质具有较低的电阻率,离子通路的电阻小,所以海水腐蚀的电阻性阻滞很小。在海水中不仅腐蚀微电池的活性高,而且易于构成宏观腐蚀电池。海水中由异种金属接触所构成的电偶腐蚀效应是很强的,作用范围也比较大。例如,铜合金螺旋桨和钢质船体之间会形成电偶腐蚀电池,电位较正的铜合金为腐蚀电池的阴极,而钢质船体为腐蚀电池的阳极,产生加速腐蚀。如果不采取保护措施,青铜螺旋桨可引起远达数十米处船体的腐蚀。

概括起来,金属在海水中的腐蚀行为按其电化学控制过程可以分为如下几种情况。一类是腐蚀受阴极过程控制,这类金属在海水中不能钝化,阳极极化率很小,腐蚀速率受氧扩散控制。这类金属主要包括碳钢、低合金钢、铸铁、锌合金等。另一类是能发生钝化的金属和合金,如钛及钛合金、镍基合金、不锈钢、铝合金等。其在海水中的腐蚀速率受表面钝化膜控制,主要取决于钝化膜的稳定性。铜及铜合金介于两者之间,接近于前者,其在海水中腐蚀的初期受阴极氧还原过程控制,当表面腐蚀产物膜形成后,该膜层具有较好的保护作用,腐蚀过程逐渐转变为受保护膜的稳定性控制。

2)影响海水腐蚀的环境因素

(1)海水盐度。盐度是指1000g海水中溶解的固体盐类物质的总克数。海水的盐度一般为32‰~37.5‰,通常取35‰作为大洋海水盐度的平均值。相互连通的各大洋平均盐度相差不大,例如,太平洋海水的盐度为34.9‰,大西洋为35.4‰,印度洋为34.8‰。但是在内海或近海沿岸地区,海水的盐度变化较大。在地中海和红海等封闭性内海中,由于水分的蒸发大于降水,盐度升高。红海是世界上盐度最高的海,可达到40‰以上。而有的海域或近岸区域,由于受到江河入海口的影响,海水被淡水混合稀释,呈现出较低的盐度。在我国南海海域的海水盐度要高于东海、黄海和渤海,各海区近岸海域江河入海口由于受到江河水的影响,盐度较低。例如,江浙沿岸海水盐度通常低于30‰,而夏季长江口附近的海域盐度只有5‰左右。表1-5给出了典型海域的海水含盐量的情况[4,12,19]。

表1-5 典型海域的海水含盐量

海域	总含盐量/%	海域	总含盐量/%
大西洋	3.5~3.8	亚速海	0.9~1.2
太平洋	3.4~3.7	里海	1.0~1.5
印度洋	3.48	英国北海	3.5~3.6
地中海	3.7~3.9	中国渤海	3.0
红海	>4.1	中国黄海	3.2
黑海	1.7~2.2	中国东海	3.3
白海	1.9~3.3	中国南海	3.4
波罗的海	0.2~0.8	一般河水	0.01~0.03

海水的盐度影响氯离子含量以及海水的电导率和溶解氧含量,因此会对金属腐蚀产生影响。图1-5所示为NaCl溶液的浓度与钢的腐蚀速率之间的关系[6,12]。随着盐浓度的增大,钢在水溶液中的腐蚀速率先增大后减少,存在一个最大值。这是因为随着盐浓度的增大,介质的电导率和氯离子含量增大,导致水溶液的腐蚀性增强;而当盐含量增大后,溶液中溶解氧的浓度会减小,结果又导致钢的腐蚀速率降低。对应于海水盐度的水溶液具有很高的侵蚀性,其腐蚀速率处于最大值范围内。

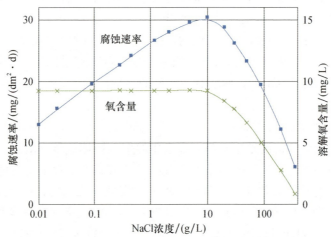

图1-5 水溶液中NaCl的浓度与钢的腐蚀速率之间的关系

(2)海水电导率。由于海水含盐量高,并且所含盐分几乎全处于电离状态,所以具有高的电导率。海水的平均电导率大约为4.0S/m,比一般河水(0.02S/m)和雨水(0.1S/m)的电导率要高得多。正因为如此,海水通常具有更强的腐蚀性。由于电导率高,海水中不仅有腐蚀微电池作用,而且也存在宏观腐蚀电池的作用,导致显著的电偶腐蚀效应。海水的电导率不仅受盐度的影响,而且会受温度的影响,当海水温度降低时,其电导率也会减小。表1-6给出了海水的电导率与盐度和温度的关系[12]。

表1-6 不同盐度和温度条件下的海水电导率　　　　　　（单位:S/m）

盐度/‰	温度/℃					
	0	5	10	15	20	25
6	0.574	0.664	0.759	0.858	0.961	1.067
10	0.924	1.067	1.219	1.378	1.542	1.712
14	1.259	1.453	1.659	1.874	2.097	2.326
18	1.585	1.829	2.086	2.356	2.635	2.921
22	1.905	2.196	2.504	2.826	3.159	3.501
26	2.219	2.557	2.913	3.287	3.672	4.068
30	2.527	2.912	3.317	3.739	4.175	4.624
34	2.830	3.261	3.713	4.183	4.669	5.168
38	3.128	3.603	4.101	4.619	5.152	5.703

(3)海水温度。海水温度主要受太阳辐射以及大洋环流的影响,因此海水温度随地理位置、海水深度、季节和昼夜的不同而发生变化。大洋中的表层水温在-2~30℃之间变化,深海水温较低,约为-1~4℃。大洋表层海水温度的年平均值以太平洋为最高,为19.1℃;印度洋和大西洋的年平均水温要低一些,分别为17.0℃和16.9℃。北冰洋和南极海域比较寒冷,年平均水温为-3~-1.7℃。

大洋表层水温的等温线沿平行纬线方向大致成带状分布,如图1-6所示,海水最高温度出现在赤道附近,在西太平洋和印度洋近赤道海域,年平均水温可达28~29℃。从赤道向两极,随纬度升高水温降低。纬度平均每增高1°,水温下降约0.3℃,到极圈附近降至0℃左右。北半球大洋的年平均水温高于南半球同纬度位置的海水,北半球和南半球大洋海水温度平均相差约3.2℃[20]。

大洋海水在垂直方向上的分布规律是,在从表层到1000~2000m的水层内,海水温度随深度增加快速降低,在2000m以下的深海中,水温随深度几乎不发生变化。大约在南纬和北纬45°之间,大洋海水的温度分布可分为三层,从表面到大约100m水深为混合层,海水由于风浪和对流等动力和热力作用产生强烈的混合,使水温分布比较均匀,垂直梯度小。在混合层以下至恒温层的水域为温跃层,海水温度随深度增大急剧降低,水温的变化梯度大。从温跃层以下到海底的深水层为恒温层,水温变化很小,大约恒定在2℃,如图1-7所示[6]。

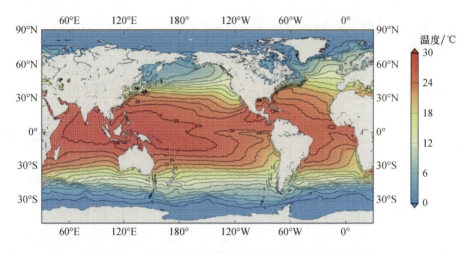

图1-6 大洋表层海水1955—2012年平均温度的分布

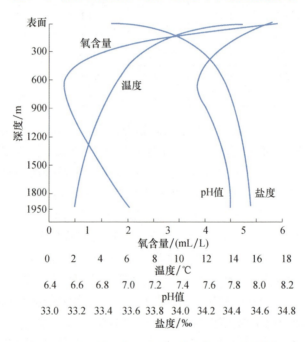

图1-7 太平洋深海区海水环境参数随深度的变化

海水温度日变化主要受太阳辐射、湍流、内波等影响,大洋中表层水温的日变化很小,通常变幅不超过0.3℃。在沿岸海域,水温的日变化差值可达到3~4℃。大洋水温的年变化幅度与纬度有关,在赤道附近和热带海域,年温差一般只有2~3℃,在温带海域海水年温差可达10℃左右,在寒带海域海水年温差也较小,一般为2~3℃。全球海洋表层海水温度以波斯湾最高,达35.6℃;水温最低的是北冰洋,为-3℃。

我国领海从北往南跨越温带、亚热带和热带,水温分布差异明显。渤海和黄海北部易受寒潮侵袭,海水温度年变化幅度大,冬季会出现冰冻。黄海和东海受河流和外海水系以及海流的影响,水温随季节发生变化。南海主要受季风影响,自身形成环流体系,海水温度的年变化幅度较小。渤海夏季表层水温可达28℃左右,冬季水温较低,可达0℃,沿岸浅滩区域每年都出现短期结冰。黄海冬季受暖流影响,水温从南向北、从中部往近岸逐渐降低,近岸区域最低水温约1~5℃,中部海区约为4~11℃。夏季水温分布均匀,表层水温最高约28℃。东海冬季在海区西部的浙江沿岸水温较低,大约为10℃,而海区东部受黑潮影响温度较高,水温约为20℃。夏季水温会急剧上升,表层水温可达28℃。南海地处热带和亚热带,长年高温高湿,冬季在海区北部最低水温在16℃以上,海区南部水温可达28℃。夏季水温分布均匀,表层水温均在28℃以上。

海水温度对金属腐蚀的影响比较复杂。水温升高会加速腐蚀电化学反应的速率,使氧的扩散速度加快,海水的电导率增大,结果会促进金属的腐蚀。另外,温度升高又会降低海水中的溶解氧浓度,促进保护性钙质水垢的形成,结果又会使金属的腐蚀速率降低。

图1-8所示为碳钢(A3)在青岛海域不同月份的腐蚀速率变化情况,海水的温度和溶解氧含量随月份的变化也一并列出[6,21]。从图1-8中可见,海水全年温度的变化趋势和溶解氧正好相反。在冬季,海水温度最低,而对应的溶解氧含量最高。而碳钢在潮差区和全浸区的腐蚀速率变化趋势均与温度变化趋势一致,即冬季碳钢的腐蚀速率最低,尽管此时溶解氧含量最高。这表明和溶解氧对碳钢腐蚀的影响相比,温度对碳钢的海水腐蚀起着更重要的作用,即温度占主导地位。此外,温度对碳钢腐蚀的影响在潮差区比海水全浸区更为明显。在水温为25℃时,碳钢在潮差区的腐蚀速率是全浸区的2倍以上,这是因为潮差区处于海水干湿交替状态,退潮时碳钢处于湿热大气环境中,由于供氧充分,所以腐蚀速率很大。

对于不锈钢等钝性金属,随海水温度升高,钝化膜的稳定性会下降,点蚀和缝隙腐蚀更容易发生,应力腐蚀敏感性也会增大。

(4)海水的pH值。海水的pH值一般为7.5~8.6,呈弱碱性。海水的pH值相差不大,表层和近表层海水的pH值为8.1~8.3。位于我国不同海区的几个海水腐蚀试验站的海水pH值也比较接近,青岛站和厦门站海水的pH值为8.16,舟山站海水的pH值为8.14,三亚站海水的pH值为8.20。

海水的pH值与海水中的CO_3^{2-}、HCO_3^-和游离CO_2含量有关。CO_2溶于海水会形成CO_3^{2-}、HCO_3^-。海水中游离态的CO_2含量很小,主要为碳酸氢盐和碳酸盐。增加CO_2含量或降低CO_3^{2-}含量会导致海水的pH值降低。随海水温度和盐度升高,或大气中CO_2分压减小,海水中游离的CO_2含量会降低,导致海水的pH值升高。海中植物的光合作用会影响海水的pH值,消耗CO_2,生成氧气,会导致pH值升高。而海洋生物的呼吸则相反,会消耗氧气而产生CO_2,结果导致pH值降低。海中有机物分解消耗氧,产生CO_2和H_2S,使海水的pH值减小。由于植物的光合作用受昼夜和季节影响,因此海水中CO_2的含量和pH值也会发生变化。在夏季植物的光合作用更强,海水中的CO_2更低,因此海水的pH值会升高。

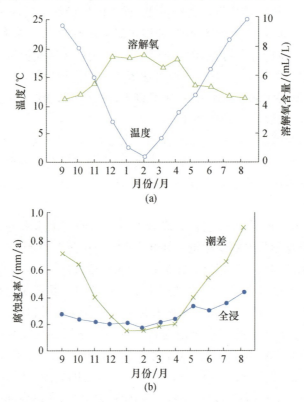

图1-8 青岛海域海水温度与溶解氧含量以及碳钢的腐蚀速率随月份的变化。
(a)海水温度与溶解氧含量;(b)腐蚀速率。

从深度方向来看,随海水深度增加,海水的pH值先快速降低,然后又逐渐增加,在700m左右pH值最小。这是因为在该深度有机物大量分解导致CO_2浓度升高。深海的pH值为7.5~7.8左右,比表层海水低,如图1-6所示。

一般情况下,海水pH值降低,腐蚀性会增大。但海水的pH值总体上变化不大,因此对腐蚀的影响也比较小。碳钢的腐蚀除了受pH值影响外,还受溶解氧等其他因素影响。深海环境中尽管pH值比表层海水低,但其溶解氧含量比表层海水也明显降低,所以深海环境中碳钢的腐蚀速率要小于表层海水。由于海水中的碳酸盐一般处于饱和状态,当 pH 值发生变化后,即便 pH 值变化很小,也会影响碳酸盐的平衡和水垢的沉积,继而对金属的腐蚀产生影响。海水 pH 值增大会促进表面钙质沉积层的形成,对金属具有一定的保护作用。

(5)溶解氧含量。海水中的溶解氧含量受到温度、盐度、植物光合作用以及海水运动的影响。表 1-7 给出了常压下氧在海水中的溶解度以及温度和盐度的影响。温度升高或盐度增大,海水中的氧含量会降低。赤道附近的海水含氧量较低,为 4.0~4.8mL/L。亚热带海域含氧量增至 5mL/L 左右,两极附近的海水则高达 8.2mL/L。我国从北到南,海水的溶解氧含量逐渐降低。青岛附近海域含氧量为 5.57mL/L,厦门海域为 5.30mL/L,三亚榆林海域为 4.50mL/L。表层海水中的含氧量会随季节发生变化,通常夏季水温较高,含氧量要低一些。

表 1-7　常压下氧在不同温度和盐度的海水中的溶解度　　（单位:mL/L）

温度/℃	盐度/‰					
	0	10	20	30	35	40
0	10.30	9.65	9.00	8.36	8.04	7.72
10	8.02	7.56	7.09	6.63	6.41	6.18
20	6.57	6.22	5.88	5.52	5.35	5.17
30	5.57	5.27	4.95	4.65	4.50	4.34

溶解氧含量随海水深度会发生很大的变化。通常表层和近表层海水的溶解氧含量接近或达到饱和状态,这是因为空气中的氧以及海中植物光合作用产生的氧都溶解在表层海水中,同时表面的风浪以及海流会产生强烈的混合作用。随海水深度增加,溶解氧含量快速降低,在大约 700m 的深度达到最小。这是表层海水中腐烂动植物缓慢下沉的结果,在该深度有大量的微生物消耗了氧气,导致溶解氧浓度不断降低。之后随深度增加,海水中的溶解氧含量又开始逐渐增大。这是因为大洋环流将表层富氧的海水带到了底部。

溶解氧含量会影响金属腐蚀的阴极电化学反应。对钢铁来说,溶解氧含量增加,会促进阴极去极化过程,增加腐蚀速率。当海水中溶解氧含量达到一定值后,继续增加氧含量并不会明显增大钢的腐蚀速率,这是因为腐蚀受到氧扩散过程控制,氧的含量不再是制约因素。当通过搅拌等方式增大海水中氧穿过扩散层到达金属表面的速度后,钢的腐蚀速率又会增大。对于不锈钢等易发生钝化的金属来说,氧含量的增加可促进表面钝化膜的形成和稳定性,减小点蚀、缝隙腐蚀等局部腐蚀倾向。

(6)海水流速与波浪作用。船舶在航行时或海水管路系统在工作时,都会受到流动海水的作用。流速对腐蚀的影响主要体现在促进氧扩散过程上。由于金属在海水中的腐蚀主要受氧扩散控制,因此增大海水流速一般会加速金属的腐蚀。

图1-9所示为海水流速对碳钢腐蚀速率影响的示意图[6],流速的影响大致可分为三个阶段:当流速较低时(阶段a),随海水流速增加,氧扩散加速,导致金属腐蚀速率迅速增大。当流速达到一定值后,供氧充分,氧扩散过程不再是腐蚀反应的控制步骤,钢的腐蚀速率主要取决于阴极氧还原反应的速率,该阶段(阶段b)的腐蚀速率受流速影响较小,增加缓慢。当流速达到某个临界值(临界流速)后,腐蚀速率又开始快速增大(阶段c)。这是因为随流速增加,金属表面的腐蚀产物膜层受到流动海水的冲刷破坏,表面受到腐蚀和机械力的联合作用,造成冲刷腐蚀,导致钢的腐蚀速率急剧增加。铜及铜合金在流动海水中也呈现类似的规律。图1-10所示为BFe30-1-1铜镍合金在不同流速的人工海水中的腐蚀速率[22],从腐蚀速率的变化趋势来看,其临界流速可达到4m/s以上。

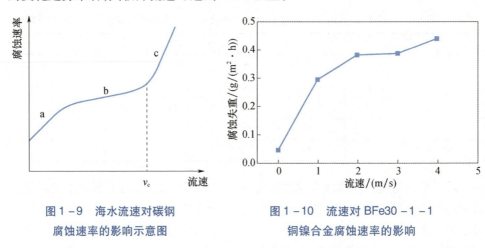

图1-9 海水流速对碳钢腐蚀速率的影响示意图

图1-10 流速对BFe30-1-1铜镍合金腐蚀速率的影响

对于不锈钢等钝性金属,在一定范围内增加海水流速可促进表面钝化膜的形成,有利于提高其耐蚀性。有些海水管路材料,如B10、B30铜镍合金等往往需要先在流动海水中运行一段时间以促进表面氧化膜的形成,从而改善其耐点蚀和耐冲刷腐蚀性能。

船体在航行时会受到海浪的冲击,尤其是在恶劣的海况下。浪花飞溅形成非常恶劣的腐蚀环境。飞溅的海水充气良好,金属表面不断被海水所润湿,有利于氧去极化反应的进行。同时海浪的强烈冲击作用,会破坏船体的油漆涂层以及破损处钢的腐蚀产物膜层,导致钢的腐蚀速率显著增大。但对于不锈钢等钝性金属,由于供氧充分,有利于提高钝化膜的稳定性。波浪的作用给船体结构增加了额外的环境载荷,增大了结构所受的应力,增加了发生应力腐蚀和腐蚀疲劳的风险。

(7)污染物。随着人类海洋活动的加剧,海水污染问题也日趋严重,尤其是在近岸海域和港口区域。海水中主要的水质污染物包括无机氮、活性磷酸盐、石油类物质等。另外,海水的化学需氧量(反映了有机物污染程度)、pH 值等也是水质污染的重要指标。海水的污染物主要来自沿岸的工业、农业、生活污水以及流入海洋的江河水等。随着人们环保意识的增强,环境保护工作得到更多的重视,有的区域海水水质得到不断改善。根据《2018 年中国海洋生态环境状况公报》,我国近岸海域水质总体稳中向好,水质级别为一般,主要的超标要素为无机氮和活性磷酸盐。在沿海地区中,上海和浙江近岸海域水质最差。

图 1-11 所示为 2014 年浙江宁波各港湾海水中主要污染物质的含量分布情况[23]。杭州湾的最主要污染物为无机氮和磷酸盐,超过第四类海水水质标准,石油类污染物也达到第三类水质标准,表明该海域海水的质量较差,污染较严重。

海水污染后对金属腐蚀的影响主要来自生物活性。受到污染和富营养化的海水有利于生物膜的形成以及微生物的生长和繁殖,从而促进微生物腐蚀。富营养化的海水也有利于宏观生物在船体上的生长附着,导致生物污损。

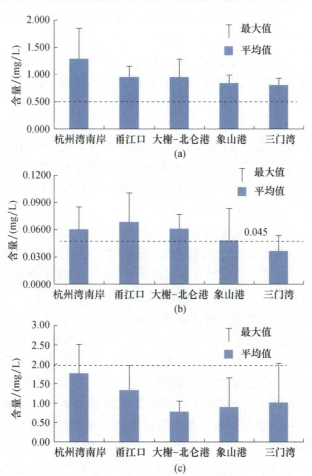

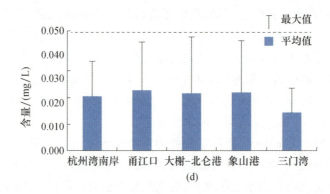

图1-11 2014年浙江宁波各港湾海水中主要污染物质的含量分布情况
(a)无机氮;(b)活性磷酸盐;(c)化学需氧量;(d)石油类。

(8)海洋生物。海洋环境中的动物、植物、微生物数量众多,这些海洋生物的生命活动对金属腐蚀会产生明显的影响。因此,在探讨海水中的腐蚀问题时,除了要考虑上述物理化学因素外,还必须考虑生物因素。

腐蚀发生在金属与海水接触的界面上,因此海水中的附着生物对腐蚀过程有直接的影响。海水中发生污损附着的生物有细菌等微生物,也有贻贝、苔藓虫等宏观生物,既有藤壶等动物,也有海藻等植物。因此海洋生物对金属腐蚀的影响是非常复杂的过程。

当金属表面覆盖有海洋生物时,可以对海水起到一定的阻隔作用,并且阻碍了氧向金属表面的传输,一定程度上可以减轻金属的腐蚀。但是,由于表面形成的生物覆盖膜层并不是完整致密的,导致金属表面不同区域存在氧浓度差,形成氧浓差电池,因此往往会促进金属局部腐蚀作用[24]。

海洋生物的生命活动会影响金属表面的局部环境。例如,附着的藻类植物通过光合作用会增加局部海水中的氧浓度,加速钢的腐蚀;生物呼吸消耗局部的氧气,排放出二氧化碳,也会对腐蚀产生影响。有的附着海洋生物会分泌酸性黏液以及生物遗体分解形成硫化氢,都会加速金属的腐蚀。

有的植物类污损生物生长时能穿透船体表面的油漆涂层,导致涂层破坏。有的污损生物如藤壶等和涂层的结合力大于涂层本身的附着力,在流动海水或波浪的冲击下可导致海洋生物和涂层一起剥落,从而破坏了涂层的完整性。

对于不锈钢等钝性金属,海洋生物附着会增加点蚀和缝隙腐蚀敏感性。在新加坡热带海水试验站进行的30个月海水暴露试验表明[25],污损生物的种类对316L不锈钢的腐蚀有显著影响。贝类附着生物导致不锈钢局部腐蚀倾向由大到小的顺序为:牡蛎≫藤壶≫绿贻贝。牡蛎附着可导致2mm厚的316L不锈钢板试样在不到12个月内腐蚀穿孔。藤壶下主要发生浅坑状(小于0.5mm)的缝隙腐蚀,并且主要发生在直径较大(平均直径约 11.5mm)的死藤壶下面,这表明其不是生物活性导致,而可能是腐烂过程中导致氧气消耗以及形成的缝隙微环境诱发了腐蚀。附着绿贻贝的位置没有腐蚀迹象,这可能与其附着机制和形式不同有关。一起试验的超级奥氏体不锈钢 254SMO 也附着有类似的污损生物,但表面没有发生局部腐蚀。这与其具有高耐海水腐蚀性能(耐点蚀当量 PREN 大于 40)有关。

海水中还存在细菌等微生物,它们在金属表面形成的生物膜中繁殖生长。刚开始时形成好氧菌群落,如硫氧化菌(SOB)、铁氧化菌等;当钢铁表面形成锈层后,锈层中会形成厌氧环境,为硫酸盐还原菌(SRB)等厌氧菌的繁殖提供了条件。各种微生物新陈代谢活动的产物以及生长过程会促进金属的腐蚀电化学过程,明显增大金属的腐蚀速率。

图 1-12 所示为根据大量实海腐蚀试验数据建立的碳钢腐蚀现象模型[26-27]。碳钢在海水中的腐蚀可以分成不同的阶段,第 1 阶段为活化控制,腐蚀速率很高,很快就进入氧扩散控制阶段(第 2 阶段);当表面形成腐蚀产物膜后,开始形成厌氧环境(第 3 阶段),SRB 的快速繁殖导致钢的腐蚀速率显著增大;最后进入接近稳态的厌氧腐蚀阶段(第 4 阶段)。不同的阶段,反映了不同的腐蚀机制。

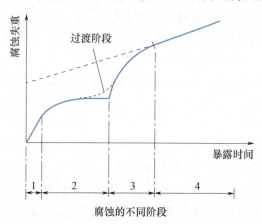

图 1-12 碳钢在海水中腐蚀的现象模型

当海水受到污染时,产生富营养化,会促进微生物的生长繁殖,间接增大了海水的腐蚀性。在有污染的近岸海水中,浸泡初期(有氧阶段)和浸泡后期(厌氧阶段)的腐蚀速率都较清洁海水明显增大,这与微生物对腐蚀的加速作用有关[28-30]。一般情况下,当海水水温升高后,如在夏季和秋季,微生物的活性增强,造成的腐蚀破坏也会更严重。

(9)水线区。与钢桩等固定式海洋结构物不同,船舶是浮在水面上的,故不存在潮差区,但存在水线区。水线是指船体外侧与水面的交会线,会随着船舶载重变化而发生改变,水线区则是水线在船体表面上下移动时所扫过的区域。因此,水线区经常处于干湿交替的间浸状态,较全浸区或大气区有更强的腐蚀性。由于水线处为液、气、固的三相交界面,使位于水线区的金属表面产生氧浓度差异,构成氧浓差腐蚀电池,导致水线区的下方区域金属表面更易发生腐蚀。另外,船体水线区还易于受到水中漂浮物的刮擦,导致该部位的涂层更易于损坏,从而在涂层破损处发生腐蚀。

4. 船舶舱内环境

1) 舱内大气环境

内部舱室因所处位置不同,其环境有明显差异。有的舱室是通透开放的,因此舱内基本属于海洋大气环境,受海盐污染,其腐蚀性很强。有的舱室为半开放环境,受室外大气环境的直接影响要小一些,其大气腐蚀性取决于内部的温度、湿度、通风等条件。对于有空调的舱室,其温度和湿度可得到有效控制,因此大气腐蚀性通常较低。而没有空调或通风系统的舱室,有的受到工作设备的影响温度较高,有的湿度很大,且不易干燥,长期处于潮湿状态,有的舱壁或管壁由于内外温差而发生凝露,或因温度和相对湿度的变化而发生冷凝,因而其环境具有较强的腐蚀性。尤其是长期处于高湿热和有海盐污染的室内大气环境,船体结构和设备易发生严重腐蚀,影响船体结构完整性和设备的可靠性。

舱内大气中的污染物除了来自外部海洋大气中的盐粒子外,还会受到舱内结构与装饰材料、室内家具和设备材料的释放物影响。人员的新陈代谢产物以及工作设备的产物排放等也对环境有一定的影响。关于舱室大气环境的腐蚀性等级可参考相关的标准[14,31]。

2) 液舱环境

船舶的液舱主要包括压载舱、货油舱、燃油舱、滑油舱、饮水舱等。

(1) 压载舱。压载舱用于调节船舶的重心和平衡,以改善船舶的稳性。当处于压载状态时,舱内灌注海水;当不压载时则处于空舱状态,暴露在舱内潮湿大气中。有的压载舱不是专用的,不压载时可以装载货物。因此,船舶压载舱经常处于海水干湿交替状态。压载时,压载舱为海水浸没,受到海水的腐蚀,该过程主要受氧扩散速率控制;排载后,舱内结构表面处于潮湿状态,表面覆盖海水液膜,在干燥的过程中由于有充足的氧扩散到钢的表面,所以会发生很强的氧去极化腐蚀。这样的干湿交替工况会形成非常强的腐蚀环境,给压载舱带来严重的腐蚀问题[32,33]。压载舱结构的腐蚀与压载用海水的物理化学性质、舱内温度、压载的频率以及处于压载或空舱的时间有关。当压载舱用于载货时,其腐蚀还受货物性质的影响。

(2) 货油舱。油船是专门用于石油运输的船舶,其货油舱是装载原油的货舱。原油属于含多种组分的碳氢化合物的液体产品,成分复杂[34]。原油中含有部分盐水,其盐含量可达200mg/L。原油中还含有硫化物,包括无机硫和有机硫两大类,无机硫有硫和硫化氢,它们均有腐蚀性;有机硫包括有硫醇、硫醚、二硫化物、噻吩等,其中硫醇和噻吩有腐蚀性。原油从含硫量来分,可分为低硫原油(硫含量小于0.5%)、含硫原油(硫含量为0.5%~2%)和高硫原油(硫含量大于2%)。含硫量高的原油具有更强的腐蚀性。

货油舱内部的腐蚀环境比较复杂,当装载有原油时,货油舱内空间可分为三个部分[35]:顶部为蒸气空间,主要为从原油中蒸发释放的 CO_2、SO_2、H_2S、水汽以及其他气体的混合物;中部主要为原油;底部为原油中的沉积污水以及含有细菌的淤泥。当空舱时,舱内空气中仍含有来自原油残余的各种蒸气,舱底部和贯通甲板的水平部分,则暴露于原油残余和沉积水及淤泥中。

货油舱温度变化比较频繁,上甲板面的背面暴露在由昼夜温差造成的干湿交替环境中,白天阳光照射,货油舱顶部的甲板温度会持续升高至60℃以上,这使内部水蒸气含量增加;到了夜间水蒸气冷却后,在舱顶表面就会结露,露水中包含了原油中所含的水蒸气和保护用燃油锅炉尾气中的碳、氮及硫的氧化物,使冷凝水的pH值较低(约为2~4),可导致舱顶板严重腐蚀。黏稠的原油可以在与其接触的表面形成一层油膜,对钢板有一定的保护作用。但是所形成的油膜不均匀,有的地方由于滴水或冲洗时导致油膜缺陷而产生腐蚀。在货油舱内底板上,沉积的含盐污水中含有较多氯离子和 H_2S,具有较低的 pH 值,对钢有很强的腐蚀性。舱底的淤泥在舱底形成厌氧环境,有利于硫酸盐还原菌等微生物的生长和繁殖,对舱底板的腐蚀会有加速作用。整个货油舱中,上甲板的下部(舱顶)和货油舱底部是腐蚀最严重的部位。

对于货油舱的腐蚀,可以采用高性能防腐涂层来保护,涂层应耐 CO_2、SO_2、H_2S气体、耐有机酸、耐热;货油舱顶面涂层应耐冷热循环,应能满足货油舱环境的需要。也可采用耐蚀钢来作为涂层的替代方案。原油船货油舱耐蚀钢的目标使用寿命为25年,大体与船舶使用年限一致。

(3)燃油舱。用于存放船用燃油,一般不易受到腐蚀,可不涂装,但在投油封舱以前必须清洁表面,涂以相应的油类保护。为防止舱壁在建造过程中生锈,在分段建造时,常常涂一道石油树脂液,以提供临时性保护。燃油舱里装油以后,石油树脂液将溶入燃油,不影响油品质量。舱壁直接和燃油接触受到保护,不会产生腐蚀。

(4)滑油舱。用于存放润滑油,滑油舱可以用石油树脂液进行临时保护,润滑油本身不会对舱体金属产生腐蚀。由于滑油品质要求较高,循环滑油舱常用纯环氧耐油涂料进行保护[36]。表面处理应该达到 St 3 或者进行喷砂达到 Sa 2½级,对于灰尘等杂物要彻底清除干净。

(5)饮水舱。长期存放饮用淡水,其腐蚀性和海水相比较低,但由于涂层破损也经常出现腐蚀问题,通常采用环氧涂料进行保护,涂层要求有良好的耐水性。饮水直接关系到人体健康,必须保证饮水舱涂料不会污染水质、符合卫生要求。

3)其他环境

机舱、泵舱、尾轴舱等舱内,由于管系、轴系的密封不好,导致漏水漏油。舱底常常有积水存在,尤其是机舱等舱室因管道密布、空间狭小、积水清理比较困难,导致舱底板长期浸泡在积水中而发生腐蚀。有的船舶底舱设有专门的油污水收集井,该处通常有很高的腐蚀速率。舱底积水以及油污水的成分比较复杂,常常混有海水,具有很强的腐蚀性,且积水也多为油污水,表面的油膜隔绝了空气,易形成缺氧环境,为一些厌氧的微生物生长和繁殖创造了条件,油污等污染物为细菌繁殖提供了营养源。此外,舱底往往还积存有含油淤泥,有利于微生物的生长,易发生沉积物下的腐蚀。舱底水中有电连通的异种金属构件时,还会产生电偶腐蚀。有的船舶机舱舱底部位,舱底板的平均腐蚀速率达到 0.3~0.5mm/a,严重的可达到 0.6mm/a 以上。有时还会发生加速腐蚀,甚至在较短的时间内就发生腐蚀穿孔。

卫生舱包括盥洗室、卫生间、浴室、洗衣房等,这些部位经常处于非常潮湿的环境,加上通风不良,水容易通过缝隙渗入到围壁板和甲板以及其他舱壁表面,所以往往腐蚀比较严重,其腐蚀速率可达到 0.095~0.3mm/a。

另外,还有一些人员难以到达的部位和舱室,如舯尖舱、艉尖舱、锚链舱等,舱内经常有积水,通风不畅,湿度大。这些部位难以进行维护保养,又处于比较苛刻的腐蚀环境,所以腐蚀问题也比较突出。

1.1.2 海洋船舶的主要腐蚀类型

船舶在海洋环境以及各种工况条件作用下,会发生多种形式的腐蚀破坏。各种腐蚀形式几乎都能够在船舶结构和设备上找到,这体现了船舶腐蚀的复杂性。下面为一些常见的船舶腐蚀损伤类型。

1. 全面腐蚀

全面腐蚀是指腐蚀分布在整个金属的表面上。其特征是与腐蚀环境接触的整个金属表面以基本相同或相近的速度进行腐蚀,使得构件厚度比较均匀地减薄。全面腐蚀根据腐蚀的均匀程度可分为全面均匀腐蚀和全面不均匀腐蚀。全面腐蚀过程的特点是整个金属表面在电解质溶液中都处于活化状态,表面各处随时间发生能量起伏,某一时刻为微阳极(高能量状态)的点,另一时刻则可能转变为微阴极(低能量状态),从而导致整个金属表面遭受腐蚀。

全面腐蚀的均匀性取决于材料及其表面状态的均匀性以及接触环境介质的均匀性。全面均匀腐蚀在工程中很少见,更多发生的是全面不均匀腐蚀,其多发生于

第1章 海洋船舶的腐蚀与海洋生物污损

表面不能钝化、形成的腐蚀产物膜疏松、不具有保护作用的材料上。碳钢和低合金钢在海洋大气或海水中的腐蚀常常呈现全面不均匀腐蚀的形貌,例如,一些碳钢和低合金钢在海洋大气环境中的暴露试验表明,表面发生全面腐蚀,并出现了一些较深的蚀坑,呈现典型的溃疡状腐蚀[37]。事实上,一些碳钢和低合金钢在暴露的初期表面先发生点蚀,之后再扩展到整个表面,产生全面不均匀腐蚀[38]。

全面腐蚀是一个累积损伤的过程,腐蚀量(厚度减薄量)随时间而增大。对于全面腐蚀的材料尤其是全面均匀腐蚀,通常可以依据其腐蚀速度和厚度来估算其使用寿命。全面腐蚀相对局部腐蚀危险性小一些,可通过增大腐蚀裕量(壁厚)来保证结构的使用寿命。

2. 点蚀

点蚀是一种发生在金属表面的小孔状腐蚀,也称为孔蚀。其发生在表面的局部微小区域内,而大部分表面不发生腐蚀或腐蚀轻微,通常在易钝化金属或合金表面发生,不锈钢、铝和铝合金等在含氯离子的海洋环境中常发生点蚀。虽然点蚀导致金属的失重非常小,但集中于局部,其腐蚀速度很快,破坏性很大,易使设备发生穿孔而导致突发事故。

点蚀从外观来看,有开口型蚀孔,也有闭口型蚀孔,前者孔口比较大,而后者孔口被腐蚀产物覆盖或表面孔很小而里面却是很大的孔洞。图1-13所示为典型的蚀孔截面形貌示意图[39]。大多数情况下,点蚀的蚀孔通常小且深(深度等于或大于孔径)。

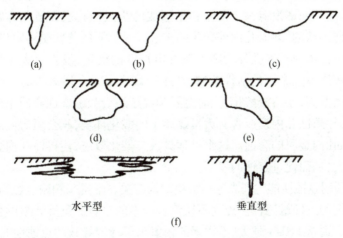

图1-13 典型的蚀孔截面形貌示意图
(a)窄深型;(b)椭圆型;(c)宽浅型;(d)皮下型;(e)底切型;(f)微观结构取向型。

点蚀的发生和介质中的氯离子作用有很大的关系,只有溶液中氯离子的浓度达到一定值后,点蚀才会发生。对于不同的材料该临界氯离子浓度也不一样。溶液中的非侵蚀性阴离子对点蚀也有重要影响,因为这些阴离子会和氯离子在表面发生竞争性吸附,从而抑制氯离子对表面钝化膜的破坏。通常温度升高会导致点蚀电位降低,增大金属的点蚀敏感性。温度还影响点蚀孔的形貌,温度低时形成的蚀孔通常小而深,而温度高时形成的蚀孔则大而浅,这是因为温度会影响氯离子的吸附。当温度升高时,金属表面吸附的氯离子增多,导致钝化膜破坏的活性点增多,有利于增加点蚀的数量。由于温度升高还会加快反应物质的扩散和迁移,在蚀孔内不易产生腐蚀物质的积累,因此阻碍了点蚀深度的增加。

海水流速也会对金属点蚀产生影响。对310不锈钢和316不锈钢在流动海水和静止海水中的腐蚀试验表明[40],在静止的海水中,316不锈钢试样表面出现了大量点蚀孔,最大点蚀深度为3.3mm,310不锈钢点蚀数量要少一些,但蚀孔的深度要更大,最大点蚀深度超过6mm,而在流速为1.2m/s条件下,两种不锈钢均没有发生点蚀。这表明一般情况下,随流速增加,不锈钢的点蚀敏感性降低。这是因为流动海水供氧更充分,可促进表面钝化膜的形成和修复,提高了表面钝化膜的性能。同时,流动海水易于清除掉表面的沉积物,可避免氧浓度差异导致的点蚀萌生和发展。

关于点蚀的理论和模型有很多,大体可分为两类:一类为钝化的吸附理论,认为点蚀是氧和氯离子等侵蚀性阴离子竞争吸附的结果;另一类为钝化的成相膜理论,认为点蚀是由于钝化膜的局部破裂所致。金属表面的不均匀性以及存在夹杂物等缺陷会导致在这些表面膜薄弱的位置优先吸附氯离子。氯离子穿透钝化膜,导致膜层破坏,从而诱发点蚀。由于初始形成的小点蚀孔表面覆盖有腐蚀产物以及受点蚀几何形状的影响,孔内外介质的扩散以及物质的传输受到阻碍,从而形成所谓的闭塞腐蚀电池。蚀孔外为闭塞腐蚀电池的阴极区,发生氧去极化反应。蚀孔内作为阳极区发生金属的活性溶解,产生金属离子。金属离子的水解会导致孔内氢离子浓度升高,使溶液酸化;同时金属阳离子还会吸引腐蚀介质中的氯离子迁移进入孔内,导致蚀孔内形成含有大量氯离子的酸化环境,其会阻碍金属的钝化膜修复,促进蚀孔内金属的腐蚀。这个过程具有自催化效应,使得蚀孔内金属的腐蚀速率不断增大,从而促进点蚀的发展。

不锈钢的耐点蚀性能与其成分和组织结构有关。常常采用耐点蚀当量(PREN)来描述不锈钢的点蚀敏感性。提高不锈钢合金中的铬、钼、氮等元素的含量可提高耐点蚀当量。通常PREN越大,不锈钢的耐氯离子环境导致的点蚀性能越好。

船上采用的不锈钢、铝合金以及铜合金等材料的结构和部件在接触海水或暴露在海洋大气中时易发生点蚀。例如,某船用海水热交换器的B30铜镍合金冷却管因表面没有形成均匀的保护膜,在使用几个月后内表面即发现大量的点蚀坑,并在局部发生腐蚀穿孔(壁厚1.5mm)。某化学品船舱室采用304不锈钢制造,检查时发现在污水舱和货舱的舱壁上出现大量点蚀,蚀孔深度达到1.5mm,其腐蚀情况如图1-14所示。这是因为该货舱接触过海水,而污水中也含有海水成分,具有较高的氯离子浓度,导致不锈钢发生点蚀。船舶结构和设备的点蚀可采用表面钝化、选择更耐蚀合金、施加阴极保护和涂装保护涂层等手段来防止。

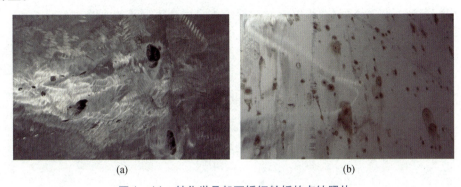

(a)　　　　　　　　　　　　　　(b)

图1-14　某化学品船不锈钢舱板的点蚀照片

(a)货舱底边舱斜板的点蚀孔;(b)污水舱舱壁的点蚀情况。

3. 缝隙腐蚀

缝隙腐蚀是指金属与其他部件或异物(金属或非金属)之间存在缝隙而引起缝隙内金属加速腐蚀的现象。许多构件中都存在缝隙,如螺栓和螺母的压紧面、螺纹结合部、金属铆接处等会形成金属与金属之间的缝隙。法兰连接接头的法兰面与密封垫片之间也存在缝隙,金属表面的沉积物和附着物如泥沙、海洋生物、有机涂层等与金属之间也会形成缝隙。这些缝隙部位的金属由于缝内外环境的差异及扩散对流困难而易于发生缝隙腐蚀。

几乎所有的金属都可发生缝隙腐蚀,但表面能够发生钝化的金属和合金,如不锈钢等更易发生缝隙腐蚀。几乎所有腐蚀介质都可能引起金属的缝隙腐蚀,而含氯离子的介质更易诱发缝隙腐蚀。

一般发生缝隙腐蚀最敏感的缝宽约为0.025~0.1mm。该缝隙宽度使腐蚀介质能够进入缝隙中,并处于滞留状态。同时,又能使缝隙内外溶液中的物质迁移发生困难。纤维材料的垫片或填料可通过毛细作用把溶液吸进金属与垫片之间的缝隙内,特别容易引发缝隙腐蚀。图1-15所示为实际工程结构中易发生缝隙腐蚀的情形[40]。

在海水中缝隙腐蚀可用图1-16所示的机理来解释[40]。在溶液进入缝隙后的初期,缝隙内、外表面均发生氧去极化腐蚀。随着缝隙内氧的还原消耗,又得不到外来补充,使得缝隙内、外由于存在氧浓度差而构成宏观腐蚀电池,缝隙外溶液中氧含量高,是腐蚀电池的阴极;缝隙内由于氧浓度低,成为腐蚀电池的阳极而发生腐蚀。与点蚀机理类似,缝隙中也会形成闭塞电池,腐蚀溶解的金属离子发生水解使缝隙内溶液 pH 值降低,同时金属阳离子会吸引缝隙外海水中的氯离子迁移进入而维持溶液的电中性,结果在缝隙内形成了具有极强腐蚀性的含氯离子酸性溶液环境,促进缝隙中金属腐蚀。其结果是在缝隙中又产生了更多的金属离子,并重复上述的水解酸化和氯离子浓度增大过程,即产生了自催化效应。由于自催化作用使溶液不断产生酸化,最终会导致缝隙内金属产生严重的腐蚀。

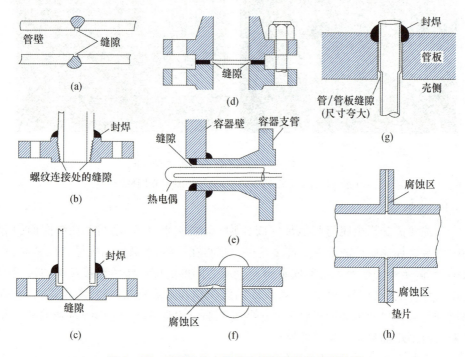

图 1-15 工程结构中易发生缝隙腐蚀的典型情形

(a)对接焊未焊透;(b)采用螺纹连接的法兰;(c)采用焊接的法兰;(d)法兰垫片尺寸规格不当;
(e)热电偶套管与夹套间隙太小;(f)铆接缝隙;(g)换热器管板背面间隙;(h)法兰垫片间隙。

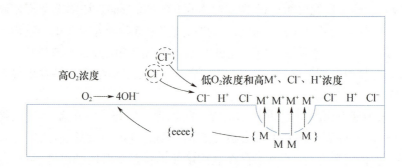

图 1-16 缝隙腐蚀机理示意图

缝隙腐蚀的形貌既有点状腐蚀,也有全面腐蚀。通常耐蚀性好的金属易呈现点状腐蚀形貌,而耐蚀性差的金属易出现活化态腐蚀(全面腐蚀)。有的材料如钢、不锈钢的缝隙腐蚀发生在缝隙内,而有的材料如铜合金的缝隙腐蚀则发生在缝隙边部。

缝隙腐蚀的影响因素主要包括几何因素、环境因素和材料因素。除了缝隙的尺寸大小是决定是否发生缝隙腐蚀的关键因素外,缝隙外和缝隙内面积大小也是影响缝隙腐蚀的重要因素,通常缝隙外/内面积比越大,缝隙腐蚀会越严重。这是因为缝隙内外分别是腐蚀电池的阳极和阴极区域,随阴极/阳极面积比增大,阳极区腐蚀的电流密度会增加,因而腐蚀速率增大。环境溶液中的氯离子浓度越高,不锈钢等钝性金属就越容易发生缝隙腐蚀,不仅可缩短缝隙腐蚀孕育的时间,而且可使缝隙中金属表面的钝化膜更易破坏和更难修复,增大缝隙腐蚀速率。一般来说,溶液中溶解氧含量越高,缝隙腐蚀会越严重,因为其增大了缝隙外阴极氧去极化反应速度。但是溶液中氧含量增加,也可延长缝隙腐蚀孕育所需的时间。温度的影响相对比较复杂,一般来说,温度升高会促进缝隙腐蚀,缩短孕育期;另外,随温度升高,敞开的溶液中溶解氧含量会降低,会导致阴极反应速率减小,使缝隙腐蚀速率降低。增加溶液流速可使缝隙外部输送到金属表面的氧量增大,从而促进缝隙腐蚀。但是,如果缝隙腐蚀是由于沉积物造成的,则当流速增大后,可冲刷掉表面的沉积物,减少发生缝隙腐蚀的机会。对于不锈钢材料,通过增加 Cr、Ni、Mo 等合金元素含量,可提高其在海水中耐缝隙腐蚀性能,这是因为增强了表面钝化膜稳定性。

船舶上缝隙腐蚀的问题比较常见,如海水管路沉积物下的缝隙腐蚀、不锈钢构件表面附着海洋生物造成缝隙腐蚀、法兰连接处的缝隙腐蚀等。在船舶海水管路中,常采用松套法兰的翻边短节连接,在翻边短节部位时常有因缝隙腐蚀而导致的漏水故障发生。例如,某船用双相不锈钢海水管路在运行一年多后即发现在管路翻边法兰处产生了严重的缝隙腐蚀。这是因为在松套法兰翻边短节之间有非石棉材质的密封垫片,在垫片两侧与翻边的结合面上不可避免存在微小的间隙,当海水管路长期处于湿管或干湿交替使用状态时,会有海水渗入到该缝隙内,从而产生缝隙腐蚀。对某船采用卡压式橡胶密封圈连接的 HDR 双相不锈钢管段接头处进行检查发现,被 NBR(丙烯腈 - 丁二烯)橡胶密封圈紧紧地卡压着的部位出现严重的腐蚀,形成环状腐蚀凹坑,并向管件径向扩展[41]。这也是因为卡压变形的密封圈下产生了缝隙腐蚀。图 1 – 17 所示为某船动力系统的蒸汽发生器上发生的缝隙腐蚀的形貌[42]。腐蚀发生在管子外表面与管板孔形成的缝隙处,在缝隙腐蚀和电偶腐蚀作用下,在 645 – Ⅲ钢(12CrNi4MoVNb 钢)管板孔处出现了较严重的腐蚀,并形成溃疡腐蚀坑。缝隙腐蚀易导致连接结构失效或密封泄漏,其最好的防止办法是消除产生缝隙腐蚀的根源,如避免异物沉积、消除缝隙或增大缝隙的尺寸等,阴极保护对海水中的缝隙腐蚀也有较好的保护作用[43-44]。

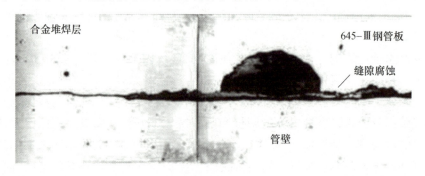

图1-17 管束和管板孔间缝隙腐蚀的形貌

4. 电偶腐蚀

电偶腐蚀是由于异种金属接触(电导通)而导致的加速腐蚀,所以也称为接触腐蚀或双金属腐蚀。在电解质溶液中,当两种金属或合金相接触时会构成腐蚀电池。其中,电位较负的金属为阳极产生加速腐蚀,而电位较正的金属作为阴极受到保护。在海水介质中,阳极电化学反应为金属的溶解,而阴极电化学反应主要为氧还原反应,当电位过负时还会发生析氢反应。

电偶腐蚀效应取决于偶对材料特性、偶对几何因素以及腐蚀环境因素[45]。金属间电位差越大,电偶腐蚀电流也越大,所以可以根据金属在介质中的电偶序来评判电偶腐蚀的倾向。通常当电位差大于0.25V时,电偶腐蚀比较显著[46]。然而,金属的电位会随极化发生改变,当阳极和阴极材料的相应极化率大时,则实际的金属间电位差会很快变小,使电偶腐蚀效应减弱。因此偶对材料的电位及其极化性能对电偶腐蚀有重要影响。

影响金属电偶腐蚀的几何因素主要包括阴极和阳极的间距以及阴/阳极面积比。通常间距越远,则电偶腐蚀效应越弱,因为增加了偶对之间介质的电阻。阴/阳极面积比会影响电流密度,当阳极面积越小,阴极面积越大时,则阳极电偶电流密度会增大,因而增大腐蚀速率。

介质的电导率对电偶腐蚀有很强的影响,介质电导率越高,偶对间溶液电阻会越小,电偶电流会越大,并且电偶作用的范围也越大。这也是海水介质中电偶腐蚀问题比较突出的原因。例如,如果没有合适的保护措施,铜合金或不锈钢螺旋桨可导致船尾水下船体钢板严重的电偶腐蚀,当船体表面油漆涂层质量很好时,可以作用到几十米远地方的船体上,导致涂层破损处的加速腐蚀。

介质温度对电偶腐蚀的影响比较复杂。一般来说,温度升高会加速电化学反应速度,使得腐蚀电流密度增大,因此热带高温海水条件下金属的电偶腐蚀带来的破坏更大。有研究表明[47],碳钢/紫铜在氯化钠溶液中发生电偶腐蚀时,随温度的增加,电偶电流明显增大,60℃时的电偶电流比20℃时增加了约5倍。但温度变化也会使其他环境因素发生改变,从而影响电偶腐蚀。温度升高会降低溶液中溶解氧的含量,导致电偶腐蚀速率降低。温度变化有时还会引起偶对的阴、阳极极性逆转而改变腐蚀进程。例如,水溶液中的钢和锌耦合后,若水温高于80℃,则钢/锌电偶的极性会出现逆转,锌非但不能保护钢,反而会促进钢的腐蚀。

海水流动造成的搅拌作用可减轻或消除浓差极化而加速电偶腐蚀。海水流动还可能改变充气状况或金属表面状态,从而改变腐蚀速度甚至引起电偶极性的逆转。例如,不锈钢/铜电偶对在静止海水中由于充气不良,不锈钢处于活化状态为阳极,但在流动海水中充气良好,不锈钢会处于钝化状态而成为阴极。

船舶上很多的系统和设备都是由不同的金属部件构成,电偶腐蚀现象非常普遍。尤其是在和海水接触的推进系统和管路系统。图1-18为某船位于舱底的铜合金管路法兰连接用钢质紧固件的电偶腐蚀照片。由于舱底经常积水,而电偶对又属于大阴极、小阳极的情形,导致钢质紧固件产生了严重的腐蚀。图1-19所示为某铝壳船推进系统中5083铝合金轴套和2205不锈钢轴之间产生的电偶腐蚀照片。由于电偶作用,在靠近不锈钢轴的部位,5083铝合金轴套产生了严重的腐蚀。

图1-18 位于舱底铜合金管路法兰连接用钢质紧固件的电偶腐蚀照片

图1-19 某铝壳船5083铝合金轴套和2205不锈钢轴之间的电偶腐蚀照片

表1-8给出了一些船舶材料在天然海水中耦合后的电偶腐蚀速率,试验时的面积比为1∶1。从表1-8中可以看出,在碳钢和低合金钢之间存在电偶腐蚀效应,会对耐蚀性较差的钢起到加速腐蚀的作用。钛合金在船舶上应用越来越多,其本身具有优良的耐蚀性,但会增大铜合金、不锈钢等偶对的腐蚀速率。不锈

钢在电偶作用下,尽管平均腐蚀速率不大,但促进了局部腐蚀,易发生腐蚀穿孔。由于钛合金在海水中的阴极极化率较大,这在一定程度上减小了其电偶加速腐蚀作用。

表1-8 一些船舶材料在天然海水中以1:1面积比耦合后的电偶腐蚀速率

(单位:mm/a)

电偶对材料	未耦合时各自腐蚀速率	耦合后的电偶腐蚀速率	备 注
钛(TA2)/铜(B30)	0/0.0049	0/0.033	实海浸泡试验,周期1a[46]
钛(TA5)/不锈钢	0/0.014	0/0.086(穿孔,4mm厚)	实海浸泡试验,周期1a[46]
钢(3C)/钢(16Mn)	0.32/0.31	0.43/0.18	实海浸泡试验,周期30d[48]
钢(3C)/钢(945)	0.32/0.33	0.57/0.026	实海浸泡试验,周期30d[48]
钢(3C)/钢(E2)	0.32/0.29	0.60/0.015	实海浸泡试验,周期30d[48]
钛合金(Ti80)/铝青铜(ZCuAl9Mn2)	0/0.0121	0/0.0249	室内30℃海水浸泡30d[49]
钛合金(Ti80)/不锈钢(2205)	0/0.0012	0/0.0019	室内30℃海水浸泡30d[49]
不锈钢(2205)/铝青铜(ZCuAl9Mn2)	0.0012/0.0121	0.0009/0.0277	室内30℃海水浸泡30d[49]
钛合金(TC4)/铜合金(B30)	—	0/0.026	实海浸泡试验,周期100d[50]
钛合金(TA2)/铜合金(B30)		0/0.033	实海浸泡试验,周期100d[50]
钛合金(TA5)/不锈钢(1Cr18Ni9Ti)		0/0.086(穿孔,2mm厚)	实海浸泡试验,周期100d[50]
钛合金(BT14)/不锈钢(1Cr18Ni9Ti)		0/0.099(穿孔,2mm厚)	实海浸泡试验,周期100d[50]

用于防止船舶电偶腐蚀的主要措施有:通过电绝缘消除异种金属间的电性接触;选择电偶腐蚀倾向小、相容性好的材料进行连接;采用绝缘涂层来隔离介质,尤其是要涂覆阴极表面,避免出现大阴极、小阳极的情形;采用阴极保护,阴极保护是防止海水中金属电偶腐蚀的非常有效的方法。

5. 晶间腐蚀

晶间腐蚀是指金属材料在适宜的腐蚀介质中沿其晶界或在晶界附近发生腐蚀,使晶粒之间结合力丧失,产生局部破坏的现象。晶间腐蚀是一种危害性很大的局部腐蚀,宏观上可能没有任何明显的变化,但材料的强度几乎完全丧失,经常导致设备的突然破坏。因此在选择船用材料的时候应考虑其在使用环境条件下是否会发生晶间腐蚀,可通过相应的腐蚀试验来确定金属的晶间腐蚀敏感性。

晶间腐蚀与材料的成分、组织结构和加工工艺密切相关。以奥氏体不锈钢为例,当其因加工等原因而在一定的温度下发生敏化处理时,会在晶界上产生碳化物析出。由于碳向晶界的扩散速度比铬快,所以在析出$(Cr,Fe)_{23}C_6$时会导致晶界及邻近的铬大量消耗而得不到及时补充,从而在晶界区形成了贫铬区。这就造成了微观的电化学不均匀性。贫铬区易发生活化,而不贫铬的区域易发生钝化。在所形成的腐蚀微电池中,贫铬区属于阳极区,而晶粒中铬含量正常的区域为阴极区,且由于贫铬区的面积远小于不贫铬区,结果导致晶界区发生加速腐蚀。晶间腐蚀的机理除了贫铬理论外,还有亚稳沉淀相理论、亚稳相溶解理论、晶界吸附理论、应力理论等,以解释不同的晶界腐蚀现象[40]。通过降低不锈钢的碳、氮以及杂质元素的含量,增加钛、铌等与碳亲和力更大的稳定化元素,可减少贫铬区的出现,降低奥氏体不锈钢的晶间腐蚀敏感性。热处理的温度、时间以及冷却速度等会影响碳化物的析出和分布,从而影响晶间腐蚀的敏感性。奥氏体不锈钢的晶间腐蚀大多是在经427~816℃处理后发生的。另外,焊接热影响区、冷加工及其前后的热处理也都会对不锈钢的晶间腐蚀敏感性产生影响[51]。

5083 铝合金属于 Al–Mg 系合金,由于具有良好的综合性能,常用于铝壳船的船体结构。5083 铝合金是一种热处理不可强化合金,主要通过固溶强化以及加工硬化。其在 50~200℃温度间热处理时,容易发生敏化,沿晶界析出 β 相(Mg_2Al_3)。β 相在腐蚀时会发生选择性溶解,从而导致晶间腐蚀。β 相越多,沿晶界形成网络,则晶间腐蚀敏感性越高。在实际使用过程中,应注意避免发生敏化处理,加强晶间腐蚀敏感性的测试,降低发生晶间腐蚀的风险。

6. 选择性腐蚀

选择性腐蚀是指由于合金组分的电化学差异而引起的多元合金中较活泼组分优先溶解的腐蚀,也称为脱成分腐蚀。在合金中,不活泼的金属组分或相为阴极,较活泼的金属组分或相为阳极,构成成分或相结构差异腐蚀原电池。黄铜脱锌就属于典型的选择性腐蚀的例子,在腐蚀过程中锌被优先脱除掉,而留下多孔的富铜区骨架,从而导致合金强度大大下降。尽管其外形尺寸没有明显变化,但其性能已发生严重损伤。脱成分腐蚀根据腐蚀形貌的不同可分为层式、栓式和点式。层式的特征为选择性腐蚀涉及整个合金表面;栓式的特征为选择性腐蚀集中发生在合金表面的局部区域,并向内部深入;点式的特征为选择性腐蚀在点蚀的基础上进行。发生脱成分腐蚀后,表面会呈被溶解组元的腐蚀产物颜色;待除去腐蚀产物之后,则呈被留下来的金属本色。如 70/30 黄铜发生选择性腐蚀后表面呈白色,是锌的腐蚀产物;除去腐蚀产物之后则呈金属铜的红色。

关于选择性腐蚀的机理主要有选择性溶解理论(剩余理论)和再沉积理论。选择性溶解理论认为合金中较活泼的组元优先溶解掉,而保留了化学稳定性更高的组元。借助于空位产生的原子扩散可以使得活泼的组元能够向外迁移到达与溶液接触的界面,从而使得选择性腐蚀能够继续发展,使腐蚀向内部深入。再沉积理论认为,在腐蚀介质的作用下,合金整体被溶解,然后其中稳定性更高的组元会从溶液中发生再沉积,形成多孔的高稳定性组元富集层,即先发生各组元的离子化,后发生高稳定性组元的再沉积。实际上,这两种机理可能都存在,取决于不同的外界条件或是腐蚀过程的不同阶段。

影响选择性腐蚀的因素主要包括材料和组织、介质和温度等,发生选择性腐蚀的必要条件是各成分(或相)组元在介质中的电化学稳定性具有足够大的差异。如果两种组元的腐蚀活性相近,则一般不会发生选择性腐蚀。当多相合金中各相的电化学稳定性相差较大时,则发生相组织选择性腐蚀。例如,灰口铸铁发生选择性腐蚀后,铁素体相被溶解,留下多孔的网状石墨骨架,产生所谓的石墨腐蚀。合金的选择性腐蚀与介质密切相关,一定成分的合金只有在某些特定介质中才有选择性腐蚀敏感性。例如,黄铜在氯化物溶液中易发生脱成分腐蚀,且随氯离子浓度增大,脱锌腐蚀的程度增大。在海水中会发生全面脱锌腐蚀,而随氯离子浓度降低,会变为局部脱锌的腐蚀形态。介质温度升高,通常会加速合金在水溶液中的选择性腐蚀。

船舶材料的脱成分腐蚀主要有黄铜的脱锌腐蚀、铝青铜的脱铝腐蚀、灰口铸铁的石墨腐蚀以及铜镍合金的脱成分腐蚀等。这些材料在船舶的海水管路系统中经常会使用,用于热交换器、海水管路、海水泵、阀等。铜镍合金在海水中的脱成分腐蚀往往与点蚀相关,属于点式选择性腐蚀。在点蚀过程中会发生脱镍腐蚀,点蚀坑中的镍含量会显著降低而铜发生富集。通过调整合金的成分和组织、表面预成膜、施加阴极保护等措施可以防止和减轻合金在海水中的选择性腐蚀。

7. 杂散电流腐蚀

杂散电流腐蚀是指那些通过非规定电路流动的电流而导致的腐蚀,船舶的杂散电流腐蚀主要是直流杂散电流腐蚀。例如,焊接过程中接线不正确、外加电流阴极保护系统发生干扰、设备漏电等都可能导致杂散电流腐蚀。杂散电流腐蚀即可能发生在船体水下外表面及水下附体,也可能发生在内部管路和设备上。杂散电流往往发生在易发生放电的尖角、焊缝、边缘以及油漆涂层破损处。

当船体上的杂散电流从某处流入海水,则该处为阳极区发生杂散电流腐蚀;而如果有杂散电流从海水中流入到船体上,则流入处为阴极区,有可能导致过保护,使涂层发生阴极剥离。杂散电流腐蚀符合法拉第定律,与杂散电流的大小以及累积作用时间成正比。杂散电流腐蚀速度很快,在短时间内就会出现蚀坑,导致严重破坏,甚至导致穿孔。

防止杂散电流的方法主要有消除杂散电流源、导线直接排流以及牺牲阳极排流等。关于船舶杂散电流的腐蚀与防护在本书的第7章有详细的论述。

8. 微生物腐蚀

微生物腐蚀是指由细菌等微生物作用而产生的加速腐蚀现象。最具代表性的有 SRB 腐蚀。SRB 主要存在于厌氧环境,如污损生物下的黏膜中、金属腐蚀产物层下、舱底积水和油污水中、泥沙等沉积物下等。SRB 在代谢过程中能将硫酸盐还原成 H_2S、FeS 等硫化物,而硫化物能够促进腐蚀。细菌的生命活动还会导致金属表面局部环境酸化,促进局部腐蚀。海洋中复合微生物对材料腐蚀有时还具有协同效应。例如,厌氧菌和好氧菌混合,在金属表面的生物膜中构成不同的微生物群落,好氧菌消耗氧,为厌氧菌提供了更好的生长环境,使金属腐蚀速率比单纯只有好氧菌或厌氧菌时更大。受到污染的海水或富营养化的海水有利于促进细菌的活性和繁殖,可导致金属更高的腐蚀速率。在一些富营养化的港口,长期停泊的船舶会发生加速腐蚀作用。含油污和有机物的舱底水为细菌生长提供了营养和能量,促进了舱底板的腐蚀。

微生物腐蚀需要有合适的温度,硫酸盐还原菌繁殖比较适宜的温度为 10～45℃,如果温度低于 5℃或高于 70℃,都不利于微生物生长[52]。而与船舶接触的海水以及舱内积水的温度经常处于适宜的范围。低温使 SRB 活性减弱,会使腐蚀减轻;升高介质的温度,会促进微生物腐蚀。舱底的污水和含油废水的 pH 值大都为 6.0～8.0,有利于 SRB 的生长。

对澳大利亚海军舰船不同部位黑色的腐蚀产物取样进行分析表明[53],很多腐蚀产物中都发现有活性的微生物,船舶污水和废水中也含有很多的 SRB,表明船体结构,尤其是舱内积水部位,存在很高的微生物加速腐蚀风险。SRB 普遍存在于船体内部舱底的积水和海水管道、污水井等处的污泥、污水环境中。对我国各海区不同类型的舰船舱底积水进行了检测,发现几乎所有被测舰船都存在 SRB。港内海水中也有 SRB 存在,只是其数量较舱底积水中低 3～4 个数量级[54]。

由于微生物腐蚀导致船舶腐蚀失效的案例有很多。南非某航运公司的船舶就发生过船底板的快速腐蚀,在艉部船舱靠近尾轴管附近的舱底板上,出现了大片的蚀坑和腐蚀沟槽,并发生了穿孔[55]。腐蚀区域涉及的面积约为 600mm×300mm。在一块 250mm×250mm 的区域,直径超过 6mm 的蚀坑有 26 个,小于等于 6mm 的蚀坑有 36 个,平均蚀坑深度为 6mm,为板厚的 3/4。厚度为 8mm 的船底板在 2 年内就腐蚀穿孔,腐蚀速率达到 4mm/a,比同样钢板在海水中的一般腐蚀速率(0.127mm/a)快 30 多倍。调研分析表明,舱底板发生的加速腐蚀是由于舱底污水中 SRB 腐蚀造成的。

1994年,我国南海某舰舱底板发生严重腐蚀,在主机舱、副机舱和尾轴舱发现直径8~20mm,坑深3~6mm的溃疡状蚀坑217个,年溃疡腐蚀率为1.5~3mm/a,最大溃疡腐蚀率为4.5mm/a。其中左主机齿轮箱左侧一处已腐蚀穿孔,坑径80mm,孔径20mm。其余为溃疡状蚀坑,呈椭圆形,有的蚀坑呈阶梯状,经勘验分析,认为事故主要是由微生物腐蚀所引起[54]。

2000年,我国有6艘某型舰艇在下水后不到2年的时间里船底就发生了多处腐蚀穿孔。经检测,舱内积水中单位体积内SRB数量是舱外海水的10^3~10^4倍,说明舰船的舱底水中存在大量的SRB。同时,勘验结果还表明,腐蚀产物带有难闻气味,呈黑色黏糊状覆盖在钢板上,蚀坑往往是一些开口的阶梯形圆锥体,坑内侧有许多同心圆环,坑内是黑色的腐蚀产物,产物下可以看到光泽的金属表面。分析认为属于SRB造成的加速腐蚀[54]。

2205双相不锈钢具有优良的耐海水腐蚀性能,被用作游艇的海水管路。图1-20所示为某豪华游艇2205不锈钢海水管路(壁厚3mm)使用仅3个月后就发生腐蚀失效的情况[56],可以看见一个尺寸为10mm×60mm的腐蚀孔,其平均腐蚀速率高达40mm/a。在3个月的时间里,该艇基本处于停泊状态,管内为静止的海水,平均水温为18℃,环境温度大约为25℃。

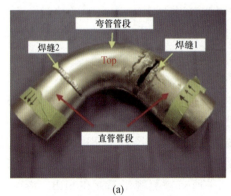 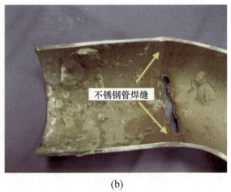

(a) (b)

图1-20 不锈钢海水管路(壁厚3mm)使用仅3个月后腐蚀破损的情况
(a)腐蚀破损管段外观;(b)腐蚀管段内侧形貌。

失效分析表明,该腐蚀破损为微生物腐蚀所造成。电镜分析表明微生物优先在奥氏体相表面附着并形成细菌群落,导致奥氏体相的选择性腐蚀,留下铁素体的骨架。在腐蚀区域存在厌氧的SRB和好氧的SOB所构成的共生菌落。SRB将海水中的硫酸盐转化为硫化物,而SOB将硫化物转化为硫酸,正是这种不同微生物的协同作用,尤其是SOB形成的强酸性环境造成了不锈钢管异常快速的腐蚀。腐蚀穿孔发生在离焊缝约5mm的位置,被认为与焊接时导致该区域发生渗氮有关,分析也表明该处的含氮量偏高。该区域富氮可促进细菌的附着和繁殖,从而导致在焊缝附近处发生加速腐蚀。

要防止发生微生物腐蚀,最好的办法是改变介质的环境,使其不适于微生物附着和繁殖,或缺少细菌新陈代谢所需的营养物质。例如,避免舱底积水,并保持干燥;及时清除掉沉积物和油污,保持清洁;增大管内海水的流速,避免长期浸泡在静止的海水中等。也可以采用添加杀菌剂、在金属表面涂覆高性能保护涂层以及采用阴极保护等方法来防止微生物腐蚀。

9. 应力腐蚀开裂和氢脆

应力腐蚀开裂(SCC)是指由于腐蚀介质和应力的协同作用而使金属材料发生脆性断裂的现象。SCC与材料、介质以及应力有关。金属或合金通常在某种特定的腐蚀介质中才会发生SCC。船舶用高强钢、不锈钢以及铝合金等在含氯离子的海洋环境中常常具有较高的应力腐蚀敏感性。发生应力腐蚀开裂的应力可以是工作应力,也可以是材料内部的残余应力,或者是腐蚀产物的楔入作用而产生的拉应力等。有些具有应力腐蚀敏感性的材料在特定腐蚀环境中受到一定的拉伸应力时(可远低于材料的屈服强度),经过一段时间后,即使是延展性很好的金属也会发生脆性断裂。应力腐蚀的裂纹形态有沿晶型、穿晶型和混合型,裂纹源于表面,一般沿垂直于主拉应力的方向扩展,呈树枝状。

SCC需要经过一定时间使裂纹形核、裂纹亚临界扩展,并最终达到临界尺寸,发生失稳断裂。该过程短则几分钟,长可达若干年。对于一定的材料和介质,应力降低,断裂时间延长。对大多数的腐蚀体系来说,存在一个临界应力(临界应力强度因子K_{ISCC}),在此临界值以下,不发生SCC。

SCC的裂纹扩展速率一般为$10^{-6} \sim 10^{-3}$ mm/s,远高于没有应力时的腐蚀速率,又比纯机械断裂的速率要低得多。由于SCC事先没有明显的征兆,所以往往易造成灾难性的后果。

应力腐蚀按机制可分为氢致开裂型和阳极溶解型两类。如果电化学腐蚀对应的阴极过程为析氢反应,并且扩散进入的原子氢能控制裂纹的形核和扩展,则为氢致开裂型应力腐蚀。氢致开裂机制认为,蚀坑或裂纹内形成闭塞腐蚀电池,使蚀坑底部或裂纹根部形成低pH值环境,使阴极发生析氢反应,产生的氢进入金属引起氢脆,从而导致应力腐蚀开裂。该机制取决于氢能否渗入金属以及金属是否具有很强的氢脆敏感性。高强钢在海水以及其他水溶液中发生的SCC一般都属于氢致开裂型。如果对应的阴极过程为氧还原反应,或者虽然是析氢反应,但扩散进入的氢浓度太低,达不到氢致开裂的阈值,则不会产生氢致开裂。如果裂纹的形核和扩展受到阳极溶解控制,则称为阳极溶解型SCC。其发生的机制为:在拉应力作用下,局部钝化膜发生破坏,露出新鲜的金属表面,在电解质溶液中成为腐蚀电池的阳极,而其余钝化的表面则为阴极。阳极区发生溶解,形成蚀坑,蚀坑或裂纹尖端会产生应力集中,结果又加速阳极溶解,如此循环使得裂纹逐步向深扩展。

氢脆是一种由氢引起的材料损伤,会导致材料脆性或开裂。氢脆需要一定的时间后才发生,属于延迟断裂。氢的来源有内部或外部,前者是指金属在冶炼和加工如焊接、酸洗、电镀等过程中吸收进入的氢;后者是指金属在使用时从环境中吸收的氢。环境中的氢源包括含氢气体、碳氢化合物、由于腐蚀或阴极保护而产生的氢等。根据氢的来源不同,氢脆可分为内部氢脆和外部氢脆(也称为环境氢脆)[57]。氢脆导致失效的事例在船舶构件上经常会发生,例如,某船用甲板设备高强钢紧固件螺栓电镀后没有及时进行除氢热处理而导致在使用一段时间后发生氢脆断裂(内部氢脆)。某船的螺旋桨为组合桨,采用马氏体不锈钢(0Cr16Ni5M)高强螺栓紧固件将叶片和轮毂连接成一体。不锈钢螺栓制造过程中进行了除氢处理。但在螺旋桨服役5年后,叶片连接用螺栓出现了多个断裂的问题,失效分析表明是由于和船体一起受到阴极保护而产生的外部氢脆[58]。

金属在水溶液中的应力腐蚀开裂与氢脆有联系,但又不完全相同。如果电化学腐蚀的阴极反应产生的氢对金属的断裂过程起主要的作用,则这种体系下的应力腐蚀开裂,即氢致应力腐蚀开裂,也属于氢脆。

通过选用应力腐蚀和氢脆敏感性低的材料以及采用合适的成形、热处理、表面处理等工艺,降低载荷、消除内应力、避免出现大的应力集中,及时进行除氢处理并防止在使用过程中导致氢的形成和扩散渗入等措施,可降低船舶用高强钢、不锈钢等构件的应力腐蚀开裂和氢脆风险。

10. 腐蚀疲劳

腐蚀疲劳是指在循环载荷和腐蚀环境共同作用下,材料或构件发生提前断裂失效的现象。对于在海洋环境中服役的船体结构和设备部件来说,既受到严酷腐蚀环境的作用,又会受到波、浪、流以及振动、旋转和往复运动等导致的循环载荷的作用,腐蚀疲劳是其面临的主要威胁之一,也是制约船体结构和设备寿命的关键因素。

腐蚀疲劳除有常规疲劳的特点外,还受腐蚀介质的影响,但不是两者的简单结合,而是一个很复杂的协同作用的失效过程。由于有腐蚀介质的作用,材料或构件的抗疲劳性能会明显降低。和纯机械疲劳相比,腐蚀疲劳的危害性更大。因为纯机械疲劳是在一定临界循环应力值以上才产生疲劳破裂,该临界循环应力值称为疲劳极限,但腐蚀疲劳可以在很低的循环应力下产生破裂。表1-9给出了一些结构材料在不同介质中的疲劳性能[59]。从表1-9可以看出,与空气中相比,在水和氯化钠溶液中的疲劳强度显著降低。同时,耐蚀性更好的材料往往具有更好的抗腐蚀疲劳性能。

表1-9 不同的结构材料在几种介质中的疲劳强度

材料	5×10^7次的疲劳强度/MPa			疲劳强度比值(相对于空气)	
	空气	水	3%NaCl溶液	水	3%NaCl溶液
低碳钢	250	140	55	0.56	0.22
3.5% Ni 钢	340	155	110	0.46	0.32
15% Cr 钢	385	250	140	0.65	0.36
0.5% C 钢	370	—	40		0.11
18% Cr – 8% Ni 不锈钢	385	355	250	0.92	0.65
Al – 4.5% Cu 合金	145	70	55	0.48	0.38
蒙乃尔合金	250	185	185	0.74	0.74
7.5% Al 青铜	230	170	155	0.74	0.67
Al – 8% Mg 合金	140		30	—	0.21
镍	340	200	160	0.59	0.47

金属构件的腐蚀疲劳涉及裂纹的萌生与扩展。表面缺陷和腐蚀坑是裂纹的主要发源地。应力集中的焊接接头、表面开孔和沟槽等部位在交变载荷作用下易萌生裂纹并扩展。腐蚀疲劳裂纹的萌生主要有如下机制[60]：①点蚀诱发裂纹形成。裂纹的形核和腐蚀形成的点蚀孔有关，由于应力集中而导致裂纹形核。②形变活化腐蚀机制。在交变应力作用下，表面会出现滑移台阶或滑移带集中的变形区域，该区域会发生优先溶解，引起局部应力集中而形成疲劳裂纹。③膜破裂机制。对易钝化的金属，在交变应力作用下，表面会发生周期性变形而使钝化膜破裂，导致疲劳裂纹的形成。当裂纹萌生后，由于物质迁移和扩散过程受阻，会导致裂纹尖端形成闭塞腐蚀电池，导致裂尖环境酸化，促进裂尖的溶解或氢的析出。裂纹中腐蚀产物的形成和堆积也会增大局部应力。在局部环境和应力作用下，疲劳裂纹将通过阳极溶解或氢致开裂机理发生扩展[61]。当裂纹扩展到临界长度时，即发生失稳断裂。

金属发生腐蚀疲劳后，表面易观察到宏观的疲劳裂纹。裂纹多为穿晶型，也有沿晶型或混合型。通常只有主干裂纹，裂尖较钝，裂尖应力不像应力腐蚀那样高度集中，裂纹扩展速率也较应力腐蚀缓慢，所以腐蚀疲劳也属于累积损伤过程。腐蚀疲劳断口宏观上可分为疲劳源(裂纹萌生处)、疲劳裂纹扩展区以及瞬断区。断口大部分有腐蚀产物覆盖，小部分较光滑，呈现脆性断裂特征。电镜下断口呈贝壳状，通常可看到疲劳辉纹，但由于腐蚀作用而可能模糊不清。

影响疲劳和腐蚀的因素对腐蚀疲劳都有影响，主要包括材料因素(或称为冶金因素)、力学因素和环境因素[60,62]。材料因素主要包括化学成分、杂质含量与分布、加工制造工艺、组织结构和力学性能等。环境因素包括介质的成分、溶液的 pH 值、环境温度以及表面防护措施,如涂层、电化学保护等。力学因素包括最大应力或应力场强度因子、循环应力或应力场强度范围、循环载荷的波形与频率、加载方式和应力状态(含残余应力)等。和应力腐蚀开裂不同,发生腐蚀疲劳并不需要特定的材料和环境组合条件,因而更具广泛性。

防止腐蚀疲劳的措施主要有:结构设计和安装时应减小应力集中,减少表面和亚表面缺陷,尽量避免与腐蚀介质的接触,尽量减少交变载荷的作用。可选用具有较高耐蚀性的材料,或采取保护措施,如缓蚀剂、保护涂层、阴极保护等。尤其需要注意的是,对于阳极溶解型腐蚀疲劳,阴极保护具有抑制作用,而对于氢致开裂型腐蚀疲劳,阴极保护则可能促进疲劳裂纹的扩展,起到相反的效果。

11. 冲刷腐蚀

冲刷腐蚀是指金属表面与腐蚀流体之间由于高速相对运动而引起的金属损坏现象,也称为冲击腐蚀。冲刷腐蚀是一个复杂的过程,包括腐蚀和冲刷两个方面的作用,腐蚀是金属以离子形式脱离金属表面,冲刷是金属以固体颗粒形式脱离金属表面。快速流动的介质促进了腐蚀过程中物质的传输和扩散,增大腐蚀电化学反应的速率,对金属腐蚀有加速作用;冲刷作用还能导致表面附着的腐蚀产物以及氧化膜等发生损伤,在含有砂粒的高速流体中还能使金属受到磨损破坏,这些冲击作用使新鲜的金属表面不断裸露在介质中,由于失去表面膜层的保护作用,因此导致加速腐蚀。冲刷腐蚀造成的材料损失量不是纯腐蚀和纯冲刷失重的简单加和,而是由腐蚀电化学因素与冲刷力学因素相互促进产生协同作用的结果,因而材料破坏速度更快、损伤更严重。

遭受冲刷腐蚀的表面,常常呈现深谷或马蹄形凹槽,一般按流体流动的方向切入金属表面,蚀谷光滑,没有腐蚀产物。在产生严重湍流的地方,冲刷腐蚀会导致管壁减薄,甚至穿孔。

船舶的冲刷腐蚀主要表现在海水管路系统中,其他管路系统如蒸汽管路、淡水管路等也存在冲刷腐蚀,但不如海水管路系统突出。图 1 - 21 所示为船舶紫铜海水管路冲刷腐蚀的情况。冲刷腐蚀重点发生在管路中的变径、三通、弯管、插管、接头等发生湍流的部位,严重时经常发生腐蚀穿孔。另外,船舶高速航行时,船体会受到海水的冲刷作用,尤其是在船尾,由于螺旋桨的运动,产生很强的湍流,会导致舵板等结构表面涂层破坏,产生严重的冲刷腐蚀,如图 1 - 22 所示。

冲刷腐蚀受介质温度、pH 值、含氧量、流速、流态、固体颗粒、冲刷角度以及材料本身性能、表面钝化膜等因素影响。在海水介质中,温度升高,通常会增大冲刷腐蚀速率。但是随温度升高,溶解氧浓度会降低,会减弱腐蚀的作用。流速越大,通常冲刷腐蚀速率也越大。但对于不锈钢等易钝化金属,在一定范围内增大流速反而有利于改善耐蚀性。通常海水管路材料会存在一个临界流速,超过该流速将使腐蚀速率显著增大[63]。不同材料存在不同的临界流速,紫铜的临界流速大约为 1m/s,而铜镍合金的临界流速可达到 3m/s 左右。当超过临界流速时,流态也常常发生变化,湍流作用更强。流态对冲刷腐蚀影响非常大,管路中发生湍流的区域往往是腐蚀速率最大的地方。泥沙含量对冲刷腐蚀有显著影响,不仅有水流的冲击作用,而且有固体颗粒的冲刷和磨损作用,会导致更快的腐蚀速率[64-65]。不同材料的耐冲刷腐蚀性能相差较大。船舶海水管路材料中,B10 铜镍合金的耐蚀性明显优于紫铜,而钛合金则具有优异的耐海水冲刷腐蚀性能。即便在 36m/s 的高流速下,钛及其合金的腐蚀也非常轻微,这是因为其表面非常容易发生钝化[66]。

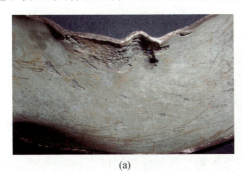 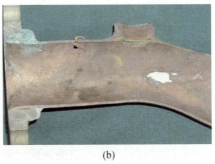

(a) (b)

图 1-21 船舶紫铜海水管路的冲刷腐蚀

(a)弯管折皱处冲刷腐蚀穿孔;(b)插管处弯管冲刷腐蚀穿孔。

图 1-22 某船舵板的冲刷腐蚀情况

通过控制流速、流态,减少海水中的泥沙含量,采用耐冲刷腐蚀材料以及施加阴极保护、耐磨涂层等保护措施,可以对船舶海水管路系统的冲刷腐蚀进行有效抑制。

12. 空泡腐蚀

流体与金属构件作高速相对运动,在金属表面局部区域产生涡流,伴随有气泡在金属表面迅速生成和破灭,由此发生的金属表面破坏称为空泡腐蚀,又称为穴蚀或气蚀。空泡腐蚀是电化学腐蚀和气泡破灭的冲击波对金属联合作用所产生的。船舶螺旋桨或水泵叶轮易产生空泡腐蚀。当螺旋桨或叶轮高速转动时,会造成涡流,引起流体压力分布的不均匀,在螺旋桨的前、后缘之间形成压力突变区。在金属表面的低压区域,形成流体的空泡,随后这类空泡溃灭,产生高压冲击波,不仅破坏表面的保护膜,而且可以使较软金属的表面层($20 \sim 40 \mu m$)发生高速塑性变形,使韧性差的金属表层崩落。空泡的形成和溃灭多次循环会造成金属表面层的累积损伤,导致严重破坏。

与冲刷腐蚀相比,空泡腐蚀产生的机械冲击作用更强烈,因此力学因素对破坏的贡献更大。同时和化学因素之间还有协同破坏作用。冲击波破坏表面的完整状态,形成粗糙的新鲜暴露表面,促进金属的腐蚀作用;而蚀坑形成后,粗糙表面可促进空泡的形核,蚀坑产生应力集中,进一步促进了机械破坏作用。

为了防止空泡腐蚀,可以采取如下一些措施:在设计时要考虑流体力学因素,尽量降低压力差,减少空泡的生成;降低表面粗糙度,降低空泡形核概率;选用具有较好耐孔蚀的材料或进行表面强化处理;采用橡胶等弹性涂层以吸收冲击波;采用阴极保护,不仅减缓电化学腐蚀作用,而且产生的氢气泡对冲击波可以起到缓冲作用。

1.1.3 海洋船舶腐蚀的危害

腐蚀现象非常普遍,腐蚀显著增大维护维修的成本,缩短装备和设施的使用寿命,影响其性能和安全可靠性,甚至会导致灾难性事故发生。

由中国工程院组织的腐蚀成本调查表明[67],2014 年,我国的腐蚀成本约占国民生产总值(GDP)的 3.34%,总量达到了 21278.2 亿元,相当于每位公民平均承担的腐蚀成本在 1555 元以上。其中,船舶工业领域的腐蚀成本尤为突出,估计达 580 亿元,占该领域当年总的主营收入的 9.16%。

美国联邦高速公路管理局在 2002 年发布了美国各行业腐蚀成本的调查报告,结果表明美国每年的直接腐蚀成本达到惊人的 2760 亿美元,约占国民生产总值的 3.1%。其中,船舶的腐蚀成本为每年 27 亿美元,这其中新造船的腐蚀成本大约为 11 亿美元,和腐蚀相关的维护维修费用约为 8 亿美元,由于腐蚀导致的停产停航费用大约为 8 亿美元[68]。另外,估计军用装备和设施的腐蚀费用为每年 200 亿美元,其中海军舰船等装备的腐蚀成本达到每年 20 亿美元。与腐蚀相关的费用占装备寿命周期费用各组成部分中的首位。

船舶的腐蚀除了导致经济上的损失外,还会影响其可靠运行。由于腐蚀而导致的船舶安全事故也时有发生。

1984—1989 年,国内某造船厂先后建造了六艘 12300t 的多用途远洋集装箱货船。所有这些船舶都在交船不到一年的时间内,就出现海水管路系统频繁泄漏[63]。有的在交船仅 4 个月左右就出现海水管路腐蚀穿孔,有的船在航行途中多次出现海水管路泄漏,威胁船舶动力系统的安全,严重影响了船舶的正常营运,被迫返厂保修,给船东和船厂造成了巨大的损失。

1990 年,美国海岸警卫队(USCG)公布了他们收集的从 1984 年到 1988 年发生破损的 69 艘油船的数据(不含碰撞和触礁而损坏的船舶),结果显示 80% 以上的结构严重破坏是由于疲劳和断裂引起的。英国劳氏船级社也有报告指出,1980—1994 年,全世界有 70 艘超过 2 万 t 的散货船因结构发生破坏而失踪,其中 1991 年就有 13 艘[69]。由于这些船舶长期服役在海洋环境中,这些疲劳和断裂事故往往和腐蚀是密切关联的。正是在严酷腐蚀环境和载荷的联合作用下,导致了船体结构的破坏。

1991 年,有超过 44 艘散货船失踪或严重损坏,超过 120 名船员失去生命。最著名的是 MV KIRKI 号,该船于 1969 年在西班牙建造下水。1990 年,该船在沿澳大利亚海岸航行时发生事故,整个船首部分从船体上完全断开。很幸运的是没有人员伤亡,也没有造成大的环境污染,该船也成功获救。随后的调查证据表明,舱内船体结构严重腐蚀导致的船体钢板和结构厚度显著减薄,再加上设计的结构疲劳强度不足,是导致这起船舶严重事故的主要原因。在那个年代,船舶的压载舱普遍是没有防腐保护的,不采用阴极保护,也没有防腐涂层。这次事故并非孤立的案例,其实还有很多的海难事故也都是这样造成的,只是由于船已沉到海底,无法获得直接的证据而已[18]。

1999 年 12 月 12 日,装载有 30884t 燃油的马耳他籍油轮"埃里卡"(Erika)号遭遇恶劣海况,船体结构上出现裂纹,并不断加宽,燃油从裂缝中漏出。随后一个压载舱的船体壳板被撕开,结果在靠近法国海岸的地方该船断裂成两截。船首部分立即沉入海底,而船尾部分在救援拖带的过程中也沉入海底。为防止货舱中的燃油溢出造成严重环境污染,2000 年 6 月到 9 月沉船中剩余的燃油被抽走。事故调查报告认为该次海难事故是由多种原因所导致。首先,最重要的因素是腐蚀,由于腐蚀疲劳导致了压载舱结构产生裂纹和扩展,导致大块船体侧板结构完全分离,最后整船断为两截。其次,恶劣的海况也促进了船体结构破损的过程。最后,事故前的维修不到位导致了裂纹扩展。"埃里卡"的姊妹船也发现存在同样的腐蚀问题。这些船的内部舱室腐蚀保护没有受到足够的重视,也没有要求采取合适的保护措施[70]。

2002年11月13日,装有7.7万t原油的油轮"威望"号在从拉脱维亚驶往直布罗陀的途中,在离西班牙西北部海岸约250km的地方遭遇强风暴。由于属于老龄船,船体结构因经年累月的腐蚀老化而导致强度降低,在强风和巨浪的作用下,船体发生破损并导致大量原油泄漏。数天后船体发生断裂,随后沉没在约3600m深的海底。沉没后,仍有大量原油不断溢出,达数月之久。这次事故导致约50000t原油泄漏,溢油污染了西班牙近400km的海岸线,以及近岸的河流、小溪和沼泽地带,导致西班牙附近海域的生态环境遭到了严重破坏,并波及葡萄牙和法国相邻的海域,成为世界上最严重的生态灾难之一。这次海难事故不仅对生态环境产生了严重后果,而且对当地人的生产生活以及地方经济发展产生了明显的冲击,造成了深远的影响[71]。

基于这些惨痛的海难事故及其经验教训,自1990年以来,国际海事组织(IMO)推出了一系列改善船舶结构、提高船舶安全性的强制性要求。相关船舶海事安全的法规得到了加强,如加快淘汰单壳油轮,要求采用双壳体油轮以防止发生原油泄漏等。针对腐蚀严重的船体部位和结构如压载舱、货油舱等,要求采用符合要求的专用涂层体系以及其他方法来防止腐蚀[72]。国际海事组织于2006年12月在第82次海上安全委员会会议(IMO/MSC82)上通过了船舶压载舱涂层性能标准(PSPC),规定了船舶专用压载水舱以及散货船双舷侧处所内保护涂层的要求。对2008年及以后建造的船舶都必须强制满足该标准的规定。在2010年5月国际海事组织海上安全委员会第87次全体会议(IMO/MSC87)上通过了关于油船货油舱保护涂层性能标准以及油船货油舱腐蚀防护替代方法性能标准,并在2012年1月1日正式生效。

从上面的这些事例可以看出,船舶的腐蚀和老化失效会导致极其严重的后果,做好船舶的腐蚀防护对保证船舶的使用寿命,防止海难事故的发生,保障船舶结构的可靠性和安全性具有十分重要的意义。船舶的腐蚀防护不仅具有巨大的经济效益,而且还具有显著的社会效益。提升船舶的腐蚀防护水平可有效防止造成人员伤亡的灾难性事故,避免因原油泄漏而导致对环境和生态的严重破坏,有利于促进社会和经济的可持续发展。

1.2 船舶的海洋生物污损

1.2.1 海洋生物污损的现象与过程

1. 海洋生物污损现象

海洋船舶服役的海水环境是充满各种海洋生物的复杂生物环境,浸泡在海水中的表面不可避免地要面临生物的附着问题。海洋污损生物是指可以在船舶或各种水下人工设施上附着繁衍、并对人类经济活动产生不利影响的海洋生物的总称。海洋污损生物所造成的危害称为海洋生物污损(biofouling),而对海洋生物污损所采取的防除措施称为防污(antifouling)[73]。

海洋中大约有上万种附着生物,涵盖几乎各个主要海洋生物门类。常见的海洋污损生物有百余种,包括宏观污损生物和微观污损生物,前者为动物和植物,后者包括微藻、细菌、真菌、鞭毛虫等。图1-23所示为海洋污损生物的分类。对船舶而言,危害最大的是硬性污损生物,这类生物通常带有硬质壳,一旦附着在船体表面,就难以被海流冲刷下来,使得船体表面摩擦力增大更明显。硬性污损生物包括节肢动物的藤壶、软体动物的贻贝、环节动物的盘管虫、外肛动物的膜孔苔虫等(图1-24)。

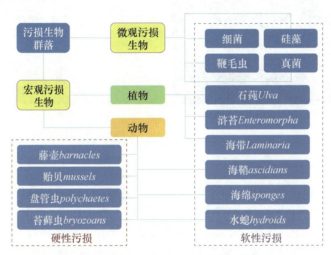

图1-23 海洋污损生物的分类

根据地域和形态的不同,各类海洋生物又可分为多个种,如节肢动物的藤壶有三角藤壶、网纹藤壶、致密藤壶、糊斑藤壶等;软体动物如褶瘤牡蛎、柄瘤海鞘、翡翠贻贝等;外肛动物类如膜孔苔虫、琥珀苔虫、草苔虫等。软性污损生物虽然对船舶的危害比硬性污损小,但却是覆盖面积较大的一类,包括微观污损生物(硅藻、细菌等)、植物(石莼、浒苔等)、动物(海绵、海鞘、水螅等)。中国沿海已记录的污损生物有600种以上,其中最主要的类群是藻类、水螅、苔藓虫、尤介虫、贻贝、藤壶和海鞘等[73-74]。

2. 海洋生物污损的过程

海洋生物污损的发生过程是生物群落聚集、繁殖、演替的过程。通常海洋污损过程被分为四个阶段:基膜形成→细菌定殖→单细胞真核生物定殖→多细胞真核生物定殖[75]。这一过程的本质是由纯粹的物理过程向复杂的生物过程的演化。

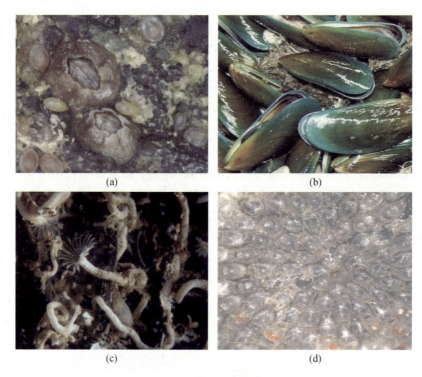

图 1-24 常见的硬性污损生物
(a)藤壶;(b)贻贝;(c)盘管虫;(d)膜孔苔虫。

(1)基膜形成。海水中的物质(特别是大分子化合物)与固体表面接触时会发生吸附过程。固体表面可能是船体的壳体、海洋工程的浮体、通海管道的内壁、养殖用的网衣,也可能是生物的甲壳、试验的玻璃片等。无论哪种材料的固体表面均是与海水发生界面作用,固液界面上有机分子的吸附都是纯粹自发的物理过程。由于在这一过程中,有机分子聚集降低了分子分布的随机性,伴随以熵损失,因此必须通过减小系统总自由能来补偿,即低能有机层替代高能固/液界面[76]。大分子的吸附过程在固体表面浸没到海水中后的数秒内开始,并在数小时内达到一种动态平衡。固体表面最初从海水中吸附的大分子种类基本相同,主要是糖蛋白、蛋白葡聚糖和多糖。在此过程中,固体表面的物理和化学性质体现在:低能表面(疏水)的表面自由能增加,而高能表面(亲水)的表面自由能则减小。尽管吸附膜的化学成分与接触表面的初始表面自由能完全无关,但此性质对膜的结合强度和空间结构产生重大影响:在表面自由能高和非常低时,吸附膜致密且牢固地附着,但在中等范围的表面上,却表现出松散结合的状态。

(2)细菌定殖。浸没约 1 h 后,细菌定殖过程开始,该过程由可逆的接近阶段(吸附)和不可逆的附着阶段(黏附)组成。图 1-25 描述了细菌附着的运动过程和界面的物理作用。细菌的吸附基本上由物理力控制,包括布朗运动、静电相互作用、重力、范德瓦耳斯力。可逆吸附过程中,细菌只是被静电作用、界面张力、范德瓦耳斯力等物理作用短暂吸附在表面,过程十分不稳定,容易被冲刷掉。任何颗粒在接近表面时,首先会遇到 H_2O 分子黏附层,该层有良好的物理结构,以膜的形式覆盖固体表面。细菌只有通过特定形式(如微湍流)穿透黏附层,才能与固体表面之间产生物理作用力。当细菌细胞表面和吸附的大分子膜均带负电时,由于电斥力和范德瓦耳斯力的拮抗作用,将细胞固定在距固体表面 3~20nm 的位置。但是,有一些细菌由于具有特殊的表面结构(如鞭毛、细胞壁组成、分泌胞外多聚物)会形成稳定的不可逆吸附。细菌通过产生多糖原纤维(主要是葡萄糖和果糖)跨过静电屏障。多糖原纤维通过凝集素或二价阳离子(Ca^{2+}、Mg^{2+})固定在大分子膜中的对应物质上。随着距离的减小,范德瓦耳斯力使接近速度加快。细菌蛋白质复合物和大分子膜之间建立共价键,吸附过程转入黏附过程。

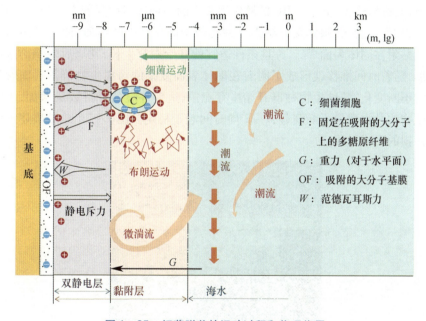

图 1-25 细菌附着的运动过程和物理作用

(3)单细胞真核生物定殖。单细胞真核生物包括酵母、原生动物和硅藻等,其中最广泛的是硅藻,此阶段通常在固体表面浸入海中的几天后开始。在实际海洋环境中,底栖硅藻的定殖通常在细菌覆盖生长之后,通过黏液分泌而附着,并密集地覆盖整个表面区域。用扫描电镜深入观察生物膜形态发现,生物膜存在双层生长现象,第一层附着生物直接黏附在基质上,第二层黏附在第一层上,在无毒材料上双层现象比较明显。观察表面,生物膜由细菌层和硅藻层组成,第一层为细菌定殖层,在细菌的基础上硅藻黏附形成第二层,大型污损生物附着是优先选择硅藻层进行附着[77]。更多的其他微生物也会吸附在生物膜表面,使生物膜进一步增厚,厚度可达 500μm。生物膜的厚度与环境密切相关,在湍流体系中,生物黏膜厚度很少超过 1000μm。生物膜的形成是一个重要的节点:一方面,在生物膜的基础上,膜中的细菌会对杀菌剂、防污剂的抗性大大增加;另一方面,生物膜为大型污损生物的幼虫提供了适宜的生存条件。同时,微生物代谢过程中会生成一些硫化物、硫代硫酸盐,加速船体表面金属材料腐蚀。

(4)多细胞真核生物定殖。生物膜形成后,可为附着生物的幼虫提供营养和食物来源,促进贝壳类污损生物钙质沉淀,还能阻止防污漆的毒剂释放。大型海藻的孢子和原生动物开始附着于固体表面,并不断通过生物代谢,产生海洋动物需要的营养物质。藤壶及苔藓虫等大型海洋污损生物受到这些营养物质的吸引,在海藻孢子及原生动物层外大量聚集,并不断分泌出黏附物质,接触到生物膜后,会以化学键合、机械连锁、静电作用、扩散作用其中的一种或多种附着方式,牢固地附着在生物膜上;随后,其腺体又分泌出一种类似于固化剂类的物质,使大型污损生物牢固地黏附在固体表面[78]。一旦条件适宜就开始发育生长,几周后生物群落可初具雏形,随着时间推移就形成了附着在船体表面复杂的污损生物群落。随着外界环境的不断变化,各种生物种群开始生存竞争,适应环境的种群数量增加,生物膜中微生物的种类数量不断演替,1~2 周时间趋于稳定。图 1-26 总结描述了海洋生物污损的形成过程。

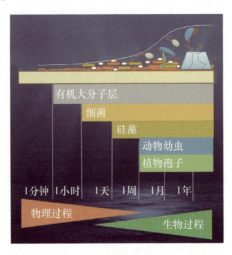

图 1-26 海洋生物污损的形成过程

3. 海洋生物污损的影响因素

海洋污损生物的新陈代谢和生长繁殖与其所处的海洋环境有关,影响海洋生物污损的因素主要包括海水温度、海水盐度、水体流速、附着基的理化性质。

(1)海水温度。海水温度是污损生物呈现出季节性差异的主要因素之一。大部分污损生物都是暖水种(生长、繁殖所需温度高于20℃),一般当海水温度低于10℃时停止生长和繁殖,只有当海水温度达到15℃时才开始生长、繁殖。特别是当海水温度超过20℃时,一些通过石灰质外壳黏附的污损生物才会附着。在20~28℃时污损生物的生长、繁殖达到顶峰,一旦海水温度超过30℃,过高的温度会使污损生物老化并脱落[74]。因此,污损生物的地理分布明显受温度制约。以藻类为例,水温对藻类光合作用速率影响显著,温度小于4℃时,藻类光合作用所需酶的活性极低,不进行光合作用[79];当温度为4~11℃时,光合作用十分微弱;当温度高于11℃时,光合作用的效率与温度呈线性关系。藻类生长繁殖适宜的温度范围是20~35℃,25℃最为适宜。中国南海处在热带地区,海水温度比较高,常年有藻类附着;而靠近北方的渤海中藻类数量不多,且以绿藻为主。

(2)海水盐度。海水盐度也是影响海洋生物污损的重要因素。高盐种污损生物一般分布在外海和大洋,即盐度高且恒定的海域;广盐种和低盐种污损生物一般分布在近海,近海区域受江河枯水期和丰水期的影响,海水盐度变化跨度大,呈现出不同盐度梯度;淡水种污损生物一般分布在大江大河入海口处,盐度几乎接近于淡水。盐度由高到低,污损生物的种类由多到少,数量由大到小。渤海海水盐度相对较低(27‰~29.8‰,最低为10.3‰),污损生物种类组成相对简单,主要为低盐和广盐种,如曼氏皮海鞘、致密藤壶等。黄海海水盐度一般在30‰左右,污损生物以偏高盐种为主,如紫贻贝、柄瘤海鞘、藤壶和苔藓虫等。东海海域有许多大小河流在此入海,河口区都是低盐海域;东海外海域由于受到黑潮高盐水的影响,海水盐度在30‰以上。在长江入海口处,主要以沼蛤、淡水棒螅等淡水种为主;在近岸区域以网纹藤壶、鲍枝螅、牡蛎、翡翠贻贝等低盐、广盐种为主;在外海区域以红巨藤壶、三角藤壶等高盐种为主。南海除珠江等少数河口水域外,大多数海域海水盐度都很高,主要是泥藤壶、钟巨藤壶等高盐种污损生物附着[73]。

(3)水体流速。水体流速也是影响污损生物生长的重要环境因素。通常,污损生物在适宜的水体流速条件下能快速生长繁殖。适宜的流速使进入生物黏膜中的基质流量增多,生物黏膜发展速率提高,同时幼虫的扩散得以进行。如果流体速度过大,流体切应力增大,提高了生物黏膜脱附率,影响生物黏膜发展;如果流体速度过小,则藻类繁殖过程中生成的限制生长的次级代谢产物易累积,对藻类生物产生抑制作用,因此流速过快或过慢的水体均不适宜污损生物生存。对于藻类,一方面,合适的水体流速使水体中溶入更多的CO_2,使藻类光合作用变得强烈;另一方面,一定的水体流速带走限制性次级代谢产物,减少其对藻类生长的抑制。对于藤壶、牡蛎等底栖生物,水体流速制约其幼虫能否大面积扩散。当水流速率为 0.52~1.04cm/s 时,藤壶的腺介幼虫开始快速在底质上附着;当水体流速达到 10cm/s 时,藤壶的腺介幼虫附着量则急剧下降[80]。

(4)附着基性质。污损生物的附着种类和数量与附着基的粗糙度、颜色、表面能等有很大关系。附着基表面颜色对污损生物的影响表现在光线强度上,主要影响进行光合作用的藻类和喜欢在暗处附着的藤壶腺介幼虫,这种影响仅发生在海水的表层。深色的附着基更利于藻类和藤壶的腺介幼虫附着。附着基的粗糙度对污损生物附着的影响较复杂:一方面,由于污损生物和光滑基底之间的作用力较弱,光滑表面污损生物附着量相对较小,粗糙的基底表面附着量相对较大;另一方面,也有研究认为具有一定粗糙度的表面减少了生物的附着位点,有利于防除生物附着,目前表面粗糙度的影响尚无定论。另外,基底材料的表面能越低,生物附着的强度越小,生物更不易附着或在水流的冲刷下更易于脱除。

1.2.2 海洋生物污损的危害

1. 船体表面海洋生物污损情况

污损生物受海洋环境影响,呈现垂直分布、盐度梯度分布、季节性差异和区域性差异的特点。船舶表面附着污损生物的程度除了受上述因素影响外,还受很多其他因素影响,包括船舶的船属港、船型、泊港时间、坞修间隔、航行海区、航速、营运状态、业务性质、在航率、涂装防污涂料的品种及工艺方法等。

船舶的污损状况与其营运性质有很大关系。表 1-10 所列为部分船舶的生物污损情况[81],其中污损率是指污损生物附着面积占船舶浸水面积的百分比。从表 1-10 中可以看出,走国际航线的船舶污损普遍小于近海的渔船:一方面,因为国际航线的船舶经常在不同纬度和海况的海域航行,污损生物的生存环境易发生变化,部分污损生物因不适应环境变化而死亡;另一方面,远洋船舶对防护涂层的要求更高,采用的防污涂料性能更好。此外,远洋船舶航速较高,生物附着难度加大,且被冲刷下来的概率增大。而近海渔船由于航线基本固定,污损生物的生存环境相对稳定,且高速运行时间短,所以污损相对严重。调研的渔船都发现附着大量藻类,附着面积大,而远洋船舶藻类附着量很少。即便都是国际航线的船舶,污损情况也有差别。例如,散货船("乐山"号)因新涂防污漆,防污效果好,几乎没有污损。再如散货船(冠海208)航速低于集装箱船("天隆河"号),所受水流冲击相对较小,同时散货船在港停泊时间明显高于集装箱船,所以污损率达到了50%。

表 1-10　部分船舶的生物污损调研情况

船舶类型	吨位/t	主要航线	坞修间隔/a	整体污损率/%	主要污损生物
渔船	200	东海、南海	1	约100	藻类、藤壶
渔船	200	东海、南海	1	约50	藻类、藤壶
渔船	200	东海、南海	1	约90	藻类、藤壶
渔船	200	东海、南海	1	约50	藻类、藤壶
渔船	200	东海、南海	1	约90	藻类、藤壶
集装箱船	54005	国内、国际	2.5	约20	藤壶
散货船	57000	国际航线	2.5	约50	贻贝、藤壶、管钩虾
散货船	79000	中国台湾到澳洲	2.5	约30	软体动物、藤壶
散货船	67000	国内、国际	2	约50	藤壶、藻类
散货船	22296	国际航线	2	0	没有污损
散货船	17139	国际航线	3	约10	翡翠贻贝
散货船	29008	国际航线	2	约30	翡翠贻贝、藤壶

船体不同部位的污损情况也各不相同。船体生物污损主要发生在浸水区,可进一步细分为水线区、船底、船首、船中、船尾、螺旋桨、舵 7 个部位。由于这 7 个部位所处的光照强度、水体流速、距水面深度等因素各不相同,所以生物附着情况存在明显差异。图 1-27 所示为船底受到海洋生物污损的典型情况。船体各部位的海洋生物污损情况如下。

图 1-27　船底受到海洋生物污损的情况

(1) 水线区。主要是藻类的附着,附着密度较大,但干重并不大。

(2) 船底。船底是污损最为严重的部位,附着的污损生物种类最多、干重最大。污损生物附着群落主要以贝壳类、藤壶类和软体动物为主,还有一些水螅、牡蛎、苔藓虫等固着生物。越靠近船体龙骨,污损生物的附着密度越大,龙骨附近几乎百分之百附着,这与龙骨附近受到的水流冲击最小有关。

(3)船首、船中和船尾。这三个部位污损情况差异明显,相比于船中和船尾,船首污损生物附着量相对较小,主要是藤壶、贝类和少量的藻类,这与船首受到的水流冲击更大有关。而且船首受到的光照最为充足,所以有少量的藻类附着。污损相对较为严重的部位是船中和船尾,最常见的污损生物也是藤壶和贝类。

(4)螺旋桨。因为螺旋桨大多数时候处于高速旋转状态,相对于其他部位污损较轻,附着的主要是一些黏附能力极强的藤壶,通常内侧比外侧污损严重。

(5)舵。因为舵离螺旋桨近,海水搅动剧烈,因而附着的主要为一些黏附能力很强不容易脱落的生物,常见的附着生物为藤壶,还有一些苔藓虫。

2. 海洋生物污损对船舶的危害

海洋生物污损是海洋生物在结构物(如船体、螺旋桨等)表面上生长累积的过程,会给人类的生产、生活带来诸多危害。无论是海上航运,还是水产养殖、海洋能开发、海洋环境监测等活动都不可避免受到生物污损的影响。海洋生物污损不仅会造成显著的经济损失,同时还带来了生物入侵、间接加剧温室气体排放等生态问题。图 1-28 系统描述了船体海洋生物污损造成的危害,具体体现在以下几个方面。

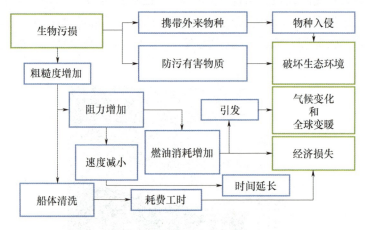

图 1-28 船体海洋生物污损造成的危害

1)降低船舶航速

船舶表面产生污损后,自重和航行阻力显著增加。仅仅由于船底附着生物膜和其黏附的微型污损生物就可使船舶航行速度降低至少 20%[82]。根据对 397 艘受到生物污损船只的调查结果,船速平均下降 5% 的占 80% 以上,最严重的船速下降可达 25%。在中等海况下,海洋生物污损导致的重量增大会产生额外的惯性力和阻力,这些惯性力和阻力在没有严重海况载荷的情况下,成为船体疲劳分析中的重要载荷因素。

2) 增加燃油消耗

海洋污损生物附着在船体表面或螺旋桨表面上,造成表面粗糙度增加,摩擦阻力加大,并导致严重的效率损失,进而增加船舶的燃料消耗[83]。图1-29所示为海洋生物污损程度对船舶航速和轴功率的影响。污损越严重,航速降低越显著,推进的轴功率增加越大。据统计,在相同的航速下,受到污损的船只与未受到污损的船只相比,燃料消耗大幅增加。英国曾根据1500多艘船舶进坞情况统计得出,当船底污损5%时,燃料消耗增加10%;船底污损10%,燃料消耗增加20%;船底污损达到50%时,燃料消耗将增加40%以上[78]。

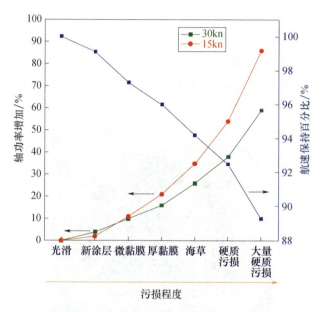

图1-29 海洋生物污损程度对船舶航速和轴功率的影响

3) 造成经济损失

因海洋生物污损带来的经济损失主要来源于两个方面。一方面是为克服生物污损阻力而保持船舶航行速度,需要增加燃料使用量,进而提高了船舶的运营成本[84]。船体轻度生物污损时,船舶的燃料成本平均至少增加10%;重度污损时,燃料成本平均增加35%。据统计,由于生物污损导致船舶燃料成本增加,全球每年要额外增加30亿美元的支出。另一方面是因停运和清理船壳上污损生物所增加的费用,每年估计约为27亿美元[85]。

4) 增加温室气体排放

随着燃油消耗的增多,有害化合物的排放额外增加,如引起酸雨和对土壤造成损害的 SO_x、NO_x、CO_2、未燃烧的碳氢化合物和臭氧等,严重影响气候变化[86]。国际海事组织2014年第三次温室气体研究报告估计,2012年国际航运排放的CO_2为7.96亿t,这占2012年全球CO_2排放量的2.2%[87]。国际海上航行产生的有毒物质排放,每年造成了近6万人的死亡和约2000亿欧元的经济损失[88],使环保成本大幅增加。

5)影响设备正常运行

海洋生物污损还对船舶运行相关的水下设备产生危害。船舶水下声呐、环境监测仪器、计程仪等设备越来越依赖于海洋传感器[88]。但生物污损会严重影响这些设备的准确性和可靠性。海洋生物在声呐导流罩、各类传感器及其外壳上的污损附着以及逐渐堆积,会改变传感器周围的微环境,阻碍水的流动,使声呐信号、光学窗口和电极等被掩盖,从而导致信号逐渐衰减,甚至引起传感器故障[89-90]。拖曳声呐、电极阵列传感器之类的敏感设备需要进行特殊清洁,或在每次使用后完全更换[91]。污损生物还会对船舶通海管道造成阻塞,如图1-30所示,影响海水流动,对船舶设备安全运行造成巨大风险。

图1-30 海洋生物污损对船舶管道的危害

6)造成生物入侵

海洋污损生物还带来生物入侵危害。图1-31描述了船舶海洋污损生物引起物种入侵的过程。如果船舶在港口码头停泊时,生物附着在船上,就会随船舶进行迁移,到达另外一个地方后,从船上脱离,会在新的港口繁衍、扩散,进而会对当地生态造成危害。据报道,仅美国的450种非本地物种(NIS)中就有200种是通过船舶运输带来的,而其中30%的NIS完全归因于海洋生物污损[92]。气候适宜的地中海地区是游船密集的旅游胜地,该地同时也拥有地球上已知的最高物种数量和NIS数量。调查的600余艘船舶中的80%在一年内接受过清洗,而其中有71%载有 NIS[93],船舶中的侧向推进器、压载舱和螺旋桨由于不易被清洗成为海洋生物污损的易聚集区域[94],除此之外,压载水交换的过程也导致了许多水生生物和致病性微生物的入侵[95]。通过人类活动而引入的 NIS 可能会导致本地物种灭绝,破坏生态系统结构和功能,甚至对群落结构和生态系统的组成产生不可逆转的变化[96]。

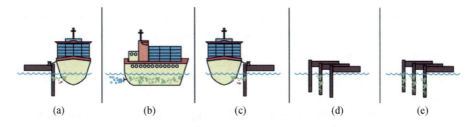

图 1-31 海洋污损生物的物种入侵过程

(a)污损生物附着在船上;(b)污损生物随船迁移;(c)污损生物从船上脱离;
(d)污损生物异地繁殖;(e)污损生物扩散并冲击当地生态。

海洋污损生物除了对船舶造成危害外,还会附着在浮标、沿海工厂冷却水管道、海岸设施、海底电缆、浮桥、渔业网具等人造结构物与海水的接触面上。污损生物会增加码头、栈桥和其他近岸固定结构的载荷,促进金属结构的局部腐蚀,缩短结构物的使用寿命[97]。生物污损对船舶停靠码头的损害,也间接地对船舶造成了安全隐患。

参考文献

[1] TULLMIN M,ROBERGE P R. Atmospheric corrosion[M]//REVIE R W. Uhlig's corrosion handbook(Second edition). New York:John Wiley & Sons,Inc. ,2000:305-321.

[2] 许立坤,等. 海洋工程的材料失效与防护[M]. 北京:化学工业出版社,2014.

[3] 侯文泰,于敬敦,梁彩凤. 钢的大气腐蚀性4年调查及其机理研究[J]. 腐蚀科学与防护技术,1994,6(2):137-142.

[4] 朱相荣,王相润,等. 金属材料的海洋腐蚀与防护[M]. 北京:国防工业出版社,1999.

[5] 杨景红,刘清友,王向东,等. 耐候钢及其腐蚀产物的研究概括[J]. 中国腐蚀与防护学报,2007,27(6):367-372.

[6] 王光雍,王海江,李兴濂,等. 自然环境的腐蚀与防护——大气·海水·土壤[M]. 北京:化学工业出版社,1997.

[7] KING G A. Atmospheric corrosion in cold regions[M]//REVIE R W. Uhlig's corrosion handbook(Second edition). New York:John Wiley & Sons,Inc. ,2000:323-328.

[8] BURLEIGH T D,RUHE C,FORSYTH J. Photo-corrosion of different metals during long-term

exposure to ultraviolet light[J]. Corrosion,2003,59(9):774-779.

[9] LIU Y,ZHANG J,WEI Y,et al. Effect of different UV intensity on corrosion behavior of carbon steel exposed to simulated Nansha atmospheric environment[J]. Materials Chemistry and Physics, 2019,237:121855.

[10] SONG S,CHEN Z. Effect of UV illumination on the NaCl-induced atmospheric corrosion of pure zinc[J]. Journal of Electrochemical Society,2014,161(6):C288-C293.

[11] FLUGE F. Marine chlorides – A probabilistic approach to derive durability related provisions for NS-EN 206-1[C]//Service life design of concrete structures—from theory to standardization. DuraNet,Third Workshop. Tromsø:Norwegian Road Administration,2001:63-83.

[12] 鲍戈拉德 И Я,等. 海船的腐蚀与保护[M]. 王曰义,杜桂枝,等译. 北京:国防工业出版社,1983.

[13] 中华人民共和国住房和城乡建设部. 混凝土结构耐久性设计规范:GB/T 50476—2008[S]. 北京:中国建筑工业出版社,2009.

[14] 全国钢标准化技术委员会. 金属和合金的腐蚀 大气腐蚀性 第1部分:分类、测定和评估:GB/T 19292.1—2018[S]. 北京:中国标准出版社,2018.

[15] International Organization for Standardization. Corrosion of metals and alloys—Corrosivity of atmospheres—Classification,determination and estimation:ISO 9223:2012[S]. Geneva:ISO,2012.

[16] 梁彩凤,侯文泰. 碳钢、低合金钢16年大气暴露腐蚀研究[J]. 中国腐蚀与防护学报,2005,25(1):1-6.

[17] 梁彩凤,侯文泰. 钢的大气腐蚀预测[J]. 中国腐蚀与防护学报,2006,26(3):129-135.

[18] ROBERGE P R. Handbook of corrosion engineering[M]. New York:The McGraw-Hill Companies,Inc.,1999.

[19] 侯保荣,等. 海洋腐蚀环境理论及其应用[M]. 北京:科学出版社,1999.

[20] 韩恩厚,陈建敏,宿彦京,等. 海洋工程材料和结构的腐蚀与防护[M]. 北京:化学工业出版社,2016.

[21] 王相润,周玲玲,陈振进,等. 海洋环境因素对钢腐蚀速度的影响[J]. 海洋科学,1988,12(1):31-34.

[22] 杨帆,郑玉贵,姚治铭,等. 铜镍合金BFe30-1-1在流动人工海水中的腐蚀行为[J]. 中国腐蚀与防护学报,1999,19(4):207-213.

[23] 方志刚,等. 舰船防腐防漏工程[M]. 北京:国防工业出版社,2017.

[24] SHIFLER D A. Understanding material interactions in marine environments to promote extended structural life[J]. Corrosion Science,2005,47(10):2335-2352.

[25] BLACKWOOD D J,LIM C S,TEOS L M,et al. Macrofouling induced localized corrosion of stainless steel in Singapore seawater[J]. Corrosion Science,2017,129:152-160.

[26] MELCHERS R E. Modeling of marine immersion corrosion for mild and low alloy steels – Part 1:Phenomenological model[J]. Corrosion,2003,59(4):319-334.

[27] MELCHERS R E. Modeling of marine immersion corrosion for mild and low-alloy steels – Part

2:Uncertainty estimation[J]. Corrosion,2003,59(4):335-344.

[28] MELCHERS R E. Influence of seawater nutrient content on the early immersion corrosion of mild steel-Part 1:Empirical observations[J]. Corrosion,2007,63(4):318-329.

[29] MELCHERS R E. Influence of seawater nutrient content on the early immersion corrosion of mild steel-Part 2:The role of biofilms and sulfate-reducing bacteria[J]. Corrosion,2007,63(5):405-415.

[30] MELCHERS R E. Long-term immersion corrosion of steels in seawaters with elevated nutrient concentration[J]. Corrosion Science,2014,81:110-116.

[31] 全国钢标准化技术委员会. 金属和合金的腐蚀 室内大气低腐蚀性分类 第1部分:室内大气腐蚀性的测定与评价:GB/T 24513.1—2009[S]. 北京:中国标准出版社,2010.

[32] VERSTRAELEN H,BAERE K D,SCHILLEMANS W,et al. In situ study of ballast tank corrosion on ships-Part 1[J]. Materials Performance,2009,48(10):48-51.

[33] VERSTRAELEN H,BAERE K D,SCHILLEMANS W,et al. In situ study of ballast tank corrosion on ships-Part 2[J]. Materials Performance,2009,48(11):54-57.

[34] 金晓鸿. 原油海运中的腐蚀问题和防腐技术发展[C]//中国石油工程建设协会. 2009年全国石油和化学工业腐蚀与防护技术论坛论文集. 昆明:中国石油工程建设协会,2009:373-376.

[35] 王秀娟,马胜军,方健君. 油船货油舱腐蚀与防护技术[J]. 上海涂料,2014,52(4):35-39.

[36] 高淑云. 船舶液舱与特殊涂装工艺[J]. 中国修船,2003,16(2):26-28.

[37] 丁国清,杨万国,张波,等. 钢在自然大气环境中的不均匀腐蚀行为[J]. 腐蚀与防护,2014,35(6):541-545.

[38] 范林,丁康康,郭为民,等. 静水压力和预应力对新型Ni-Cr-Mo-V高强钢腐蚀行为的影响[J]. 金属学报,2016,52(6):679-688.

[39] 冶金工业信息标准研究院. 金属和合金的腐蚀 点蚀评定方法:GB/T 18590—2001[S]. 北京:中国标准出版社,2002.

[40] 杨武,顾潜祥,黎樵燊,等. 金属的局部腐蚀[M]. 北京:化学工业出版社,1994.

[41] 徐雄,武兴伟,张刚,等. 船舶海水管路缝隙腐蚀密封性能失效分析及其防护措施[J]. 船舶,2016,27(5):57-63.

[42] 王曰义. 金属的典型腐蚀形貌[J]. 装备环境工程,2006,3(4):31-37.

[43] LI Z,GAN F,MAO X. A study on cathodic protection against crevice corrosion in dilute NaCl solutions[J]. Corrosion Science,2002,44(4):689-701.

[44] BATES J F. Cathodic protection to prevent crevice corrosion of stainless steels in halide media[J]. Corrosion,1973,29(1):28-32.

[45] 陈兴伟,吴建华,王佳,等. 电偶腐蚀影响因素研究进展[J]. 腐蚀科学与防护技术,2010,22(4):363-366.

[46] 朱相荣,黄桂桥. 金属材料在海水中的接触腐蚀研究[J]. 海洋科学,1994,18(6):55-59.

[47] 李淑英,陈玮. 碳钢/紫铜在NaCl介质中的电偶行为[J]. 腐蚀科学与防护技术,2000,12

(5):300-302.
[48] 黄桂桥,郁春娟,李兰生. 海水中钢的电偶腐蚀研究[J]. 中国腐蚀与防护学报,2001,21(1):46-53.
[49] 杨学东,吴晓飞,尹晓辉,等. 铝青铜/Ti80合金/2205不锈钢在海水中电偶腐蚀行为研究[J]. 材料开发与应用,2019,34(2):28-35.
[50] 朱相荣,邹中坚,陈振进,等. 钛合金在海水中电偶腐蚀性能研究[J]. 海洋科学,1988,12(6):29-33.
[51] 罗宏,龚敏. 奥氏体不锈钢的晶间腐蚀[J]. 腐蚀科学与防护技术,2006,18(5):357-360.
[52] 王毅,张盾. 船舶的微生物腐蚀与防护技术[J]. 海洋科学集刊,2016(51):58-68.
[53] UPSHER J F. A review of microbially induced corrosion(MIC) of steel and a preliminary investigation to determine its occurrence in naval vessels, MRL-GD-0048[R]. Melbourne: DSTO Materials Research Laboratory,1993.
[54] 陈德斌,胡裕龙,陈学群. 舰船微生物腐蚀研究进展[J]. 海军工程大学学报,2006,18(1):79-84.
[55] COPENHAGEN W J. Accelerated corrosion of ship's bottom plate[J]. British Corrosion Journal,1966,1(9):344.
[56] LIU W. Rapid MIC attack on 2205 duplex stainless steel pipe in a yacht[J]. Engineering Failure Analysis,2014,42:109-120.
[57] International Organization for Standardization. Fasteners—Fundamentals of hydrogen embrittlement in steel fasteners: ISO/TR 20491:2019[S]. Geneva: ISO,2019.
[58] ZHONG Z,TIAN Z,YANG C,et al. Failure analysis of vessel propeller bolts under fastening stress and cathode protection environment[J]. Engineering Failure Analysis,2015,57:129-136.
[59] 中国腐蚀与防护学会. 金属腐蚀手册[M]. 上海:上海科学技术出版社,1987.
[60] 贾斯克 C E,等. 海洋工程中的金属腐蚀疲劳[M]. 吴荫顺,杨德钧,译. 北京:冶金工业出版社,1989.
[61] MAGNIN T. Environmental effects on fatigue in metals[M]//BOUCHAUD E, JEULIN D, PRIOUL C,et al. Physical Aspects of Fracture. NATO Science Series(Series Ⅱ:Mathematics,Physics and Chemistry),Vol 32. Dordrecht:Springer,2001.
[62] SRIVATSAN T S,SUDARSHAN T S. Mechanisms of fatigue crack initiation in metals:Role of aqueous environments[J]. Journal of Materials Science,1988,23(5):1521-1533.
[63] 王日义. 海水冷却系统的腐蚀及其控制[M]. 北京:化学工业出版社,2006.
[64] 金威贤,谢荫寒,靳裕康,等. 海水中泥沙对铜及铜合金腐蚀的影响[J]. 材料保护,2001,34(1):22-23.
[65] 刘雪键,程旭东,彭文山,等. 海水泥沙含量对945钢冲刷腐蚀的影响[J]. 电镀与精饰,2019,41(6):11-17.
[66] 王日义. 钛及其合金在流动海水中的腐蚀及对其他金属材料的电偶腐蚀作用[J]. 金属学报,2002,38(增刊):623-625.

[67] HOU B,LI X,MA X,et al. The cost of corrosion in China[J]. npj Materials Degradation,2017,1:4.

[68] KOCH G H,BRONGERS M P H,THOMPSON N G,et al. Corrosion costs and preventive strategies in the United States,FHWA-RD-01-156[R]. Springfield:NTIS,2002.

[69] 崔维成,蔡新刚,冷建兴. 船舶结构疲劳强度校核研究现状及我国的进展[J]. 船舶力学,1998,2(4):63-81.

[70] WENE J. European and international regulatory initiatives due to the Erika and Prestige incidents[J]. MLAANZ Journal,2005,19:56-73.

[71] GARCIA-MIRA R,REAL J E,UZZELL D L,et al. Coping with a threat to quality of life:the case of the Prestige disaster[J]. European Review of Applied Psychology,2006,56(1):53-60.

[72] 金晓鸿. 船舶涂料与涂装手册[M]. 北京:化学工业出版社,2016.

[73] 黄宗国,蔡如星. 海洋污损生物及其防除[M]. 北京:海洋出版社,1984.

[74] 黄宗国. 海洋污损生物及其防除(下册)[M]. 北京:海洋出版社,2008.

[75] WAHL M. Marine epibiosis. I. Fouling and antifouling:Some basic aspects[J]. Marine Ecology Progress Series,1989,58(1-2):175-189.

[76] DEXTER S C. Influence of substratum critical surface tension on bacterial adhesion-in situ studies[J]. Journal of Colloid and Interface Science,1979,70(2):346-354.

[77] HORBUND H M,FREIBERGER A. Slime films and their role in marine fouling:A Review[J]. Ocean Engineering,1970,1(6):631-634.

[78] 吴星,王虹,邹竞. 海洋生物污损及环境友好型船舶防污涂料的研究进展[J]. 化工新型材料,2014,42(1):1-3.

[79] TAKAMURA N,IWAKUMA T,YASUNO M. Photosynthesis and primary production of Microcystis aeruginosa Kütz. in Lake Kasumigaura[J]. Journal of Plankton Research,1985,7(3):303-312.

[80] CRISP D J. The behaviour of barnacle cyprids in relation to water movement over a surface[J]. Journal of Experimental Biology,1955,32(3):569-590.

[81] 杨宗澄,白秀琴,姜欢,等. 船体表面海洋污损生物附着规律分析[J]. 船舶工程,2016,38(2):29-33,79.

[82] CAO S,WANG J D. Progress of marine biofouling and antifouling technologies[J]. Chinese Science Bulletin,2011,56(7):598-612.

[83] HAKIM M L,NUGROHO B,NURROHMAN M N,et al. Investigation of fuel consumption on an operating ship due to biofouling growth and quality of anti-fouling coating[J]. IOP Conference Series:Earth and Environmental Science,2019,339:012037.

[84] SCHULTZM P,BENDICK J A,HOLM E R,et al. Economic impact of biofouling on a naval surface ship[J]. Biofouling,2011,27(1):87-98.

[85] UZUN D,DEMIREL Y K,CORADDU A,et al. Time-dependent biofouling growth model for predicting the effects of biofouling on ship resistance and powering[J]. Ocean Engineering,2019,191:106432.

[86] ABIOYE O P,LOTO C A,FAYOMIO S I. Evaluation of anti-biofouling progresses in marine application[J]. Journal of Bio-and Tribo-Corrosion,2019,5(1):22.

[87] SMITH T W P,JALKANEN J P,ANDERSON B A,et al. Third IMO GHG Study 2014[R]. International Maritime Organization,2015.

[88] HART J K,KIRK M. Environmental sensor networks:A revolution in the earth system science? [J]. Earth-Science Reviews,2006,78(3-4):177-191.

[89] VIDELA H A,CHARACKLIS W G. Biofouling and microbially influenced corrosion[J]. International Biodeterioration & Biodegradation,1992,29(3-4):195-212.

[90] CORREDOR J E. Environmental constraints to instrumental ocean observing:Power sources, hydrostatic pressure, metal corrosion, biofouling, and mechanical abrasion[J]. Coastal Ocean Observing,2018,4:85-100.

[91] MCQUILLAN J S,HOPPER D J,MAGIOPOULOS I,et al. Buzz off! An evaluation of ultrasonic acoustic vibration for the disruption of marine microorganisms on sensor-housing materials[J]. Letters in Applied Microbiology,2016,63(6):393-399.

[92] HUNSUCKER K Z,RALSTON E,GARDNER H,et al. Specialized grooming as a mechanical method to prevent marine invasive species recruitment and transport on ship hulls[M]//MAKOWSKI C,FINKL C W. Impacts of invasive species on coastal environments. Cham:Springer, 2019:247-265.

[93] ULMAN A,FERRARIO J,FORCADA A,et al. Alien species spreading via biofouling on recreational vessels in the Mediterranean Sea[J]. Journal of Applied Ecology,2019,56(12):2620-2629.

[94] MOSER C S,WIER T P,FIRST M R,et al. Quantifying the extent of niche areas in the global fleet of commercial ships:The potential for "super-hot spots" of biofouling[J]. Biological Invasions,2017,19(6):1745-1759.

[95] REKADWAD B,KHOBRAGADE C. Microbial biofouling:A possible solution to treat harmful microorganisms in ship ballast water[M]//KALIA V C,KUMAR P. Microbial Applications Vol. 1. Cham:Springer,2017:141-150.

[96] BLACKBURN T M,ESSL F,EVANS T,et al. A unified classification of alien species based on the magnitude of their environmental impacts[J]. PLoS biology,2014,12(5):e1001850.

[97] HERNANDEZ A B,ANGELINI C. Wood traits and tidal exposure mediate shipworm infestation and biofouling in south eastern U. S. estuaries[J]. Ecological Engineering,2019,132:1-12.

第 2 章

海洋船舶的防腐防污方法

2.1 合理选材与防腐蚀结构设计

2.1.1 合理选材

1. 选材的基本原则

海洋船舶的防腐蚀设计首先要从合理选材开始,要根据船舶特定部位的工作性能要求以及具体运行工况条件来选择合适的材料。选材时应综合考虑材料的力学性能、工艺性能、耐蚀性能和经济性等指标要求,一般应遵循如下的基本原则[1]。

1) 材料的力学性能应满足设计要求

船体结构及部件选材应满足功能、外观以及性能要求。力学性能是材料非常重要的性能指标,其直接影响结构和部件的承载能力和安全性能。在设计遴选材料时,要掌握材料使用的工况环境,了解构件承受的应力、可能发生的腐蚀等使用条件。对结构材料的选材不可单纯追求强度指标,还应考虑材料的塑性和韧性,以及在具体腐蚀环境下的应力腐蚀和腐蚀疲劳性能。选材往往需要同时考虑多种性能,以便满足实际的需要。例如,选择海水热交换器管材时,就要综合考虑材料的力学性能、导热性能、允许的工作温度以及耐海水腐蚀性能等。

2) 材料的加工性能应满足制造要求

选材时还应考虑材料可允许的加工方式能否满足冷加工或热加工的要求,并最终得到所需的形状和性能。材料加工性能主要包括机加工性能、焊接性能、铸造性能、锻压性能、热处理性能、变形工艺性能等。选材时需要重点考虑的材料加工性能取决于结构和部件的制造成形工艺。例如,船体结构通常都是采用焊接成形,因此船体钢必须具有良好的焊接性能。有些造型复杂的结构件可能需要采用多种成形工艺制造,需要经过焊接、热处理、机加工等达到所需要求,因此所选择的材料必须具有优良的冷热加工性能。

3) 选材应考虑耐蚀性能并尽量避免异种金属的连接

由于船舶处在严酷的海洋环境中,所以腐蚀是造成材料和结构破坏的重要因素。在设计选材时,必须要考虑所选材料的耐蚀性能,以保证材料能够达到设计使用寿命。由于碳钢和低合金钢在海洋环境中的耐蚀性有限,因此当选用该类材料时必修采取补充防腐蚀措施,如有机防腐涂层、金属覆盖层、阴极保护等,以弥补其自身耐蚀性的不足。有时为减少维护工作量、减轻结构物的重量或壁厚、延长结构物的防腐寿命,或者是采用碳钢或低合金钢不能满足设计使用要求时,则需要选择耐蚀材料,包括不锈钢、耐蚀合金等金属材料以及具有良好耐蚀性的非金属材料。

船舶结构中,由于各种原因,不同的结构部位以及不同的设备或部件选用了不同的材料,当它们组合到一起时就造成了异种金属接触,这种情况下必须要考虑电偶腐蚀效应。由于海水是强电解质,具有很高的电导率,因此海水中的电偶腐蚀作用更强,作用的距离更远。所以在船体以及海水管路系统设计时,必须考虑系统或设备中各部件材料之间的相容性。应尽可能选择相同材料的部件或设备,或者是选择电位差较小的异种金属材料,以减小电偶腐蚀的加速作用。有时船体结构和部件为满足性能或制造工艺要求而必须选择不同的材料,如船体采用易焊接的低合金钢材料,而螺旋桨则采用铸造的铜合金制造,结果在海水中不可避免形成强电偶对,导致钢质船体的加速腐蚀。这种情况下,必须采取阴极保护等额外的防护措施来消除或减轻电偶腐蚀。

4) 选材还要考虑使用寿命和材料成本

影响材料使用寿命的因素主要包括腐蚀、磨损、蠕变及疲劳等,由于服役环境因素复杂多变,因此材料的使用寿命一般难以精确估计。通常根据各类材料试验数据及实践经验,选择最低工作寿命也满足服役要求的材料。对于腐蚀严重的部位,根据腐蚀类型,可在设计时适当预留腐蚀裕量,或者选择更耐腐蚀的材料,以满足设计寿命要求。

工程中必须要考虑成本因素。在满足要求的情况下应尽量选择价格便宜的材料。通常耐蚀性越好的材料价格也越高,但其往往具有更长的使用寿命,可以降低日常维护和经常性维修更换的成本,有时还具有更高的性价比和更低的全寿命周期费用。因此,船舶结构和设备选材时应综合权衡建造和使用、维护的费用。例如,钛合金价格比双相不锈钢和铜镍合金贵,建造时一次性投资较大,但其相对密度小、比强度高,且耐海水冲刷腐蚀性能优异,使用寿命长,可避免腐蚀泄漏事故发生。因此,随着市场钛价格的下降,采用钛和钛合金作为船舶的海水管路系统就具有了明显的优势。

2. 船舶典型部位或系统的材料选择

1) 船体结构的材料选择

船体结构钢是现代船舶建造最主要和最关键的结构材料,其性能优劣直接关系船舶的技术性能和安全可靠性。

船体结构钢主要有两大类:碳素结构钢与低合金结构钢。按成分特点,低合金船体结构钢主要有锰系船体钢和铬-镍系船体钢两大类。船体结构钢作为船体结构材料,必须具有足够的强度和韧性、良好的工艺性以及耐海水腐蚀性能。船体通常采用型钢和钢板焊接成形,因此船体钢的焊接性能是非常关键的,直接影响造船的效率和建造成本。自20世纪80年代以来,我国船体用钢经历了低碳化、高洁净化、微合金化等几个层次的技术升级,已形成不同强度级别的系列化产品。这些不同级别的船体结构钢可以满足不同类型船舶以及同一船舶不同结构部位建造的需要。

船体结构钢耐海洋环境腐蚀性能取决于所处的环境条件。表2-1列出了碳钢和低合金钢在青岛海洋环境中暴露1年的平均腐蚀速率[2-3]。从表2-1中可以看出,在飞溅区腐蚀速率往往是最高的,且明显高于全浸区,潮差区的腐蚀速率则介于飞溅区和全浸区之间,海洋大气区的腐蚀速率最小,这与海洋环境各区带的腐蚀性是对应的。对比不同材料的腐蚀速率可以发现,10CrNi3MoV钢的耐蚀性要优于其他结构钢,其他低合金钢的耐蚀性稍优于碳钢,但并不是非常明显。碳钢和低合金钢的腐蚀速率和表面锈层的致密性及保护作用有关,尤其是在海洋大气区。合金元素的加入以及协同作用有助于改善锈层的保护性能。碳钢和低合金钢在海洋环境中的腐蚀常呈现全面不均匀腐蚀形貌,表面存在很多蚀坑,低合金钢尽管平均腐蚀速率要稍小,但其局部腐蚀速率往往要比碳钢更高。表2-2列出了两种船用低合金结构钢实海暴露1年后的腐蚀速率[4]。从表2-2中可以看出,两种低合金结构钢除了在大气区呈现均匀腐蚀外,在其他海洋环境区带均呈现明显的局部腐蚀,新型锰系低碳微合金钢局部腐蚀更严重,在飞溅区的最大蚀坑深度达到了0.925mm。

表2-1 碳钢和低合金钢在青岛海洋环境中暴露1年的平均腐蚀速率

(单位:mm/a)

环境	Q235	3C	16Mn	09MnNb	10CrMoAl	10CrCuSiV	10CrNi3MoV
大气区*	0.057	0.055	0.055	0.057	0.047	0.048	—
飞溅区	0.32	0.32	0.34	0.33	0.30	0.31	0.11
潮差区	0.22	—	0.24	—	—	0.27	0.17
全浸区	0.19	0.18	0.18	0.17	0.11	0.17	0.098

注:*大气区数据系根据16年大气暴露试验腐蚀规律推算的第一年的平均腐蚀速率。

表 2 – 2　两种船用低合金结构钢实海暴露 1 年后的腐蚀速率

船用结构钢材料	区带	平均腐蚀速率 /(mm/a)	局部腐蚀深度/mm	
			平均	最大
Ni – Cr 系低合金钢（10MnNiCr）	大气	0.0498	无明显蚀坑	—
	飞溅	0.1980	0.2917	0.465
	潮差	0.2844	0.5947	0.745
	全浸	0.1683	0.2957	0.450
Mn 系低碳微合金钢（440MPa 级）	大气	0.0566	无明显蚀坑	—
	飞溅	0.3281	0.4733	0.925
	潮差	0.2535	0.4023	0.895
	全浸	0.1703	0.6067	0.880

　　从上面的船体结构钢腐蚀性能可以看出，碳素结构钢和低合金船体结构钢在海洋环境中的耐蚀性均较低，不同钢之间的腐蚀速率差异不是很显著，这表明通过微合金化尽管可以明显提高钢的力学性能，但不太可能显著提高钢的耐蚀性。要解决船体结构的腐蚀问题，得需要依赖防腐涂层、阴极保护等额外的保护手段。随着防腐蚀技术的发展和在造船中的广泛应用，钢材自身耐蚀性对船体结构防腐蚀性能的影响有所降低[3]。另外，船体结构主要采用焊接进行建造，由于受焊缝及热影响区成分和组织状态变化的影响，焊缝接头及附近往往是腐蚀常发区域。因此，在选择焊材以及确定焊接工艺时，应考虑相互匹配性，以避免焊缝区域产生明显的电偶腐蚀效应。

　　随着近现代造船技术的进步以及对船体轻量化的需求，船用铝合金、钛合金、不锈钢以及复合材料等也逐渐被用于一些有特殊要求的船舶结构。

　　铝合金由于具有密度小、比强度大以及无磁性、高导电性和导热性等特点，已被用于建造中小型舰艇，主要目的是减轻舰艇的重量、提高航速和各种性能。也常用于游艇等小型船舶。船体结构用铝合金主要为 Al – Mg 系合金（5000 系合金），该合金为中强可焊合金，属于耐海水腐蚀性能较好的铝合金材料，其耐海水和大气腐蚀能力与纯铝相当。Al – Mg 系合金有点蚀、晶间腐蚀、应力腐蚀和剥落腐蚀的倾向，其腐蚀特性和化学成分、热处理工艺、冷加工量等因素有关。造船常用铝合金牌号有 5083、5086、5456、5383、5059 等。对于强度要求较高的应用场合，也可选用耐海水腐蚀性能良好的 Al – Mg – Si 系（6000 系）合金。微合金化是提高铝合金综合性能的有效方法，苏联发展了含钪（Sc）铝合金，使合金的综合力学性能和耐蚀性能得到有效提升。近年来，我国发展了添加微量铒（Er）的铝合金，稀土元素铒与钪有类似的作用，但价格更低。含铒铝合金不仅具有高的强度、良好的韧性和抗疲劳性能,还具有良好的耐蚀性,有较好的应用前景。

由于钛合金具有密度小、高比强度、无磁性等特点,同时具有良好的韧性和焊接性能,尤其是具有极其优异的耐海水腐蚀性能,因此是建造舰船、水下航行器、深潜器等海洋船舶与装备的重要结构材料。除了用于船体(壳体)结构以外,还用于推进装置、通海管路系统、热交换器和冷凝器、海水淡化装置等船舶设备和部件。海洋环境用钛材主要包括低强度钛合金(屈服强度小于490MPa)、中强度钛合金(490~790MPa)以及高强度钛合金(大于790MPa)。常用的一些钛及钛合金牌号有TA2、TA5、Ti-31、Ti-70、Ti-75、Ti-80、TC4、Ti-B19等,可根据船体结构或设备的性能要求进行选择。

制约钛及钛合金在船舶上广泛应用的主要因素是价格,随着钛材料价格的下降以及更关注装备全寿命周期费用,钛及钛合金在船舶上的应用也越来越多。尽管钛合金自身具有优异的耐蚀性,但由于其在海水中的电极电位较正,与钢、铜、不锈钢等金属连接时易形成电偶,导致后者发生加速腐蚀。另外,钛及钛合金具有较好的生物相容性,表面容易发生海洋生物污损附着。因此,在使用钛及钛合金材料时,应有相应的防腐防污配套措施。

不锈钢和树脂基复合材料在一些船体结构上也得到应用。不锈钢的耐蚀性与其成分和组织密切相关,由于含有较多的Cr、Ni、Mo等合金元素,不锈钢表面很容易形成具有保护作用的钝化膜,因而具有较高的耐蚀性。但是,在含有氯离子的海洋环境中,钝化膜易发生破坏,从而诱发点蚀、缝隙腐蚀等局部腐蚀,有的不锈钢还具有应力腐蚀敏感性。根据组织结构来区分,不锈钢可分为马氏体不锈钢、铁素体不锈钢、奥氏体不锈钢、沉淀硬化不锈钢以及双相不锈钢。马氏体不锈钢通常碳含量较高,Cr含量一般为11.5%~18%,典型牌号有1Cr13、2Cr13、3Cr13、4Cr13、Cr17Ni2等。其具有较高的强度、硬度,但可焊性和耐蚀性相对较差。铁素体不锈钢碳含量较低,Cr含量为12%~30%,典型牌号有0Cr13、1Cr17、1Cr17Ti、1Cr28等。其强度低于马氏体不锈钢,但焊接性能、塑性和耐蚀性均优于马氏体不锈钢。与奥氏体不锈钢相比,铁素体不锈钢的力学性能、加工性能和耐点蚀性能相对较低,但耐氯化物应力腐蚀要强一些。铁素体不锈钢一般不适用于与海洋环境直接接触的船舶结构和部件;奥氏体不锈钢以Cr、Ni为主要合金元素,具有较高的韧性、耐蚀性和耐热性以及良好的低温性能、冷热加工和焊接性能。代表性的牌号有304(0Cr19Ni9)、316(0Cr17Ni12Mo2)、316L(00Cr17Ni14Mo2)、321(0Cr18Ni10Ti)等。通过降低碳含量形成超低碳奥氏体不锈钢,可以提高不锈钢的抗晶间腐蚀性能。尽管奥氏体不锈钢耐蚀性较好,但304、316不锈钢在海洋环境中尤其是长期在海水中使用时仍会发生点蚀。此外,在氯化物环境中,奥氏体不锈钢还易发生应力腐蚀,尤其是在高温介质条件下。奥氏体不锈钢可用于建造化学品船和液化天然气船的货舱和管系,奥氏体不锈钢还可用作无磁钢,用于一些特殊船舶的制造。奥氏体不锈钢是通过加工硬化来进行强化的,对于一些要求强度高而又难以加工硬化的结构和部件,则可以采用沉淀硬化不锈钢。沉淀硬化不锈钢通常含有 Al、Ti、Cu、Nb 等元素,通过沉淀析出弥散强化相来提高钢的强度。常用的沉淀硬化不锈钢主要有 17-4PH(0Cr17Ni4Cu4Nb)、17-7PH(0Cr17Ni7Al)、PH15-7Mo(0Cr15Ni7Mo2Al)等,该类不锈钢具有高强度和良好的韧性以及耐蚀性,在船舶上可用于制造动力系统部件,如传动装置、轴等。双相不锈钢由奥氏体和铁素体两相组织构成,两相约各占 50%,这种组织特征使其同时兼具奥氏体不锈钢和铁素体不锈钢的优点。典型的双相不锈钢材料有 S31803(00Cr22Ni5Mo3N)、S31260(00Cr25Ni7Mo3WCuN)以及超级双相不锈钢 S32750(00Cr25Ni7Mo4N)、S32550(00Cr25Ni6Mo3CuN)等。由于双相不锈钢具有优异的耐海洋环境腐蚀性能,因此在船舶与海洋工程中得到越来越多的应用,如用于长期在海水中服役的构件、海水管道、紧固件等。玻璃纤维或碳纤维增强的树脂基复合材料具有高的比强度、良好的成形性能以及优良的耐蚀性,在船体结构和部件上具有很好的应用前景,可用于小型艇体结构、声呐导流罩、船舶的上层建筑等部位。

螺旋桨是船体水下结构的重要组成部分。螺旋桨材料除了要求高强度之外,同时还要求在海水介质中有优异的耐冲刷腐蚀性能、抗腐蚀疲劳性能、抗空泡腐蚀性能以及良好的加工工艺性能。传统的螺旋桨材料主要有耐海水腐蚀性较高的锰黄铜和耐海水腐蚀性较高、抗空泡腐蚀性能优良的镍铝青铜。为了进一步提高螺旋桨材料的强度、韧性和耐腐蚀疲劳性能,降低螺旋桨的噪声,一些高强度不锈钢螺旋桨材料在日本和西欧得到应用。此外,钛合金以及碳纤维树脂基复合材料作为船舶螺旋桨也有很大的潜力和优势。钛合金螺旋桨具有很好的综合性能,其使用寿命是铜合金螺旋桨的 5 倍以上,而重量却只有铜合金的 1/2。碳纤维复合材料螺旋桨可提高推进效率,降低空泡产生,减少噪声,耐海水腐蚀,并且重量比传统螺旋桨轻得多[5]。

2)船舶海水管系材料选择

船舶海水管系承担着冷却、消防、压载、清洗等多种功能和任务,目前大多数海水管材为金属,并长期运行在干湿交替、高低温、流动海水冲刷等恶劣工况条件下。由于海水管系结构复杂,安装布置空间狭小,维修保养困难,因此经常发生腐蚀泄漏问题。海水管路系统经常在弯头、三通、法兰接头等湍流部位以及阀门、泵、冷却器等设备处出现严重腐蚀。

在海水管系材料的选择上,除了考虑上述选材基本原则外,还要考虑设计的海水流动速度、使用环境温度等工况条件。船舶海水管路材料主要有碳钢管(热镀锌或喷塑)、紫铜管、B10 铜镍合金管、B30 铜镍合金管、双相不锈钢管、钛管等,其中目前最常用的还是铜合金管材。

流动的海水会加速金属的腐蚀,每种材料都有一个最大允许流速,当超过该流速后,金属的腐蚀速率会显著提高。表2-3列出了几种典型海水管路材料允许的最大设计流速值[6]。从表2-3中可以看出,碳钢管耐流动海水腐蚀性能比较差,使用寿命会比较短,需要采用热浸镀锌来进行保护,镀锌层厚度应达到$200\mu m$以上。镀锌钢管适于流速较低、使用频率不高的场合。紫铜耐静止海水腐蚀性能较好,易于加工和安装,但不适于高流速条件下使用。湍流区域的管件或管路超过允许最大流速时,应采取耐冲蚀镀层或铁合金牺牲阳极阴极保护等补充防护措施。铜镍合金管的允许最大设计流速要明显高于紫铜管,在海水中具有良好的耐蚀性能,适于中等流速或短时高流速的场合下使用。对于铜镍合金管路系统中的薄弱环节,可采用铁合金牺牲阳极进行保护。钛合金和双相不锈钢具有优异的耐海水冲刷腐蚀性能,因此在高流速或严重冲刷腐蚀情况下,可选用双相不锈钢管或钛管。

表2-3中的允许流速是针对一直在流动海水工况条件下工作时的数据。对于只在短时间内运行的海水管路系统,如消防水管路,其允许最大设计流速增大30%。对于一个中修期内累计海水流动时间不超过500h的海水管路系统,可不规定允许最大设计流速值。在某些应急情况下,可允许瞬时海水流速超过允许的最大设计流速值,但不应长时间在这种超流速状态下运行。当管路易腐蚀部位采用了阴极保护或耐冲蚀镀层进行防护后,海水管路的允许流速可以适当增大。另外,需要说明的是,表2-3中数据是针对管径不小于89mm的海水管路系统的。通常管径越小,允许最大设计流速会越低。表2-4列出了不同管内径B10铜镍合金海水管路允许的最大设计流速参考值[6]。

表2-3 典型海水管路材料允许的最大设计流速参考值

序号	材料	允许最大设计流速/(m/s)	耐湍流能力评价
1	无缝钢管(20钢)	1.0	差
2	紫铜管(TP2Y)	1.2	差
3	铜镍管(B10)	3.6	好
4	铜镍管(B30)	4.5	好
5	双相不锈钢(HDR)	≥9	优
6	钛管(TA2)	≥9	优

表2-4 不同管内径B10铜镍合金海水管路允许的最大设计流速参考值

管内径/mm	9.5	12.7	19.1	25.4	31.8	38.1	50.8	63.5	76.2	88.9
允许最大设计流速/(m/s)	1.18	1.57	1.98	2.37	2.56	2.76	2.96	3.16	3.55	3.6

注:具体内径与流速关系还与管材的质量有关,如用高表面质量的B10管,管径大于50.8mm时其流速允许值为3.6m/s。

管路系统选材时,除了要考虑耐海水冲刷腐蚀性能外,还需要考虑耐缝隙腐蚀性能。例如,某些双相不锈钢具有非常好的耐海水冲刷腐蚀性能,但在管路法兰接头处却容易发生缝隙腐蚀。海水管路系统选材时还应重点关注由于异种金属接触导致的电偶腐蚀问题,尤其是在选择不锈钢、钛管等高耐蚀性材料时,极易导致管路系统中其他材料的管件或设备的腐蚀。在实际船舶海水管路系统中,由于选材兼容性不够,经常会发生严重的电偶腐蚀。因此,应参照船舶常用海水管系材料的电偶序以及材料腐蚀特性来选择兼容性好的材料,常用金属材料在海水中的腐蚀电位如表2-5所列[7]。

表2-5 常用金属材料在海水中的腐蚀电位

材　料	腐蚀电位/mV(SCE)
铜镍合金-B10	-72±6
双相不锈钢-HDR	-117±5
不锈钢-316L	-128±57
不锈钢-1Cr18Ni9Ti	-154±8
锡青铜-ZCuSn5Pb5Zn5	-186±27
镍铝青铜-ZCuAl9Fe4Ni4Mn2	-221±6
硅黄铜-ZCuZn16Si4	-231±2
铝黄铜-ZQAl19Mn2	-250±6
碳钢-20#	-755±6

注:试验条件为青岛天然海水,未除气,室温,40天。

不同种类金属之间的电位差反映了电偶腐蚀倾向,从理论上讲,两种材料的电位差越大,电偶对中的阳极(电位更负的金属)越易被加速腐蚀。但是,由于金属的成分、表面状态和所处腐蚀环境的不同,腐蚀电位会发生变化,即使是固定的腐蚀体系,随着时间的推移腐蚀电位也会发生改变。按照金属或合金在实际使用环境中的稳定电位排列组成的电偶序,可以作为分析电偶腐蚀的基础数据,材料之间的相对电偶序关系(反映金属的电位差大小)比其电位值更有意义。

利用电偶序可判断电偶腐蚀的极性,一般电位较高(正)的金属是电偶的阴极,电位较低(负)的金属是电偶的阳极。电位差是电偶腐蚀的必要条件和驱动力,决定电偶腐蚀能否发生和电偶电流的方向。然而,电偶腐蚀的程度并不完全取决于金属间的电位差大小,还受金属材料在腐蚀介质中的极化能力、体系的电阻(主要是介质的电阻)、电偶对中阴极与阳极面积比等因素影响。如果阳极金属的阳极极化率或阴极金属的阴极极化率很大,则偶对金属的电位差会很快减小,电偶腐蚀效应会很快减弱。由于海水的电阻率较低,因此海水中异种金属间的电偶腐蚀效应比较强,作用的距离也比较远。阴极和阳极面积比对电偶腐蚀速率影响很大,要尽量避免出现大阴极、小阳极的情形。

海水冷却系统中的热交换装置(包括主冷凝器、辅冷凝器、滑油冷却器等)属于船上腐蚀事故多发的设备,其既有静止和流动海水的腐蚀作用,又有异种金属的电偶腐蚀作用,还受到管端扩管残余应力、设备内不同部位温差、海水沉积物、海洋生物附着以及水质污染等多种因素的影响。应从系统性防腐设计角度出发,从冷却设备材料优选着手,并积极采用综合防护措施来防止设备的腐蚀。一般情况下,小型船用冷却设备中管束多采用B10、B30铜镍合金材料,管板采用钢-铜合金爆炸复合板,封头材料采用镍铝青铜或铝青铜,或者选用与管束材料相同的铜合金材料。在大型船舶冷却设备中采用钢制封头时需要有足够的腐蚀裕量,并且应采用橡胶衬里、涂料或环氧玻璃钢的非金属复合防护层以及牺牲阳极进行腐蚀防护。

随着船舶建造技术的进步以及高技术船舶的发展,新材料、新工艺不断出现并得到应用,不可避免地会产生多种材料耦合问题,因此在设计选材时必须掌握各种材料的腐蚀行为和规律,以防止因选材不当而导致腐蚀问题发生。

海水管系选材应以适用、恰当为原则,应将整个海水管路系统作为一个整体来考虑,根据实际使用工况条件以及技术经济性分析结果来选用合适的材料。

2.1.2　防腐蚀结构设计

船舶的防腐蚀结构设计是指通过优化结构设计来预防船舶及其部件的腐蚀损伤和破坏。通过优化结构设计,可以有效消除由于设计不周而造成的腐蚀隐患。在设计阶段就从源头上来考虑腐蚀控制问题,而不是等腐蚀问题发生后再想办法去解决,往往更有效,也更经济。船舶的防腐蚀结构设计要重点做好如下几方面的工作。

1. 尽可能使结构形状简单化

通常情况下,结构形状越复杂往往也越容易产生腐蚀问题。复杂的结构形状加工成形会更困难,需要焊接或变形处理,更容易产生应力集中;出现凸起、凹陷、边角、台阶、沟槽、间隙等形状不连续部位以及狭窄的空间,增加结构的表面状态不均匀性,影响防腐涂层的涂装质量,导致这些部位的涂层更薄弱和更容易破损,从而导致腐蚀发生。复杂的结构形状还容易产生屏蔽作用,使得不同的部位难以同时获得均匀有效的阴极保护,更易产生"过保护"或"欠保护"现象。

2. 尽量避免结构出现缝隙

结构的缝隙处容易积存灰尘和盐分,使局部更易处于潮湿状态,形成局部高氯离子浓度区域,导致加速腐蚀和某些材料的应力腐蚀开裂;缝隙中的污物难以清理,日常难以维护,也不便于进行表面涂装防腐处理;当缝隙尺寸较小时,还易引起缝隙腐蚀。为解决图 1-15 所示的工程结构中易导致缝隙腐蚀的一些典型情形,包括因焊接不当、铆接以及法兰垫片等形成的缝隙,在结构设计和施工过程中应尽量避免形成结构缝隙。当缝隙无法避免时,应将结构上的缝隙用堆焊或防水胶泥进行填充和堵塞,或者是使间隙扩大到无害的范围。

3. 防止结构出现积水部位

结构出现积水的部位,尤其是长期积水的部位非常容易因加速该部位涂层的失效而导致产生局部腐蚀。船体外部的积水可能来自飞溅的海水或者积存的雨水,舱内的积水则可能来自泄漏的海水、收集的污水或舱内清洗的油污水以及舱壁和金属表面的凝结水等。积水的成分往往很复杂,有的具有极强的腐蚀性。一些积水的部位还容易产生沉积物和细菌繁殖,从而促进缝隙腐蚀和微生物腐蚀。因此,要防止积水区产生腐蚀,最有效的方法就是避免船体结构和设备内部出现积水,并维持干燥的环境。

图 2-1 所示为几种典型的船体结构设计中合适和不合适的布置形式[1]。应尽量避免形成易于存水的凹槽结构。可在凹槽的最低处设计有流水孔,或者是将凹槽或角落用聚合物胶泥填平,从而避免出现积水。船体内平台甲板、舱底及所有横向非水密构件应开尺寸合适的流水孔,使积水能自动排流汇集到舱底,经疏水系统排出船外,从而防止局部积水造成船体结构腐蚀。

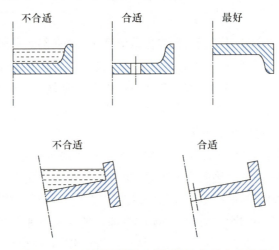

图 2-1 几种典型的防止积水的结构形式示意图

4. 防止船体结构产生电偶腐蚀

船体结构和设备设计选材时,应避免构件之间存在较大电位差,以防止产生电偶腐蚀。设计时要注意避免形成大阴极、小阳极的电偶对,可增大阳极金属结构的面积或减小阴极的面积来减轻电偶腐蚀效应,还可采用绝缘措施来避免异种金属间的直接接触或电性连接。图 2-2 所示为不同种类金属海水管路法兰绝缘接头示意图[8]。通过法兰绝缘密封垫片、螺栓绝缘套管和垫片来隔离异种金属管路的电性连接。或者是在异种金属接触面喷涂耐磨绝缘涂层。用于绝缘的非金属材料应吸水率低、绝缘性好、耐老化和开裂。需要强调的是,由于绝缘接头的两端管路系统都是固定在船体结构上的,要实现真正的电绝缘就必须对整个管系中的吊架、支架等一并采取电绝缘措施。海水管系法兰安装的电绝缘结构应具有管路腐蚀防护设计所要求的电绝缘性能,绝缘电阻值通常不应小于 500kΩ。

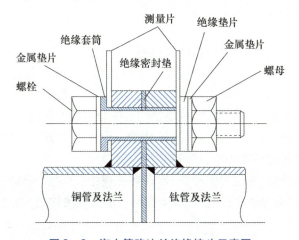

图 2-2 海水管路法兰绝缘接头示意图

5. 其他防腐结构设计

1) 预留维护维修空间

船体结构设计时应考虑人员的可达性,并预留适宜的空间,以便进行日常检查、维修保养和防腐施工,尤其是那些易发生严重腐蚀的部位。需要封死的部位或是固定机座内日常不可维修的部位应预先采取长效防腐措施,如采用金属加有机复合涂层体系、涂装长效重防腐涂料、采用环氧胶泥密封等。

2) 流速和流态控制

为防止和减轻流动介质导致管路系统的加速腐蚀,可通过设计来控制流速和流态,从而减小流体的冲击作用以及湍流的发生,应避免设计流速超过所选管路用材料的允许最大流速。为减少船用冷却设备换热管内沉积物对腐蚀的影响,或为了促进新管内表面成膜,冷却管内设计海水流速不应低于 1m/s。

为防止或尽量减少局部流速增大和湍流程度的增强,下面这些做法是可取的。

(1) 设计的管路应尽量少拐弯,尽可能沿着最短路线通过;在拐弯的地方,弯管曲率半径应尽量统一,曲率半径最好大于 3 倍管径,弯管段间的直管段长度不应小于 1.5~2 倍的管径。

（2）尽量减少管路系统的接头数量，特别是可拆卸接头数量；当采用非可拆式管子连接时，宜采用套管连接，少采用对接焊连接，以减少管内局部湍流的增大。

（3）当海水流动方向发生变化时，应尽量避免急转；允许在主管道上安装90°支管，在其他情况下应考虑海水流动的方向，宜采用Y形三通。

（4）应尽可能采用标准的异形管配件，三通等内部应采用流线型过渡结构。

（5）法兰间的密封垫片尺寸应合适，过大或过小都容易影响局部流态。

（6）在船舶上安装时要特别注意对管道及接头的保护，避免造成机械损伤和变形，尤其要避免损伤管道及配件的内表面。

3）其他措施

在设计时，对于发生均匀面腐蚀的结构或管道，其壁厚应考虑留有足够的腐蚀裕量，对易发生严重腐蚀部位可采用加强防腐措施。管系设计还要注意在相同流速条件下，弯管和三通等异形管件的腐蚀比直管有所增加。

设计采用增强结构避免振动，减小结构所受应力或改善应力分布、避免应力集中，从而减少微动腐蚀、应力腐蚀和腐蚀疲劳。设计过滤装置，避免流体介质中出现固体颗粒或异物而导致磨телу、沉积和堵塞。

要做好隔热保温，避免发生冷凝，出现露点腐蚀；尽量降低材料表面的设计工作温度，通常高温会促进腐蚀过程；设备内尽可能使传热均匀，避免局部高温，以免构成温差腐蚀电池。

2.2 防腐涂层

2.2.1 概述

1. 涂层与涂料

涂层材料是一种固态薄膜材料，是由涂料通过特定的施工工艺涂覆在物体表面，通过干燥固化后形成的黏附牢固、具有一定强度、连续的固态涂膜。涂料通常是黏稠的液体或粉末状，具有流动性。涂料从流动的液体或粉末经干燥成膜转化为固态涂层的工艺过程称之为涂料涂装。液态涂料是涂料发展历史最为悠久、应用最为广泛的涂料品种，具有施涂方便、不受物体大小和形状限制的优点，广泛应用于各行各业。

涂层的作用主要包括：①保护功能。在金属表面涂装涂层可以隔绝腐蚀性介质对金属的腐蚀作用；在木材表面涂装涂层可以防止木材腐烂；在混凝土表面涂装涂层可以防止混凝土碳化和氯离子侵蚀，这些都体现了涂层的保护作用。②装饰功能。涂层不仅可赋予被涂物体靓丽的色彩和外观，而且通过合理的色彩搭配，与周围环境相协调,赋予整体装饰效果,起到美化环境的作用。③特种功能。涂层具有保护功能和装饰功能之外的特殊性能,如电子工业用的电磁屏蔽涂层、导电涂层和绝缘涂层,船舶用的导静电涂层、防污涂层等。具备特种功能的涂料通常称为特种功能涂料,特种功能涂料在现代工业中扮演越来越重要的角色,是涂料主要发展方向之一。

2. 涂层的形成

涂料应用到基材上形成涂层包含两个主要的过程:一是将液态的涂料施工到基材上,形成厚度均匀的液态涂膜,通常称为"湿膜",这个过程称为涂料的"涂布";二是在一定条件下,"湿膜"转变为固态的连续的"干膜",这个过程称为涂料的"干燥"或"固化"。涂料的涂布和干燥过程直接影响涂层外观、厚度,也影响涂层附着力、力学性能和应用性能。因此,要根据涂料的特性,选择合适的施工工艺,以获得性能符合要求的涂层。

1) 涂料成膜方式

涂料成膜与所采用的基料树脂类型密切相关,不同类型的基料树脂,其成膜方式不同。涂料成膜主要有两种方式[9]:一种是物理成膜,通过涂料中溶剂挥发干燥形成涂膜;另一种是化学成膜,通过基料树脂发生化学反应而成膜。

(1) 物理成膜。以这种方式成膜的涂料类型有沥青涂料、乙烯树脂涂料、氯化橡胶涂料和丙烯酸树脂涂料等。这类涂料的基料树脂大多为热塑性树脂,固化过程中树脂未发生化学反应,因此涂层仍然可被同类涂料的溶剂或强溶剂所溶解,涂层耐溶剂性能较差,但复涂性较好。水性乳胶涂料成膜方式也是物理成膜,但与上述成膜过程有所不同。乳胶漆湿膜在水挥发过程中,聚合物粒子彼此接触挤压,最终相互融合,形成连续的涂膜。

(2) 化学成膜。这类涂料的成膜依赖于化学反应,成膜物质在干燥过程中发生聚合反应,形成高聚物而成膜。以这种方式成膜的涂料类型有油性涂料、醇酸涂料、酚醛涂料、环氧酯涂料、环氧树脂涂料、聚氨酯涂料、不饱和树脂涂料等,这类涂料形成的涂层通常耐溶剂性能较好。

2) 涂料的涂装方式

涂料常用的涂装方式主要有刷涂、辊涂、刮涂、喷涂等,其中喷涂又分为有气喷涂和无气喷涂。

刷涂是最为常见的手工涂装方式,操作方便,不受被涂物体形状所限制。辊涂效率较刷涂高,常用于平面上涂装。刮涂通常用于刮腻子,也用于涂装黏度大、厚度大的涂料。上述三种是主要的手工涂装方式。

有气喷涂也称为空气喷涂,在喷涂过程中,首先通过使空气高速流过喷枪将涂料吸入,然后将涂料从喷嘴中喷出并雾化,漆雾在气流带动下沉积到被涂物表面。

有气喷涂形成的漆膜外观好,作业效率高于手工涂装;有气喷涂装置包括空气压缩及净化系统、喷枪、排风和清除漆雾系统。

高压无气喷涂是采用高压泵将涂料从特制的喷枪喷嘴中直接喷出雾化,漆雾高速撞击并附着到被涂物表面,形成漆膜。无气喷涂与有气喷涂相比,大大减少了漆雾飞扬,作业效率大幅提高,还可用于高黏度涂料涂装,在户外大型结构施工中获得了广泛的应用。双组分喷涂是适应高黏度、无溶剂和快速固化涂料施工而发展的一种高压无气喷涂方法。普通的高压无气喷涂,双组分涂料混合好之后才进入喷漆泵。双组分喷涂涂料是在泵外的混合器内混合,然后输送至喷枪喷涂。双组分喷涂机有精确的定量配比系统,采用交互式用户控制界面,操作简便。

3. 涂层的防腐作用机理

防腐涂层的主要成分包括基料和防锈颜料。基料是防腐涂料的主要成膜物质,对涂层的黏附力、强度等性能起主要作用。防腐涂料成膜物质可采用无机材料,也可采用有机材料。防锈颜料是能起防腐蚀作用的物质,如红丹、铁红、三聚磷酸铝等。涂层的防腐作用主要体现在以下三个方面[10-11]。

1) 屏蔽作用

金属腐蚀的产生和发展,主要原因是接触了腐蚀性介质,如氧、水、氯离子等。防腐涂层可以有效地隔绝钢铁基材表面与腐蚀性介质直接接触。防腐涂层基料通常采用致密的高分子化合物,填充惰性的无机颜填料形成致密的涂层,使得涂层具有很好的隔绝腐蚀性介质的作用。所采用的高分子化合物门类繁多,氯化橡胶、丙烯酸酯树脂、环氧树脂和聚氨酯树脂等都是常用的基料树脂。颜填料早期多用颗粒状的,如钛白粉、铁红、重晶石粉等。研究发现,采用片状填料可以极大地提高涂层隔绝腐蚀性介质的性能。常用的片状填料包括云母氧化铁、玻璃鳞片等。片状填料在涂层中定向排列,延长了水和腐蚀性介质在涂层中渗透的路径,从而提高了涂层防腐性能,如图2-3所示。

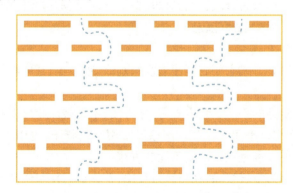

图2-3 片状填料防腐蚀作用机理

2) 缓蚀作用

在防腐涂层中添加具有缓蚀功能的颜填料，通过颜填料与金属表面相互作用，从而减缓或阻止金属基体的腐蚀。例如，铬酸盐颜料与水接触后可释放出铬酸根离子，这种离子具有强氧化性，可使金属表面钝化，从而起到防腐的作用。

3) 电化学保护作用

富锌涂层是具有电化学保护作用的最典型的例子。采用活性较铁高的锌粉作为填料添加到涂层中，并使其与钢铁基材表面形成良好的电接触，当腐蚀介质达到基材表面时，金属锌成为牺牲阳极，从而使钢铁基材免受腐蚀。而且其腐蚀产物锌的氧化物等会填充涂层的空隙，增加其致密性，从而提高防腐性能。

4. 防腐涂料分类与命名

防腐涂料有多种分类方法。按成膜物质分类，可以分为醇酸树脂漆、环氧树脂漆、聚氨酯漆等。涂料成膜物质共有17类，如表2-6所列。这些成膜物质几乎均可用于防腐涂料。

表2-6 涂料所用成膜物质类型

成膜物质类型	主要成膜物质
油脂	天然植物油、动物油(脂)、合成油等
天然树脂	松香及其衍生物、虫胶、乳酪素、动物胶、大漆及衍生物等
酚醛树脂	酚醛树脂、改性酚醛树脂等
沥青	天然沥青、(煤)焦油沥青、石油沥青
醇酸树脂	甘油醇酸树脂、季戊四醇醇酸树脂、其他醇类的醇酸树脂、改性醇酸树脂等
氨基树脂	三聚氰胺甲醛树脂、脲(甲)醛树脂等
硝酸纤维素(酯)	硝酸纤维素(酯)等
纤维素酯、纤维素醚	乙酸纤维素(酯)、乙酸丁酸纤维素(酯)、乙基纤维素、苄基纤维素
过氯乙烯树脂	过氯乙烯树脂等
烯类树脂	聚二乙烯乙炔树脂、聚多烯树脂、氯乙烯共聚物、聚乙酸乙烯及其共聚物、聚乙烯醇缩醛树脂、聚苯乙烯树脂、含氟树脂、氯化聚丙烯树脂、石油树脂等
丙烯酸树脂	热塑性丙烯酸树脂、热固性丙烯酸树脂等
聚酯树脂	饱和聚酯树脂、不饱和聚酯树脂
环氧树脂	环氧树脂、环氧酯、改性环氧树脂等
聚氨酯树脂	聚氨(基甲酸)酯树脂等
元素有机聚合物	有机硅树脂、有机钛树脂、有机铝树脂等
橡胶	氯化橡胶、环化橡胶、氯丁橡胶、氯化氯丁橡胶、丁苯橡胶、氯磺化聚乙烯橡胶等
其他	以上16类中不包括的成膜物质，如无机高分子材料、聚酰亚胺树脂、二甲苯树脂等

按涂料挥发性成分含量分类,可以分为溶剂型、高固体分和无溶剂涂料。以挥发性有机化合物为溶剂的液态涂料称为溶剂型涂料。通常挥发性有机化合物(VOC)含量不大于250g/L的溶剂型涂料称为高固体分涂料,而VOC含量不大于60g/L的称为无溶剂涂料。

按涂料涂装顺序,涂料可分为防锈底漆、中间漆和面漆。底漆直接涂装在金属基材上,而中间漆涂装在底漆与面漆之间。底漆、中间漆和面漆的组合体系是根据所保护的基材及其服役环境来选用的。

按涂料组分分类,可分为单组分、双组分涂料。单组分涂料涂装施工后,通过漆膜内的溶剂挥发或其他方式干燥成膜。双组分涂料由两种组分构成,在涂装施工前按照规定比例,均匀混合两种组分,经过一定时间的预反应后即可进行涂装施工,通过两种组分反应固化而干燥成膜。

防腐涂料的命名遵循涂料的命名原则[12],由颜色(或颜料)名称加上成膜物质名称,再加上基本名称(特性或专业用途)而组成。颜色名称通常由红、黄、蓝、白、黑、绿、紫、棕、灰等颜色,有时再加上深、中、浅(淡)等词构成。防锈颜料对漆膜防腐蚀性能起显著作用,因此防腐涂料中多用颜料名称代替颜色名称,如铁红、锌黄、红丹等。对于双(多)组分防腐涂料,名称后应增加(双组分)或(三组分)等字样。

5. 防腐涂料体系

现代涂料要求使用寿命长,防腐涂料大多采用多道涂装的方式,使得涂层达到一定的涂装厚度。多道涂装的防腐涂料可以是同一种涂料,也可以是不同种类涂料,多道涂装的防腐涂料也称为涂料体系。涂料体系中,底、中间、面漆通常设计成可明显区分的不同种颜色,多道涂装的同一种防腐蚀涂料通常也设计成两种可明显区分的颜色,以避免涂料体系涂装施工时出现漏涂现象。

(1)底漆。底漆直接涂装在金属底材上,与底材直接接触,因此要求涂料具有良好的润湿性能,干燥后具有优异的附着力。底漆一般添加较为大量的防锈颜料。根据添加防锈颜料的类型,其保护原理包括屏蔽、钝化、电化学保护等,底漆(底涂层)包括防锈底漆、金属涂层等。

(2)中间漆。中间漆涂装在底漆之上,中间漆防腐作用机理主要是屏蔽作用,其功能是增加涂层厚度,增强涂层的屏蔽性能。此外,中间漆要求与底漆面漆都具有良好的配套性能。

(3)面漆。面漆与外界环境直接接触,因此要求面漆具有良好的耐环境暴露性能。例如,用于户外环境的面漆要具有优异耐大气暴露性能、耐盐雾性能。此外,面漆外观上要有良好的装饰性,一些特殊部位使用的面漆还具备标志的功能。

2.2.2 船用防腐涂料及涂料体系

1. 船用防腐涂料品种及类型

在船舶上应用防腐涂料可以追溯到数千年前,古代人民采用沥青涂在木船船底用来防水和防腐。当时的防腐涂料采用天然树脂如沥青、桐油和大漆等作为涂料的基料,防腐的主要对象是木材。随着近代工业革命的产生和发展,钢铁等金属材料早已取代木材成为船舶的主体材料。传统的天然树脂基防腐涂料已不能满足现代船舶的使用要求,合成树脂如氯化橡胶、丙烯酸树脂、环氧树脂等已逐步成为船用防腐涂料的主要成膜物质,涂层的防腐蚀性能也有了很大的提高。

现代船舶大多体型庞大,涂料涂装在船厂内完成,且须与造船工艺相匹配。这就要求船舶涂料能在常温下干燥固化成膜,适应现场大面积涂装施工。经过多年的发展,船舶防腐涂料已细分出应用于不同部位、适应不同施工环境的涂料品种,满足修造船业的应用需求。船用防腐涂料主要品种类型及功能如表2-7所列。

表2-7 船用防腐涂料主要品种类型及功能

船舶涂料品种类型	应用部位	功 能
车间底漆	经抛(喷)丸表面处理的船用钢板	钢材的临时防腐蚀保护
船体防锈漆	船体水线(包括水线部位)以下的外表面	防腐蚀
防污漆	船体水线以下的外表面	防污损
船用防锈漆	船体水线以上及内部结构(液舱除外)	防腐蚀
水线漆	船体满载水线和轻载水线之间外表面	防腐蚀(不具有防污作用)
船壳漆	船舶满载水线以上的船壳及上层建筑物外部,桅杆和起重机械等	防腐蚀、耐候
甲板漆	船舶甲板	防腐蚀、耐磨、防滑
货舱漆	干货舱及舱内的钢结构防护,装运散装谷物食品的货舱	防腐蚀、耐磨
舱室内部饰面涂料	机舱、上层建筑和/或甲板室内部外露表面	防腐蚀、装饰
饮水舱漆	饮水舱	防腐蚀
压载舱涂料	专用海水压载舱和散货船双舷侧处所的内表面保护	防腐蚀
机舱舱底涂料	船舶主机、辅机及泵舱舱底	防腐蚀
油舱漆	除航空汽油、航空煤油等特种油品外的石油烃类油舱	防腐蚀
原油油船货油舱漆	原油油船货油舱的内表面保护	防腐蚀
阳极屏涂料	外加电流阴极保护系统辅助阳极周围的船体表面	防腐蚀、屏蔽

2. 船用防腐涂料体系

船舶内部与外部所处的腐蚀环境截然不同。船舶外部船底部位常年浸泡在海水中,面临海水腐蚀和海洋生物污损。船舶轻载水线和重载水线之间的区域则是典型的干湿交替的腐蚀环境,这个区域海水含氧量高,海浪冲击作用大。船舶干舷和上层建筑则暴露在海洋大气环境下,盐雾、湿热和紫外老化是该环境下典型的腐蚀作用因子。船舶内舱大多有不同的用途,如压载舱、油舱、货舱、机舱、空舱和生活舱等。不同舱室腐蚀特征完全不同,有些腐蚀较为严重,如压载舱、油舱和污水舱;有些腐蚀较轻,如空舱和居住舱。船舶各部位面临的腐蚀环境不同,对各部位使用的防腐涂层性能提出了不同的要求。例如,水线以下部位使用的涂层不仅要求具有良好的耐海水浸泡性能和耐蚀性能,而且要求能防止海洋生物污损。然而,干舷部位使用的防腐涂层则要求具有良好的防腐蚀、耐大气暴晒性能,并具有较好的装饰性。为了满足船舶各个部位多样性的应用性能要求,船舶不同部位往往需要采用不同的涂料体系。船舶各主要结构部位所采用的防腐涂料体系如表 2-8 所列。

表 2-8 船用防腐涂料体系

船体	应用部位	防腐涂料体系
外部	船体水线以下	防锈防污涂料体系
	船体水线部位(重载水线和轻载水线之间)	水线涂料体系
	船体水线以上干舷及上层建筑	船壳涂料体系
	甲板	甲板涂料体系
内部	压载舱	压载舱涂料体系
	饮水舱	饮水舱涂料体系
	原油货油舱	货油舱涂料体系
	货舱	货舱涂料体系
	机舱	机舱舱底涂料体系
	工作舱和居住舱	内舱涂料体系

2.2.3 船体水下防锈防污涂料体系

船体水下防锈防污涂料体系[13]主要应用于船体外板水线以下,该部位长期浸泡在海水中,因此要求涂料形成的涂层体系具有极好耐浸泡性、耐水流冲刷性、防腐蚀性和防污性能。船体水下部位通常设计有阴极保护(牺牲阳极或外加电流阴极保护系统),因此还要求涂层体系具有优异的耐碱性和耐电位性能,能与阴极保护相配套。船体水下防锈防污涂层体系由船体防锈涂层、连接涂层和防污涂层组成。体系各层涂料涂装的道数和单道干膜厚度如表 2-9 所列,是依据船舶防锈防污年限要求设计,通常由涂料生产商推荐。

表2-9　船体防锈防污涂料体系涂装道数和单道干膜厚度

涂料	涂装道数/道	单道干膜厚度/μm
船底防锈漆	1~2	100~150
连接漆	1	50~100
防污漆	1~2	60~120

船体防锈涂层可以是由同一品种防锈漆多道涂装形成,也可以是由防锈底漆和防锈面漆涂装组成的体系。船体防锈涂层应具有优良的附着力、耐浸泡性和耐水流冲刷性能,与车间底漆具有良好的配套性,层间附着力好。船体防锈漆通常分成Ⅰ型(双组分)和Ⅱ型(单组分),如表2-10所列。

表2-10　常用船体防锈漆类型

型别	涂料类型	常用成膜物质	常用颜填料
Ⅰ型	环氧防锈涂料 改性环氧防锈涂料	胺固化环氧树脂 环氧/碳氢树脂	云母粉 滑石粉 铁红 长石粉 玻璃鳞片 三聚磷酸铝 磷酸锌
Ⅱ型	沥青防腐涂料 氯化橡胶防腐涂料 乙烯防腐涂料 氯醚防腐涂料	煤焦沥青 氯化橡胶树脂 乙烯树脂 氯醚树脂	

连接涂层应用于船体防锈涂层和防污涂层之间,起增强防污和防锈涂层间附着力的作用,要求连接涂层在防锈涂层上附着力高,耐海水长期浸泡。同时,与表面防污涂层配套性好、结合力高,并且不影响防污漆的防污性能。按照连接涂层的成膜机理,连接漆可分成Ⅰ型(双组分)和Ⅱ型(单组分),如表2-11所列。

表2-11　常用连接漆类型

型别	涂料类型	常用成膜物质	常用颜填料
Ⅰ型	改性环氧连接漆	环氧/乙烯树脂 环氧/氯醚树脂 环氧/丙烯酸树脂	云母粉 滑石粉 铁红 长石粉 等
Ⅱ型	氯化橡胶连接漆 乙烯连接漆 氯醚连接漆	氯化橡胶树脂 乙烯树脂 氯醚树脂	

防污涂层应具有优异耐海水浸泡和耐海浪冲击性能,能在海水环境下长期使用。与连接涂层有良好的层间附着力,不出现起泡、脱落现象。服役期内能防止海洋污损生物附着,防污期效满足设计使用要求。在江河入海口水域造船厂

中,处于建造期船舶使用的防污涂层要求具有优异的耐淡水、淡海水浸泡性能和耐干湿交替浸泡性能,满足造船舾装期防污要求。防污漆不允许采用有机锡、DDT以及国际海事组织禁止使用的防污剂。船舶常用防污漆类型如表2-12所列。

表2-12 常用防污漆类型

类型	涂料类型	常用成膜物质	防污剂
Ⅰ型	含防污剂的自抛光型或磨蚀型防污漆	丙烯酸铜树脂 丙烯酸锌树脂 丙烯酸硅烷酯树脂 松香及其衍生物	铜和铜化合物 有机防污剂 ZnO
Ⅱ型	含防污剂的非自抛光型或非磨蚀型防污漆	沥青 氯化橡胶 乙烯树脂 丙烯酸树脂 松香及其衍生物	铜和铜化合物 有机防污剂 ZnO
Ⅲ型	不含防污剂的非自抛光型或非磨蚀型的防污漆(污损释放涂层)	改性弹性有机硅	不含

注:Ⅰ型和Ⅱ型防污漆按照防污剂的化学组成可分为三类。A类:铜和铜化合物。B类:不含铜和铜化合物的防污剂。C类:其他。

由于防污漆涂装必须在船舶进干船坞期间才能完成,因此在选用防污漆时,要求防污漆的防污期效与船舶进坞周期相匹配。防污漆的使用期效可分为短期效、中期效和长期效,对应的使用期如表2-13所列。

表2-13 防污漆的防污期效

期效	短期效	中期效	长期效
使用期	3年以下	3年和3年以上,5年以下	5年和5年以上
判定	经过规定年限使用后,防污涂层没有因附着力损失引起泡和片状脱落,防污涂层没有因过量磨蚀或防污能力的降低而造成防污失效(从水线到轻载水线间少量的海泥和污损除外)		

船体防锈防污涂料体系中,防锈涂层体系的主要技术要求如表2-14所列,仅测定防锈涂层或防锈/连接涂层组成的涂层体系。防污涂层的主要技术要求如表2-15所列。防锈防污涂层体系的主要技术要求如表2-16和表2-17所列,采用完整的防锈防污涂层体系测定。

第 2 章　海洋船舶的防腐防污方法

表 2-14　船体防锈涂层体系的主要技术要求

序号	检测项目		Ⅰ型	Ⅱ型①	检测方法
1	附着力/MPa		≥3	≥3	GB/T 5210—2006 中 9.4.3 节
2	耐浸泡性	前 10 周期	起泡不超过 1(S2)级	起泡不超过 1(S2)级	GB/T 6822—2014
		浸泡 20 周期	漆膜生锈不超过 1(S2)级，起泡不超过 2(S3)级，外观颜色变化不超过 1 级	漆膜生锈不超过 1(S2)级，起泡不超过 2(S3)级，外观颜色变化不超过 1 级	
		浸泡 20 周期后重涂面防锈漆体系与未重涂面附着力的比值	≥50%	≥50%	
3	抗起泡性		不起泡	不适用	GB/T 6822—2014
4	耐阴极剥离试验②，182d,剥离涂层距人造漏涂孔外缘的平均距离/mm		≤8	不适用	GB/T 7790—2008（方法 B）

①附着力和耐浸泡性试验不适用于Ⅱ型沥青系船底防锈涂层。
②如防锈涂层体系与配套的防污涂层一同进行耐阴极剥离试验，则不再单独做防锈漆的耐阴极剥离性能试验。

表 2-15　防污涂层的主要技术要求

序号	检测项目		技术要求			检测方法
			Ⅰ型	Ⅱ型	Ⅲ型	
1	防污剂	铜总量①	按产品的技术要求		不适用	GB/T 6822—2014 中附录 E 或 GB/T 31409—2015
		不含铜的杀生物剂	按产品的技术要求		不适用	
2		有机锡防污剂	不得使用②			GB/T 26085—2010
3		DDT	不得使用③			GB/T 25011—2010
4		磨蚀率④	按产品的技术要求	不适用	不适用	GB/T 6822—2014 中附录 D 或 GB/T 31411—2015

①仅适用于 A 类防污剂。
②锡总量不大于 2500mg/kg 判定为未使用。
③滴滴涕含量不大于 1000mg/kg 判定为未使用。
④仅适用于自抛光型防污漆（Ⅰ型）。

表2-16　防锈防污涂层体系技术要求

序号	检测项目	技术要求 短期效	技术要求 中期效	技术要求 长期效	检测方法
1	浅海浸泡性,海洋生物生长旺季①	1	2	3	GB/T 5370—2007
2	动态模拟试验,周期②	3	5	8	GB/T 7789—2007

①浅海浸泡性不适用于Ⅲ型防污漆;Ⅰ型和Ⅱ型防污涂层体系试验后,防锈涂层应无剥落和片落。防污涂层试验样板的污损生物覆盖面积不大于10%,或防污性评分不低于85(GB/T 5370—2007)。

②动态模拟试验适用于所有类型防污涂层。防污涂层经过规定的周期试验后,防锈涂层应无剥落和片落。在试验结束时,Ⅰ型和Ⅱ型防污涂层试验样板的污损生物覆盖面积不大于10%,或防污性评分不低于85(GB/T 5370—2007)。Ⅲ型防污漆的试验样板的硬壳污损生物(藤壶、硬壳苔藓虫、盘管虫等)覆盖面积应不大于25%(注明适用的最长的海港静态浸泡时间)。

表2-17　防锈防污涂层体系与阴极保护相容性技术要求

序号	检测内容	技术要求	检测方法
1	防锈涂层剥离尺寸(距人造漏涂孔外缘)/mm	≤8①	GB/T 7790—2008 (方法B)
2	防污涂层剥离尺寸(距人造漏涂孔外缘)/mm	≤10	

①在整个人造漏涂孔周围被剥离涂层的计算等效圆直径应在19mm范围内。

2.2.4　船舶水线以上涂料体系

船舶水线以上涂料体系包括水线漆体系、船壳漆体系和甲板漆体系。水线漆体系主要应用于船体轻载水线和重载水线之间,水线面漆不具备防污功能。船壳漆体系应用于船体重载水线以上船壳及上层建筑结构。甲板漆体系主要应用于甲板部位。表2-18所列为船体水线以上部位涂料体系及涂装道数和单通干膜厚度要求。

表2-18　船体水线以上部位涂料体系及涂装道数和单通干膜厚度要求

涂料体系	涂料品种	涂装道数/道	单道干膜厚度/μm
水线漆体系	船用防锈漆	1~2	100~150
	水线漆	1	40~80
船壳漆体系	船用防锈漆	1~2	100~150
	船壳漆	1	40~80
甲板漆体系	船用防锈漆	1~2	100~150
	甲板漆	1	40~80

1. 船用防锈漆

船用防锈漆应用于船舶水线以上及内部结构(不包括液舱),主要作为防锈底漆使用[14]。船用防锈漆与船壳漆配套组成船壳漆体系用于干舷和上层建筑外表面。船用防锈漆应能与船用车间底漆配套。常用船用防锈漆类型如表2-19所列,船用防锈涂层的主要技术要求如表2-20所列。

表2-19 常用船用防锈漆类型

型别	涂料类型	常用成膜物质	常用颜填料
Ⅰ型	环氧防锈漆 改性环氧防锈漆	胺固化环氧树脂 环氧/碳氢树脂	锌粉 云母粉 滑石粉
Ⅱ型	氯化橡胶防腐漆 乙烯防腐漆 氯醚防腐漆 醇酸防锈漆	氯化橡胶树脂 乙烯树脂 氯醚树脂 醇酸树脂	铁红 长石粉 三聚磷酸铝 磷酸锌

表2-20 船用防锈涂层的主要技术要求

项目		技术要求	检测方法
附着力/MPa	Ⅰ型	≥5	GB/T 5210—2006 中9.4.3节
	Ⅱ型	≥3	
柔韧性/mm		≤2	GB/T 1731—2020
耐盐水性,96h		漆膜无剥落、无起泡、无锈点,允许颜色轻微变浅、失光	GB/T 10834—2008
耐盐雾性	336h,Ⅰ型	漆膜无起泡、无脱落、无锈蚀	GB/T 1771—2007
	168h,Ⅱ型		
对面漆适应性		无不良现象	见注①

①对面漆适应性:按GB/T 1727—1992 的规定进行涂刷,先刷涂一道船用防锈漆,按产品技术要求干燥后,刷涂一道面漆,在刷涂时观察涂刷性。待面漆干燥24h后,观察漆膜表面,应无缩孔、裂纹、针眼、起泡、剥落、咬底和渗色等现象。

2. 水线漆

水线漆是涂装于船壳外表面轻载水线和重载水线间水线部位的面漆,与船用防锈涂层配套,组成水线漆体系[15]。水线涂层体系主要用于防止船壳水线区锈蚀,具有一定的装饰作用,但不具备防污功能。

水线漆要求与船用防锈漆配套性好,层间附着力高,涂层易于修补。水线涂层体系要求具有良好的耐水、耐油、耐冲击、耐干湿交替和耐候性,具有良好的防锈性能和装饰性能。常用水线漆类型如表2-21所列,水线涂层体系的主要技术要求如表2-22所列。

表 2-21　常用水线漆类型

类型	涂料类型	常用成膜物质	常用颜填料
双组分	环氧面漆	环氧树脂/固化剂	钛白粉
单组分	氯化橡胶面漆 乙烯面漆 丙烯酸面漆	氯化橡胶树脂 乙烯树脂 丙烯酸树脂	云母粉 滑石粉 铁红

表 2-22　水线涂层的主要技术要求

项目	技术要求	检测方法
涂膜外观	正常	见注①
耐冲击性	通过	GB/T 20624.1—2006
附着力/MPa	≥3	GB/T 5210—2006 中 9.4.3 节
耐盐水性(天然海水或人造海水,(27±6)℃,7d)	漆膜不起泡、不生锈、不脱落	GB/T 10834—2008
耐油性(15W-40 号柴油机润滑油,48h)	漆膜不起泡、不脱落	GB/T 9274—1988
耐盐雾性(单组分漆 400h,双组分漆 1000h)	漆膜不起泡、不脱落、不生锈	GB/T 1771—2007
耐人工气候老化性②/级 (紫外 UVB-313:200h 或商定。 或者氙灯:300h 或商定)	漆膜颜色变化≤4 粉化≤2 无裂纹	GB/T 9260—2008 中 4.11 节
耐候性(海洋大气暴晒,12 个月)②/级	漆膜颜色变化≤4 粉化≤2 无裂纹	GB/T 9260—2008 中 4.12 节
耐划水性(2 个周期)	漆膜不起泡、不脱落	GB/T 9260—2008 中附录 A

①漆膜外观:在散射日光下目视观察样板,如果漆膜均匀,无流挂、发花、针孔、开裂和剥落等涂膜病态,则评为正常。
②人工气候老化性和耐候性可任选一项,环氧类漆可商定。

由于船舶运营时,常处于轻载和重载交替状态,水线部位通常处于干湿交替和阳光暴晒的环境下,易于生长污损生物。因此,现代船舶水线部位通常涂装船体水下防锈防污涂层体系,以防止海洋污损生物附着。

3. 船壳漆

船壳漆是指使用于船体外板重载水线以上区域和上层建筑外围壁、甲板舾装件等部位的面层涂料[16]。涂装在船用防锈漆之上,组成船壳漆体系。船壳涂层常年暴露在海洋大气环境中,要求具有良好的耐冲击、耐盐雾和耐候性能,以及良好的防锈性能和装饰性能。常用船壳漆类型如表 2-23 所列,船壳涂层体系的主要技术要求如表 2-24 所列。

表 2-23 常用船壳漆类型

类型	涂料类型	常用成膜物质	常用颜填料
双组分	环氧面漆 聚氨酯面漆	环氧树脂/固化剂 聚氨酯树脂	钛白粉 云母粉 滑石粉 铁红
单组分	氯化橡胶面漆 丙烯酸面漆 醇酸面漆 聚硅氧烷漆	氯化橡胶树脂 丙烯酸树脂 醇酸树脂 聚硅氧烷树脂	

表 2-24 船壳涂层体系的主要技术要求

项目	技术要求	检测方法
涂膜外观	正常	见注①
耐冲击性	通过	GB/T 20624.1—2006
柔韧性/mm	1	GB/T 1731—2020
光泽(60°)单位值	商定	GB/T 9754—2007
附着力/MPa	≥3	GB/T 5210—2006 中 9.4.3 节
耐盐水性(天然海水或人造海水,(27±6)℃,48h)	漆膜不起泡、不生锈、不脱落	GB/T 10834—2008
耐盐雾性(单组分漆 400h,双组分漆 1000h)	漆膜不起泡、不脱落、不生锈	GB/T 1771—2007
耐人工气候老化性[2]/级 (紫外 UVB-313;300h 或商定 或者氙灯:500h 或商定)	漆膜颜色变化≤4 粉化≤2 无裂纹	GB/T 6745—2008 中 4.4.11 节
耐候性(海洋大气暴晒,12个月)/级	漆膜颜色变化≤4 粉化≤2 无裂纹	GB/T 6745—2008 中 4.4.12 节

①漆膜外观:样板在散射日光下目视观察,如果漆膜均匀,无流挂、发花、针孔、开裂和剥落等涂膜病态,则评为正常。

②耐人工气候老化性和耐候性可任选一项,环氧类漆可商定。

4. 甲板漆

甲板漆应用于船舶甲板,兼具耐候、耐磨防滑和防腐蚀作用[17]。甲板漆分为通用型和防滑型两大类。甲板漆有时采用与船壳、上层建筑部位一致的涂料体系。船舶甲板是船员活动和工作场所,人员走动和设备移动对甲板涂层磨损很大,甲板涂层要求有较大的摩擦系数和很强的耐磨性。涂层应附着力高,柔韧性好,耐冲击,能抵御机械碰撞作用。露天甲板还面临长时间的太阳直射暴晒,要求涂层耐候性好,耐蚀性能好。常用船舶甲板漆类型如表 2-25 所列,甲板涂层体系的主要技术要求如表 2-26 所列。

表 2–25　常用船舶甲板漆类型

类型	涂料类型	常用成膜物质	常用颜填料
双组分	环氧甲板漆 聚氨酯甲板漆	胺固化环氧树脂 聚氨酯树脂	云母粉 滑石粉 铁红
单组分	氯化橡胶甲板漆 醇酸甲板漆	氯化橡胶树脂 醇酸树脂	

表 2–26　甲板涂层体系的主要技术要求

项目	技术要求	检测标准
涂膜外观	正常	见注①
耐冲击性	通过	GB/T 20624.1—2006
附着力/MPa	≥3	GB/T 5210—2006 中 9.4.3 节
耐磨性(500g/500r)/mg	≤100	GB/T 1768—2006
耐盐水性(天然海水或人造海水,(27±6)℃,48h)	漆膜不起泡、不生锈、不脱落	GB/T 10834—2008
耐柴油性(0 号柴油,48h)	漆膜不起泡、不脱落	GB/T 9274—1988
耐十二烷基苯磺酸钠(1% 溶液,48h)	漆膜不起泡、不脱落	GB/T 9274—1988
耐盐雾性(单组分漆 400h,双组分漆 1000h)	漆膜不起泡、不脱落、不生锈	GB/T 1771—2007
耐人工气候老化性[②]/级 (紫外 UVB–313:300h 或商定。 或者氙灯:500h 或商定)	漆膜颜色变化≤4 粉化≤2 无裂纹	GB/T 9261—2008 中 4.4.11 节
耐候性(海洋大气暴晒,12 个月)/级	漆膜颜色变化≤4 粉化≤2 无裂纹	GB/T 9261—2008 中 4.4.12 节
防滑性(干态摩擦因数)[③]	≥0.85	GB/T 9261—2008 中 4.4.13 节

①漆膜外观:样板在散射日光下目视观察,如果漆膜均匀、无流挂、发花、针孔、开裂和剥落等涂膜病态,则评为正常。
②环氧类可商定。
③仅适用于防滑型甲板漆。

2.2.5　船舶内舱保护涂料体系

大型船舶内舱数量多,不同舱室有不同的功能。船舶内舱主要有两大类:一类是装载液体物品的液舱,主要有压载舱、饮水舱、货油舱等;另一类接触空气介质为主,主要有机舱、居住舱、工作舱、空舱等。各种舱室腐蚀环境不同,需要采用不同防护涂料体系。表 2–27 所列为船舶内舱典型防护涂料体系及涂装道数和单道干膜厚度。

第 2 章　海洋船舶的防腐防污方法

表 2-27　船舶内舱典型防护涂料体系及涂装道数和单道干膜厚度

涂料体系	涂料名称	涂装道数/道	单道干膜厚度/μm
压载舱漆体系	船舶压载舱防腐蚀漆	2	160
饮水舱漆体系	船用饮水舱漆	2	100~150
油舱漆体系	原油货油舱漆	2	160
货舱漆体系	船用防锈漆	1~2	100~150
	货舱面漆	1	40~80
机舱舱底漆体系	船用防锈漆	1~2	100~150
	机舱舱底漆	1	40~80
舱室内部漆体系	船用防锈漆	1~2	100~150
	舱室面漆	1	40~80

1. 压载舱漆

船舶压载舱对保持船舶的平衡和稳定性、保证船舶安全是十分重要的。然而，由于压载舱长期处于海水浸泡和潮湿的腐蚀环境中，腐蚀十分严重。压载舱因腐蚀而结构强度降低，往往是产生各种事故的根源。国际海事组织于 2006 年 12 月 8 日一致通过了《所有类型船舶专用海水压载舱和散货船双舷侧处所保护涂层性能标准》(PSPC)。该标准将强制适用于 2008 年 7 月 1 日以后签订建造合同的所有 500 总吨以上船舶的专用海水压载舱和 150m 以上散货船的双舷侧处所；该标准规定了对寿命为 15 年的压载舱涂层的技术要求[18-19]。

船舶压载舱漆按基料和固化剂组分分为环氧基涂料体系和非环氧基涂料体系两种类型，如表 2-28 所列。船舶压载舱涂层的主要技术要求应符合表 2-29 的规定。

表 2-28　常用船舶压载舱漆类型

涂料类型		常用成膜物质	常用颜填料
环氧基	环氧防锈漆	胺固化环氧树脂	云母粉/滑石粉/铁红/长石粉/三聚磷酸铝/磷酸锌
	改性环氧防锈漆	环氧/碳氢树脂	
非环氧基	其他类型防腐蚀涂料	聚氨酯、聚脲等	

表 2-29　船舶压载舱涂层的主要技术要求

检测项目	技术要求		检测方法
	环氧基涂层体系	非环氧基涂层体系	
外观与颜色	合格	合格	见注①
名义干膜厚度	320μm	符合产品技术要求	90/10 规则

续表

检测项目	指标要求		检测方法
	环氧基涂层体系	非环氧基涂层体系	
模拟压载舱条件试验	通过	通过	GB/T 6823—2008 中附录 A
冷凝舱试验	通过	通过	GB/T 6823—2008 中附录 B

①漆膜平整。多道涂层系统,每道涂层的颜色要有对比,面漆应为浅色。

2. 饮水舱漆

饮水舱用于装载淡水。相对于海水而言,淡水的腐蚀性较弱,但饮水舱装载的淡水是船员饮用水来源,因此饮水舱涂层卫生指标是一项强制性要求。饮水舱涂层应能长期耐淡水浸泡,淡水浸泡下水溶出物不应影响水质。饮水舱涂层应经卫生部认可的卫生部门进行卫生安全检定,并取得相应的合格证书。饮水舱漆目前普遍应用的是环氧类涂料,饮水舱涂层的主要技术要求应符合表 2-30 要求[20]。

表 2-30　饮水舱涂层的主要技术要求

项目	技术要求	检测方法
柔韧性/mm	≤5	GB/T 1731—2020
附着力/MPa	≥3.0	GB/T 5210—2006
耐盐雾性(600h)	无起泡、无脱落、无生锈	GB/T 1771—2007
耐水性(720h)	无起泡、无脱落、无生锈	GB/T 1733—1993
涂层浸泡水水质及溶出物毒理学评价	通过	GB 5369—2008 中附录 A、附录 B 和附录 C

3. 原油货油舱漆

原油货油舱主要用于装载原油。由于原油中含有 H_2S 和 SO_2 等酸性腐蚀性介质,对钢基材有强烈的腐蚀作用。在货油舱顶部,腐蚀性介质和水蒸气冷凝产生酸性液体,是造成货油舱保护涂层失效和结构腐蚀的主要原因。国际海事组织的海上安全委员会(MSC)第 87 次全体会议在 2010 年 5 月 19 日通过了《国际海上人命安全公约》(SOLAS,1974 年)第 Ⅱ-1/3-11 条的修正案,并于 2012 年 1 月 1 日正式生效。该公约的第 Ⅱ-1/3-11 条规则的附件 1《油船货油舱保护涂层性能标准》(PSPC-COT)也作为一项强制性标准实施[19]。该标准规定了原油船货油舱涂层目标使用寿命为 15 年的技术要求,并需要通过标准附件所描述的气氛试验和浸泡试验。常用货油舱漆类型如表 2-31 所列,船舶货油舱涂层的主要技术要求应符合表 2-32 的规定。

表 2－31　常用货油舱漆类型

涂料类型		常用成膜物质	常用颜填料
环氧基	环氧防锈漆 改性环氧防锈漆	胺固化环氧树脂 环氧/碳氢树脂	云母粉/滑石粉/铁红/长石粉/三聚磷酸铝/磷酸锌
非环氧基	其他类型防腐蚀涂料	聚氨酯、聚脲等	

表 2－32　船舶货油舱涂层的技术性能

检测项目	技术要求		检测方法
	环氧基涂层体系	非环氧基涂层体系	
外观与颜色	合格	合格	见注①
名义干膜厚度	320μm	符合产品技术要求	90/10 规则
气密柜试验	通过	通过	GB/T 31820—2015 中附录 A
浸泡试验	通过	通过	GB/T 31820—2015 中附录 B

①漆膜平整。多道涂层系统,每道涂层的颜色要有对比,面漆应为浅色。

4. 货舱漆

船用货舱漆主要用于干货舱及舱内的钢结构防护,包括装运散装谷物食品的货舱。完整的货舱漆体系由车间底漆、防锈漆、中间层漆及面漆组成,货舱漆应能与车间底漆、防锈漆及中间层漆配套。装载散装谷物食品的货舱涂层应不会污染谷物食品,不危害人体健康,持有国家认可试验机构的卫生检测报告。在冷藏货舱的涂层应不会释放可能污染货物或引起货物变质的气味,船用货舱漆分成Ⅰ型(单组分)和Ⅱ型(双组分)。常用货舱漆类型如表 2－33 所列,货舱涂层体系的主要技术要求如表 2－34 所列[21]。

表 2－33　常用货舱漆类型

型别	涂料类型	常用成膜物质	常用颜填料
Ⅰ型	氯化橡胶面漆 醇酸面漆 酚醛面漆	氯化橡胶树脂 醇酸树脂 酚醛树脂	云母粉 滑石粉 铁红 钛白
Ⅱ型	环氧面漆 改性环氧面漆	胺固化环氧树脂 改性环氧树脂	

表 2-34　货舱涂层体系主要技术要求

项目	技术要求		检测标准
	Ⅰ型	Ⅱ型	
漆膜外观	正常		见注①
附着力/MPa	≥3		GB/T 5210—2006 中 9.4.3 节
耐磨性(CS-10 橡胶砂轮 500g/500r)/mg	≤100		GB/T 1768—2006
柔韧性/mm	≤3	—	GB/T 1731—2020
耐冲击性/cm	≥40	商定	GB/T 1732—2020
耐盐雾性/h	≥500②	≥1000③	GB/T 1771—2007

①漆膜外观:样板在散射日光下目视观察,如果漆膜均匀,无流挂、发花、针孔、开裂和剥落等涂膜病态,则评为正常。
②按 GB/T 1766—2008 评定,漆膜无剥落,允许变色不大于 3 级,起泡 1(S2),生锈 1(S3)。
③按 GB/T 1766—2008 评定,漆膜无剥落,允许变色不大于 3 级,起泡 1(S2),生锈 1(S1)。

5. 机舱舱底涂料

机舱内设备常年处于工作状态,舱内温度通常较高一些。由于机舱设备管路复杂,局部有油污和海水泄漏,侧壁还有冷凝水,因此舱底往往有少量积水,腐蚀较一般舱室舱底严重,要求舱底涂料耐油、耐水和耐腐蚀。机舱舱底涂料主要品种是纯环氧涂料,机舱舱底涂层的主要技术要求如表 2-35 所列[22]。

表 2-35　机舱舱底涂层的技术要求

项目	技术要求	检测方法
附着力/MPa	≥3	GB/T 5210—2006
耐盐雾性(600h)	漆膜无起泡、龟裂、剥落、起皱和锈斑	GB/T 1771—2007
耐热盐水性((40±2)℃,336h)	涂膜无起泡、龟裂、剥落、起皱和锈斑等	GB/T 10834—2008
耐柴油性((23±2)℃、0.5a)	涂膜无起泡、软化、剥落和锈斑等	GB/T 9274—1988

6. 舱室内部用涂料体系

舱室内部用涂料体系由内舱漆和船用防锈漆组成[19]。内舱漆要求色彩鲜艳、装饰性好,涂层有良好的保色性、耐候性、耐水性和耐油性。内舱涂层要求有一定的阻燃作用,且一旦燃烧,应不致产生过量烟及毒性产物,符合《国际海上人命安全公约》(SOLAS)和国际海事组织的相关标准要求。内舱漆主要品种是醇酸漆,也有新型水性内舱涂料的研发和应用的报道。

2.2.6 其他船舶涂料体系

1. 船用车间底漆

船用车间底漆又称金属预涂底漆或保养底漆,主要用于造船厂钢材预处理车间流水线上,涂装在经喷砂(或抛丸)处理的钢材表面,对钢材起临时保护作用,防止钢材在后续切割和焊接等加工过程中发生锈蚀,从而大大减轻分段或者船台涂装时的除锈工作量[23]。根据所采用的防锈颜料类型,船用车间底漆可分为Ⅰ型(含金属锌粉)和Ⅱ型(不含金属锌粉),如表2-36所列[24]。

表2-36 船用车间底漆类型

类型	涂料类型	常用成膜物质	常用颜填料
Ⅰ型	醇溶性硅酸锌车间底漆 环氧锌粉车间底漆	硅酸乙酯水解物 胺固化环氧树脂	锌粉/磷铁粉/滑石粉
Ⅱ型	磷化底漆 环氧铁红底漆	聚乙烯醇缩丁醛 胺固化环氧树脂	铁红/滑石粉/重晶石粉

船用车间底漆应能适应自动化流水线作业,具有快干性,常温下$((23\pm2)℃)$5min内干燥。漆膜应具有良好的防锈性能,在海洋大气环境下,15~25μm干膜厚度的涂层应有3个月以上的防护能力;应具有良好的耐冲击和柔韧性,适应钢材的机械加工;对焊接和切割无不良影响,切割速度减慢不超过15%,切割边缘平滑,焊接不影响焊缝强度;具有良好的耐热性能,焊接、切割和火工校正时漆膜受热破坏面积小。船用车间底漆应对下道船舶漆具有广泛配套性,漆膜具有较强的耐溶剂性能,适应涂覆各种类型防锈底漆。船用车间底漆漆膜受热分解不应产生过多的毒性烟气,涂装中的劳动安全应符合有关规定。

分段正式涂装是否保留车间底漆取决于船用车间底漆涂层完好性及第一层涂装的涂料对表面处理的要求。车间底漆具有良好的耐电位性,适合船舶阴极保护。船用车间底漆的涂装道数和单道干膜厚度如表2-37所列,船用车间底漆的主要技术要求应符合表2-38要求。

表2-37 船用车间底漆的涂装道数和单道干膜厚度

涂层	涂装道数/道	单道干膜厚度/μm	备注
车间底漆	1	15~20	含锌
车间底漆	1	20~25	不含锌

表 2-38 船用车间底漆的主要技术要求

项目		Ⅰ型	Ⅱ型	测试方法
干燥时间/min		≤5	≤5	GB/T 1728—2020 中乙法
附着力/级		≤2	≤2	GB/T 1720—2020
漆膜厚度/μm		15~20	20~25	GB/T 13452.2—2008
不挥发分中的金属锌含量		按产品技术要求	不适用	HG/T 3668—2020 中 5.13 节
耐候性（在海洋性气候环境中）	Ⅰ-12 级,12 个月	生锈≤1 级	不适用	GB/T 9276—1996
	Ⅰ-6 级,6 个月			
	Ⅰ-3 级,3 个月			
	3 个月	—	生锈≤3 级	
焊接与切割,切割速度的减慢不超过 15%		通过	通过	GB/T 6747—2008 中附录 A.2

2. 阳极屏涂料

船舶采用外加电流阴极保护系统时,辅助阳极周围的船体上的电位很负,一般的船体防腐涂层易产生阴极剥离,导致涂层提早失效,并且会影响船体表面阴极保护电流和电位分布的均匀性,导致辅助阳极周围船体产生过保护。因此,需要在辅助阳极周围涂装专门的阳极屏涂料,所形成的涂层主要起绝缘屏蔽作用。阳极屏涂层应具有优异的屏蔽性能、耐电性能和耐海水浸泡性能,并与基体附着牢固。

阳极屏涂料通常采用胺固化环氧树脂作为基料树脂,加入少量有机氮碱等化合物,以提高涂料对金属基体的附着力和防锈性能。

阳极屏涂料实际应用中推荐涂装道数和单道干膜厚度如表 2-39 所列。阳极屏蔽涂层主要技术要求如表 2-40 所列[25]。

表 2-39 阳极屏涂料的涂装道数和单道干膜厚度

涂料	涂装道数/道	单道干膜厚度/μm
阳极屏涂料	1	1500~3000

表 2-40 阳极屏蔽涂层主要技术要求

项目	技术要求	检测标准
漆膜外观	光滑均匀	自然光下目测
附着力/MPa	≥10	GB/T 5210—2006
耐冲击性/(kg·m)	≥0.408	ASTM D2794—93(2019)
耐盐雾性(1000h)	无起泡、无脱落、无生锈	GB/T 1771—2007
耐电位性((-3.5±0.02)V,相对于 Ag/AgCl 参比电极,30d)	无起泡、无脱落、无生锈	GB/T 7788—2007 中附录 A

2.2.7 船用防腐涂层的发展趋势

自 20 世纪初醇酸树脂实现工业化生产以来,船舶涂料工业由应用天然树脂迈入了应用合成树脂的时代。醇酸树脂、氯化橡胶、环氧树脂和聚氨酯树脂等高性能树脂在船用防腐蚀涂层中逐步获得了应用,涂层性能也逐步得到了提高。伴随全球经济一体化进程,船舶防腐蚀涂层技术发展迅速,新技术、新产品层出不穷。船用防腐涂层的发展呈现出环保化、厚膜化、易施工、高性能、长寿命等技术特征。近年来,国内外环境保护法规日趋严格,进一步推动了防腐涂料向绿色环保方向快速发展。

1. 环保化

船用防腐涂层环保化体现在限制有毒有害物质使用和降低挥发性有机化合物(VOC)排放两方面。环氧沥青漆问世以来,以其优异的防腐蚀性能和性价比,在船舶上得到了广泛的应用。但是,由于沥青漆的毒性和污染,从 20 世纪 90 年代起在船舶上逐步受到限制。铬酸盐防锈颜料具有优异的防腐蚀性能,但因其对环境污染和致癌作用而被限制使用。

随着环境保护法规的日趋严格,防腐蚀涂料也向高固体分和无溶剂方向发展。VOC 含量达 340g/L 溶剂型环氧涂料已逐步被 VOC 含量小于 250g/L 的涂料所取代。美国军用涂料标准《船舶结构防腐涂层性能标准》,规定应用于液舱的涂料 VOC 含量要小于 250g/L,而用于饮水舱的涂料 VOC 含量要小于 150g/L。未来还将进一步降低到 20~100g/L。

2. 厚膜化/易施工

早期船舶涂料大多采用单组分涂料,涂料施工单道干膜厚度低(不大于 80μm),为达到设计膜厚,需经多道涂装。现代厚膜化的船舶防腐涂层单道干膜厚度有了很大提高(不小于 150μm),同等干膜总厚度下,减少了涂料涂装施工的道数。适应厚膜化涂料施工的高压无气喷涂装备技术性能也有很大的提高,这些技术措施极大地提高了船舶涂料施工效率,降低了施工费用,具有显著的经济效益。

通用化、低表面处理是船舶防锈漆发展的重要方向[26]。高固体分改性环氧防锈底漆以其优异性能、广泛的适用性以及优良的配套性,在造船上得到越来越多的应用,可减少涂料种类、简化配套,提高生产效率。低表面处理要求的防锈底漆,可适当降低涂装前的表面处理要求,从通常的 Sa 2½ 级降低到 St 3 或 St 2 级,可大大减少二次除锈工作量,显著提高涂装效率。

3. 高性能/长寿命

高性能和长寿命是船用防腐涂料的发展与应用方向。2006 年,国际海事组织通过了《所有类型船舶专用海水压载舱和散货船双舷侧处所保护涂层性能标准》(PSPC),规定了压载舱涂层 15 年使用寿命的技术要求。2010 年,通过了《油船货油舱保护涂层性能标准》(PSPC – COT),同样提出了货油舱涂层 15 年使用寿命的技术要求,这两项标准均作为强制性标准实施,提升了船舶结构的防腐技术水平。

美国海军开展了高性能双组分涂料和高固体分涂料的研究与开发工作,以满足压载舱等部位涂料快速固化、环境友好、长寿命等要求。这种高性能双组分环氧涂料可用在压载舱、燃料舱、废水舱、井甲板顶、底舱等部位。采用超高固体分低 VOC(20~100g/L)涂料体系取代溶剂型环氧涂料,使用寿命预期达 20 年以上,并且符合更严格的涂料 VOC 控制要求。

2.3 防污涂层

2.3.1 防污涂层概述

船舶长期处于海洋环境中,与海水接触的船底若不进行防护,极易发生生物污损,因此,防污涂层是海洋船舶必不可少的防护材料。

船舶防污历史悠久,自古以来人们采用了多种材料对抗生物污损。早期曾使用砷、锡、铅、汞等重金属的化合物作为毒料,通过对污损生物的杀灭作用来达到防污目的。20 世纪 50 年代,随着合成树脂工业的发展,防污涂料技术得到改善,其性能也越来越高。出现了以松香、沥青、乙烯树脂、氯化橡胶、丙烯酸树脂等为基料,以氧化亚铜为主要毒料的防污涂料,但防污期效较短,通常只有 1~2 年。20 世纪 60 年代,出现了以有机锡化合物(TBT)为毒料的防污涂料。有机锡化合物具有广谱、高效防污的特点,在海洋防污涂料中开始得到广泛应用。由于丙烯酸三丁基锡酯聚合物在海洋环境中易水解,释放出三丁基锡离子,且水解后的聚丙烯酸酯在海水中慢慢溶解,从而表面不断更新并保持光滑。这一现象的产生造就了划时代的自抛光防污涂料(SPC),并在 20 世纪 70 年代得到大规模应用,防污期效可达到 5 年。该体系的成膜物是有机丙烯酸树脂,由甲基丙烯酸三丁基锡酯与其他丙烯酸类单体聚合而成,三丁基锡酯既是成膜物,也是防污剂。其防污机理是:当涂有自抛光有机锡的船舶浸入海水中时,涂层中的有机锡高聚物在海水的浸泡和冲蚀下,发生水解和溶解,释放出有机锡基团,并以三烷基氢氧化物的形式扩散到海水中,杀死周围的海洋生物,达到防污目的。剩余的有机锡聚合物因为带有亲水基,在航行过程中借助水流的冲刷作用而溶解在海水中,使新的有机锡高聚物不断暴露,并重复上述过程,从而不断释放出有机锡毒料,达到长期防污的目的[27]。

20世纪80年代,人们发现有机锡防污剂,尤其是有机锡氧化物(TBTO)对牡蛎、海螺、鱼类的发育产生严重影响,并使许多鱼类和海洋生物的免疫系统遭到破坏。研究已发现,三丁基锡在极微量(万亿分之几)时就对海水中的一些水生生物产生危害,导致生物发生遗传变异和畸形,三丁基锡被认为是软体动物的内分泌干扰物,导致雌性贻贝中雄性生殖器的生长[28];还使牡蛎壳生长异常,20世纪70年代末和20世纪80年代初牡蛎产量减少,法国牡蛎业损失估计超过1.47亿美元[29]。而且有机锡很稳定,经过很长时间也不易分解,其经海洋贝类和鱼类进入人类的食物链,直接危害人体健康[30]。鉴于这一问题,国际海事组织明确规定,从2008年1月1日起完全禁止有机锡作为防污剂用于船舶防污涂料[31]。我国也早在1995年发表了《21世纪海洋发展宣言》,明确提出发展无公害的防污技术[32]。

自20世纪80年代末以来,防污涂料技术进入不含有机锡的低毒或无毒防污涂料的发展阶段。开发出了不同种类的防污材料,包括Ⅰ型(含防污剂的自抛光型或磨蚀型防污漆),如无锡自抛光涂料;Ⅱ型(含防污剂的非自抛光型或非磨蚀型防污漆),如防污剂渗出型涂料;Ⅲ型(不含防污剂的非自抛光型或非磨蚀型的防污漆),如污损释放型防污涂料等[33]。

2.3.2 船舶常用防污涂料

1. 防污剂渗出型涂料

防污剂渗出型防污涂料是一种制备简单、高性价比的涂料,以高分子材料为基体,加入颜填料、溶剂和加工助剂,添加防污剂作为防污活性物质。防污剂渗出型防污涂料占据市场90%以上份额[34],这足以证明其在防止生物污损方面的巨大优势。防污涂料的效果主要由漆膜中的防污剂及其渗出量决定,因此防污剂是起防除污损生物作用的关键成分,主要包括含铜类防污剂和有机辅助防污剂。

1)含铜类防污剂

含铜类防污剂包括氧化亚铜(Cu_2O)、铜粉、吡啶硫酮铜、硫氰酸亚铜等。铜是重金属元素,能有效阻止绝大多数硬质污损生物,如藤壶、贻贝等。起防污作用的主要是二价铜离子(Cu^{2+}),Cu^{2+}与生物体内主酶有很高亲和性,使之失去生命代谢功能,蛋白质凝固形成金属蛋白质沉淀物,导致生物组织死亡。含铜防污剂主要

以 Cu_2O 为主,Cu_2O 的临界渗出率为 $10\mu g/(cm^2 \cdot d)$,但它在涂料中的实际渗出率往往要超过临界渗出率,造成铜离子的大量流失。Cu_2O 与海水发生复杂化学反应,释放出稳定浓度 Cu^{2+},反应如下:

$$Cu_2O + 2H^+ + 4Cl^- \rightleftharpoons 2CuCl_2^- + H_2O \quad (2-1)$$

$$CuCl_2^- + Cl^- \rightleftharpoons CuCl_3^- \quad (2-2)$$

但是,铜离子对藻类等软质污损生物效果不佳,因此防污涂料通常采用辅助防污剂与 Cu_2O 复配,获得广谱防污性能。

2) 有机辅助防污剂

有机辅助防污剂是一系列用于抑制污损的有机化合物的总称,能有效抑制软污损生物。目前,常用的有机辅助防污剂有近 10 种,包括异噻唑啉酮类化合物、吡啶类化合物等。异噻唑啉酮类化合物属于杂环类化合物,用于生物合成抑制剂,是非氧化型防污剂,具备防污与杀菌效果。非常少量的异噻唑啉酮类化合物即可杀死大量的藤壶、细菌与藻类等污损生物。异噻唑啉酮类化合物的防污效果主要通过氮硫键实现,因其能抑制电子转移,断开蛋白质键杀死细胞,从而导致微生物死亡;能阻止酶的合成,使生物难以合成出黏附性物质;氮硫键具有亲电子效应,使异噻唑啉酮分子能穿透生物膜,进而灭杀生物细胞[35]。表 2-41 列出了一些目前常见的防污剂及其主要的性能参数[36]。

表 2-41 常见的防污剂及其性能参数

商用名	释放速率/($\mu g/(cm^2 \cdot d)$)	溶解度/(mg/L)	在海水中的半衰期/h
Cuprous oxide(氧化亚铜)	25 ~ 40	—	—
Irgarol 1051	5.0	7	2400
Diuron(敌草隆)	3.3	35	—
Sea-Nine 211(异噻唑啉酮)	2.9	14	<24
Zinc pyrithione(吡啶硫酮锌)	3.3	8	<24
TCMTB(苯并噻唑)	—	10.4	740
Chlorothalonil(百菌清)	—	0.9	43.2
Dichlofluanid(抑菌灵)	0.6	—	18
Zineb(代森锌)	—	0.07 ~ 10	96

含有防污剂的渗出型防污涂料与海水接触后,由于溶解和扩散作用,会使涂料中的防污剂释放到周围的海水中,从而防止海洋生物在涂层表面附着和生长。依据成膜物的种类不同,防污剂渗出型防污涂料可分为基料不溶型和基料可溶型。图 2-4

所示为基料不溶型和基料可溶型涂料防污剂释放过程的示意图。在涂料中含有的防污剂量相同的情况下,基料不溶型的涂料由于表面的防污剂浓度越来越低,防污剂的释放速率和在海水中的浓度也随时间降低,防污效果会逐渐变差。基料可溶型涂料则不同,当涂料表层的防污剂释放后,由于基料也会慢慢溶解,涂料内层会变成表层,防污剂可以继续以较高的速率释放,以维持一定的浓度,其防污效果比基料不溶型好,但缺点是防污涂层消耗较快,防污有效期比较短,当涂层全部溶解后,需要重新涂覆才能再次获得防污效果。

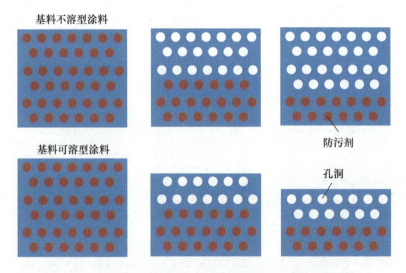

图 2-4　基料不溶型和基料可溶型涂料防污剂释放过程示意图

（1）基料可溶型防污涂料。基料可溶型防污涂料与海水接触后,防污剂及部分基料会发生溶解。这种涂料的基料可由松香、树脂、沥青等物质组成。基料可溶型防污涂料的作用机理为:防污剂与部分基料在海水的作用下被溶解,所释放防污剂的毒性可杀死或驱离在漆面上停留的污损生物。随着防污涂料的不断溶解,漆膜越来越薄,但同时防污涂料中的不溶性组分如无机颜填料、未完全溶解的树脂片段等,也会残留在漆膜表面,当达到一定厚度后会影响水的渗透,造成涂料整体的溶解性减弱,影响防污剂的释放,最后导致涂料失去防污效果。表 2-42 列出了一种常见的基料可溶型防污涂料的组成。

（2）基料不溶型防污涂料。基料不溶型防污涂料的基料不可溶,仅是防污剂溶于海水。它的基料是由具有一定强度的不溶性合成树脂,如氯乙烯-乙酸乙酯共聚物、氯化橡胶等,组成的,大部分基料不溶型防污涂料的防污剂由氧化亚铜及铜组成。其防污机理为:漆膜中的防污剂与海水接触后逐步溶解,其毒性可杀死或驱离在漆面上停留的污损生物。由于基料是不溶解的,当氧化亚铜的粒子溶解后就会在漆膜表面形成一个个的细小孔洞,通过这些孔洞,海水又接触到新的氧化亚铜粒子。如此往复,通过这种由表及里的溶解作用,最后涂料会留下一个厚度几乎不变的多孔漆膜骨架。表 2-43 介绍了一种乙烯共聚体防污涂料的组成。

表 2-42 一种常见的基料可溶型防污涂料的组成

原料名称	质量分数/%	总计/%
氧化锌	25.5	
氧化亚铜	27.7	
铁红	3.1	
DDT	3.1	
辅助毒料	4.1	
铜皂	6.4	100
增塑树脂	4.1	
煤焦沥青液	6.4	
松香	12.0	
酚醛树脂液	2.0	
200 号煤焦溶剂	3.6	
稳定剂、防沉淀剂	2.0	

表 2-43 乙烯共聚体防污涂料的组成

原料名称	质量分数/%	总计/%
乙烯共聚体树脂	5.5	
氧化亚铜	55.0	
松香	5.5	
磷酸三甲苯酯	2.1	100
甲基异丁基酮	18.9	
二甲苯	13.0	

对上述两种类型防污涂料的防污性能进行比较,结果如表 2-44 所列。由表 2-44 可以看出,由于涂料中的防污剂含量相差约 1 倍,示例中的基料不溶型防污涂料含有更多的氧化亚铜,其防污期效比基料可溶型防污涂料更长。

表 2-44　几种防污剂渗出型涂料的性能对比

类型	油性系 (基料可溶型)	氯化橡胶系 (基料不溶型)	乙烯系 (基料不溶型)
防污剂	氧化亚铜	氧化亚铜	氧化亚铜
防污效果	差	较好	好
对藤壶的防污性能	好	好	好
对海藻的防污性能	差	差	差
暴晒后的防污性能	差	较好	好
干燥性能	差	好	好
防污期效/a	0.5~1.5	2~3	2~3

2. 无锡自抛光防污涂料

自抛光防污涂料是目前众多海洋防污涂料中防污效果好、发展迅速的一种涂料。其防污机理为：涂料中的基料含有可部分水解的成膜物，以及可防除污损生物的防污剂，当涂料与海水接触后，涂料中的成膜物(树脂)中侧链官能团，在海水的作用下，水解形成亲水性基团，平稳地释放出防污剂；同时，具有防污特性的其他填料也随着水解的进行而进入海水中，共同起到杀死或驱赶海洋污损生物的作用。随着水解的进行，涂料漆膜表层的树脂逐渐水解脱落，即便有生物附着其上，也会一起脱掉，这样不仅能让污损生物失去相对固定的繁殖场所，又能在漆膜表面形成一层新的防污漆膜，从而达到持续防污的目的。

由于有机锡自抛光防污涂料已被禁止使用，目前，自抛光防污涂料主要为铜、锌、硅类自抛光防污涂料。以特制的可生物降解或水解的树脂为基料，添加非锡类防污剂，调控基料的水解速度和防污剂的渗出率[37]。根据基料水解方式的不同，可分为侧链水解型无锡自抛光防污涂料和主链降解型无锡自抛光防污涂料两种[38]。

1) 侧链水解型

侧链水解型无锡自抛光防污涂料的成膜物主要为丙烯酸酯类聚合物，通过侧链酯键断裂，达到更新表面的目的，如含铜锌类丙烯酸酯聚合物即具备自抛光性能。铜离子本身是具有防污活性的金属离子，在自抛光型防污涂层研究中应用较多。如将铜离子引入丙烯酸树脂侧链，合成丙烯酸铜树脂[39]，通过丙烯酸树脂的自抛光作用，实现铜离子的持续释放，获得防污效果。聚丙烯酸锌树脂也具有优异的自抛光性能，通过树脂表面的自动更新，释放出涂层中的含锌防污剂，其防污能力直接与丙烯酸锌树脂的降解速度相关。锌单体含量越高的聚合物水解速度越快，污损生物就越不易附着在其表面，同时锌离子具有杀菌抗藻的作用，聚合物表面锌离子浓度越高，生物附着量越少[40]。表 2-45、表 2-46 分别列出了两种常见的侧链水解型自抛光防污涂料的组成。

表 2-45　丙烯酸铜自抛光防污涂料的组成

原料名称	质量分数/%	总计/%
丙烯酸铜树脂	25.0	100
氧化亚铜	40.0	
滑石粉	10.0	
碳酸钙	5.0	
二甲苯	20.0	

表 2-46　丙烯酸锌自抛光防污涂料的组成

原料名称	质量分数/%	总计/%
丙烯酸锌树脂	50.0	100
氧化亚铜	30.0	
锌白	10.0	
硅胶	2.0	
正丁醇	3.0	
二甲苯	5.0	

2) 主链降解型

主链降解型无锡自抛光防污涂料的成膜物主要为聚酯-聚氨酯、改性聚酯和聚酯-聚丙烯酸酯等,该系列材料可通过主链酯键的断裂,更新表面,达到防污目的。这类防污聚合物的防污能力与降解速率有关,一般来说,自抛光性能越好,表面更新越快,聚合物的防污能力越强。表 2-47 列出了一种常见的主链降解型自抛光防污涂料的组成。

表 2-47　聚酯自抛光防污涂料的组成

原料名称	质量分数/%	总计/%
改性聚酯树脂	30.0	100
铁红	1.0	
氧化亚铜	42.0	
氧化锌	10.0	
钛白粉	1.0	
防沉剂	1.0	
分散剂	0.5	
二甲苯	14.5	

将主链降解和侧链水解相结合,也可获得自抛光防污涂料。例如,首先将丙烯酸三异丙基硅烷酯以一定比例发生自由基调聚反应,预先合成单端双羟基的聚硅烷酯齐聚物;然后与聚己内酯二元醇、L-赖氨酸乙酯二异氰酸酯、1,4-丁二醇以不同比例发生逐步聚合反应,制成主链降解-侧链水解的新型自抛光防污聚合物,经过海洋防污挂板试验验证,与只具有侧链水解型的聚丙烯酸硅烷酯基自抛光涂料相比防污性能更好[41]。又如,将聚甲基丙烯酸硅烷酯-聚酯结合,制备聚合物涂层,也可实现主链降解和侧链水解,该聚合物涂层对细菌和硅藻的防除能力随防污基团增多而提高,同时其降解速度可通过主链酯键百分比来调节[42]。

无锡自抛光防污涂料在船舶航行中靠水流的冲刷而起作用,防污效果好,防污期限长。但也存在缺点:如果船舶航速太低,或者停泊时间太长,自抛光防污涂料的作用将会降低,甚至不起作用。

3. 污损释放型防污涂料

污损释放型防污涂料是一种类似不粘原理的防污涂料。这种涂料不含防污剂,而是利用其低表面能等物理特性,使海洋生物难以在上面附着,即使附着也不牢固,在航行水流的冲击或其他专门的清理设备作用下很容易脱落掉。图2-5所示为污损释放型防污涂料的防污原理,其与含防污剂型防污涂料有很大不同,前者依靠表面性质和外力冲刷作用,抵御和去除污损生物,而后者靠防污剂直接驱逐或杀死接近涂层的污损生物[43-44]。

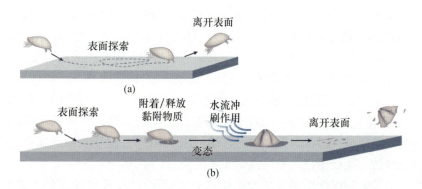

图2-5 防污剂释放型防污涂料和污损释放型防污涂料的防污原理
(a)防污剂释放型防污涂料;(b)污损释放型防污涂料。

依据基料树脂的不同,污损释放型防污涂料主要分为有机硅系列和有机氟系列。

有机硅系列污损释放型防污涂料主要由有机硅聚合物作为基料,包括硅氧烷树脂、有机硅橡胶及其改性物质等。有机硅聚合物是指其分子骨架由交替的Si-O重复单元结构组成,同时每个硅原子上都连接着两个有机基团的聚硅氧烷。聚硅氧烷具有防水、不易被溶剂溶解、良好的耐高温和耐低温性能、优良的疏水性能等特点。目前,主要以聚二甲基硅氧烷(PDMS)为主,其表面能只有 $22mJ/m^2$,使污损生物难以在其表面牢固附着[45],因此基于 PDMS 的防污涂料得到快速发展[46-47]。但是,依然面临着许多迫切需要解决的问题,如易撕裂、对底材的附着力差、重涂性不好以及成本较高等。

有机氟系列污损释放型涂料由氟碳聚合物作为基料,氟化物单分子吸附层具有比有机硅更低的表面能,而且非常稳定。通常在涂料本体中有足够的氟含量,以保证涂层表面的氟含量,最好表面只有氟化基团且表面交联,使氟原子固定,可抵抗海洋黏附物的重排及渗透,并在海洋环境下保持稳定。但是在应用中,为了兼顾防污性能和涂层的力学性能,通常使用改性后的氟碳树脂、氟化树脂(如氟化聚氨酯、氟化丙烯酸树脂等);近来又发展了氟硅共同改性树脂。

除低表面能污损释放型防污涂料外,污损释放型防污涂料还包括亲水亲油的两亲性聚合物涂料等。当污损生物附着到这类材料表面时,高水化程度增加了水分去除过程中的能量损失,使表面产生针对蛋白质吸附和污损生物附着的抗污特性。目前,在污损释放型防污涂料中人们研究较多的是水凝胶和两性离子聚合物[44],大多还处于实验室研究阶段。

2.3.3 防污涂层技术的新进展

开发完全无毒的防污涂层是船舶行业和涂料行业关注的重点,也代表了未来的发展趋势[48]。防污涂层技术的难点在于:①由于不同的污损生物的附着机制不同,通用涂层的设计极其困难,并且一种真正通用的涂料需要在静态和动态条件下均具有良好的性能;②对于经常跨洲航行的船舶来说,确保涂层在不同环境条件下可抵抗多种生物至关重要;③不同船舶的工况会变化很大,航行速度、停航比、高速持续时间、坞修期等因船而异,导致不同船舶的污损情况和防污要求不同;④期望的防污期效越来越长,例如,希望防污涂层可使用 10 年甚至更长而无须重新涂覆。这些难点给防污涂层新技术的发展带来了挑战。

由于对长效环保型防污涂层的迫切需求,防污涂层技术领域得到了越来越多的关注,近几年涌现出了大量新技术成果[49]。

1. 水凝胶防污技术

水凝胶是具有三维网络结构的新型高分子聚合物材料,由于其三维网络结构中存在大量的空隙,可以填充液体,而且其分子链上带有众多亲水基团,可吸收大量水分。水凝胶吸水后具有较低表面能,其独特的吸水、保水能力以及吸水后表面光滑、可流动、易剥离的特点[50],与海洋大型生物体表面分泌的黏液层类似,可有效抑制生物附着[51]。水凝胶材料还可以改善树脂的防污能力,在防止生物污损中表现出更好的效果[52-56]。

2. 两性离子防污技术

两性离子聚合物是一类分子链中含有阴、阳离子基团的特殊高分子。具有代表性的是磺基甜菜碱型、羧基甜菜碱型和磷酰胆碱型[57]。天然甜菜碱结构中既有带季铵阳离子基团,也有羧酸阴离子基团,分子整体呈现为电中性。两性离子聚合物的防污性能来源于其亲水作用,亲水的涂层表面高度水合形成水化层,这个水化层对蛋白质具有屏蔽作用,阻碍了蛋白质与材料表面的接触,从而减少蛋白质在基底上的吸附,进而影响后续污损发展[58-60]。随着两性离子聚合物合成技术的发展,众多基于甜菜碱的聚合物被合成出来并用于防污[61-63],给两性离子聚合物防污涂层的研发开拓了新思路。

3. 仿生防污技术

人们在研究自然界中的生物时,发现某些生物表皮的特殊结构或者分泌的物质具有一定的防污作用,通过模仿这种结构或者合成相似的物质来制备仿生防污涂料,包括仿生物表皮结构的防污涂料和含生物活性物质的防污涂料。

仿鲨鱼皮、仿荷叶结构防污材料具有很多微纳米结构,这些结构让污损生物不易附着在表面[64-66]。试验已证明材料表面的微结构影响污损生物附着,但是污损生物尺寸并不统一,实现广谱防污需要多大的微结构尺寸现在没有定论,而且给船舶表面引入微纳米结构也较困难。另一个仿生结构的防污材料是受猪笼草的启发,将润滑剂注入多孔表面制备成"超滑表面"(SLIPS)。研究者在具有微纳米表面结构的材料中注入氟化物或硅油等润滑剂,润滑剂通过毛细作用力保留在表面上。SLIPS为液体,使得污损生物很难发现并附着在其表面,从而具有防污性能[67-68];但其缺点是润滑剂并不能在表面上长期稳定存在,随时间延长会导致防污效果下降。

基于天然防污活性物质的防污涂料是利用从海洋/陆生植物、动物、微生物中提取的天然活性物质作为防污剂,这些生物活性物质包括有机酸、无机酸、内酯、萜类、酚类、甾醇类和吲哚类等天然化合物,这些天然化合物来源于自然界,降解速度快,不会危害环境,有利于保持生态平衡。各国在天然生物活性物质的提取方面做了大量研究工作,并从大叶藻、海绵、海洋细菌、真菌以及陆生植物中获得了一系列具有防污活性的天然产物。进一步采用活性物质控制释放技术,开发出既能防污又能保持生态平衡的新型防污涂料。随着生物提取分离技术和人工合成技术的发展,以及防污剂控制释放技术的日趋完善,有望开发出高效的环境友好型防污涂料。

另外,还出现了两亲性涂层防污技术[69]、聚合物刷防污技术[70]、寡肽修饰防污技术[71]、嵌段共聚防污技术[72]等。从最近的研究进展可以发现防污技术的几个发展方向。①带电荷表面:将带电材料结合到涂层中,使表面电荷提高防污效力,同时还要考虑不同物种与表面电荷相互作用的差异,选择既带有正电荷又带有负电荷的中性表面,将提供最佳的广谱抗性。②两性离子:因为其具有稳定性和水合性,是一种有前景的选择,但其防污效能还要取决于两性离子在表面的数量。③两亲性表面:已被证明是既能防止生物附着又易脱除附着生物的最佳途径之一,但如何平衡疏水和亲水成分的分布及比例是最大挑战。④有机硅体系:含有聚二甲基硅氧烷(PDMS)的有机硅材料仍将继续扮演重要角色,但是无论附加微观结构还是超滑表面,均需进一步优化材料本身的机械强度、附着强度等性能。⑤生物活性物质:已鉴定出多种天然产物,具有群体感应(quorum-sensing,QS)抑制活性,可以阻断菌体间的交流过程,进而控制种群密度,达到抑制生长繁殖的目的[73]。将这些活性物质与涂层体系相配合,可以通过多种机制协同来主动抑制生物污损。⑥生物污损机制:为制定真正有效的防污策略,必须对污损生物的附着机制进行更深入的了解。

2.4 电化学保护

2.4.1 阴极保护

1. 阴极保护原理

金属在海水中的腐蚀属于电化学腐蚀。在金属腐蚀原电池中,阳极发生氧化反应,使金属失去电子变成离子,导致金属发生腐蚀。阴极保护是一种通过向被保护的金属表面提供电子(保护电流从电解质到达金属表面),使金属表面产生阴极极化,从而使金属腐蚀得到有效抑制的方法。阴极保护是一种电化学保护手段,是从根本上来抑制金属的海水腐蚀,它和油漆涂层主要靠通过隔离腐蚀介质来提供保护不同,阴极保护是一种更为主动的防腐蚀手段。

船舶阴极保护技术的历史最早可以追溯到19世纪20年代,当时英国科学家汉弗莱·戴维(Humphrey Davy)爵士研究后发现,采用锌或铁和铜连接后可以防止铜在海水中的腐蚀。1824年,他开展了首个实际舰船的阴极保护试验,分别采用铸铁和锌板安装在不同铜包皮舰船的首部和尾部,结果取得了良好的保护效果,成功解决英国皇家海军木质舰船铜包皮船体的海水腐蚀问题。在其他商船上的试验也获得了成功,其所开展的研究和实践为后来阴极保护理论和技术的发展奠定了基础[74-75]。

可以采用如下几种途径来说明阴极保护的原理。

1) 三电极模型

三电极模型的示意图如图2-6所示[76]。当金属浸泡在腐蚀电解质中后,将构成腐蚀原电池,其上存在阳极区和阴极区。可以将该腐蚀体系等效看作为一个短路的二元电池,其中阳极区发生腐蚀,电子由阳极 A 流向阴极 K。当将第三个电极(Zn)和金属连接后,原来的二元电池结构发生改变,由于第三个电极比 A 更活泼,结果该电极(Zn)发生腐蚀,代替了 A 向 K 提供电子,使得 A 受到保护,金属 A 的腐蚀受到抑制。由于在该保护系统中,被保护的金属是作为阴极而获得保护的,所以该方法被称为阴极保护。

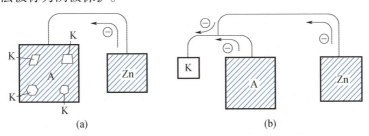

图 2-6　阴极保护原理示意图

(a)采用阳极(Zn)来保护受腐蚀的金属;(b)等效三电极模型。
A—金属表面腐蚀电池的阳极区;K—金属表面腐蚀电池的阴极区;Zn—第三电极。

2)极化图

阴极保护还可以采用极化曲线来进一步说明原理[77-78]。钢铁等金属在海水等电解质中的腐蚀为电化学腐蚀,其腐蚀电池的阳极和阴极将发生如下电化学反应。

阳极反应:

$$Fe - 2e \longrightarrow Fe^{2+} \tag{2-3}$$

阴极反应:

$$O_2 + 2H_2O + 4e \longrightarrow 4OH^- \tag{2-4}$$

该腐蚀体系的极化曲线如图 2-7(a)所示。图中,阴极和阳极极化曲线的交点即为钢铁的自然腐蚀电位 E_{corr},所对应的电流密度为自腐蚀电流密度 i_{corr},此时,阴极和阳极反应的电流密度相等,即阳极反应产生的电子均被阴极反应所消耗。

当对钢铁施加阴极保护时,其电极电位将向负方向移动,此时阳极电流密度将会减小(腐蚀反应速率降低),而阴极电流密度将会增大。当极化电位达到阴极保护电位 E_p 时,阳极电流显著减小,腐蚀反应将接近于停止,即腐蚀得到有效控制(图 2-7(b))[77]。此时对应的电流密度 i_p 称为阴极保护电流密度。对于工程结构物来说,当腐蚀速率低于 $10\mu m/a$ 时,就可认为达到了有效的阴极保护。

当电位进一步负移到一定值时,阴极反应将由氧还原反应转变为析氢反应:

$$2H^+ + 2e \longrightarrow H_2 \uparrow \tag{2-5}$$

析氢容易产生过保护,在阴极保护中应予以避免。析氢不仅导致有机涂层的损伤,而且容易导致高强钢、钛等金属和合金的氢脆。因此,对不同的金属和介质体系,阴极保护有一最佳的保护电位范围。

从上面极化曲线的分析可以看出,金属或合金在介质中的极化行为对其阴极保护参数有明显的影响。

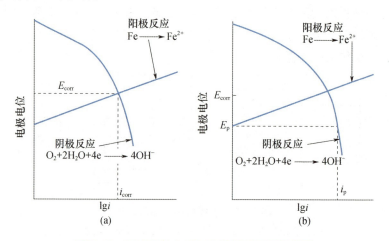

图 2-7 钢铁极化曲线和阴极保护原理示意图

(a)钢铁极化曲线;(b)阴极保护原理。

3) 电位 – pH 图

金属的电位 – pH 图反映了金属 – 溶液体系从热力学上来说发生腐蚀的可能性。其纵坐标为金属的氧化还原电位,而横坐标为溶液的 pH 值。图 2-8 所示为 Fe – H_2O 体系的电位 – pH 图[75]。从图 2-8 中可以看出,处于腐蚀区的铁,如果受到阴极保护,使电极电位往负的方向移动,当电位产生足够的负移后即可进入免蚀区,即阴极保护区,从而实现铁的防腐保护。

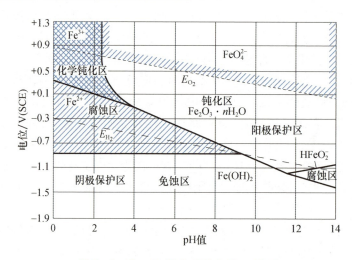

图 2-8 Fe – H_2O 体系的电位 – pH 图

2. 涂层和阴极保护的相互作用

涂层是防止金属腐蚀最为常用的方法,尤其是油漆涂层,它主要是通过将被保护金属表面与腐蚀介质绝缘隔离来提供保护。有的涂层通过添加缓蚀性颜料或锌粉、铝粉等填料,具有缓蚀钝化作用或阴极保护效应。但是,海水中防腐涂层的主要作用还是阻挡腐蚀性介质对金属基体的腐蚀。实际中的涂层不可能是完整无缺的,总是存在一些针孔、漏涂、刮擦、破损等缺陷,导致其防护性能降低。这些涂层缺陷部位暴露的金属与海水直接接触,往往成为腐蚀优先发生的区域,因此仅靠涂层在苛刻腐蚀环境中常常难以获得完全的保护。然而,阴极保护可以弥补这种不足。理论上,阴极保护是可以完全防止裸露金属在海水等电解质中腐蚀的,但在实际工程中实现起来会增大技术难度,而且往往也不经济。通常,在海水介质中阴极保护总是和有机涂层联合采用,两者具有互补性,可以产生协同防腐效果。这是因为有机涂层不可避免会存在缺陷,并且随时间延长会发生老化,而阴极保护则可以有效抑制涂层缺陷处金属的腐蚀。同时,有机涂层又可大大降低阴极保护所需电流密度,并使阴极保护电流和电位分布更均匀,保护的表面积更大。不仅可以实现更好的保护效果,而且可以降低总的保护费用。

与阴极保护相匹配的理想涂层应具有高的绝缘性能、连续完整、附着力高、耐磨损和海水冲刷,具有高的稳定性,与金属基体结合牢固。由于阴极保护时会导致金属表面碱性增大,一些醇酸树脂涂层和油性树脂涂层易发生皂化反应而导致破坏,强碱性也会破坏某些有机涂层与金属界面的黏结,因此这些涂层不适合与阴极保护配套使用。用于船体防海水腐蚀的涂层必须具有良好的耐阴极剥离性能。

另外,新的油漆涂层本身具有较好的防护效果,因此阴极保护的电流密度往往较低;当涂层逐渐老化、绝缘性能不断降低,进入到涂层使用寿命的后期时,往往需要更大的电流密度来获得有效的阴极保护。在进行阴极保护设计时,涂层的性能和状态是必须考虑的一个重要因素。可以采用涂层破损因子(f_c)来描述涂层的状态,f_c为带涂层金属所需的阴极保护电流密度与裸金属阴极保护电流密度的比值。当涂层为完好的绝缘状态时,涂层破损因子$f_c=0$,当涂层完全失去保护作用,相当于裸金属表面时,则$f_c=1$。因此,涂层破损因子并不代表涂层实际可见的物理破坏程度,而是与阴极保护电流需要量相关的电化学参数[79]。

3. 钙质沉积层的形成与作用

由于海水中含有较多的钙、镁离子,在实施阴极保护的过程中,会在阴极表面发生沉积,形成白色的阴极产物,即钙质沉积层。海水中钙质沉积层的形成以及在阴极保护中所起的作用很早就受到了人们的重视,并开展了大量的研究[80-81]。

1) 钙质沉积层的形成机理

在阴极保护的过程中,阴极表面主要发生氧还原反应(见式(2-6)和式(2-7)),

其结果是导致在阴极表面氢氧根离子浓度的升高：

$$O_2 + 2H_2O + 2e \longrightarrow H_2O_2 + 2OH^- \quad (2-6)$$

$$H_2O_2 + 2e \longrightarrow 2OH^- \quad (2-7)$$

当阴极保护电位更负时，氧还原受到浓差极化限制，在阴极表面会发生下面的析氢反应，其结果也将使阴极表面的碱性增强：

$$2H_2O + 2e \longrightarrow H_2 + 2OH^- \quad (2-8)$$

计算表明，在海水中受到阴极保护的金属表面的 pH 值可以达到 10.9。试验测量[80]也表明在离阴极极化钢表面 0.1mm 处，表面 pH 值为 11.5，而本体溶液的 pH 值为 8。

当表面的 pH 值高于临界值 9.3 时，下面的反应可以发生，形成 $Mg(OH)_2$ 沉积物[82]：

$$Mg^{2+} + 2OH^- \longrightarrow Mg(OH)_2 \quad (2-9)$$

而海水中的 Ca^{2+} 和 HCO_3^- 通过式（2-10）和式（2-11），会在阴极极化表面形成 $CaCO_3$ 沉淀：

$$OH^- + HCO_3^- \longrightarrow H_2O + CO_3^{2-} \quad (2-10)$$

$$Ca^{2+} + CO_3^{2-} \longrightarrow CaCO_3 \quad (2-11)$$

在表面形成的 $CaCO_3$ 和 $Mg(OH)_2$ 均有一个形核和生长的过程，最后形成钙质沉积层。在此过程中，OH^- 不断消耗，界面的 pH 值会降低，需要继续阴极极化以维持钙质沉积层的生长，直到达到一定厚度。

2）钙质沉积层的组成与结构

阴极保护所形成的钙质沉积层主要为 $CaCO_3$ 和 $Mg(OH)_2$。钙质沉积层通常由两层组成，外层主要为柱状、针状或球状的粒子，为富钙层；而内侧为细小的纤维状粒子，为富镁层。在表层海水中，$CaCO_3$ 是过饱和的，而 $Mg(OH)_2$ 处于非饱和状态，只有当 pH 值达到 9.3 以上时，$Mg(OH)_2$ 才可能发生沉积。由于阴极极化时，从金属表面向外存在 pH 值的梯度，紧靠表面处的高 pH 值可使 $Mg(OH)_2$ 呈饱和状态，同时海水中的镁离子使碳酸钙的沉积受到抑制，导致了富镁底层的形成。而在该层之上，由于 pH 值的降低，不能使 $Mg(OH)_2$ 处于饱和状态，因此外层主要形成 $CaCO_3$ 层。

碳酸钙沉积物有两种晶体结构：一种为方解石；另一种为文石，文石为斜方晶系，方解石为三方晶系。热力学上，方解石比文石稳定；然而，实际的结晶过程受到动力学因素的影响。在没有镁离子或含量较低时，所形成的钙质沉积层为方解石型碳酸钙；在其形核和生长不受阻碍时，通常都会形成稳定的方解石结构。然而，海水中含有较多镁离子，会对方解石的形成起阻碍作用，导致所形成的碳酸钙主要为文石结构，尽管镁离子对文石的形核也有抑制作用[83]。钙质沉积层中的氢氧化镁为水镁石结构，但其结晶度受到沉积电位等因素的影响。

由于$CaCO_3$层是在过饱和海水中形成的,因此形成后不会产生溶解;而海水中$Mg(OH)_2$是不饱和的,处于不稳定状态,当 pH 值小于 9.3 时,它就可能溶解。

图 2-9 所示为 Q235 碳钢在-0.80V(SCE)阴极保护电位下表面所形成的钙质沉积层形貌[84]。从图 2-9 中可见,所形成的钙质沉积层较均匀地分布在碳钢基体表面,高倍下可见由不同取向生长的碳酸钙晶体颗粒堆叠所构成。能谱分析表明,其主要元素构成为:1.27%(质量分数)的 C,57.08%(质量分数)的 O,35.26%(质量分数)的 Ca,0.15%(质量分数)的 Mg,4.15%(质量分数)的 Fe。其中铁主要来自钢基体,表明在阴极保护较短时间内所形成的钙质层仍有孔隙。X 射线衍射表明(图 2-10),所形成的钙质沉积层主要为文石结构的碳酸钙以及少量水镁石($Mg(OH)_2$)。

(a) (b)

图 2-9 Q235 碳钢在-0.80V(SCE)阴极保护电位下于天然海水中极化 120h 后表面形成的钙质沉积层形貌

(a)低倍(800×);(b)高倍(2000×)。

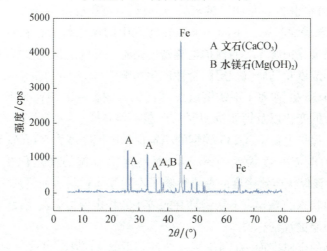

图 2-10 碳钢在天然海水中于-0.80V(SCE)阴极极化 120h 后形成的钙质沉积层的 XRD 图谱

由于钙质沉积层需要形核和生长,所以影响该过程的各种因素都会对所形成的钙质沉积层的组成、形貌、结构、厚度、密实性以及保护性能产生影响。

3) 影响钙质沉积层的主要因素

(1) 环境因素。影响钙质沉积层的环境因素主要包括海水水质、溶解氧、温度、流速等。海水中的 Ca^{2+}、Mg^{2+}、HCO_3^- 等离子是钙质沉积层的来源,在江河入海口的淡海水中,这些离子的浓度变化很大,当低于一定的浓度时,钙质沉积层不易形成。例如,在氯化钠溶液中进行阴极极化,金属表面就不形成沉积层。海水中还含有大量硫酸根离子,由于 $CaSO_4$ 和 $MgSO_4$ 的溶解度大于相应的碳酸盐,通常它们不会在阴极产生沉积,但是硫酸根会影响钙质沉积层的形核和生长过程,阻碍 $CaCO_3$ 的沉积,有利于含镁多孔层的形成[85]。

表层海水中的溶解氧处于饱和状态,溶解氧的充分供应有助于阴极氧还原反应,促进表面 pH 值提高。当钙质沉积层形成并且变得致密时,会对氧的扩散起阻滞作用,使钙质沉积层生长减慢甚至停止生长。当海水中的溶解氧浓度较低时,则不利于钙质沉积层的沉积或形成的钙质沉积层不能起到有效的保护作用。

海水温度影响阴极反应的速度、溶解氧浓度以及 $CaCO_3$ 和 $Mg(OH)_2$ 的溶解度。随海水温度降低,阴极反应速度降低,$CaCO_3$ 溶解度增大,而 $Mg(OH)_2$ 溶解度减小。低温下钙质沉积层难以形成,厚度薄,覆盖不完整,几乎没有保护作用。并且低温下形成的钙质沉积层具有较高的镁含量,而常温下的钙质沉积层则主要为 $CaCO_3$,更致密,厚度比低温条件下更大,具有更好的保护效果[86]。

流动的海水有利于氧还原反应,动态条件下形成的钙质沉积层具有较好的保护效果。但过高的流速也会对钙质沉积层产生冲刷作用,使结合不牢的沉积层脱落。同时,流动的海水也会促进 OH^- 的流失,形成钙质沉积层需要更长时间的极化[87]。

(2) 材料与表面状态。不同的金属在海水中的极化行为存在较大的差异,不同金属获得阴极保护所需要的保护电流密度是不一样的。这些参数的变化会对钙质沉积层的形成以及钙质沉积层的特性产生影响[88]。

研究了 Q235 碳钢、304 不锈钢以及高锰铝青铜在 $-0.80V(SCE)$ 阴极保护电位下极化电流的变化以及钙质沉积层的形貌和结构[89-90]。介质为常温静止的天然海水。在该保护电位下,Q235 碳钢的稳定保护电流密度为 $5.6\mu A/cm^2$,304 不锈钢的稳定保护电流密度为 $4.8\mu A/cm^2$,而高锰铝青铜的稳定保护电流密度为 $6.8\mu A/cm^2$。该保护电流密度的差异反映了不同基体材料表面钙质沉积层的性能以及材料表面状态的差异。不锈钢具有的较小的稳定保护电流密度与其表面所形成的钙质沉积层更致密有关。

通常粗糙的金属表面,有利于钙质沉积层晶体的形核,可促进钙质沉积层的形成[91]。

(3) 电化学保护参数。电化学保护参数包括阴极极化电位和极化电流密度。在钢的阴极保护电位范围内,在较正的保护电位下,如 -0.80V(SCE),钙质沉积层难以形成;在 -0.90~-1.00V(SCE) 时则可形成较致密的钙质沉积层;当电位负于 -1.00V(SCE) 时,由于析氢会导致钙质层沉积酥松多孔,保护性降低或直接导致钙质沉积层的破坏和脱附。此外,电位过负还会增加高强钢发生氢脆的危险。

对于不锈钢阴极保护电位也有类似的影响。图 2-11 所示为 304 不锈钢在静止的天然海水中于不同保护电位下所需的保护电流密度随时间的变化[89]。从图 2-11 中可以看出,在初期保护电流密度较大,这是因为极化的建立需要一个过程,刚开始从开路电位极化到规定的保护电位,需要的电流密度较大,随着极化的进行,维持该电位的电流密度会逐渐降低。另外,随着表面钙质层形成和增厚,裸露的表面逐渐减少,保护电流密度也会降低。在初期,保护电位越负,所需的保护电流密度越大。但是随时间延长,情况发生了变化,-0.80V(SCE) 对应的保护电流密度明显低于 -0.65V(SCE) 的保护电流密度,这是因为 -0.80V(SCE) 的阴极保护电位下形成钙质沉积层具有更高的保护性能。

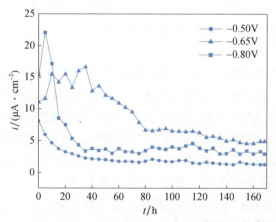

图 2-11 304 不锈钢在静止的天然海水中于不同保护电位下所需的保护电流密度随时间的变化

图 2-12 所示为在不同保护电位下极化 168h 后 304 不锈钢的表面状态。从图 2-12 中可以看出,当保护电位为 -0.50V(SCE) 时,表面没有明显的钙质沉积层形成,同时表面没有发生腐蚀,获得了良好的保护。而当保护电位更负时,则表面形成了钙质沉积层,可对表面提供保护,并降低维持保护电位所需的电流密度。

电流密度是影响钙质沉积层的重要参数。当电流密度较大时,可以快速提高金属表面区域的 pH 值,促进钙质沉积层的形成。但是电流密度太大时,会导致其组成中的镁含量升高,沉积层孔隙增加,影响钙质沉积层的保护效果,尤其是导致表面发生析氢时。

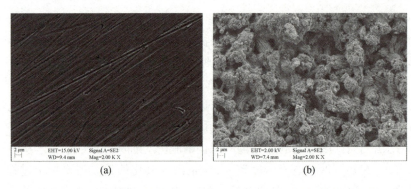

图 2-12 在不同保护电位下极化 168h 后 304 不锈钢的表面状态

(a) -0.50V(SCE);(b) -0.80V(SCE)。

阴极极化模式对钙质沉积层也会产生影响[92],采用先恒电流后恒电位的混合模式极化可得到更致密的钙质底层和更厚的沉积层,具有更好的保护性。因此,在钢铁结构物阴极保护的初期,采用较大电流密度进行快速极化,使其达到较负的保护电位(-0.90~-1.00V(SCE)),形成致密的钙质沉积层,可以降低后续阴极保护的维持电流密度,可获得更经济、长效的保护。

4) 钙质沉积层的作用

钙质沉积层既是阴极保护的产物,同时作为绝缘的无机矿物层,也可以对金属提供额外的保护。当金属表面形成致密的钙质沉积层后,还可以降低阴极保护所需维持电流密度,使阴极保护更为经济。因此,在对船舶进行阴极保护时,开始时的保护电流密度往往较大,然后随着钙质沉积层的形成,保护电流密度会逐渐降低并趋于稳定。同时,钙质沉积层还可增大阴极保护范围,改善阴极保护电流和电位分布,提高阴极保护的效果。有时,钙质沉积层也会产生一些不利的作用。例如,海水过滤器阴极保护所形成的钙质沉积层可堵塞金属滤网;换热管表面形成钙质沉积层后会影响传热效率等。

4. 阴极保护的分类及应用

1) 阴极保护的分类

根据提供阴极保护电流的来源不同,阴极保护可以分为牺牲阳极阴极保护和外加电流阴极保护两种方法,如图 2-13 所示[93]。牺牲阳极阴极保护是将一种更活泼的金属或合金,如锌及锌合金与被保护金属结构物电连接,通过其自身的溶解消耗来提供阴极保护所需的电流。由于该金属或合金在保护金属结构物时会消耗掉,所以称为牺牲阳极。外加电流阴极保护则是通过外部直流电源来提供阴极保护所需的电流,所以称为外加电流阴极保护。在该保护系统中,直流电源的负极接到被保护金属结构物上,而正极接到辅助阳极上,保护电流经由辅助阳极从电解质中传递到被保护的阴极上。牺牲阳极和外加电流阴极保护都可以获得良好的保护效果,在实际工程中也都得到了广泛的应用,但两种方法又有各自的特点,分别适用于不同的场合,这将在后面做进一步的阐述。

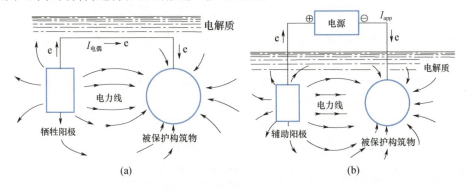

图 2-13　阴极保护的两种方式

(a)牺牲阳极阴极保护示意图;(b)外加电流阴极保护示意图。

2) 阴极保护的适用范围

对于船舶来说,阴极保护适用于和海水接触的表面,主要包括浸泡在海水中的船体(含螺旋桨、舵、减摇鳍等附体)、海水压载舱、海水冷却系统。外加电流阴极保护系统工作时,辅助阳极在海水中会发生析氯电化学反应,产生氯气;如果阴极电位过负,则金属表面会析出氢气。在船舶海水压载舱等封闭或半封闭的场合会导致气体积聚,产生危险,所以外加电流阴极保护通常只用于水下船体外板及附体的保护。牺牲阳极阴极保护则可应用于船舶内部和外部与海水接触的部位。对于浸泡在海水中的船体外板和附体,牺牲阳极和外加电流阴极保护技术都有应用,但这两种方法各有特点,需要根据实际情况,从技术和经济性方面进行综合权衡和选择。表 2-48 所列为牺牲阳极和外加电流阴极保护系统性能特点的比较,可供选择阴极保护方法时参考[77,79]。

表 2-48　牺牲阳极和外加电流阴极保护系统的比较

牺牲阳极阴极保护	外加电流阴极保护
不需要外部供电电源	需要外部电源
由于保护电流有限,通常限于保护涂层完好的结构物或提供局部保护	保护范围大,甚至可用于大型未涂覆的结构物
适用于低电阻率的介质	不受介质电阻率的限制
保护电流基本不可调,尽管牺牲阳极本身有一定自调节作用	输出电流连续可调,可以满足一些额外的需要,并可自动控制保护电位
对邻近结构物无干扰或很小	对邻近金属结构物干扰大

续表

牺牲阳极阴极保护	外加电流阴极保护
安装简便,投产调试后可不需管理	系统较复杂,维护管理工作量大
工程越小越经济	工程越大越经济
安装的阳极数量多,保护电位和电流分布较均匀,但对船体等会增大阻力	安装的阳极数量少,保护电流分布不如牺牲阳极均匀,安装在船体上产生的航行阻力可忽略
驱动电压低,一般不会导致油漆涂层的阴极剥离。阳极周围不需要采用阳极屏蔽层	为避免过保护,并使电流分布均匀,阳极周围需采用阳极屏蔽层(如安装在船体上)
通常保护寿命较短,牺牲阳极消耗完后需要更换	通常保护装置的寿命较长
阳极与金属结构物连接点处受到阴极保护	阳极与电缆的连接处必须绝缘良好,否则会产生严重腐蚀
阳极安装时,通常不需要在船体或管壁上开孔	阳极和参比电极需要与金属结构物绝缘,通常需要在船体或管壁上开孔安装
不存在极性接反问题	需仔细检查避免极性接反,否则会导致严重腐蚀

牺牲阳极的缺点是需要在船壳上安装较多的阳极块来提供足够的保护电流,因此会增加船舶航行阻力。牺牲阳极使用中会逐渐消耗,因此寿命通常较短,需要在坞修期间及时进行更换。但是牺牲阳极安装简便,不用日常维护,可靠性高。外加电流阴极保护系统在船体上安装的辅助阳极数量很少,而且可以采用嵌入式安装,因此对船体表面的流体阻力影响很小。外加电流系统的驱动电压高,排流量大,使用寿命长,并且可以实现船体电位的自动控制。但是,外加电流阴极保护系统较为复杂,需要经常性的维护保养,才能确保防护效果。通常,对于小型船舶或经常进坞的船舶,一般采用牺牲阳极保护;而对于大型船舶,一般采用外加电流阴极保护会更有优势。

在有些条件下,也有可能会同时采用两种方法,即混合阴极保护系统,例如,在对船体实施外加电流阴极保护的同时,对一些保护电流受到屏蔽的区域,如海底门,可采用牺牲阳极进行局部保护。

3) 阴极保护技术的应用

阴极保护效果取决于所采用的牺牲阳极材料以及外加电流阴极保护装置的性能和可靠性以及阴极保护系统的设计与安装质量。

合理的设计是保证阴极保护系统能够达到预期效果的关键,若阴极保护设计不合理,可导致被保护对象处于"欠保护"或"过保护"状态,或影响阴极保护的经济性。阴极保护设计方法有传统的经验设计方法、采用缩比模型的试验优化设计方法以及基于数值计算的计算机仿真优化设计方法。这些方法在实际工程中都得到成功的应用,但每种设计方法都有其优缺点,有时也同时采用不同的设计方法来相互验证以获得最优化的效果。

阴极保护电位准则是阴极保护设计的重要参数。所谓阴极保护电位准则,是指合适的阴极保护电位范围,其与被保护的材料、环境工况条件等因素有关。根据国内外相关标准[77,79,94-95],常见材料在海水中的合适阴极保护电位范围如表2-49所列。

表2-49 不同材料在海水中的合适阴极保护电位范围

材料类型	阴极保护电位范围/V(相对于 Ag/AgCl 参比电极)
碳钢和低合金钢	-0.80 ~ -1.10(有氧环境)
	-0.90 ~ -1.10(厌氧环境)
高强钢(屈服强度大于550MPa)	-0.80 ~ -0.95①
铜及铜合金	(-0.45 ~ -0.60) ~ -1.10
铝合金(Al-Mg 和 Al-Mg-Si 系)	-0.90② ~ -1.15
奥氏体不锈钢(PREN≥40)	-0.3 ~ -1.10③
奥氏体不锈钢(PREN<40)	-0.5 ~ -1.10③
双相或马氏体不锈钢	-0.5 至注④

注:①高强钢阴极保护电位范围尚未有明确定论,其允许的最负电位与强度和冶金状态有关,针对不同的高强钢材料,应通过试验来确定合适的阴极保护电位范围。
②可预先确定铝合金的自然腐蚀电位,其最正保护电位在自然腐蚀电位基础上负移0.1V。
③如果全部为奥氏体组织,则最负电位主要考虑避免涂层的阴极剥离;如果不是全奥氏体组织,为避免发生氢致应力开裂,则最负保护电位不可太负,可通过试验或依据经验来确定。
④对氢致应力开裂比较敏感,其最负保护电位不可太负,可通过试验或依据经验来确定。

对于碳钢和低合金钢来说,在清洁富氧海水中,其最正保护电位为-0.80V(相对于 Ag/AgCl 参比电极,本节下同),此时钢的腐蚀可得到有效抑制。在含有硫酸盐还原菌的厌氧环境中,其最正保护电位应达到-0.90V,才能获得足够保护。而最负保护电位通常推荐为-1.10V,以避免造成有机涂层的阴极剥离或增大疲劳裂纹的扩展速率[96]。上述电位准则对于屈服强度不超过550MPa 的结构钢来说,通常是安全的,不会产生氢致应力腐蚀开裂的危险。但对于高强钢或其他高强合金来说,随强度的升高,其氢脆开裂的敏感性会增大,因此其最负阴极保护电位对不同强度级别的高强钢或高强合金来说也是不同的。高强钢或高强合金阴极保护设计前,应通过试验事先确定合适的阴极保护电位范围。

对于铝合金,其推荐保护电位范围为-0.90 ~ -1.15V[79],过负的电位会导致铝的碱性腐蚀。

保护电流密度是阴极保护的另一个重要参数。其与被保护金属的材质、表面涂层的种类和质量、工况和环境条件等因素密切相关。通常在阴极保护设计标准中会给出推荐的保护电流密度值。有时会给出裸金属的推荐电流密度,需要根据涂层的破损系数来确定实际的保护电流密度。

船舶阴极保护设计通常需要考虑下面这样一些因素。①需要在干坞条件下才能在船体上安装阴极保护系统,因此牺牲阳极的设计寿命应为坞修间隔期的倍数。②应该考虑船体上安装的阳极对船舶航行流体阻力的影响。③因为螺旋桨所产生的湍流作用以及铜螺旋桨与钢船体之间的电偶作用,使得船尾部的腐蚀速率往往会更高一些,对阴极保护电流的需要量也更大。④船舶的轴和舵等转动部件与船体之间的电接触并不是很好,通常停止状态时,由于重力作用,轴和船体间可保持电连接,但当螺旋桨转动时,轴承表面会形成一层润滑油膜,影响电连接。⑤阴极保护系统应与船体油漆涂层具有相容性,并能发挥协同作用,获得更好的技术经济性。⑥船体阴极保护电流的需要量是变化的,船舶航行状态所需电流要比停泊状态高得多,而且航速越高,所需电流越大。⑦船体油漆涂层随时间会老化和破损,因此,越到涂层寿命的后期,船体所需的阴极保护电流越大。⑧阴极保护电位不应过负,从而导致船体油漆损坏或引起高强钢的氢脆。⑨对于压载舱等海水间浸环境,应考虑间浸条件对阴极保护系统的影响。⑩对于下水后停泊码头进行舾装的船舶,在外加电流阴极保护系统没有投入使用前,应采用牺牲阳极进行临时性保护。⑪对于铜合金海水管路或部件,可采用铁合金牺牲阳极保护,其与铜合金之间具有更合适的电位差,可以延长牺牲阳极的使用寿命。

牺牲阳极存在一个利用系数,即牺牲阳极可有效利用的重量与阳极的原始重量之比,一般取 0.85。也就是说,当牺牲阳极消耗掉 85% 后必须进行更换。牺牲阳极布置应尽可能使被保护对象的电位分布均匀,并处于良好保护电位范围。若被保护对象由同一种材料组成,牺牲阳极应均匀地布置在被保护对象上;若由多种材料组成,由于不同位置所需保护电流大小不一样,因此通常将牺牲阳极非均匀地布置,所需保护电流大的部位,布置阳极较多,反之布置阳极较少。牺牲阳极可采用焊接法和螺栓固定法安装,安装时应保证足够牢固,并保证牺牲阳极与被保护结构有良好的电接触。

船体外加电流阴极保护设计主要包括根据船体保护电流的大小来确定恒电位仪的数量和额定输出参数、设计计算辅助阳极的型号规格和数量、设计计算阳极屏蔽层的尺寸、确定参比电极的型号规格和数量以及确定辅助阳极和参比电极的安装位置等。辅助阳极的布置原则应使整个船体的电位分布较为均匀,并均处于要求的保护电位范围内。通常需在船的尾部布置排流量更大的阳极以满足螺旋桨等异种金属保护的需要。由于外加电流阴极保护系统安装的辅助阳极数量较少,且单个阳极发生电流量较大,所以船体表面的电位分布一般没有牺牲阳极保护那么均匀。参比电极起到监测船体保护状况以及为恒电位仪设备提供控制信号的作用,其安装位置应使测量的电位信号具有代表性,如两只辅助阳极的中间位置或阳极屏蔽层的边缘处。

船舶下水后,船体上安装的牺牲阳极会自动开始工作。由于牺牲阳极的发生电流相对较小,因此需要较长的时间使船体极化到稳定的状态。通过监/检测船体的保护电位可以了解阴极保护的工作状态。通常采用牺牲阳极保护的船体上很少安装固定式参比电极,可以采用高阻抗电压表和便携式参比电极如铜/饱和硫酸铜、银/氯化银或锌参比电极来测量船体的电位及其分布状况。对于某些重要的关键部位,也可安装专门的保护状况监/检测装置来了解阴极保护状态。阴极保护系统稳定后,船体的保护电位应达到表2-49规定的范围。

外加电流阴极保护系统需要进行调试后再投入运行。应确保外加电流阴极保护系统的接线正确,尤其不允许出现阴极和阳极电缆接反的情形。整个外加电流阴极保护系统应运行正常,船体的电位能够自动控制并处于要求的保护电位范围,以使船体(含附体)获得良好的保护。日常要按照规程定期检查阴极保护系统的运行状况并记录,做好系统的维护和保养,确保阴极保护系统处于良好运行状态。

2.4.2 电解防污

1. 电解防污的要求与分类

船舶长期和海水接触的部位都有海洋生物污损附着的问题,比较突出的主要包括船体浸泡在海水中的外壳和附体、海底阀箱及海水管路系统。船体外板的防污主要靠涂刷防污涂料,而管路系统由于内部空间狭小、几何形状复杂,所以靠涂料进行防污会非常困难,必须采用其他防污方法。电解防污是通过原位电解的方法来现场产生防污剂,从而防止海洋生物污损附着的方法,该方法在防止海水管路系统污损上得到广泛的应用,并取得了非常好的效果。

理想的船舶电解防污系统应满足下列要求[97]。

(1)在所有运行条件下,包括静止、低速和高速流动的海水运行条件下,都能控制海水管道、过滤器、热交换器等管路和设备的污损;

(2)能控制船舶在不同航区和不同水质条件下的污损;

(3)对船舶正常运行和性能无不利影响;

(4)对船舶其他系统和部件无严重影响;

(5)对船员和环境无危害;

(6)操作简便、性能可靠、易于维护,并具有良好的经济性。

目前,比较成熟的电解防污技术主要有电解铜-铝阳极防污、电解氯-铜防污以及电解海水防污三种方法。每种方法有各自的特点,在实际中可根据需要进行选用。

1)电解铜-铝阳极防污

该系统主要由铜阳极、铝阳极以及直流电源等部件组成。铜阳极和铝阳极接到直流电源的正极,船体作为阴极接到直流电源的负极,从而构成完整的回路。

直流电源提供电解所需的电流并能调节输出,通常工作在恒流模式。常规的恒流源是将交流电用工频变压器降压后,在二次侧整流滤波,并串联调节元件来控制输出;开关电源是将工频交流电直接整流成直流,通过开关元件逆变为高频脉冲,经高频脉冲变压器降压后再整流滤波形成所需的直流[98]。与常规恒流源相比,开关电源具有体积小、重量轻、效率高、功耗小、稳定范围宽、安全可靠等优点,已在船舶电解防污系统中得到越来越多的应用。电源设备上通常会安装数字显示器和自动报警系统,可随时监视运行中出现的故障,便于及时采取措施。

铜阳极和铝阳极通常采用独立的模块供电,当通入少量直流电流时,会在海水中电解产生铜离子和铝离子。铜离子能杀死海洋生物的幼虫和孢子,当海洋生物体内的铜含量达到某一标准时,其消化系统便被破坏而导致死亡,从而防止海洋生物在管路系统中的生长和附着。电解的铝离子在海水中会形成氢氧化铝絮状物,该絮状物可吸附铜离子并黏附在管路系统中管壁及泵、阀、滤器、换热器等设备的内表面,尤其是在一些流速相对较慢的部位,从而防止这些表面发生海洋生物污损,并对基体金属有一定的防腐保护作用。由于电解的产物会同海水一起输送到整个船舶海水管路系统,因此只需要在取水口安装电解防污装置,就可以有效防止船舶海水管路系统的海洋生物附着。

电解铜-铝阳极防污所需的铜离子浓度较低,当海水中铜离子的浓度达到 $2 \sim 6 \mu g/L$ 时,就可有效防止海洋生物的污损。

为了防止铜及铜合金管路系统的腐蚀和海洋生物污损,可以把铝阳极换成铁阳极,构成电解铜-铁阳极防腐防污系统。电解产生的亚铁离子有助于在铜及铜合金表面形成氢氧化铁保护膜,从而减缓铜管路及设备的腐蚀。

电解铜-铝(铁)阳极防污装置通常安装在船舶的海底阀箱上,有时也装在海水滤器上。阳极应与船体绝缘,通常以阳极周围的船体为阴极,使海底阀箱浸泡在海水中的表面得到阴极保护。要特别注意防止电解防污装置形成杂散电流而导致管路等部位产生加速腐蚀(参见第7章)。

电解铜-铝(铁)阳极防污系统结构比较简单,工作时耗电较少,设备重量较轻并易于维护,但是铜阳极和铝(铁)阳极均为消耗性阳极,寿命较短,一般每隔 $2 \sim 3$ 年消耗到一定程度后就要更换。该技术通常比较适用于较小型船舶。

2)电解氯-铜防污

单纯依靠铜离子防污通常可控制藤壶等硬壳类宏观生物的污损,但不能够有效控制表面黏膜类及藻类污损问题[99],为此发展了电解氯-铜复合防污技术。该技术的原理是通过铜离子和电解海水产生的有效氯之间的联合作用来防止船舶管路系统的海洋生物污损。该两种防污剂的综合作用可以产生协同防污效果,有试验表明,对微观污损控制能力至少提高 2 倍,对宏观污损控制则提高了 5 倍,而防污剂铜离子和有效氯含量可分别降低到原来单一加入量的大约 1/6 和 1/10[97]。

电解氯-铜防污系统由铜阳极、电解海水阳极和电源控制设备组成。铜阳极电解后产生防污用铜离子。电解海水阳极可采用铂/钛复合阳极或钛基混合金属氧化物阳极等不溶性阳极材料,通过电解海水在阳极上产生氯气,溶解在海水中后与阴极反应产物形成次氯酸钠。氯气和次氯酸钠为强氧化剂,能破坏海洋生物的蛋白组织,防止海洋生物生长和附着[100]。阳极既可安装在海底阀箱内,也可安装在过滤器上。而阴极电缆接到阳极附近的阀箱(船体)或滤器外壳上。如果电解电流过大,为防止阴极区域(浸泡在海水中的阀箱表面或滤器等)产生过保护,也可考虑增加额外的阴极。应经常清除电解过程中在阴极表面上产生的氢氧化镁和碳酸钙沉淀物,以避免因槽压升高而导致额外电流消耗。安装电极时,要考虑拆卸方便,铜阳极和电解海水阳极与钢质船体之间要保持良好绝缘,以防止产生杂散电流和形成电偶而导致船体结构和设备的腐蚀。当电极安装在海底阀箱上时,其设计寿命应和船舶坞修间隔期一致,以便进坞时更换。而安装在海水滤器上则不需进坞也可进行更换,通常受滤器空间限制,铜阳极的寿命较短。一般情况下,铜阳极的设计寿命为 2~3 年,而电解海水阳极的寿命为至少 5 年以上,铂复合阳极的寿命甚至可达到 20 年。

3)电解海水防污

很早以前人们就开始通过往海水中加液氯来防止滨海电站海水管路系统的海洋生物污损。由于液氯在储存、运输和使用过程中存在安全风险,后来逐渐被电解海水防污技术所取代。电解海水防污是通过海水电解槽将海水中的氯离子在阳极上氧化成氯气,形成有效氯来防止管路系统的海洋生物污损。一般当海水中的有效氯浓度达到 0.1~1.0mg/L 时,就可以有效防止海洋生物污损[101]。对于不同种类的海洋生物有效防污浓度会存在一定的差异,可根据实际情况进行调节,但过高的有效氯浓度有可能会加速海水管路系统中某些金属的腐蚀[97]。

电解海水防污装置主要由直流电源设备(整流器和控制器)、海水电解槽、海水过滤器、流量计、管路、阀门等组成[102]。海水取自船舶辅机海水泵管路,经过滤后通过流量计进入海水电解槽,经电解后的含防污剂的海水电解液通过管路和喷管注入海底阀箱。海底阀箱中含有效氯的海水由泵吸入海水管路系统,从而防止管路系统中海洋生物生长和附着。

电极材料和电解槽结构是影响电解海水制氯效率的关键因素,通常采用具有良好析氯活性的钛基金属氧化物涂层电极作为阳极,镍基合金作为阴极,构成无隔膜海水电解槽,电极可以采用板状或网状结构,也可采用管状结构。金属氧化物阳极的寿命通常为 5 年,之后可进行更换。当海水温度低于 10℃ 时,电解海水防污装置应关闭:一方面是因为海水温度低的季节海洋生物不易生长;另一方面是由于在低温海水中金属氧化物阳极的寿命会严重缩短。当电解槽中阴极钙质沉积物较多时,会影响电解槽的电解效率,影响海水流动,因此需要定期进行清洗去除电极表面的垢层。当海水中有锰离子或有油污等污染物时,会降低电解的析氯效率,并导致金属氧化物阳极发生提早失效。

对于船体水下某些局部关键结构或部件,当其表面不能涂刷防污涂层时,也可采用电解海水防污技术来防止其表面海洋生物附着。但是在开放表面,其保护作用的范围通常比较小,只有电极产生的氯气能够作用的范围内才能够实现有效防污。

与电解铜-铝阳极防污相比,电解海水制氯防污通常具有更好的广谱适应性和更优的防污效果,但其结构更复杂,对维护管理的要求也更高。

2. 电解海水防污在压载水处理中的应用

压载水是用于调节船舶平衡以及提高船舶稳性的常用方法,船舶航行中,常需要采用海水压载。船舶在灌入压载水时,海水中的生物也会随之被装入压载舱中,在到达目的地后,压载水会被排放到目的地的海域,这将导致有害生物和病原体的传播,造成外来物种入侵,从而对海洋生态系统、社会经济及人类健康等造成危害[103]。

为了有效控制船舶压载水排放引起的外来物种入侵、有害生物和病原体的传播,国际海事组织于2004年2月通过了《国际船舶压载水和沉积物控制和管理公约》,该公约规定船舶必须安装压载水处理设备,否则该公约生效后未安装压载水处理设备的船舶将不能驶入国际海事组织成员国的港口,该公约已于2017年9月8日确定生效。在压载水排放性能标准中规定尺寸 $50\mu m$ 以上的可存活水生物应少于 10 个$/m^3$,尺寸为 $10\sim50\mu m$ 的可存活水生物应少于 10 个$/m^3$,对霍乱弧菌、大肠杆菌、肠道球菌等细菌数量也有具体要求[104]。

目前,已研发的船舶压载水处理技术有几十种,各种方法有自身的特点,但一般都包含如下两个基本的过程[105]:①采用机械处理方法去除压载水中较大的生物和杂质,通常包括过滤、旋分等技术,滤除杂质颗粒和 $50\mu m$ 以上的生物;②采用物理化学方法灭活压载水中的微生物,尤其是尺寸在 $50\mu m$ 以下的微生物。常见的物理处理方法有紫外线法、超声波法、脱氧法或加热法;化学处理方法有臭氧化法、氯化法等。其中,直接采用电解海水的氯化法是船舶压载水处理的主流技术之一,已在船舶上得到广泛的应用,尤其适用于较大型的船舶。

电解法船舶压载水处理技术的原理和电解海水防污相同,也可看作是电解海水防污技术应用领域的拓展,其原理是通过电解海水,产生具有强氧化性的次氯酸钠溶液,加入压载水中来杀灭微生物,达到国际海事组织公约的要求。有研究表明[104],当海水中有效氯浓度达到 $5mg/L$ 时,能杀灭压载水中 99.85% 的厌氧细菌、

100%的弧菌和85.2%的大肠杆菌;当有效氯达到20mg/L时,可杀灭压载水中几乎所有的细菌。

电解法船舶压载水处理装置主要由过滤单元、电解单元、中和单元所组成。从船舶海底阀箱抽取的压载水先采用高效自动反冲洗过滤器滤除50μm以上的海洋生物和颗粒物,再进行灭活处理。通过支路取水进行电解产生高浓度的次氯酸钠杀菌溶液并注入压载水主管路,与流入的压载水均匀混合,从而杀灭压载水中的浮游生物、孢子、幼虫及病原体,达到灭活的目的。经灭活处理后的压载水在压载舱内保存一段时间,有效氯会发生分解,如果排放时总残余氧化物(TRO)浓度没达到排放标准,则可通过中和装置向压载水排放管路中加入中和剂,使排放的压载水中的TRO降到0.1mg/L以下。

电解海水法处理船舶压载水技术具有操作简便、灵活,无须对船舶进行过多改造,经济实用等诸多优点,已在新造船舶以及老旧船改造中得到成功的应用。

2.5 系统性腐蚀控制

2.5.1 系统性腐蚀控制的概念

海洋船舶结构非常复杂,除了船体结构外,还有很多的设备和分系统,以满足船舶性能和功能的需要。船舶上使用的材料种类很多,并需要采用焊接等各种工艺进行连接和成形,同时其使用环境和工况条件也非常严酷,这些特点决定了必须采用系统工程的方法来解决船舶的腐蚀问题。

系统性腐蚀控制是指将被保护的金属结构物看作一个完整的系统,并按照系统工程的方法,采取系统性措施来解决腐蚀问题,以保障在寿命周期内结构物的安全性和可靠性。系统性腐蚀控制体现了"抓系统、系统抓"以及"全面、全员、全过程、全要素"的特点,和常规腐蚀防护相比,系统性腐蚀控制更全面、更积极主动、也更为有效。

系统性腐蚀控制涉及空间、时间、技术与管理等多个维度。

从空间维度上来说,系统性腐蚀控制是针对整个系统的全面腐蚀控制,也就是说不能只"头痛医头、脚痛医脚",既需要考虑船舶不同结构部位的特点,有针对性采取相应的腐蚀控制方法,还必须将所有关联的部分构成一个完整的整体来考虑腐蚀保护问题,以避免在解决某个腐蚀问题的同时,又导致了新的腐蚀问题的出现,或者说结果导致了腐蚀问题的转移,并没有完全消除腐蚀发生的风险。例如,为防止海水管路和设备接口处的电偶腐蚀问题,可采用绝缘法兰来避免异种金属之间的直接接触。然而,如果绝缘法兰的两端管路上有一处支架和船体电连接,则接口处的电偶腐蚀就不能够消除,因此必须系统性采用电绝缘措施。

从时间维度上来说,系统性腐蚀控制是全寿命周期的腐蚀控制,包括了设计、建造、使用、维护维修、延寿等全寿命周期的各个过程。在设计阶段就要预防腐蚀问题的发生或采取充分的预防性保护措施,设计阶段如果存在先天不足,如选材不当或结构设计不合理,则后续腐蚀不可避免会发生,所以设计阶段的防腐蚀考虑对船舶的腐蚀控制极其重要。好的设计还需要好的工艺来保障,因此建造过程中必须严格按照设计要求来实施。例如,涂层保护的效果或寿命不仅取决于涂料的种类和质量,还和施工质量密切相关,涂装时结构的边角处必须打磨去除毛刺并形成一定的过渡圆弧,并预涂涂层以保证边角处涂层的厚度达到要求,涂装表面需要除锈达到规定的表面预处理要求,表面可溶盐含量和灰尘需要清除并达到规定,涂装环境条件、施工工艺和涂层厚度要满足产品涂装规范要求。只有建造过程中的精益求精,才能确保腐蚀控制工程的质量。在使用过程中,需要对船体结构、设备和系统的腐蚀状况进行检查和监测,建立船舶腐蚀与防护数据库,及时发现问题、解决问题,对出现的腐蚀问题进行原因分析并采取有效的改进措施。维护、维修对保障船舶的可靠性和结构完整性具有重要的意义,对涂层破损的地方要及时进行修理,对消耗完的牺牲阳极要及时进行更换,对腐蚀损伤的结构应及时进行修复和补强。对于一些已达到设计使用寿命但还必须继续服役的老旧船舶,需要进行延寿处理;需要对船舶过往的腐蚀防护以及维护维修的记录文件进行分析,看其是否满足最新的法律法规以及技术规范和标准的要求;需要收集相关的数据和资料,开展船舶腐蚀及其损伤的检查和监测,对船舶结构和设备及系统的状态进行评估,对其性能进行校核。如果在要求的延寿期内能够满足安全性和完整性要求,则可继续使用。如果基于风险的分析认为其性能达不到规定的要求,则必须进行修理,对损伤了的重要结构部位或设备及构件进行增强,对腐蚀保护系统进行更新,以确保在延寿期内船舶结构和系统的各项性能满足规定的要求。

从技术的维度来看,要从根本上解决腐蚀问题,不仅需要从选材、设计、环境控制、阴极保护、涂料保护、绝缘隔离、腐蚀检测评估、关键部件防护等众多方面采用先进适用的防腐材料和技术,而且需要将各种防腐蚀材料和技术系统性综合集成形成一个有机的整体方案来予以解决。需要针对船体、内舱、海水管路系统等部位的材料、结构以及环境工况特点,掌握其腐蚀规律和腐蚀失效的原因,开展相关防腐材料、技术相互作用和匹配性的系统研究,形成合理成熟的系统性技术集成应用方案。系统性腐蚀控制往往不是仅靠一种防腐蚀方法来解决所有腐蚀问题,而是采用集成的防腐蚀方法,发挥各种防腐措施的协同作用。例如,船体水下部位需要采用有机涂层和阴极保护的联合保护:一方面阴极保护可以有效防止涂层破损等缺陷处以及老化涂层下金属基体的腐蚀;另一方面涂层又可以减少阴极保护所需电流量,使阴极保护更经济,并且使船体表面保护电位分布更均匀,保护的范围更大。又如,船舶的海水管路系统腐蚀问题常常很突出,选择耐海水冲刷腐蚀材料是解决该问题的主要途径之一。然而,仅靠耐蚀材料还不足以解决整个管路系统的腐蚀问题,因为泵、阀、滤器、换热器等设备总是不可避免由多种不同材料的部件所构成,所以还需要有针对性地采取电绝缘隔离、设计和施工时尽可能避免产生湍流区、采用铁合金牺牲阳极保护、管壁预成膜或施加耐蚀镀层等综合措施,来消除海水管路系统中的腐蚀"热点",防止管路系统局部腐蚀导致穿孔泄漏事故。

从管理的维度来看,系统性腐蚀控制不仅是技术问题,而且也是工程管理问题,尤其对于船舶等长期在苛刻腐蚀环境中服役的复杂金属结构物,要实现全寿命周期的腐蚀控制离不开腐蚀管理。腐蚀管理是一种防止腐蚀失效的综合方法,腐蚀管理的主要目标是维护系统安全,加强环境保护和提高成本效益。通过控制所有与腐蚀、材料、工艺及人员等相关的因素以达到上述目标。腐蚀管理具有广泛的内容,涉及腐蚀管理体系、腐蚀防护教育与培训、腐蚀控制标准和规范、腐蚀防护优化设计、腐蚀防护技术体系及其应用、腐蚀及环境适应性试验和数据库、腐蚀监/检测与寿命及安全评估等。

实际工程中导致金属腐蚀失效的原因有很多,图2-14所示为某设施腐蚀失效的原因构成及其分布,其中包括设计、材料和工艺方面的问题,也包括规范、计划、协调、人为失误等管理方面的问题[106]。

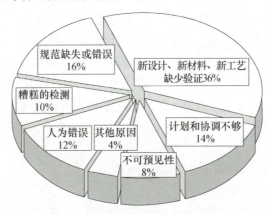

图2-14 某设施腐蚀失效的原因构成及其分布图

系统性腐蚀控制结合了"腐蚀控制系统工程"的思想,该思想主要体现在如下几个方面[107]:①腐蚀预防与控制必须从设计开始;②腐蚀预防与控制应贯穿制造的全过程;③在使用过程中应始终注意延缓腐蚀的发生;④在设计、制造、使用、维护、维修、再制造等各个环节中发挥防腐蚀专业人员的作用;⑤建立完善腐蚀控制系统工程的管理程序;⑥推行"腐蚀经济学",进行综合的经济分析;⑦在总体设计和制造的过程中应包括腐蚀控制和表面工程。

2.5.2 船舶的系统性腐蚀控制

船舶的腐蚀失效事故发生的概率与材料(含工艺)、环境以及人为因素相关。腐蚀失效概率 $P_s = P_m \cdot P_e \cdot f_p$,其中:$P_m$ 为由于材料问题导致的腐蚀失效概率;P_e 为由于环境因素导致的腐蚀失效概率;f_p 为人因影响因子,反映了人为因素对系统寿命的影响[106]。当 P_m 很大而 P_e 很小时,腐蚀对造成失效的作用较小,主要表现为材料和系统的机械失效。如果在整个寿命期内环境的影响都很弱(P_e 很小),则表明船舶的腐蚀控制取得了很好的效果。当 P_e 很大,即环境的影响很大时,通常腐蚀失效的发生率也会增大。当 $f_p > 1$ 时,表明人为因素导致了腐蚀的加重和失效;而当 $f_p < 1$ 时,则表明人为的干预降低了腐蚀失效的风险。

在系统腐蚀管理中涉及 6 类相关方和人员,分别是采购方、设计人员、制造方、安装人员、维护人员以及使用方,他们所起的作用和履行职责的情况将会影响系统的性能以及是否会发生提早失效。采购方应明确系统的功能和性能、要求的服役寿命以及相应的经费预算。设计人员应对系统进行详细的设计,以满足相应的法律法规、标准规范以及技术要求;需掌握使用环境条件,优化防腐设计和选材;明确防腐保护的措施和方案;规定适宜的运行条件和最佳的维护程序。制造方和安装人员应按照设计方案的规定进行制造和施工,遵循正确的调试程序,发现并完善设计中存在的不足,严格遵守工艺规范和技术要求,确保安装施工质量。维护人员应遵循正确的维护计划和程序,发现存在的腐蚀问题并采取合理的措施,修理时采用正确的备品备件,准确监测和检查评估系统的状态,确认结构和系统的完整性和安全性。使用人员应经过培训并具有相应的知识和技能,确保系统在规定的条件下运行,及时对故障和失效问题进行分析和处置,建立相应的档案和数据库,了解并降低停止运行时对系统的不利影响,要保证按照规范和流程正确操作。

船舶的系统性腐蚀控制主要包括如下内容。

1)防腐工作的顶层设计

应制定防腐蚀工作大纲,明确防腐蚀工作的基本方针和最佳策略,并始终贯穿于系统防腐蚀的各项工作当中。应高度重视防腐蚀工作,建立健全系统的防腐蚀管理网络与组织机构,以推进防腐蚀工作计划的开展和落实。建立系统的规章制度,使防腐蚀工作规范化、制度化。

2)腐蚀防护优化设计

开展材料与结构的环境适应性和耐蚀性分析与评估,做好新材料、新工艺、新设计的试验评价与验证。开展防腐蚀结构设计和优化选材,确定需采用的防腐蚀材料与技术,开展设计确认与验证。

3)过程控制与质量管理

加强外协件和成品件的腐蚀控制管理,确定零部件的腐蚀防护要求,确保和系统的腐蚀控制要求相协调。制定并规范建造过程中腐蚀控制的工艺要求与措施,加强防腐蚀措施的质量控制和考核,确保符合标准规范和技术文件的相关要求。

4)维护与维修

应制定腐蚀控制和维护的手册,做好使用过程中的防腐检查、状态监测和维护维修,实施"提前发现-评估-制订计划-处理"的维护策略,并对到期或失效的防腐材料和系统及时进行更换和维修。在船舶修理过程中,要根据实际腐蚀情况和腐蚀控制技术发展情况进行修理或修复设计。需要特别注意修理、修复过程中的材料、工艺的继承性和相容性,避免对原有及相邻结构、设备和系统产生不利的影响[108]。

5)检测评估与改进

应建立试验、使用、维护维修过程中的腐蚀损伤和防护效果的信息反馈机制,收集和建立船舶的腐蚀档案资料和信息数据库,为船舶结构和系统的状态评估以及后续防腐方案的改进提供依据。通过状态监测与检查-效果分析与评估-防腐方案改进与完善的不断循环,实现防腐水平的持续提升。

6)培训与资质

需要编写船舶腐蚀控制培训教材,应加强各相关方人员的培训,增强其腐蚀控制的意识,使其掌握腐蚀控制的知识与技能,并取得相应的资质(如涂层检测人员、阴极保护人员资质证书等),提升腐蚀控制的能力和水平。

7)标准与规范

应对腐蚀控制材料、方法、技术和管理进行评估和总结,将好的做法和措施不断纳入标准规范进行固化,建立和完善腐蚀控制的标准规范体系。

8)经济性评价

应对腐蚀控制的费用合理投入,尤其是在建造阶段(初期)的投入,以获得最佳的效费比。通常初期就采取有效的长寿命腐蚀控制措施比后续在使用过程中通过维护维修来延长防腐寿命具有更低的全寿命周期费用。此外,通过有效的腐蚀控制可以减少维护维修费用,减少维修工作量,延长坞修间隔期,提高船舶的在航率,从而达到降本增效的目的。

9)船舶的延寿

在某些情况下,当船舶达到设计使用寿命后仍需要继续服役一段时间,这就需要进行船舶的延寿。在船舶的延寿期,需依据对腐蚀、疲劳裂纹等各类损伤的检测结果评估结构和系统的安全性和剩余寿命。将点蚀、缝隙腐蚀、全面不均匀腐蚀等各种腐蚀形态及结构材料性能随时间的退化作为变量纳入统一的框架模型中,将损伤物理形态-结构剩余寿命-剩余强度三者有机结合,以提高分析评估的精度和可靠性,为老龄船舶延寿及维护维修提供技术依据[109]。

系统性腐蚀控制可以看作船舶完整性管理的一部分。腐蚀导致的损伤是影响船舶完整性的关键因素之一。目前,完整性管理已在油气输送管道等行业得到快速发展和广泛应用,它是以管道等结构物安全为目标的系统管理过程,其基本思路是调动全部因素来改进管道等结构物的安全性,并通过信息的收集、分析、评估以及反馈来不断完善腐蚀等损伤的防护措施,实现持续改进,以达到保障管道等结构物安全服役的目的[110]。这种思路和方法同样可以用于船舶的完整性管理。

参考文献

[1] 肖千云,吴晓光. 舰船腐蚀防护技术[M]. 哈尔滨:哈尔滨工程大学出版社,2011.
[2] 梁彩凤,侯文泰. 碳钢、低合金钢16年大气暴露腐蚀研究[J]. 中国腐蚀与防护学报,2005, 25(1):1-6.
[3] 张晓东,胡裕龙,卜世超,等. 船体钢海水腐蚀研究进展[J]. 装备环境工程,2018,15(6): 33-40.
[4] 邓贤辉. 两种船体钢耐海水腐蚀性能对比[J]. 材料开发与应用,2012,27(5):50-52.
[5] 黄晓艳,刘波. 舰船用结构材料的现状与发展[J]. 船舶,2004,15(3):21-24.
[6] 方志刚,等. 舰船防腐防漏工程[M]. 北京:国防工业出版社,2017.
[7] 沈宏,高峰,张关根,等. 舰船海水管系选材及防腐对策[J]. 船舶工程,2002,24(4):43-46.
[8] 王虹斌,方志刚. 舰船海水管系异金属电偶腐蚀的控制[J]. 腐蚀科学与防护技术,2007,27 (2):145-147.
[9] 洪啸吟,冯汉保,申亮. 涂料化学[M]. 3版. 北京:科学出版社,2019.
[10] 赵麦群,雷阿丽. 金属腐蚀与防护[M]. 北京:国防工业出版社,2002.
[11] 王建,刘会成,刘新. 防腐蚀涂料与涂装[M]. 北京:化学工业出版社,2006.
[12] 全国涂料和颜料标准化技术委员会. 涂料产品分类、命名和型号:GB/T 2705—2003[S]. 北京:中国标准出版社,2003.
[13] 全国涂料和颜料标准化技术委员会. 船体防污防锈漆体系:GB/T 6822—2014[S]. 北京:中国标准出版社,2014.
[14] 全国涂料和颜料标准化技术委员会. 船用防锈漆:GB/T 6748—2008[S]. 北京:中国标准出版社,2008.
[15] 全国涂料和颜料标准化技术委员会. 船用水线漆:GB/T 9260—2008[S]. 北京:中国标准出版社,2008.
[16] 全国涂料和颜料标准化技术委员会. 船壳漆:GB/T 6745—2008[S]. 北京:中国标准出版社,2008.
[17] 全国涂料和颜料标准化技术委员会. 甲板漆:GB/T 9261—2008[S]. 北京:中国标准出版

[18] 全国涂料和颜料标准化技术委员会. 船舶压载舱漆:GB/T 6823—2008[S]. 北京:中国标准出版社,2008.

[19] 金晓鸿. 船舶涂料与涂装手册[M]. 北京:化学工业出版社,2016.

[20] 全国涂料和颜料标准化技术委员会. 船用饮水舱涂料通用技术条件:GB 5369—2008[S]. 北京:中国标准出版社,2009.

[21] 全国涂料和颜料标准化技术委员会. 船用货舱漆:GB/T 9262—2008[S]. 北京:中国标准出版社,2008.

[22] 全国海洋船标准化技术委员会船用材料应用工艺分技术委员会. 机舱舱底涂料通用技术条件:GB/T 14616—2008[S]. 北京:中国标准出版社,2008.

[23] 汪国平. 船舶涂料与涂装技术[M]. 2版. 北京:化学工业出版社,2006.

[24] 全国涂料和颜料标准化技术委员会. 船用车间底漆:GB/T 6747—2008[S]. 中国:中国标准出版社,2008.

[25] 全国涂料和颜料标准化技术委员会. 船舶及海洋工程阳极屏涂料通用技术条件:GB/T 7788—2007[S]. 北京:中国标准出版社,2007.

[26] 汪国平. 船舶涂料与涂装的发展方向[J]. 中国涂料,2001,16(1):40-45.

[27] 梁春群,王平,宋兰花. 无有机锡自抛光船舶防污涂料[J]. 化工进展. 1994,13(5):40-44.

[28] HORIGUCHI T. Mechanism of imposex induced by organotins in gastropods[M]//ARAI T, HARINO H,OHJI M,et al. Ecotoxicology of antifouling biocides. Tokyo:Springer,2009:111-124.

[29] READMAN J W. Development, occurrence and regulation of antifouling paint biocides:historical review and future trends[M]//KONSTANTINOU I K. Antifouling paint biocides. Berlin:Springer-Verlag,2005.

[30] 汪桂斌. 国内外有机锡污染研究现状[J]. 卫生研究,2001,30(1):1-3.

[31] PELLEY J. Government Watch:Global ban agreed on tributyl tin ship paints[J]. Environmental Science & Technology,2001,35(23):475A-477A.

[32] 李慧娟,王国建. 船舶防污涂料研究进展[J]. 涂料工业,2005,35(3):45-48.

[33] CHAMBERS L D,STOKES K R,WALSH F C,et al. Modern approaches to marine antifouling coatings[J]. Surface and Coatings Technology,2006,201(6):3642-3652.

[34] LINDHOLDT A,DAM-JOHANSEN K,OLSEN S M,et al. Effects of biofouling development on drag forces of hull coatings for ocean-going ships:a review[J]. Journal of Coatings Technology and Research,2015,12(3):415-444.

[35] 郦和生. 异噻唑啉酮杀生剂及其分析方法[J]. 净水技术,1995,54(4):40-42.

[36] VOULVOULIS N,SCRIMSHAW M D,LESTER J N. Alternative antifouling biocides[J]. Applied Organometallic Chemistry,1999,13(3):135-143.

[37] 李佳利,郭年华,桂亮,等. 无锡自抛光型防污漆[J]. 涂料工业,2003,33(11):25-27.

[38] 潘健森,谢庆宜,马春风,等. 生物降解高分子基海洋防污材料的研究进展[J]. 表面技术, 2019,48(7):185-192.

[39] 应栋明. 丙烯酸铜树脂防污涂料制备及其评价[D]. 舟山:浙江海洋大学,2016.

[40] 憨化景. 新型丙烯酸类树脂及其防污涂料的性能研究[D]. 哈尔滨:哈尔滨工程大学,2015.

[41] 徐文涛. 主链断裂型自抛光海洋防污材料的研究[D]. 广州:华南理工大学,2015.

[42] 谢庆宜. 海洋静态防污材料的制备与性能研究[D]. 广州:华南理工大学,2018.

[43] 孙源,刘冰. 污损脱附型海洋防污材料研究进展[J]. 电镀与涂饰,2019,38(14):757-761.

[44] SELIM M S, SHENASHEN M A, EL-SAFTY S A, et al. Recent progress in marine foul-release polymeric nanocomposite coatings[J]. Progress in Materials Science,2017,87:1-32.

[45] BAIER R E. Surface behaviour of biomaterials: The theta surface for biocompatibility[J]. Journal of Materials Science: Materials in Medicine,2006,17(11):1057-1062.

[46] LEJARS M, MARGAILLAN A, BRESSY C. Fouling release coatings: a nontoxic alternative to biocidal antifouling coatings[J]. Chemical Reviews,2012,112(8):4347-4390.

[47] BA M, ZHANG Z P, QI Y H. Fouling release coatings based on polydimethylsiloxane with the incorporation of phenylmethylsilicone oil[J]. Coatings,2018,8(5):153.

[48] SCHULTZ M P, BENDICK J A, HOLM E R, et al. Economic impact of biofouling on a naval surface ship[J]. Biofouling,2011,27(1):87-98.

[49] LEONARDI A K, OBER C K. Polymer-based marine antifouling and fouling release surfaces: Strategies for synthesis and modification[J]. Annual Review of Chemical and Biomolecular Engineering,2019,10(1):241-246.

[50] 许吉娜. PVA/PAAm水凝胶涂层的制备及其防污性能研究[D]. 哈尔滨:哈尔滨工程大学,2015.

[51] 张金伟,蔺存国,邵静静,等. 聚丙烯酰胺-有机硅防污共聚物的制备与应用[J]. 现代涂料与涂装,2008,11(7):9-11.

[52] 梁瑛. 高强度水凝胶的制备及生物活性物质在其表面粘附行为研究[D]. 哈尔滨:哈尔滨工程大学,2012.

[53] 程章,张帆,孙小英,等. 含PEG的双亲性氟硅改性丙烯酸树脂防污涂层的制备及性能[J]. 高分子学报,2016(8):1112-1120.

[54] 周英菊,宋刚,齐育红. PEG含量对聚乙二醇聚氨酯涂层防污性能的影响[J]. 西部皮革,2017,39(6):26-28.

[55] KIM S, GIM T, KANG S M. Versatile, tannic acid-mediated surface PEGylation for marine antifouling applications[J]. ACS Applied Materials & Interfaces,2015,7(12):6412-6416.

[56] DONG B Y, MANOLACHE S, WONG C L, et al. Antifouling ability of polyethylene glycol of different molecular weights grafted onto polyester surfaces by cold plasma[J]. Polymer Bulletin,2011,66(4):517-528.

[57] 李琪,高昌录,孙秀花. 两性离子聚合物防污涂层研究进展[J]. 合成材料老化与应用,2018,47(3):94-99.

[58] CHEN S, LI L, ZHAO C, et al. Surface hydration: principles and applications toward low-fouling/

nonfouling biomaterials[J]. Polymer, 2010, 51(23):5283 – 5293.

[59] ALDRED N, LI G, GAO Y, et al. Modulation of barnacle(Balanusamphitrite Darwin) cyprid settlement behavior by sulfobetaine and carboxybetaine methacrylate polymer coatings[J]. Biofouling, 2010, 26(6):673 – 683.

[60] ZHANG Z, FINLAY J A, WANG L, et al. Polysul – fobetaine – grafted surfaces as environmentally benign ultralow fouling marine coatings[J]. Langmuir, 2009, 25(23):13516 – 13521.

[61] 邹胜,李军波,梁莉娟,等. 聚磺酸甜菜碱功能化金纳米粒子的抗蛋白吸附[J]. 河南科技大学学报(自然科学版),2018,39(6):95 – 99,10.

[62] 雷雨风. 两亲性聚硅氧烷嵌段共聚物的合成、结构表征与抗蛋白吸附性能[D]. 广州:华南理工大学,2017.

[63] 刘起. 基于多酚/两性离子聚合物的蛋白质生物活性界面[D]. 大连:大连理工大学,2018.

[64] 张治财,齐福刚,赵镍,等. 海洋防污涂料/层技术研究现状及发展趋势[J]. 材料导报,2019,33(S2):116 – 120.

[65] SCHUMACHER J F, CARMAN M L, ESTES T G, et al. Engineered antifouling microtopographies-effect of feature size, geometry, and roughness on settlement of zoospores of the green alga Ulva[J]. Biofouling, 2007, 23(1):55 – 62.

[66] QIN L, HAFEZI M, YANG H, et al. Constructing a dual-function surface by microcasting and nanospraying for efficient drag reduction and potential antifouling capabilities[J]. Micromachines, 2019, 10(7):490.

[67] SHAHROUZ A, STEFAN K, LUIGI P, et al. Preventing mussel adhesion using lubricant-infused materials[J]. Science, 2017, 357(6352):668 – 673.

[68] XIAO L, LI J, MIESZKIN S, et al. Slippery liquid-infused porous surfaces showing marine antibiofouling properties[J]. ACS Applied Materials & Interfaces, 2013, 5(20):10074 – 10080.

[69] GALLI G, MARTINELLI E. Amphiphilic polymer platforms: surface engineering of films for marine antibiofouling[J]. Macromolecular Rapid Communications, 2017, 38(8):1600704.

[70] YANDI W, MIESZKIN S, DI FINO A, et al. Charged hydrophilic polymer brushes and their relevance for understanding marine biofouling[J]. Biofouling, 2016, 32(6):609 – 625.

[71] CALABRESE D R, WENNING B M, BUSS H, et al. Oligopeptide-modified hydrophobic and hydrophilic polymers as antifouling coatings[J]. Green Materials, 2017, 5(1):31 – 43.

[72] GALLI G, BARSI D, MARTINELLI E, et al. Copolymer films containing amphiphilic side chains of well – defined fluoroalkyl – segment length with biofouling-release potential[J]. RSC Advances, 2016, 6(71):67127 – 67135.

[73] CHEN L, QIAN P Y. Review on molecular mechanisms of antifouling compounds: an update since 2012[J]. Marine Drugs, 2017, 15(9):1 – 20.

[74] BAECKMANN W, SCHWENK W, PRINZ W. Handbook of cathodic corrosion protection—The theory and practice of electrochemical protection processes[M]. 3rd edition. Houston:Gulf

Professional Publishing,1997.

[75] 王强. 电化学保护简明手册[M]. 北京:化学工业出版社,2012.

[76] 胡士信. 阴极保护工程手册[M]. 北京:化学工业出版社,1999.

[77] General Electrotechnical Standards Policy Committee. Cathodic protection – Part 1:Code of practice for land and marine applications:BS 7361 – 1:1991[S]. London:BSI,1991.

[78] 许立坤,等. 海洋工程的材料失效与防护[M]. 北京:化学工业出版社,2014.

[79] International Organization for Standardization. General principles of cathodic protection in seawater:ISO 12473:2017[S]. Geneva:ISO,2017.

[80] ELBEIK S,TSEUNG A C C,MACKAY A L. The formation of calcareous deposits during the corrosion of mild steel in sea water[J]. Corrosion Science,1986,26(9):669 – 680.

[81] HARTT W H,CULBERSON C H,SMITH S W. Calcareous deposits on metal surfaces in seawater—A critical review[J]. Corrosion,1984,40(11):609 – 618.

[82] BARCHICHE C,DESLOUIS C,FESTY D,et al. Characterization of calcareous deposits in artificial seawater by impedance techniques. 3 – Deposit of $CaCO_3$ in the presence of Mg(Ⅱ)[J]. Electrochimica Acta,2003,(48):1645 – 1654.

[83] NEVILLE A,MORIZOT A P. Calcareous scales formed by cathodic protection—an assessment of characteristics and kinetics[J]. Journal of Crystal Growth,2002,243(3 – 4):490 – 502.

[84] 孙天翔. 阴极极化对典型金属材料表面保护性能的影响研究[D]. 青岛:青岛理工大学,2017.

[85] BARCHICHE C,DESLOUIS C,GIL O,et al. Role of sulphate ions on the formation of calcareous deposits on steel in artificial seawater;the formation of green rust compounds during cathodic protection[J]. Electrochimica Acta,2009,54(13):3580 – 3588.

[86] 张林,杜敏,陈如林,等. 低温低溶解氧海水环境中X70钢阴极极化行为研究[J]. 腐蚀科学与防护技术,2012,24(2):101 – 106.

[87] 宋积文,兰志刚,王在峰,等. 海洋环境中阴极保护设计与阴极产物膜[J]. 腐蚀与防护,2010,31(4):265 – 267.

[88] MANTEL K E,HARTT W H,CHEN T Y. Substrate,surface finish,and flow rate influences on calcareous deposit structure[J]. Corrosion,1992,48(6):489 – 500.

[89] SUN T,HUANG G,LV P,et al. Evolution of calcareous deposits and passive film on 304 stainless steel with cathodic polarization in sea water[J]. Coatings,2018,8(5):194.

[90] 孙天翔,黄国胜,吕平,等. 极化电位对高锰铝青铜表面钙质沉积层的影响研究[J]. 材料开发与应用,2018,33(2):23 – 32.

[91] 温国谋,郑辅养. 海水中阴极保护时钙质沉积层的形成与应用[J]. 腐蚀与防护,1995,16(1):50 – 54.

[92] 郑辅养,温国谋,方炳福,等. 阴极极化模式对钙质沉积层形成的影响[J]. 腐蚀与防护,1995,16(6):253 – 256.

[93] 李金桂. 腐蚀控制设计手册[M]. 北京:化学工业出版社,2006.

第 2 章 海洋船舶的防腐防污方法

[94] 中国船舶工业综合技术经济研究院. 水面舰船牺牲阳极保护设计和安装:GJB 157A—2008 [S]. 北京:国防科工委军标出版发行部,2008.

[95] 全国海洋船标准化技术委员会船用材料应用工艺分技术委员会. 船体外加电流阴极保护系统:GB/T 3108—1999[S]. 北京:中国标准出版社,2000.

[96] European Committee for Standardization. Cathodic protection of ship hulls:EN 16222:2012[S]. Brussels:CEN,2012.

[97] 吴始栋. 舰船防污技术的进展[J]. 船舶物资与市场,1997(1):4-8.

[98] 李大平. 电解防污用开关恒流源初探[J]. 材料开发与应用,1996,11(2):37-40.

[99] CHARACKLIS W G. Influence of biofouling and biofouling control techniques on corrosion of copper-nickel tubes[C]//Corrosion 83. Houston:NACE,1983:250.

[100] 卢兴福. 日产新式与国产研制的电解海水防污装置比较及管理[J]. 航海技术,1999(5):51-52.

[101] 中国船舶工业总公司洛阳船舶材料研究所. 船用电解海水防污装置设计和安装:GB/T 17435—1998[S]. 北京:中国标准出版社,1999.

[102] 李长彦,张桂芳,付洪田. 电解海水防污技术的发展及应用[J]. 材料开发与应用,1996,11(1):38-43.

[103] 张运秋. 某轮压载水处理系统简介及管理要点[J]. 船电技术,2017,37(3):21-24.

[104] 孙嵘,张志文,廖剑升,等. 船舶电解海水法的压载水处理系统[J]. 船舶,2013,24(6):57-60.

[105] 范鹏,赵磊. 船舶压载水处理技术的发展现状及处理系统的选型研究[J]. 青岛远洋船员职业学院学报,2015,36(4):9-13.

[106] ROBERGE P R. Handbook of corrosion engineering[M]. New York:The McGraw-Hill Companies, Inc.,1999.

[107] 李金桂. 腐蚀控制系统工程学概论[M]. 北京:化学工业出版社,2009.

[108] 方志刚,刘斌,王涛. 舰船腐蚀预防与控制系统工程[J]. 舰船科学技术,2016,38(1):137-140.

[109] 郁大照,陈跃良,金平. 飞机结构腐蚀管理全寿命模型研究[J]. 中国民航大学学报,2008,26(5):32-35.

[110] 翁永基. 腐蚀管道安全管理体系Ⅰ. 完整性管理[J]. 防腐保温技术,2004,12(2):5-9.

第 3 章

船舶牺牲阳极阴极保护

3.1 牺牲阳极材料

从 20 世纪 60 年代开始,阴极保护已经成为海洋船舶必不可少的防腐技术,在船舶壳体、推进器、内舱、冷凝器和海水管路系统等部位均得到了广泛的应用,其明显的保护效果和先进的技术经济性能得到了业界普遍认可[1-2]。阴极保护分为牺牲阳极和外加电流两种方法。对于船体,这两种方法均可采用;而对于船舶海水压载舱,基于安全方面的考虑,则只能采用牺牲阳极阴极保护技术[3-4]。因此,与外加电流法相比,牺牲阳极在船舶上具有更广的适用性。

目前,常用的牺牲阳极材料主要有镁合金、锌及锌合金、铝合金和铁合金等四类。这些牺牲阳极材料性能各有特点,分别适用于不同的应用环境。其中,镁合金牺牲阳极材料的工作电位范围在 $-1.45 \sim -1.55\text{V}(\text{SCE})$,电容量约为 $1100 \sim 1200\text{A} \cdot \text{h/kg}$,电流效率为 50% 左右;锌合金牺牲阳极材料的工作电位范围为 $-1.00 \sim -1.05\text{V}(\text{SCE})$,电容量为 $780\text{A} \cdot \text{h/kg}$ 左右,电流效率在 95% 以上;常规铝合金牺牲阳极材料工作电位范围为 $-1.05 \sim -1.12\text{V}(\text{SCE})$,电容量为 $2400\text{A} \cdot \text{h/kg}$ 以上,电流效率大于 85%;而铁合金牺牲阳极材料工作电位范围为 $-0.65 \sim -0.75\text{V}(\text{SCE})$,实际电容量可达到 $960\text{A} \cdot \text{h/kg}$[5]。由于镁合金牺牲阳极自腐蚀强烈,电流效率低,工作电位太负,所以并不适于海水中钢结构物的保护,在船舶上极少使用,其主要用于淡水、土壤等高电阻率介质中。锌合金牺牲阳极和铝合金牺牲阳极材料是应用较为广泛的两类牺牲阳极材料,在海水中具有优异的电化学性能,主要用于船舶、平台等海洋钢结构物的阴极保护,锌合金牺牲阳极也可用于海泥、海淡水等低电阻率(通常电阻率不超过 $15\Omega \cdot \text{m}$)介质中。铁合金牺牲阳极工作电位较正,则主要用于铜合金、不锈钢等管路材料的阴极保护[6-9],由于和铜、不锈钢等材料之间具有合适的电位差(驱动电位),因而可以比锌合金牺牲阳极或铝合金牺牲阳极具有更长的保护寿命。复合牺牲阳极是近年来发展的新型阳极,由不同的牺牲阳极材料多层复合在一起而构成,可发挥不同牺牲阳极材料的性能特点,在保证保护效果的同时可减少牺牲阳极用量,有效降低防腐费用[8]。

3.1.1 锌及锌合金牺牲阳极材料

锌用作阴极保护牺牲阳极具有非常长的历史。早在1824年人们就已经在海水防腐中使用了锌阳极,用于保护英国皇家海军木质舰船的铜包皮。锌基牺牲阳极主要有两大类:一类是纯锌牺牲阳极,采用高纯金属锌,需严格限制杂质含量;另一类是锌合金牺牲阳极,为低合金化的锌基合金,通过加入一些合金元素,可促进锌的活化并抵消铁等有害杂质的影响,其允许杂质含量比纯锌牺牲阳极要高一些[10]。两类牺牲阳极均可获得优良的性能,但从成本考虑,锌合金牺牲阳极更有优势,应用也更广泛。

已经开发的锌合金牺牲阳极材料种类很多,主要有 Zn – Al 系、Zn – Sn 系、Zn – Mn 系、Zn – Cd 系等[11]。我国在1965年以前基本上采用纯锌牺牲阳极,之后开发了 Zn – Al – Cd 三元合金牺牲阳极,并得到广泛应用。锌合金牺牲阳极材料的优点是在海水中电流效率高,溶解性能好,缺点是电容量偏小,且存在高温条件下电位极性反转现象[12]。

1. 纯锌牺牲阳极

将纯锌作为牺牲阳极材料时,锌的纯度要求达到99.995%,杂质 Fe 的含量应不大于0.0014%,Cu 和 Pb 的含量分别应不大于0.002%和0.003%。也就是说,只有有害杂质含量很低的纯锌才能作为牺牲阳极材料。《锌合金牺牲阳极》(GB/T 4950—2021)规定的纯锌及锌合金牺牲阳极的化学成分如表3-1所列[13],纯锌及锌合金牺牲阳极在海水中的电化学性能如表3-2所列。

表3-1 纯锌及锌合金牺牲阳极的化学成分 (单位:%(质量分数))

阳极种类	Al	Cd	杂质元素				Zn
			Fe	Cu	Pb	其他	
Zn – Al – Cd(Ⅰ型)	0.3~0.6	0.05~0.12	≤0.005	≤0.005	≤0.006	Si≤0.125	余量
Zn – Al – Cd(Ⅱ型)	0.1~0.5	0.025~0.07	≤0.005	≤0.005	≤0.006	≤0.1	余量
纯锌(Ⅲ型)	≤0.005	≤0.003	≤0.0014	≤0.002	≤0.003	≤0.005	余量

注:Ⅰ型和Ⅱ型阳极适用于50℃及以下环境。

由于纯锌具有较好的延展性,因此可以采用挤压的方法加工成带状锌阳极,通常具有长方形截面,中间为钢芯,每卷的长度可以为几十米至数百米。带状锌阳极具有较小的接地(接水)电阻和较大的发生电流量,适合埋地管道以及储罐外底板的阴极保护,或者是电阻率较低的小尺寸海淡水管道内壁的保护。由于为连续阳极,因此被保护管道等结构物易于获得较均匀的电位分布。

表3-2 纯锌及锌合金牺牲阳极在海水中的电化学性能

阳极种类	工作电位/ V(SCE)	实际电容量/ (A·h/kg)	消耗率/ (kg/(A·a))	溶解状况
Zn-Al-Cd (Ⅰ型和Ⅱ型)	≤-1.0	≥780	≤11.23	表面溶解均匀, 腐蚀产物易于脱落
纯锌(Ⅲ型)	≤-1.0	≥760	≤11.53	表面溶解均匀, 腐蚀产物易于脱落

2. 锌合金牺牲阳极

铝是改善锌合金牺牲阳极性能最有效的元素,加入适量的 Al 以后能明显改善锌合金牺牲阳极的性能。研究表明,当 Zn-Al 合金阳极中 Al 含量为 0.4%~0.6% 时为单相(α 相)组织,电流效率高,极化率小,其性能与纯锌相当;当 Al 含量超过 0.6% 时出现第二相(β 相),会加快锌合金牺牲阳极的自腐蚀,使电流效率下降[11]。Fe 杂质对 Zn-Al 合金的电流效率有非常明显的影响,当 Zn-Al(含 0.6% Al)合金中的 Fe 含量从 0.004% 升高到 0.01% 时,其电流效率从 88.5% 下降到只有 76.0%。

Zn-Al 合金中加入第三组元,如 Cd、Mn、Si、Hg 等,形成三元合金可进一步改善性能,其中合金元素 Al、Cd 能够细化锌合金的晶粒,抑制杂质元素的不利影响,从而使锌合金牺牲阳极的性能得到较大改善,电流效率可达到 95% 甚至 98%。

苏联研制了 Zn-Al-Mn 合金牺牲阳极,元素 Mn 可以提高 Al 在锌合金中的固溶度,使合金的阳极活性稳定、自腐蚀速率降低,从而提高合金的电化学性能。Zn-Al-Mn 合金牺牲阳极的有效电容量为 740A·h/kg,电流效率可达到 90%。

Zn-Al-Hg 合金中的 Hg 元素能大幅度提高锌合金牺牲阳极的活性,允许杂质 Fe 含量较高。但是,Hg 有较高的毒性,又极易挥发,熔炼和使用均有污染,使其应用受到限制。

对于 Zn-Sn 系合金牺牲阳极材料,当其中 Sn 含量在 0.1%~0.3% 时,具有较好的电化学性能,其稳定工作电位为 -1.045V(SCE),电容量达到 780A·h/kg,电流效率达 95%。Zn-Sn-Bi-Mg 四元合金牺牲阳极性能优于 Zn-Al 系三元合金牺牲阳极,电流效率高达 98% 以上[12]。

Zn-Mn 系锌合金牺牲阳极中的 Mn 含量达到 0.6%~1.8% 时,其性能与 Zn-Al 系三元合金牺牲阳极相当。

对 Zn-Cd 系合金牺牲阳极的研究表明,杂质 Fe 与 Cd 能优先形成 Cd_2Fe 金属间化合物,从而改善了锌合金牺牲阳极的性能,同时细化了晶粒,使表面趋于均匀溶解。

尽管可用作牺牲阳极的锌合金有很多,但上述这些体系并不很常用。目前,Zn-Al-Cd是国内外应用最广的锌合金牺牲阳极,其在海水中的工作电位为$-1.00 \sim -1.05\text{V}(\text{SCE})$,电流效率在95%以上。国家标准GB/T 4950—2021对Zn-Al-Cd合金牺牲阳极规定的成分要求为:Ⅰ型阳极的Al含量为0.3%~0.6%,Cd含量为0.05%~0.12%,同时控制杂质Fe、Cu、Pb、Si的含量;Ⅱ型阳极的成分与ASTM B418—2016以及美国军用标准MIL-DTL-18001L的规定一致,Al含量为0.10%~0.50%,Cd含量为0.025%~0.07%,Pb含量小于0.006%,Fe含量小于0.005%,Cu含量小于0.005%[13]。表3-3给出了国外不同标准规定的Zn-Al-Cd合金牺牲阳极的成分对比。尽管国内外标准规定的锌合金阳极的化学成分稍有差异,但阳极的电化学性能是一致的。

表3-3 国外不同标准中规定的Zn-Al-Cd合金牺牲阳极成分

元素	ISO 15589-2:2012	DNV GL-RP-B401	MIL-DTL-18001L	ASTM B418—2016(Ⅰ)	EN 12496—2013(Z1)
Al	0.1~0.5	0.1~0.5	0.1~0.5	0.1~0.5	0.1~0.5
Cd	0.025~0.07	≤0.07	0.025~0.07	0.025~0.07	0.025~0.07
Cu	≤0.005	≤0.005	≤0.005	≤0.005	≤0.005
Fe	≤0.005	≤0.005	≤0.005	≤0.005	≤0.005
Pb	≤0.006	≤0.006	≤0.006	≤0.006	≤0.006
其他	—	—	—	≤0.1	≤0.1
Zn	余量	余量	余量	余量	余量

3. 影响锌合金牺牲阳极性能的因素

影响锌合金牺牲阳极性能的因素主要包括合金元素、杂质元素、制备工艺以及使用环境等。

1)合金元素的影响

在实际应用中,往往采用合金化技术在Zn中加入一些合金元素,如Al、Cd、Mn、Hg、Sn等,构成锌合金牺牲阳极,以消除Fe等有害杂质的影响[7]。Al和Cd元素可分别与锌合金阳极中的杂质Fe和Pb形成金属间化合物,其电位比相应的Fe和Pb的电位都要负,可以阻碍与Zn形成强的腐蚀微电池,从而消除这些杂质的有害影响,减弱Zn的自腐蚀,提高电流效率,改善溶解性能,同时使锌合金牺牲阳极中Fe和Pb的允许含量分别达到0.005%和0.006%,进而使这类合金的生产更容易,成本更低。但是,仍然必须严格控制合金元素的含量,如果超出了规定的范围,将对阳极性能产生不利影响。例如,当Al的含量超过0.6%和Cd的含量大于0.10%时,会出现第二相,从而会加快锌合金牺牲阳极的自腐蚀,使电流效率下降。当Al的含量小于0.3%和Cd的含量小于0.05%时,阳极表面溶解不够均匀。

2）杂质元素的影响

杂质元素对锌合金牺牲阳极的腐蚀溶解和电化学性能影响较大,当含有较高 Fe、Cu、Pb 等阴极性杂质时,纯锌阳极很容易极化而失去阴极保护作用,其中尤以 Fe 的影响最大。Fe 在 Zn 中的固溶度约为 0.0014%,超过这一值便会析出,成为阴极相,与基体 Zn 构成腐蚀微电池,加快 Zn 的自溶解,使锌合金牺牲阳极的电流效率下降,同时还会增大阳极的极化率,使阳极电位明显正移。当杂质 Fe 的含量大于 0.005% 时,不仅会影响阳极表面的均匀溶解,而且还会显著降低锌合金牺牲阳极的性能。

3）制备工艺的影响[10]

锌合金牺牲阳极通常都是采用熔铸工艺成形,有些情况下,如带状锌阳极则采用挤压成形。在熔铸过程中可能掺入 Fe 杂质,严重影响牺牲阳极性能;挤压过程容易导致锌阳极出现低温脆性问题,影响保护效果。

(1)熔铸工艺影响。锌液的适宜浇铸温度为 540~580℃。浇铸温度太低,易使制品表面产生冷隔、分层和不熔合等缺陷;浇铸温度过高,会增加制品的热裂和缩孔,延长生产周期和浪费能源。每炉浇铸的前期温度应取上限;浇铸中后期取下限。熔铸过程中,避免铁制工具及其他铁制品与锌液接触,以防止 Fe 元素超标,保证阳极质量。

(2)挤压工艺影响。低温(小于 10℃)挤压工艺生产的带状锌阳极,不仅生产过程中难以弯曲包装,而且在运输和应用中也容易发生脆断,从而影响正常使用。因此,在挤压工序中,应采用合适的工艺参数,避免带状锌阳极在后续使用过程中发生低温脆断事故。

4）环境因素影响[12]

温度对锌合金牺牲阳极的性能影响较大。Zn - Al - Cd 合金牺牲阳极的适用温度在 50℃ 以下。当温度在 60℃ 左右时,存在电位极性反转现象,原来的牺牲阳极变为阴极,会加速被保护钢结构的腐蚀。温度对锌合金牺牲阳极的溶解行为影响较大,20℃ 下均匀溶解的锌合金在 70℃ 时却发生明显的晶间腐蚀,并有晶粒脱落现象,会导致锌合金牺牲阳极的电流效率显著降低。

介质盐度和电导率对锌合金牺牲阳极的性能也有较大影响。在淡水中,锌合金牺牲阳极表面易发生钝化,且当介质的导电性较低时,锌合金牺牲阳极的稳定电位和极化率都随时间显著升高。在海水和高盐水中,锌合金牺牲阳极具有较高的电流效率,可达到 95% 以上,同时较高的盐度可有效抑制锌合金牺牲阳极高温电位极性反转现象。

3.1.2 铝合金牺牲阳极材料

铝合金牺牲阳极因具有材料来源广、密度低、性能稳定、电容量高、驱动电位较负等优点,已广泛应用于保护海洋环境中金属结构物,如船舶、港工与海洋设施、海水冷却水系统等。而在船舶阴极保护用牺牲阳极材料中,铝合金牺牲阳极应用最广、用量最大[14]。

1. 铝合金牺牲阳极分类

纯铝表面易形成致密的氧化膜而发生钝化,因此不能作为牺牲阳极材料使用,需要添加合金元素,以破坏表面钝化膜,使阳极发生活化。早期添加 Zn、Mg 元素来抑制铝的钝化。铝合金牺牲阳极由基本的二元合金开始发展,但由于二元合金电流效率偏低,不能满足实际应用的需要,于是在二元铝合金中再加入 Hg、In、Sn、Mg 等元素形成多元合金,通过其结构和性质的改变使阳极的性能持续获得改进和提升[15]。由此开发出多种新型铝合金牺牲阳极材料,其中电位能够稳定处于工作要求区间且具有高电流效率的有 Al – Zn – Hg、Al – Zn – Sn、Al – Zn – In 系合金[15]。

1) Al – Zn – Hg 系合金牺牲阳极

在铝合金牺牲阳极开发初期,国内外均从含 Hg 阳极开始。20 世纪 60 年代,美国先后成功研制出 Galvalum Ⅰ 阳极(Al – 0.45Zn – 0.045Hg)和 Galvalum Ⅱ 阳极(Al – 4.38Zn – 0.04Hg),在实际工程中得到广泛应用并取得很好的效果。其中,Galvalum Ⅰ 阳极适用于海水环境,电流效率可达到 90% 以上,工作电位为 – 1.10V(SCE);Galvalum Ⅱ 阳极则适用于海泥环境,能够明显防止阳极受 H_2S 侵蚀,电流效率为 80% ~ 98%。尽管含 Hg 阳极材料具有优异的电化学性能,但在合金熔炼时产生的汞蒸气会直接毒害人体,并且使用时溶出的 Hg 也会污染环境,所以 Al – Zn – Hg 系阳极的应用受到了很大限制。随着环保法规日趋严格,含 Hg 铝合金牺牲阳极在国内外都已被禁止使用[7]。

2) Al – Zn – Sn 系合金牺牲阳极

向 Al – Zn 合金中添加少量 Sn 元素可以改善阳极材料的溶解活性,Sn 通过溶于 Al 形成固溶体,降低了铝合金牺牲阳极的晶间腐蚀程度。铝合金中 Sn 含量为 0.055% 时,阳极的表面溶解均匀,电位为 – 0.99 ~ – 1.09V(SCE),电流效率在 84% 以上;当 Sn 含量超过 0.20% 时,Sn 的活化作用将受到限制,溶解阻力增加,电流效率明显降低。当 Sn 含量为 0.07% ~ 0.20% 时,Al – Zn – Sn 系合金牺牲阳极材料有较优的电化学性能[15]。但是,这种合金必须经固溶处理或均质化处理才能使 Sn 的最大含量维持在亚稳固溶体状态,得到预期的电化学性能。Al – Zn – Sn 系合金牺牲阳极的长期工作性能不佳,而且必须进行热处理,使得熔炼成本升高,因此也被淘汰。

3) Al – Zn – In 系合金牺牲阳极

Al – Zn – In 系合金牺牲阳极材料不需进行热处理,综合性能较高,是目前研究最多、应用最广泛的铝合金牺牲阳极材料。在 Al – Zn 合金中,Zn 含量增加,开路电位负移,电流效率降低。加入适量的 In 可使合金活化,抑制铝表面钝化膜的形成,提高牺牲阳极的电流效率[16-17]。

为了进一步提升阳极性能,在 Al-Zn-In 合金的基础上,不断调整合金元素的种类以及添加比例,形成了一系列的牺牲阳极材料。铝合金牺牲阳极的发展大致经历了三个阶段,由常规铝合金牺牲阳极到高效铝合金牺牲阳极,再到近期针对特殊工作环境而研发的新型铝合金牺牲阳极[14]。

常规铝合金牺牲阳极是指电容量不小于 2400A·h/kg 的阳极材料,主要有 Al-Zn-In、Al-Zn-In-Cd、Al-Zn-In-Si、Al-Zn-In-Sn、Al-Zn-In-Sn-Mg 等[9]。为了更好地优化阳极性能,获得更长的服役期限,在原有基础上研发了电容量提升至超过 2600A·h/kg 的高效铝合金牺牲阳极,目前已发展有 Al-Zn-In-Mg-Ti、Al-Zn-In-Mg-Ga-Mn 等[16]。上述铝合金牺牲阳极在全浸海水环境中均表现出极佳的工作性能。含 Cd 阳极因环保问题已逐渐被淘汰,含 Sn 阳极熔炼工艺较为复杂,需进行均质化热处理,以弥补 Fe 杂质带来的不利影响,造成生产成本提高。Al-Zn-In-Si 合金牺牲阳极适合工作于海泥环境,主要针对海底管线的腐蚀防护。海洋工程中应用最为广泛的则是 Al-Zn-In 合金牺牲阳极和 Al-Zn-In-Mg-Ti 高效铝合金牺牲阳极。

目前,常用的铝合金牺牲阳极化学成分如表 3-4 所列,电化学性能如表 3-5 所列[14]。其中常规铝合金牺牲阳极的电流效率达到 85% 以上,而高效铝合金牺牲阳极的电流效率可达到 90% 以上。

表 3-4 常用的铝合金牺牲阳极的化学成分表

阳极种类		Al-Zn-In-Cd	Al-Zn-In-Sn	Al-Zn-In-Si	Al-Zn-In-Sn-Mg	Al-Zn-In-Mg-Ti	Al-Zn-In
化学成分/%（质量分数）	Zn	2.5~4.5	2.2~5.2	5.5~7.0	2.5~4.0	4.0~7.0	2.0~6.0
	In	0.018~0.050	0.020~0.045	0.025~0.035	0.020~0.050	0.020~0.050	0.010~0.030
	Cd	0.005~0.020	—	—	—	—	—
	Sn	—	0.018~0.035	—	0.025~0.075	—	—
	Mg	—	—	—	0.50~1.00	0.05~1.50	—
	Si	—	—	0.10~0.15	—	—	—
	Ti	—	—	—	—	0.01~0.08	—
杂质	Si	≤0.10	≤0.10	—	≤0.10	≤0.10	≤0.12
	Fe	≤0.15	≤0.15	≤0.15	≤0.15	≤0.15	≤0.12
	Cu	≤0.01	≤0.01	≤0.01	≤0.01	≤0.01	≤0.006
	Al	余量	余量	余量	余量	余量	余量

表 3-5　铝合金牺牲阳极在海水中的电化学性能

阳极材料	开路电位/ V(SCE)	工作电位/ V(SCE)	实际电容量/ (A·h/kg)	电流效率/%	消耗率/ (kg/(A·a))	溶解形貌
常规铝合金阳极 （1型）	-1.10~-1.18	-1.05~-1.12	≥2400	≥85	≤3.65	产物容易脱落，表面溶解均匀
高效铝合金阳极 （2型）	-1.10~-1.18	-1.05~-1.12	≥2600	≥90	≤3.37	

近年来，主要针对干湿交替环境、淡海水环境、深海环境、低温冷水环境等特殊环境，或对易氢脆等有特殊需求的材料发展了一系列特种铝合金牺牲阳极。

（1）干湿交替环境高活化牺牲阳极[18]。干湿交替环境主要指船舶压载舱、潜艇上层建筑或位于海洋潮汐带的钢构件等所处的环境，因服役需求或潮位涨落而处于干湿交替的状态，结构表面因介质盐浓度的增加以及供氧充分而使得腐蚀更为严重。常规牺牲阳极在这种干湿交替环境中，腐蚀产物不容易脱落，而是结壳黏附于表面，阻碍了阳极继续活化溶解，致使阳极提前失效。为解决上述问题，通过在 Al-Zn-In 合金的基础上加入 Mg、Ga、Mn 等活化元素，开发了高活化铝合金牺牲阳极材料。该阳极在通常的海水全浸状态下的电流效率达到90%以上，属于高效铝合金牺牲阳极，同时在干湿交替条件下表现出良好的活化性能，从干态浸入水中后，可快速活化溶解，在50%浸水率的干湿交替条件下工作电位约为 -1.10V(SCE)，电流效率大于85%，腐蚀产物较易脱落，目前已在实际工程中得到广泛应用。

（2）淡海水环境高负电位牺牲阳极[14]。淡海水主要是指江河入海口附近的海水或河水，受到河水入海或海水倒灌的影响，其水质和电阻率处于海水和淡水之间，因其氯离子含量较低，要求阳极具有较强活性。通过添加 Zn、In、Sn、Mn、Bi 等合金元素，研制了高负电位铝合金牺牲阳极。该阳极工作电位负于 -1.40V(SCE)，实际电容量不小于2175A·h/kg，表面活性高，溶解均匀，可用于江河入海口的港工设施以及电厂冷却水系统的腐蚀防护。

（3）深海牺牲阳极[19-20]。深海具有高静水压力、低温、低溶解氧等特点，材料腐蚀以及电化学行为与表层海水环境不同。常规的牺牲阳极在深海环境中局部腐蚀严重，电流效率明显降低，无法对深海设施提供持续有效保护。针对深海环境特点，在 Al-Zn-In 合金的基础上，通过添加 Mg、Ti、Ga、Mn 等合金元素，利用合金元素间的复合活化作用，获得其在深海中的高活化性能，研制出深海铝合金牺牲阳极材料。该阳极在模拟600m深海环境中的工作电位为 -1.05V~-1.15V(SCE)，电流效率大于90%，溶解性能良好，可用于深海环境各类金属构件的腐蚀防护。

(4)低电位牺牲阳极[21-22]。20世纪80年代,美国海军实验室证实高强钢失效是由阴极保护引起的氢脆造成的,由此引发了人们对传统牺牲阳极材料可能导致高强钢氢脆这一问题的重视,进而推动了低驱动电压牺牲阳极(通常称为低电位牺牲阳极)的开发。美国、法国海军率先开展研究,以Ga为活化元素开发了AG系列的低电位牺牲阳极,工作电位为 -700 ~ -870mV(SCE)。尽管其保护电位能够满足高强钢的防护需求,但局部腐蚀溶解严重,表面溶解非常不均匀。七二五所在Al-Ga二元合金的基础上,通过引入Si和Zn,改善了牺牲阳极的溶解性能,开发出电位处于要求范围、溶解相对均匀、电流效率高的低电位牺牲阳极材料,已在高强钢、不锈钢及钛合金等氢脆敏感材料的腐蚀防护中得到应用。

2. 铝合金牺牲阳极活化溶解机理

为获得性能优异的铝合金牺牲阳极材料,自铝合金牺牲阳极诞生之日起,人们就在致力于探清铝合金牺牲阳极的活化溶解机理。因此,在研究合金元素对铝的活化作用的基础上,形成了不同的理论,可分别解释不同元素的活化作用机理,但至今未有统一定论。目前,铝合金牺牲阳极活化溶解机理主要有以下几种。

1)溶解 - 再沉积机理

该机理是在研究含Hg、In和Zn等合金组分的铝合金牺牲阳极溶解过程中,基于电化学测试和显微组织观察,提出的活化机制。阳极活化过程分以下三步。

第一步:Al及固溶体中的其他金属组分被氧化生成阳离子(M代表Zn、Sn、Ga、In、Hg等元素),其反应式为

$$Al(M) \longrightarrow Al^{3+} + M^{n+} + (n+3)e \qquad (3-1)$$

第二步:合金金属离子电势比铝高,因而发生离子交换反应,即

$$3M^{n+} + nAl \longrightarrow nAl^{3+} + 3M \qquad (3-2)$$

第三步:阳离子M^{n+}回沉,Al氧化膜部分脱落,合金电位负移,阳极溶解得以继续进行。

这种机理能够较好地解释为何腐蚀从活化点开始扩展,该机理认为只有固溶于Al基体的合金元素才能起到活化作用。另外,该理论是一种自催化机理,无法有效说明导致铝合金牺牲阳极电流效率降低的因素。

2)第二相优先溶解 - 脱落机理

对Al-Zn-In合金牺牲阳极进行电子探针观察,发现掺杂有In的富铟偏析相分布于合金结构中。作为阳极的富铟偏析相发生溶解,且越接近Al_2O_3膜处越优先溶解,直至暴露出Al基体。暴露出来的Al基体和Al_2O_3膜组成新的电偶,其电位差大,溶解反应有很大的驱动力,因此Al大量溶解。这时富铟相的极性转为阴极,溶解终止,且溶液中的In^{3+}在铝合金表面上沉积。富铟偏析相粒子因周围Al基体的大量溶解,与基体脱落,造成部分电流效率的损失。

3) 非常价态机理

该机理认为铝合金牺牲阳极的活化溶解受到中间产物 Al(Ⅰ)的影响。Al 溶解首先由一种快的电子转移过程形成 Al(Ⅰ)作为中间产物,然后以一步反应缓慢交换剩余的两个电子。活化元素在金属/氧化物界面经历可逆的氧化还原过程,促进电子从被氧化物晶格包围的 Al(Ⅰ)转移,使铝活化溶解,该机理的发展、完善有待后续研究。

4) 表观固溶度机理

该机理是基于合金元素 In 与杂质元素相互作用的基础上提出的,前提是合金中含有杂质。合金元素的表观固溶度是指合金元素以固溶形式存在的量与杂质相互作用的量之和。该机理认为,合金元素含量只有超过表观固溶度时,回沉的合金元素才能抵消杂质影响,起到活化作用。合金元素的高析氢过电位抑制了阳极析氢自腐蚀,从而提高了电流效率。

除上述四种机理外,还有学者从表面自由能和氯离子吸附的角度来阐释铝合金牺牲阳极的活化溶解机理。

表面自由能机理认为,合金的表面自由能越低,表面氧化膜厚度越小,内部金属与表面氧化膜的作用力越小,因此也就越有利于合金的均匀溶解,并使得阳极具有较高的电流效率和电容量。这一机理应用于 Sn、Hg、In 活化的铝合金牺牲阳极,同时它还可以解释不同合金元素的作用差异及阳极固溶处理的效果。用表面自由能概念不仅能够合理地解释合金元素和固溶处理对阳极电流效率的影响,而且还可以解释 Sn、Hg、In 等引起铝合金阳极活化之间的关系。

也有机理从氯离子吸附活化角度认为,In 只有在有 Cl^- 存在的时候才能在很负的电位下防止铝合金牺牲阳极的再度钝化,In 和纯铝的单纯接触并不能引起阳极的活化;对于一定量的 In^{3+},要使阳极活化,则至少需要一定量的 Cl^-;在铝合金牺牲阳极表面形成 In - Al 合金是 Cl^- 吸附在比 Al 电位更负的铝合金牺牲阳极上的原因,这也防止了阳极的再钝化。

3. 影响铝合金牺牲阳极性能的因素

影响铝合金牺牲阳极性能的因素主要包括合金元素、杂质元素和热处理工艺等[14-16]。

1) 合金元素的影响

通过合金元素来阻止或限制铝合金表面保护性氧化膜形成,促进或保持表面活化,是制备铝合金牺牲阳极的有效途径。在纯铝中引入少量的合金元素能降低杂质影响,使电位发生负移,表面溶解均匀,显著改善其电化学性能。常用的活化元素有 Zn、In、Sn、Mg、Ga、Cd 等,不同的活化元素对铝所起的活化作用不尽相同。

Zn 是制备铝合金牺牲阳极的最主要合金组分,它可使 Al 与其他元素更容易形成合金,增加合金中掺杂组分的均匀程度,使腐蚀产物易脱落,并可使合金电位降低 0.1~0.3V。Zn 的存在促进了 $ZnAl_2O_4$ 的产生,增加了氧化膜的缺陷,并可和其他合金元素共同作用,降低氧化膜的稳定性。

In 可改善铝的活性,使其电位负移,使合金电位降低 0.4V 左右。铝合金牺牲阳极中掺入 In 后,可促进 Cl^- 在铝合金牺牲阳极表面的吸附,破坏表面钝化膜。In 的添加比例需要控制在 0.02%~0.03%。In 含量过低不能充分起到活化作用,过高则会形成偏析相,加剧阳极的自腐蚀,降低电流效率。

Sn 可降低铝表面钝化膜电阻,使铝表面钝化膜产生孔隙,破坏其连续致密性。单独添加 Sn 的合金腐蚀产物不易脱落,导致溶解不均匀。因此,Sn 一般作为 Al-Zn-In 合金的第四组元加入,和 Zn、In 具有协同效应,可与 In 形成固溶体,使得铝合金晶粒细化,减少晶间偏析相,提高 Al-Zn-In-Sn 合金的溶解活性和放电稳定性,使阳极溶解更均匀。含 Sn 的阳极熔炼工艺较为复杂,需进行均质化热处理,以弥补 Fe 杂质带来的不利影响,造成生产成本提高。

Mg 可以改变合金的微观结构,从而改善阳极的电化学性能,使溶解更加均匀,在 Al 中除少量以固溶形式存在外,多呈现为化合物状态,如 $Al_2Mg_3Zn_3$、$MgZn_2$ 等。它们相对基体电位较负,易成为点蚀核诱发阳极溶解。过量的 Mg 易与 Al 反应生成阳极性中间产物 Mg_2Al_3,破坏晶格结构导致晶间腐蚀,使得阳极电流效率降低。另外,过量的 Mg 也会导致阳极的铸造性能降低。

Ga 和 Al、In 属同一主族的金属元素,其作用在近年来得到了广泛的研究。Ga 的添加量在 0.1%(质量分数)时,可使 Al 的电极电位负移 100mV 左右,是用于研制低电位牺牲阳极的较理想合金元素,但同时添加 Zn 和 Ga 使电位负移的效果低于单独添加 Ga。

Ti 具有细化晶粒的作用,添加 Ti 后,可迅速和 Al 形成高熔点的 $TiAl_3$,在合金的冷却过程中,作为晶核起到组织细化的作用。Ti 引起的组织细化还可以防止铸造过程中产生热裂,并可使得合金内部晶间腐蚀程度降低。在 Al-Zn-In-Mg-Ti 合金中,基体组织为 α-Al,第二相于晶界间分散。少量 Ti 能促使 Zn 均匀分布,减少活化元素 Zn、In 偏析,改善阳极溶解状况,在与 Mg 共同工作的情况下,电流效率也较高。

加入少量的 Mn 可与杂质元素反应,令杂质元素 Fe 失去化学活性,降低铝锭中杂质对阳极溶解性能的有害作用。Cd 的加入促使 Zn 均匀分布,减少杂质元素团聚于相界的局部,但 Cd 含量过高会导致铝合金在晶界产生新的阳极性化合物,发生"过活化"作用,加速铝合金牺牲阳极的自腐蚀,Cd 加入量一般控制在 0.01% 以内。Bi 在铝合金牺牲阳极中可以充当活化剂,向阳极中添加少量的 Bi 可以省去后续的热处理步骤。Bi 可以使 Al 晶格膨胀,提高 Sn 在 Al 中的溶解度,使晶粒细化,从而提高阳极的性能。另外,稀土元素的加入能够细化晶粒,净化铝合金牺牲阳极,减少有害杂质在铝合金牺牲阳极中的含量,并且促进偏析相的生成。

2) 杂质元素的影响

除合金元素外,铝合金牺牲阳极中的杂质元素也是影响阳极性能的重要因素之一,常见的杂质元素有 Fe、Cu、Si 等,使合金在电解液中发生自腐蚀,严重影响阳极的电流效率。同时,这些杂质元素与 Al、Zn 等元素形成复杂的晶间化合物,作为阴极相加速周围阳极相的腐蚀溶解而使电流效率降低。杂质元素对阳极的影响非常复杂,一般认为都是负面的,因此要控制铝合金牺牲阳极中杂质元素的含量。

Fe 是铝合金牺牲阳极中的主要杂质元素,在铝锭烧铸过程中不可避免地混入基体中,200℃时 Fe 在 Al 基体中的溶解度仅为 0.01%,Fe 含量高于溶解度时生成阴极性的金属间化合物或夹杂物,优先在 Al 枝晶上富集,增加阳极局部腐蚀倾向,使得阳极溶解形貌变差,电流效率降低,因此必须控制杂质 Fe 的含量。

Fe 对阳极的影响机理比较复杂,研究表明对阳极活化有较大影响。在阳极初始活化阶段,Fe、Si 等会形成阳极氧化膜缺陷,缺陷部位与氧化膜形成电位差,促进阳极的点蚀。在阳极活化持续阶段,In 向 Al 中扩散具有较高的迁移率以及较低的活化能,易与 Al 形成 Al-In 合金,而杂质 Fe 阻止 In 向基体中扩散,阻止 Al-In 合金在表面的形成,从而使得 In 失去活化作用。阳极活化的过程中,杂质相的电位较基体正,在活化过程中会成为阴极相,引起阳极的自腐蚀,进而影响阳极的电流效率。同时,杂质元素 Fe 还会与 In 产生复杂的化学反应,在熔炼过程中生成难溶的化合物,附着在阳极表面,影响阳极的持续活化溶解。

Si 的作用与 Fe 类似,可加剧阳极析氢腐蚀,降低阳极电流效率。但是,Si 的作用并不都是负面的,Si 加入铝合金牺牲阳极中可以与杂质 Fe 形成 Al_2Fe_3Si,大大减小 Fe 的负面作用。但是,要适量,加入 0.041%~0.212% 的 Si 可以提高电流效率,Si 含量过高时则会形成阴极性的偏析相,降低阳极的电流效率。

Cu 是有害元素,少量的 Cu 就会造成阳极发生点蚀,降低阳极的溶解性能,且使得腐蚀产物不易脱落。因此,在熔炼阳极时需考虑铝锭原材料的杂质情况,对杂质含量进行控制。

3) 热处理工艺的影响

由于热处理工艺影响牺牲阳极的元素分布和金相组织,因此热处理工艺对铝合金牺牲阳极的性能也有重要的影响。对铸造的牺牲阳极进行均匀化热处理,可以减少成分和组织的偏析,使树枝晶转变为等轴晶组织,增加固溶体中合金元素的含量,减轻杂质元素对阳极性能的影响,从而改善阳极的性能。对比经过 510℃ 保温 10h 后炉冷、空冷、水淬处理以及原始铸态的 Al-Zn-In 合金牺牲阳极的电化学性能,结果显示经过均匀化热处理后,3 种采用不同冷却方式的牺牲阳极的电流效率均明显高于原始铸态的阳极,而在 3 种冷却方式中,按电流效率高低依次为水淬、炉冷、空冷。经过均匀化热处理后,有效抑制了 Al – Zn – In 合金牺牲阳极中的偏析,减少了牺牲阳极的自腐蚀,减轻了局部腐蚀和晶粒脱落,提高了牺牲阳极的电化学性能。但如果热处理不当,也有可能导致牺牲阳极性能恶化。例如,对铸造的 Al – Zn – In 合金牺牲阳极在 500℃保温 24h 后水淬并在 120℃油浴中时效 8h,其电化学性能明显发生劣化,其开路电位明显发生正移,实际电容量和电流效率较铸态阳极和退火(500℃保温 24h 后炉冷)阳极明显降低。因此,对不同成分的铝合金牺牲阳极热处理时需选择合适的工艺参数,以获得优化的电化学性能。

由于热处理工艺成本较高,从生产应用的角度来看,应设法避免热处理步骤。

3.1.3 铁合金牺牲阳极材料

铜合金、不锈钢等金属尽管比钢的耐蚀性要好,但长期在海水中使用时,往往也需要采取保护措施。钛合金本身具有优异的耐海水腐蚀性能,但有些设备或结构系由钛与铜或不锈钢等材料组合在一起而构成,在对其他材料保护的过程中,钛及钛合金也常和整个设备或结构一起间接受到阴极保护。铝合金牺牲阳极和锌合金牺牲阳极的工作电位比较负,与这些相对较耐蚀金属间的电位差太大,容易导致牺牲阳极过快消耗,保护寿命太短,需要经常更换。由于保护电位较负,还有可能导致析氢,给一些对氢脆比较敏感的材料如钛及钛合金等带来氢脆的风险。铁合金牺牲阳极与铝合金牺牲阳极和锌合金牺牲阳极相比,拥有合适的工作电位,与电位较正的金属之间具有较小的电位差,便于延长牺牲阳极的使用寿命,并可有效降低氢脆风险[23]。

自 20 世纪 80 年代以来,在工业生产中已开始使用铁合金牺牲阳极保护工业设备,如船舶用铜冷却器、滨海电厂用凝汽器等。铁合金牺牲阳极中的杂质元素对牺牲阳极的性能影响不大,因此不必严格控制其含量,且不需要添加合金元素来活化牺牲阳极。

铁合金牺牲阳极用于铜合金的阴极保护,还有一个特殊优点,溶解的铁离子能够在铜合金表面生成富铁保护膜,从而增强铜合金表面的保护效果,减小阴极保护电流密度,延长阳极使用寿命。

1. 铁合金牺牲阳极种类及性能

目前,在船舶和电厂的海水冷却系统中经常使用的铁合金牺牲阳极为 Fe – Cr – Mn 合金阳极,加入合金元素可减轻在流动海水中自身的消耗。其工作电位为 – 0.65 ~ – 0.75V(SCE),电容量达到 930A·h/kg,表面溶解均匀。采用法兰间结构的铁合金牺牲阳极来取代传统的栓塞式锌合金牺牲阳极用于船舶铜质海水管路的保护,防护寿命可由原来采用栓塞式锌合金牺牲阳极的 1 ~ 2 年延至 5 年。

其他铁基材料如工业纯铁、碳钢(Q235)、45 钢、锰钢(16Mn)等也曾作为牺牲阳极使用,但其电化学性能不如 Fe‑Cr‑Mn 合金阳极。

2. 影响铁合金牺牲阳极电化学性能的因素

1）流速的影响

铁合金牺牲阳极的电位明显受海水流速影响,随流速增加,铁合金牺牲阳极电位正移,与铜合金和不锈钢的电位差减小。流速为 4m/s 时,碳钢的腐蚀电位为 −0.61V(SCE);流速为 12m/s 时,碳钢的腐蚀电位为 −0.37V(SCE)。此外,高流速也会加速铁合金牺牲阳极自身的冲刷腐蚀消耗,影响阳极的电流效率和寿命。因此,在高流速条件下铁合金牺牲阳极的保护效果会下降。

2）温度的影响

相同条件下,介质温度越高,铁合金牺牲阳极的工作电位越负,实际电容量越小,电流效率越低。以工业纯铁为例,当试验温度从 20℃ 升到 60℃ 时,工作电位从 −0.583V(SCE) 变为 −0.664V(SCE),电容量从 953.7A·h/kg 降为 941.0A·h/kg,电流效率则从 99.6% 下降为 97.9%。此外,当温度升高时,铁合金牺牲阳极的溶解性能随之下降,腐蚀产物由黄褐色变为黑色,附着更为牢固,去除困难。

3. 铁合金牺牲阳极的应用

目前,铁合金牺牲阳极材料已在船舶海水管路、海水热交换器、核电站和火力发电厂的凝汽器等结构物保护中得到应用。在海水中保护铜合金、不锈钢以及钛和其他金属的混合结构时,铁合金牺牲阳极材料具有独特的优势,可作为首选的牺牲阳极[23]。

铁合金牺牲阳极对铜及铜合金和不锈钢具有良好的保护效果。采用 Fe‑Cr‑Mn 合金牺牲阳极对船舶铜海水管路施加阴极保护,结果表明,在静止海水中,紫铜的保护电位达到 −625mV(SCE),负于铜及铜合金的最小保护电位 −430mV(SCE),对紫铜的保护度可达 92.6%;在流动海水中,2m/s 时紫铜的保护电位为 −606mV(SCE),4m/s 时为 −592mV(SCE),均达到了铜及铜合金的阴极保护电位要求[24]。

采用铁合金牺牲阳极对 12Cr 不锈钢管在海水中进行阴极保护的试验结果显示,随着浸泡时间的延长,阴极保护的 12Cr 钢管电位逐渐负移并趋于稳定,保护电位负于 −0.55V(相对于 Ag/AgCl 参比电极),与 12Cr 的自腐蚀电位差在 0.35V 以上,表明获得了良好保护。

尽管铁合金牺牲阳极得到了一定程度的应用,但与锌合金、铝合金牺牲阳极不同,铁合金牺牲阳极材料尚没有形成统一标准。后续还需要加强对铁合金牺牲阳极材料及其应用研究,积累实际使用数据和经验。

3.1.4 复合牺牲阳极材料

复合牺牲阳极作为一种新型牺牲阳极,是由内外两种或两种以上不同的牺牲阳极材料复合而成,一般是在传统锌合金牺牲阳极或铝合金牺牲阳极的外面包覆一层镁合金牺牲阳极或者高负电位铝合金牺牲阳极制备而成[25]。阴极保护初期,利用外层阳极的大电流密度对被保护结构体进行保护,在不增加阳极数量的情况下,其所提供的电流可满足钢结构初期对保护电流较大的需求。当外层阳极消耗殆尽时,钢结构所需保护电流密度已经很小,内层具备高电流效率的铝合金牺牲阳极或锌合金牺牲阳极开始释放电流,对钢结构实施长期、稳定的保护。

目前,复合牺牲阳极主要有镁包锌型复合牺牲阳极、镁包铝型复合牺牲阳极等[25-27]。镁包锌型复合牺牲阳极开路电位在 $-1.5V(SCE)$ 以上,其应用效果优于镁合金牺牲阳极与锌合金牺牲阳极混合式保护方法;镁包铝型复合牺牲阳极的应用可以节省约30%的普通铝合金牺牲阳极材料。

复合牺牲阳极很好地解决了被保护结构体极化初期电流密度较大的问题,并且通过初期的高电流密度极化,有利于在被保护金属的表面快速形成致密的钙质沉积层,从而降低后续维持保护电流密度,延长牺牲阳极的使用寿命,在保证保护效果的同时可大大减少阳极使用量,降低防腐蚀费用。复合牺牲阳极主要用于近海平台等海洋工程结构物的保护,在船舶上很少使用。

3.2 钢质船体牺牲阳极阴极保护

海水对于钢铁材料来说是一种非常强的腐蚀性介质,停泊和航行在海上的钢质船舶如不采取有效的防护措施,将不可避免会发生严重的腐蚀问题[28-29]。

阴极保护技术是控制船体海水腐蚀的有效方法。实施阴极保护后,船体的保护度可达到90%以上,使用寿命则可成倍地延长,而所花费用通常只占被保护船舶造价的1%~5%[30]。因此,阴极保护在船舶上得到广泛的应用。

3.2.1 钢质船体腐蚀与阴极保护特点

船体水下区域可分为船首部、船尾部、船舷和船底四部分[31]。各部分因工况条件差异而具有不同的腐蚀特点。

在船首部,海水对壳体产生较大的流体动力作用,特别是对速度较高的船舶,这使得船体涂层的工作环境十分苛刻。在船首部的波浪区,涂层在强烈湍流作用下易遭到破坏。另外,船首部的涂层还经常受到锚链和漂浮物的撞击,从而导致涂层破损。

船尾部也是腐蚀比较严重的区域。在螺旋桨产生的强烈水流的作用下,船尾部壳板和舵叶上遭到明显的局部流体动力作用,在许多情况下会引起结构的冲刷腐蚀破坏。由于船体和螺旋桨由不同的金属制造,铜合金或不锈钢螺旋桨与钢质船体之间会形成强电偶对,导致船尾部发生电偶加速腐蚀。另外,螺旋桨的运动会产生空泡,空泡溃灭时会产生很大的冲击作用,导致金属发生空泡腐蚀。

船体中部的船舷外壳板表面受到的流体动力作用比船首部小,但是这个区域的涂层在船靠码头时容易因撞击和摩擦而损坏。

在船体底部,由于附着海洋生物,表面遮盖不均匀,易产生氧浓差电池而引起局部腐蚀。污损生物膜中的细菌还会产生微生物加速腐蚀。海洋生物的生长和繁殖还会导致船底涂层破坏。

船体结构水下部分的焊缝及焊接热影响区常常发生严重的腐蚀。当焊缝金属的电位低于船外壳板的电位时,焊缝金属成为腐蚀电池的阳极,而面积很大的外壳板成为阴极,这将导致焊缝金属的加速腐蚀。

针对钢质船体的腐蚀特点,通常需采用防腐涂层体系与阴极保护相结合的方式对船体水下区域和附体进行防护。船体牺牲阳极阴极保护通常需要考虑以下因素。

(1)需要在干坞条件下才能在船体上安装阴极保护系统,因此牺牲阳极的设计寿命应为坞修间隔期的倍数。

(2)应考虑船体上安装的阳极对船舶航行流体阻力的影响。

(3)螺旋桨所产生的湍流作用以及铜螺旋桨与钢质船体之间的电偶作用,使得船尾部的腐蚀速率较大,对阴极保护电流的需要量也更大。

(4)阴极保护系统应与船体油漆涂层具有相容性,并能发挥协同作用,因此阴极保护电位不应过负,以免导致船体油漆损坏。

(5)船体阴极保护电流的需要量是变化的,船舶航行状态所需电流比停泊状态高得多,而且航速越高,所需电流越大。

(6)船体油漆涂层随时间会老化破损,因此在涂层寿命后期,船体所需的阴极保护电流会增大。

(7)对于高强钢,要考虑阴极保护导致的氢致应力开裂风险,同时过负的电位也会加速涂层的阴极剥离。

3.2.2 钢质船体阴极保护常用牺牲阳极及型号规格

针对钢质船体,通常采用锌合金或铝合金牺牲阳极进行阴极保护。与锌合金牺牲阳极相比,铝合金牺牲阳极具有相对密度小、电容量大、保护费用较低等优点,因此在船舶阴极保护中得到越来越多的应用,其用量已超过锌合金牺牲阳极[32-33]。

牺牲阳极结构有平贴式、支架式、吊挂式等[34-37]。钢质船体阴极保护主要采用平贴式结构,如图3-1所示。阳极铁脚(钢芯)会浇铸在阳极体中,铁脚与船体结合部位与阳极背面平齐,以便和船体之间贴合更紧密。阳极铁脚需采用可焊接结构钢制造,和船体焊接后不应影响船体结构的性能。钢芯应进行喷砂处理或进行镀锌,表面不应有油污和锈蚀,以便浇铸后钢芯和阳极体之间有良好的结合。

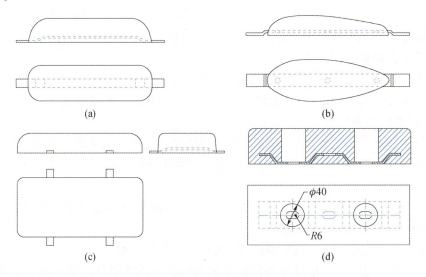

图 3-1 平贴式船用牺牲阳极结构示意图
(a)单铁脚焊接式长条状牺牲阳极;(b)单铁脚焊接式流线型牺牲阳极;
(c)双铁脚焊接式牺牲阳极;(d)螺栓连接式牺牲阳极。

船体常用牺牲阳极的型号及规格如表 3-6 所列[38-39]。

表 3-6 船体阴极保护常用牺牲阳极的型号及规格

型号	规格/mm 长(L)×宽(B)×高(H)	每块净重 /kg	每块毛重 /kg	应用范围 船舶排水量/t	备注
ZH-1	800×140×60	45.4	47.0	>10000	—
ZH-2	800×140×50	37.4	39.0	>10000	
ZH-3	800×140×40	29.5	31.0	>10000	
ZH-4	600×120×50	24.0	25.0		
ZH-5	400×120×50	15.3	16.0		
ZH-6	500×100×40	12.7	13.6	>5000	
ZH-7	400×100×40	10.6	11.0	1000~10000	
ZH-8	300×100×40	7.2	7.5	1000~5000	
ZH-9	250×100×40	6.2	6.5	200~1000	
ZH-10	180×70×40	3.3	3.5	200~1000	

续表

型号	规格/mm 长(L)×宽(B)×高(H)	每块净重/kg	每块毛重/kg	应用范围 船舶排水量/t	备注
ZH-11	300×150×50	13.7	14.5	>5000	双铁脚焊接式
ZH-12	300×150×40	10.7	11.5		
ZH-13	300×150×50	11.6	12.0	1000~5000	螺栓连接式
ZH-14	300×150×40	8.6	9.0		
AH-1	800×140×60	15.4	17.0	≥10000	—
AH-2	800×140×50	13.4	15.0		
AH-3	800×140×40	10.5	12.0		
AH-4	600×120×50	9.0	10.0	≥5000	
AH-5	400×120×50	5.8	6.5	5000~15000	
AH-6	500×100×40	4.6	5.5		
AH-7	400×100×40	4.1	4.5	400~5000	—
AH-8	300×100×40	3.2	3.5	200~2000	
AH-9	250×100×40	2.2	2.5	200~1000	
AH-10	180×70×40	1.0	1.2	<200	—
AH-11	300×150×50	5.0	5.8	5000~15000	双铁脚焊接式
AH-12	300×150×40	3.8	4.6	400~5000	
AH-13	300×150×50	5.4	5.8	5000~15000	螺栓连接式
AH-14	300×150×40	4.4	4.8	400~5000	

注：ZH 为 Zn-Al-Cd 合金牺牲阳极；AH 为铝合金牺牲阳极。具体化学成分参阅 GB/T 4948—2002 和 GB/T 4950—2021。

3.2.3 钢质船体牺牲阳极阴极保护参数

船体阴极保护参数主要包括保护电位和保护电流密度，这些参数是阴极保护设计的基础，会直接影响船体阴极保护效果。

1. 保护电位

为使腐蚀得到有效抑制，必须使被保护的金属电极电位极化到构成腐蚀电池的阳极"平衡"电位，即保护电位。保护电位有一定的范围，钢铁在海水中的保护电位通常为 -0.80~-1.05V（相对于 Ag/AgCl 参比电极），如表 3-7 所列[30]。当电位正于 -0.80V 时，钢质船体不能得到有效的防护，该值称为最小保护电位或最正保护电位[40-42]。

表3-7 钢质船体在不同电位下的保护效果

保护电位/V（相对于 Ag/AgCl 参比电极）	保护效果
负于 -1.05	过保护,无锈蚀,易导致漆膜阴极剥离,高强钢有氢脆风险,而且不经济
-0.80 ~ -1.05	达到理想保护效果,无锈蚀,漆膜完整
正于 -0.80	保护不足,有锈蚀,电位越正锈蚀越严重

需要注意的是,上述标准主要适用于碳钢和中等强度的船体用钢。随着材料技术和船舶行业的快速发展,对船体材料的强度要求越来越高,不同牌号的高强钢和超高强钢被研发并用作船体结构材料,近年来高强钢在船舶上的使用比例达到了船体钢总量的 70%,在海洋工程结构中的比例约为 25% ~ 50%[43-44]。然而,高强钢对氢脆非常敏感,强度越高氢脆敏感性越强。高强钢在海水中采用阴极保护时,如果电位过负,会导致氢在金属表面生成,会促进氢致应力开裂。为避免高强钢产生过保护的问题,对阴极保护最负电位需要进行控制。

可通过对高强钢氢脆敏感性的试验研究来确定允许的最负(大)阴极保护电位[45-48]。图 3-2 所示为 E550 钢在海水中不同电位条件下的慢应变速率拉伸应力-应变曲线[47]。从图 3-2 中可以看出,与处于自腐蚀电位 E_{corr} 时相比,当阴极极化电位增加到 -0.95V(SCE)时,E550 钢的拉伸曲线变化不是很大,在 -0.80V(SCE)拉伸断裂时的应变还有所增大,这表明在此极化电位范围内 E550 钢没有明显的应力腐蚀敏感性。只有阴极极化电位增加到 -1.00V(SCE)后,拉伸曲线才发生较大的变化,且随着极化电位负移,拉伸断裂时的应变也变小。

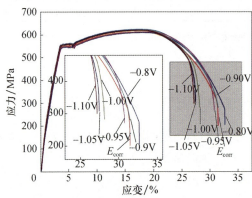

图 3-2 E550 钢在海水中于不同电位条件下的慢应变速率拉伸应力-应变曲线

表 3-8 所列为慢应变速率拉伸力学性能测试结果[47],表中,t_f 为断裂时间,δ 为断后延伸率,F_H 为氢脆系数,可用下式计算:

$$F_H = (1 - \psi/\psi_0) \times 100\% \qquad (3-3)$$

式中:ψ 为试样在海水中的断面收缩率;ψ_0 为试样在惰性介质(甘油)中的断面收缩率。

表3-8　E550钢在不同介质和电位条件下的慢应变速率拉伸力学性能测试结果

性能	甘油	电位/V(SCE)						
		E_{corr}	-0.80	-0.90	-0.95	-1.00	-1.05	-1.10
t_f/h	27.28	26.30	27.30	26.28	25.71	23.51	22.93	22.68
δ/%	24.00	24.08	24.32	24.32	24.64	20.64	18.72	13.28
F_H/%	—	1.17	0.25	6.20	11.77	24.37	30.73	30.90

试验结果表明,在-0.68~-1.00V(SCE)阴极极化电位区间内,E550钢在海水中没有明显的应力腐蚀敏感性,断裂时间和断后延伸率变化较小,氢脆系数不超过25%,断口形貌没有明显脆性断裂特征;当保护电位达到-1.05V(SCE)时,氢脆系数增加至30.73%,断口形貌具有明显的脆性断裂特征,进入脆断危险区,存在发生氢脆的风险。因此,E550钢在海水中的阴极保护电位不宜负于-1.00V(SCE)。

对于不同高强钢、铜合金和不锈钢等船体材料,推荐的适宜阴极保护电位范围如表3-9所列。需要强调的是,材料的氢脆敏感性和材料的强度、组织以及冶金状态有关,因此同一牌号材料在不同状态条件下的阴极保护电位最佳范围会存在一定的差异。

表3-9　船体材料的适宜阴极保护电位

船用金属材料	保护电位范围/V(相对于Ag/AgCl参比电极)
船体钢(590MPa级)	-0.80~-0.96
船体钢(550MPa级)	-0.80~-1.00
船体钢(390MPa级)	-0.80~-1.05
铜合金	-0.45~-0.60
不锈钢	-0.40~-0.70

2. 保护电流密度

采用阴极保护时使金属材料的腐蚀速率降到允许程度所需要的最小电流密度值,称为最小保护电流密度。最小保护电流密度与最小保护电位对应,要使金属达到最小保护电位,其电流密度不能小于该值,而如果所采用的电流密度远远超过该值,则有可能发生过保护。

最小保护电流密度与被保护的金属种类、腐蚀介质的性质、金属表面是否有覆盖层及覆盖层的种类、外界环境条件等因素有关,可根据过往经验和标准规范进行选取。

表3-10列出了钢质船体(含附体)用金属材料在海水中采用的保护电流密度

范围[39]。当表面有油漆涂层时,保护电流密度会显著降低。另外,和船体钢相比,铜合金和不锈钢所需的保护电流密度也要大得多。对于不同的船型,由于其工况条件不一样,因此所需的最小保护电流密度也存在一定的差异。对于新造船舶,由于涂层处于完好状态,所以需要的保护电流密度会更低。表3-11列举了不同船型阴极保护时涂漆钢质船体所需保护电流密度范围[30]。

表3-10 钢质船体材料采用的保护电流密度范围

材料	表面状态	保护电流密度/(mA/m²)
船用钢板	涂环氧系漆或涂氯化橡胶漆	10~20
	舵、水翼、导流罩等漆膜易脱落的部位	50~100
		大于100~200
青铜、黄铜	裸露	400~500
不锈钢		300~400

表3-11 不同船型钢质船体阴极保护采用的保护电流密度范围

船舶类型	新造船舶保护电流密度/(mA/m²)	运营船舶保护电流密度/(mA/m²)
破冰船	25	30
挖泥船	24	27
凹鼻拖船	22	24
拖网渔船	22	24
拖轮	18	22
滚装渡船	14	20
沿海船舶	14	20
远洋船舶	12	15

3. 保护寿命

由于阴极保护系统的安装需要在干坞条件下才能进行,因此钢质船体牺牲阳极阴极保护的设计寿命应为坞修间隔期的倍数。同时需要考虑船舶航行时间延长不能够按计划进坞更换牺牲阳极的影响,因此应适当留有裕量。此外,阴极保护与有机涂层联合防护时,需要考虑涂层老化破损对牺牲阳极寿命的影响。由于船体上不可能安装太多的牺牲阳极,所以牺牲阳极设计保护寿命不能太长,通常按一个坞修间隔期来确定,当阳极消耗完或不足以维持另一个周期时,在坞修时应进行更换。

3.2.4 钢质船体牺牲阳极阴极保护设计计算

钢质船体牺牲阳极阴极保护的电位和电流分布状态是复杂的,不仅与船体材料、牺牲阳极材料、水环境因素等直接相关,而且还与船体的几何构型、牺牲阳极的构型与分布等密切相关。钢质船体牺牲阳极阴极保护设计计算除了需要确定牺牲阳极种类与规格、保护电位范围和保护电流密度外,一般还包括船体保护面积计算、牺牲阳极发生电流量计算、牺牲阳极数量确定、牺牲阳极保护寿命核算等内容[38-39]。

1. 保护面积的计算

船体浸水面积可按线形图精确计算,也可按式(3-4)或式(3-5)近似计算。其中式(3-4)适用于非平底水面船舶的近似计算,式(3-5)适用于平底水面船舶的近似计算,即

$$S_1 = 1.7TL_{WL} + \Delta/T \quad (3-4)$$

$$S_2 = L_{WL}B_{WL}(1.22T/B + 0.46)(C_B + 0.765) \quad (3-5)$$

式中:S_1 为非平底水面船舶船体浸水面积(m^2);T 为船舶满载吃水(m);L_{WL} 为船舶满载水线长度(m);Δ 为满载排水量(m^3);S_2 为平底水面船舶船体浸水面积(m^2);B_{WL} 为船舶满载水线处船宽(m);C_B 为方形系数。

螺旋桨表面积按下式计算:

$$S_3 = (\pi n/2)d_1^2\eta + n\pi d_2 L_h \quad (3-6)$$

式中:S_3 为螺旋桨表面积(m^2);n 为螺旋桨数量;d_1 为螺旋桨直径(m);η 为螺旋桨盘面比;d_2 为桨毂直径(m);L_h 为桨毂长度(m)。

尾轴、舵板、海底阀箱、声呐换能器阱等面积分别按实际尺寸和几何形状计算。

2. 牺牲阳极发生电流量的计算

牺牲阳极发生电流量 I_f 按下式计算:

$$I_f = \Delta E/R \quad (3-7)$$

式中:I_f 为单块牺牲阳极发生电流量(A);R 为牺牲阳极接水电阻(Ω);ΔE 为牺牲阳极驱动电压(牺牲阳极工作电位与被保护结构保护电位的差值)(V),锌合金牺牲阳极取0.25V,铝合金牺牲阳极取0.30V。

牺牲阳极接水电阻按下式计算:

$$R = \rho/(L+B) \quad (3-8)$$

式中:ρ 为海水电阻率($\Omega \cdot cm$),一般情况下 $\rho = 25\Omega \cdot cm$;L 为单块牺牲阳极长度(cm);B 为单块牺牲阳极宽度(cm)。

3. 牺牲阳极数量的计算

各个被保护结构所需牺牲阳极数量按下式计算:

$$N_i = (i_i S_i)/(1000 I_f) \quad (3-9)$$

式中:N_i 为各个被保护结构所需牺牲阳极数量(块);i_i 为各个被保护结构保护电

流密度(mA/m^2);S_i为各个被保护结构浸水面积(m^2);I_f为单块牺牲阳极发生电流量(A)。

全船所需牺牲阳极总数量按下式计算:

$$N = \sum N_i \qquad (3-10)$$

式中:N为全船所需牺牲阳极总数量(块);N_i为各个被保护结构所需牺牲阳极数量(块)。

4. 牺牲阳极保护年限的计算

单块牺牲阳极的保护年限按下式计算:

$$y = m\mu/CI_m \qquad (3-11)$$

式中:y为单块牺牲阳极保护年限(a);m为单块牺牲阳极净重(kg);μ为牺牲阳极利用系数,取值为0.75~0.85;C为牺牲阳极消耗率($kg/(A \cdot a)$),由牺牲阳极实际电容量的倒数乘以8760(8760为1年的小时数)得出;I_m为单块牺牲阳极平均发生电流量的数值(A),$I_m = (0.7 \sim 0.8)I_f$。

若计算的牺牲阳极保护年限满足要求,则说明选择的阳极型号和规格合适,否则应重新选取。

最后,按下式核算全船牺牲阳极的总重量是否满足合同规定的保护年限要求:

$$Nm \geqslant (I'Cy')/\mu \qquad (3-12)$$

式中:y'为合同规定的全船牺牲阳极的保护年限(a);I'为全船平均保护电流(A),$I' = (0.7 \sim 0.8)I$(I为全船所需保护电流的数值,由表3-10的保护电流密度与保护面积的乘积得到);其他参数N、m、C、μ的意义与前面公式中的相同。

3.2.5 钢质船体牺牲阳极布置与安装

1. 船体牺牲阳极的布置

船体牺牲阳极的布置应遵循以下原则。

(1)船体外板所需的牺牲阳极应该均匀对称布置在舭龙骨和舭龙骨前后的流线上,以减少船体附加阻力。

(2)螺旋桨所需牺牲阳极应均匀布置在靠近螺旋桨周围的船壳板上,舵所需牺牲阳极应均匀布置在船舶尾部船壳板及舵上,安装高度应在轻载水线以下。

(3)多螺旋桨的船舶尾部距螺旋桨叶梢300mm范围内的船壳板上不应布置牺牲阳极。

(4)单个螺旋桨船舶的无阳极区内不应安装牺牲阳极,如图3-3所示。

(5)海底阀箱、声呐换能器阱所需的牺牲阳极应布置在箱、阱内部。

(6)侧推装置所需牺牲阳极应布置在加长筒体的内部。

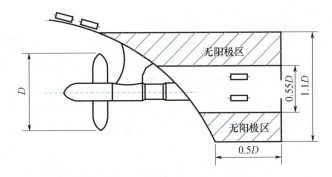

图3-3 船体无阳极区示意图

2. 船体牺牲阳极的安装

船体牺牲阳极可采用焊接或螺栓固定两种方式安装,一般说来焊接固定方法简单、安装牢固、接触电阻小,但热效应易导致周围船体表面及钢板背面涂层的损坏。而螺栓安装容易更换,更换时可不损坏周围及钢板反面的涂层。船体牺牲阳极焊接固定和螺栓固定方法如图3-4和图3-5所示。

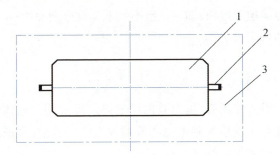

图3-4 船体牺牲阳极焊接固定法安装示意图

1—牺牲阳极;2—钢芯及焊缝;3—船体。

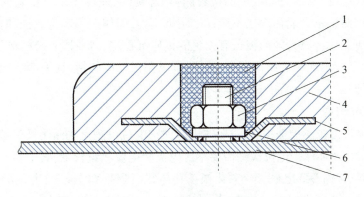

图3-5 船体牺牲阳极螺栓固定法安装示意图

1—密封腻子;2—螺柱;3—螺母;4—阳极;5—钢芯;6—垫片;7—船壳板。

船体牺牲阳极的安装应该注意以下几点。

(1)在安装前阳极非工作面(与被保护结构相贴的一面)要涂两道船体防锈漆,在安装处的船体表面加涂防锈漆或加垫其他绝缘物,防止阳极非工作面腐蚀而脱落,也使非工作面不起作用,阳极使用面积与设计数值一致。

(2)牺牲阳极长度方向顺着流线方向安装,非工作面应紧贴被保护结构,不留间隙。采用螺栓连接安装的牺牲阳极,它与被保护结构之间的接触电阻应小于0.005Ω。

(3)阳极工作面严禁涂漆或玷污,在涂漆和下水前加以保护。

(4)安装时阳极要焊在指定位置,阳极背面要紧压船壳表面,铁脚(钢芯)烧焊处要补涂油漆。

3. 船体牺牲阳极的更换

(1)牺牲阳极在达到设计保护年限后应全部更换。

(2)若出现下列情况之一应提前更换:

①牺牲阳极性能低劣,即工作表面不溶解,或部分溶解;

②牺牲阳极溶解速度过快,即余量已不足下个坞修期使用;

③牺牲阳极消耗超过2/3。

3.2.6 钢质船体牺牲阳极阴极保护效果检测

船体牺牲阳极投入使用后,需对其保护效果进行检测。船体牺牲阳极保护效果的检测方法主要有干坞检查和电位测量两种方法。目前,多采用以上两种方法相结合的方式进行船体保护效果检测。

1. 干坞检查

在船进坞维护或修理时,全面检查船体、螺旋桨、舵等各个部位表面的腐蚀状况并进行拍照记录。船体涂层不应发生阴极剥离,船体应不产生点蚀和黄锈,在漆膜脱落处应保持金属光泽或覆盖有白色的钙质沉积层。牺牲阳极铁脚以上部分应溶解均匀,不应出现牺牲阳极完全消耗只剩下阳极铁脚的情形(表明后期船体得不到有效保护)。

2. 电位测量

施加牺牲阳极阴极保护后,对船体进行保护电位检测是判断阴极保护效果的一个有效手段。船体保护电位检测需要参比电极和电位测量仪器,其中参比电极可采用铜/饱和硫酸铜参比电极、银/氯化银参比电极、高纯锌电极等,电位测量仪器通常采用数字万用表即可满足要求,其阻抗应大于$10M\Omega$,精度应不低于$0.001V$。

船舶下水前,应检查牺牲阳极数量、安装位置和安装质量是否符合设计要求。

尤其要注意牺牲阳极表面的清洁状况,不得沾染油漆或油污,否则应清除干净。船舶下水后,在两舷侧对称、均匀选取 6~10 个点测量船体电位,测量的电位应处于要求的船体最佳保护电位范围。在后续日常营运过程中,也应定期测量船体电位及其分布,当电位仍处于最佳保护电位范围时,则表明阴极保护系统工作正常,船体处于良好保护状态。

表 3-12 所列为实船牺牲阳极阴极保护状况测试结果[32]。由表 3-12 中电位测试结果可知,4 艘船的阴极保护系统工作正常,保护电位均小于 -0.80V(相对于 Ag/AgCl 参比电极),达到了保护电位要求,船体处于良好保护状态。

表 3-12 实船牺牲阳极阴极保护状况测试结果

船号	吨位/t	部位	设计保护电流密度/(mA/m^2)	测量的保护电位/V(相对于 Ag/AgCl 参比电极)	测试条件
货轮-丹阳号	10000	船体	6	-0.85 ~ -0.88	下水 5 个月后,重载吃水,停靠大连港
		螺旋桨	300		
		舵板	33		
客轮-长自号	7500	船体	6	-0.80 ~ -0.82	下水 4 个月后停靠青岛港
		螺旋桨	250		
		舵板	128		
货轮-长河号	7500	船体	6	-0.80 ~ -0.82	航行 13 个月后停靠大连港
		螺旋桨	300		
		舵板	128		
货轮-长绣号	7500	船体	8.5	-0.89 ~ -0.94	航行 2 个月后停靠青岛港
		螺旋桨	450		
		舵板	128		

3.3 铝壳船体牺牲阳极阴极保护

由于铝合金相对密度小、无磁性,并且具有较好的工艺性能和耐蚀性能,所以也常用作船体结构材料。与钢质船进行比较,铝合金船在降低空船重量、提高载货能力、提高航行速度等方面具有一定的优势,故在轻型船舶和高速快艇领域得到很多应用。目前,民用铝合金船有高速滑行艇、水翼艇、气垫船、小水面船等,军用铝合金舰艇有快速攻击艇、滨海战斗舰和巡逻艇等[49]。

铝合金作为船体结构材料,在海洋环境中会受到腐蚀,导致其使用寿命降低。目前,铝壳船体的腐蚀防护一般采用涂料和铝合金牺牲阳极联合保护的方法。

3.3.1　铝壳船体腐蚀与阴极保护特点

纯铝由于表面易于生成致密的氧化膜,因而具有较好的耐蚀性。铝壳船体多采用具有较好耐蚀性的 5000 系 Al – Mg 合金。在海水中,由于存在较高浓度的氯离子,容易导致铝合金的腐蚀。铝合金结构的主要腐蚀形式为局部腐蚀,包括点蚀、缝隙腐蚀、晶间腐蚀、剥落腐蚀、应力腐蚀以及交变应力作用下产生的腐蚀疲劳。铝合金的局部腐蚀导致其使用寿命降低,影响船舶的结构安全。

铝壳船体的腐蚀与阴极保护的主要特点如下[50-51]。

(1)铝合金船内舱有的部位没有涂层保护,容易出现腐蚀,冷凝水积聚部位易出现腐蚀白点,跌落内舱舱底的铜、铁等金属零部件极易造成裸铝局部点蚀。

(2)铝壳船的缝隙、转角处、船体外板焊接处、内板焊接的热变形区域等经常发生腐蚀现象,并且对其容易忽视,从而加重腐蚀情况。

(3)船体水下部分由于高流速和近海海面杂物较多,冲刷腐蚀较严重,一般采用在船体外喷涂防腐涂层,或采用微弧氧化、阳极氧化等表面处理加保护涂层,与牺牲阳极进行联合保护。

(4)高速船喷水流道内海水流速很高,且泵喷叶轮为不锈钢材料,易发生电偶腐蚀和流动加速腐蚀。流道内壁的铝合金腐蚀较难用牺牲阳极予以完全保护,一般采用耐磨防腐涂料与牺牲阳极联用方式进行保护。

(5)铝合金为双性金属,在酸性和碱性介质中都易发生腐蚀。当阴极保护电位过负时,易导致铝合金表面 pH 值显著增大,从而发生过保护。

3.3.2　铝壳船体牺牲阳极保护参数

目前,铝壳船体的腐蚀防护普遍采用的是在艇体外板(有防腐涂层)设置牺牲阳极。对于铝合金船体,由于其自腐蚀电位通常较负,例如,5083 铝合金在海水中的电位约为 – 0.87V(SCE),因此必须选用电极电位足够负的铝合金牺牲阳极来对它进行阴极保护,同时要考虑阳极具有良好的溶解特性及电位不能过负而导致铝合金发生碱性腐蚀。

阴极极化电位对船用铝合金应力腐蚀敏感性的研究显示,阴极极化在一定程度上可以对材料起到保护作用,但是材料对阴极极化是非常敏感的,这种保护作用仅维持在自腐蚀电位负移 100 ~ 200mV 内。但是,当阴极极化电位负于该范围时,随着电位的负向移动,铝合金的应力腐蚀敏感性会逐渐上升;当阴极极化电位负于 – 1.30V(SCE)时,由于析氢作用,铝合金的应力腐蚀敏感性会显著增大。

因此,相比于钢质船体,铝壳船体的阴极保护电位范围变窄。目前,推荐的铝壳船体在海水中的保护电位范围通常为 -0.90 ~ -1.05V(相对于 Ag/AgCl 参比电极)。最小(正)保护电位为铝合金的自腐蚀电位负移 100mV。铝合金牺牲阳极的选用应符合《铝-锌-铟系合金牺牲阳极》(GB/T 4948—2002)的要求,船体常用的铝合金牺牲阳极型号及规格如表 3-6 所列。牺牲阳极的型号和规格应根据船舶排水量选用,可参照表 3-6 选择具体规格尺寸,也可根据保护年限、航行海域的环境条件等因素重新设计牺牲阳极的规格尺寸,选择非标准型号的牺牲阳极。为了延长牺牲阳极的保护年限,在船体表面曲度较大的情况下,允许把几块牺牲阳极组合在一起,组成积木式牺牲阳极。

应根据船体的实际工况条件以及海水介质的温度、盐度、流速、泥沙含量等因素选取合适的保护电流密度。铝壳船体保护电流密度的选取可参考表 3-13[39]。铝合金的保护电流密度要低于船体钢。对于推进系统等采用的不锈钢、铜合金等材料应选取更大的保护电流密度,以消除其与铝合金船体之间的电偶腐蚀效应。

表 3-13 铝壳船常用材料的保护电流密度

材料	表面状态	保护电流密度/(mA/m²)
铝合金	涂环氧系漆或涂氯化橡胶漆	5 ~ 10
船用钢板		30 ~ 40
钢板与不锈钢	裸露	500 ~ 700
青铜、黄铜		700 ~ 900

铝壳船牺牲阳极阴极保护设计寿命和钢质船体一样,也应与坞修间隔期一致或为其倍数,以便到期进坞更换。

3.3.3 铝壳船体牺牲阳极保护设计与安装

1. 铝壳船体牺牲阳极保护设计计算

铝壳船体牺牲阳极保护的设计和布置可参考钢质船体牺牲阳极保护方法,具体设计计算过程见 3.2.4 节。需要注意的是,在计算牺牲阳极发生电流量时,铝合金牺牲阳极驱动电压的数值取 0.20V。

铝壳船体采用牺牲阳极保护时,应兼顾考虑船停靠码头和高速航行时两种不同的状态。两种状态下船体所需保护电流量存在较大差别。铝合金牺牲阳极的输出电流具有一定的自调节性能。在高速航行状态,由于去极化作用,牺牲阳极和船体之间的电位差会增大,导致更大的驱动电压,使牺牲阳极发生电流也增大。但是,这种自调节作用是很有限的,因此合理的设计非常重要,需要通过选择合适的牺牲阳极型号规格,以及确定最佳阳极数量及布置来达到优化的效果。可在传统经验设计方法的基础上,采用数值模拟仿真计算来确定最佳的阴极保护方案。

2. 铝壳船体牺牲阳极布置

铝壳船体牺牲阳极的布置原则与钢质船体阴极保护基本上是一致的。牺牲阳极布置时,一般把阳极布设在平面上,均匀配置,着重考虑边角及受屏蔽位置处的电流分布。由于尾部有动力推进系统,不仅有更高的海水冲刷作用,而且存在严重的电偶腐蚀效应,因此在尾部布置的阳极数量要更多。对于采用喷水推进的铝壳船,结构更复杂,可通过数值模拟来获得优化的布置方案,以保证整个船体均能得到有效的保护,同时避免过保护的发生。

3. 铝壳船体牺牲阳极的安装

(1) 牺牲阳极通常采用焊接或使用螺栓固定,阳极中的铁脚最好采用铝材,螺栓则用铝质螺栓,螺栓固定的方式可便于牺牲阳极的更换。

(2) 安装前,牺牲阳极非工作面(与被保护结构相贴的一面)应涂两道船体防锈漆,避免非工作面发生溶解,影响牺牲阳极的利用率。

(3) 牺牲阳极长度方向应顺着流线方向安装,非工作面应紧贴被保护结构,不留间隙。采用螺栓连接安装的牺牲阳极,它与被保护结构之间的接触电阻应小于 0.005Ω。

(4) 牺牲阳极工作面不应涂漆或沾上油污,应保持表面清洁并与海水直接接触。铝壳船体牺牲阳极的典型安装方式如图 3-6 所示。

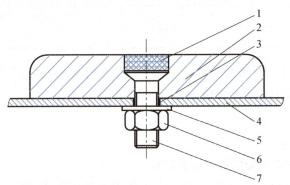

图 3-6 铝壳船体牺牲阳极螺栓固定安装示意图
1—密封腻子;2—阳极;3—蘸油漆棉纱;4—船壳板;5—垫片;6—螺母;7—螺栓。

4. 铝壳船体牺牲阳极保护效果检测

与钢质船体阴极保护一样,铝壳船体牺牲阳极保护效果通常采用两种方法进行评定,即干坞检查和电位测量两种方法。具体检测方法和要求见 3.2.6 节。干坞检查属于直观检测,可了解船体实际保护状况以及是否存在局部腐蚀问题,了解牺牲阳极溶解和消耗情况,可为牺牲阳极保护方案的调整优化提供依据。电位测量方法可在船舶系泊状态下测量船体的电位及其分布,属于保护效果的间接评估方法。只要船体电位处于要求的最佳保护电位范围,就表明船体已处于良好的保护状态。

3.4 船舶压载舱的阴极保护

3.4.1 压载舱阴极保护特点

为保持船舶的稳性或调节浮力和平衡,船舶的某些舱室会注入海水进行压载,这些船舱被称为压载舱。压载舱有的是专用的船舱,而有的是货舱,在空舱时用于压载。压载舱长期处于干湿交替状态,其腐蚀环境比浸泡在海水中的船体更为恶劣。当有海水压载时,压载舱受到海水的强腐蚀作用。当海水排放后,压载舱的表面会留下一层水膜,并处于潮湿或湿热的大气环境中,在这种含盐薄液膜电解质条件下,由于供氧非常充分,氧很容易扩散到达金属表面,结果导致裸露的钢结构表面产生严重腐蚀。另外,舱底以及一些结构表面存在泥沙、油污等沉积物以及积水,促进微生物的生长和繁殖,导致发生微生物加速腐蚀。由于压载舱结构复杂,有的压载舱如艏尖舱、艉尖舱等可达性差,难以进行维护维修,所以往往成为船舶腐蚀的重灾区。压载舱腐蚀成为影响船舶结构完整性、运行可靠性以及服役安全性的重要因素[52-54]。例如,对某船的舷侧压载舱进行检验发现[55],下部肋骨和舱壁板以及纵梁的上表面等部位出现大面积的腐蚀,结构减薄导致不能满足船舶入级要求。在上部结构的立面主要为均匀腐蚀,而在靠舱底的肋骨下部、纵梁的上表面以及舱壁板与纵梁交汇处产生了严重的局部腐蚀,导致大约12mm厚的纵梁腐蚀穿孔,腐蚀速度高达约6mm/a,检测分析表明发生了硫酸盐还原菌(SRB)加速腐蚀。

为控制船舶压载舱的腐蚀,保障船舶的使用安全,国际海事组织专门制定了《所有类型船舶专用海水压载舱和散货船双舷侧处所保护涂层性能标准》(PSPC),并于2006年获得批准,于2008年开始实施,以期达到15年的涂层防腐寿命[56-57]。

另外,船舶压载水会导致微生物、细菌、病毒的大范围传播,成为外来物种入侵的主要途径,对生态环境和人类健康造成严重的危害。为防止压载水排放导致的环境和生态问题,2004年2月在国际海事组织关于船舶压载水管理的大会上通过了具有法律约束性的《国际船舶压载水和沉积物控制与管理公约》,要求必须对压载水进行处理并达到排放性能标准[58]。通过压载水处理,可以杀灭微生物和病原体,有助于抑制压载舱的微生物加速腐蚀作用。同时,还需注意化学或电化学处理后的压载水对压载舱腐蚀的影响,应控制其浓度以避免对压载舱结构产生明显的加速腐蚀作用或损害防腐保护系统[59]。

海水压载舱一般采用有机涂层和阴极保护的联合防腐方法,其中高性能保护涂层是最主要的手段,阴极保护可以作为压载舱涂层防腐体系的补充,有效减轻压载舱的腐蚀,实现协同保护。

出于安全方面的考虑,压载舱阴极保护一般不会采用外加电流阴极保护系统,这是因为外加电流系统工作时,辅助阳极上会析出氯气,阴极保护电位过负时舱壁等结构上还会析出氢气,这都会产生安全隐患。所以,压载舱阴极保护通常采用牺牲阳极保护系统。

用于压载舱保护的牺牲阳极材料可以采用锌合金和铝合金牺牲阳极。镁合金牺牲阳极由于电位太负,易导致阴极析氢而不适宜使用,偶尔会短期采用镁带来去除压载舱的锈层。海水干湿交替的工况对牺牲阳极的性能也会产生影响,容易导致阳极表面失活,使工作电位正移、电流效率降低,尤其是在压载率较低的情况下。锌合金牺牲阳极表现得比铝合金牺牲阳极更为突出,这是因为锌合金阳极表面的溶解产物在频繁干湿交替条件下,形成了硬壳,不易脱落,使得牺牲阳极表面难以活化。因此,压载舱阴极保护应选用耐干湿交替作用的高活化牺牲阳极材料。

海水压载舱长期处于干湿交替状态,只有在装压载水时,牺牲阳极才起保护作用,其他时间压载舱只能靠涂层保护。因此压载舱的阴极保护度较全浸时要低。尽管阴极保护仅在部分时间(压载期间)起作用,然而钢表面在阴极保护过程中会形成钙镁沉积层(阴极产物膜),该沉积层在空舱期内仍可对钢基体起到保护作用,因而可减小钢结构的腐蚀速率。

3.4.2 压载舱阴极保护用牺牲阳极

压载舱用牺牲阳极主要有 Zn – Al – Cd 合金牺牲阳极以及 Al – Zn – In 系合金牺牲阳极,这些阳极在海水全浸状态下具有优良的电化学性能,并在船舶、码头、海洋平台、跨海大桥钢桩等阴极保护工程中得到广泛的应用。压载舱海水周期浸泡的状态会对牺牲阳极的性能以及压载舱阴极保护效果产生影响。实船勘验发现[60],Zn – Al – Cd 合金牺牲阳极在用于经常处于海水周期浸泡的船体结构部位保护时,阳极表面会形成腐蚀产物硬壳,溶解性能显著变差,不能够对船舶结构提供有效的保护。对 100 多艘商船的压载舱进行的调查表明[61-62],在各种船龄的船舶中安装有牺牲阳极和没有安装牺牲阳极的压载舱的腐蚀状况差别并不大,这表明牺牲阳极对船舶压载舱的腐蚀保护没有起到应有的作用。这可能与压载舱几何形状复杂、工况环境多变以及牺牲阳极在这种工况环境下提前失效有关。

为了解压载舱工况条件对牺牲阳极材料性能的影响,在实验室按照国家标准《牺牲阳极电化学性能试验方法》(GB/T 17848—1999)测试了锌合金牺牲阳极和铝合金牺牲阳极在海水周浸条件下的电化学性能[63]。采用外加电流试验方法,电流密度为 $1\text{mA}/\text{cm}^2$。测试的具体条件如表 3 – 14 所列[64],一个干湿交替为一个周期,各种试验条件下在海水中浸泡的时间均为 10 天。暴露的大气温度为 25℃左右,平均相对湿度为 40%。中性盐雾环境为标准的盐雾试验环境,其试验温度为 (35 ± 2)℃,喷雾用试验溶液为 NaCl 溶液,浓度为 (50 ± 5) g/L。

表 3-14 海水压载舱用牺牲阳极电化学性能测试条件

试验条件	浸水率/%	每周期浸水时间/d	每周期暴露在大气中的时间/d	总的周浸周期数	总的浸水时间/d	总的试验时间/d
全浸	100	10	0	1	10	10
周浸(状态Ⅰ)	25	1	3	10	10	40
周浸(状态Ⅱ)	50	1	1	10	10	20
周浸(状态Ⅲ)	25	2.5	7.5	4	10	40
周浸(状态Ⅳ)	25	1	3(中性盐雾)	10	10	40

1. 海水周期浸泡对 Zn-Al-Cd 合金牺牲阳极性能的影响

图 3-7 所示为 Zn-Al-Cd 合金牺牲阳极在海水全浸条件下和不同的干湿交替试验环境中测量的阳极工作电位随试验周期(浸泡时间)的变化[65]。从图 3-7 中可以看出,在全浸条件下,该阳极的工作电位约为 -1.02 ~ -1.03V(SCE),符合锌合金牺牲阳极在海水中的电化学性能要求[66]。而在周浸条件下,锌合金牺牲阳极的工作电位均随着干湿交替周期的增加而逐渐正移,表明牺牲阳极的性能在逐渐退化。状态Ⅱ和状态Ⅲ时电位正移要慢于状态Ⅰ和状态Ⅳ,表明每周期较短的浸水时间以及暴露在湿热的盐雾大气环境会导致锌合金牺牲阳极性能更严重的退化。在试验结束时,状态Ⅳ的阳极工作电位正移到约 -0.86V(SCE),表明其已失去对钢铁的有效保护能力。试验后连续浸泡的锌合金牺牲阳极表面只有部分较薄和酥松的腐蚀产物,而周浸阳极表面为密实的白色腐蚀产物所覆盖。

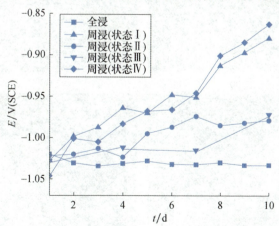

图 3-7 锌合金牺牲阳极在不同试验条件下的工作电位随浸泡时间的变化

图 3-8 所示为锌合金牺牲阳极经不同条件试验后的表面宏观溶解形貌[65]。从图 3-8 中可以看出,全浸条件下的锌合金阳极溶解非常均匀,而周浸条件下的

锌合金阳极表面溶解状态明显变差。在状态Ⅰ和状态Ⅳ条件下表面出现局部腐蚀凹坑,尤其是在状态Ⅳ条件下。图3-9所示为扫描电镜下观察的锌合金牺牲阳极典型腐蚀产物微观形貌以及去除腐蚀产物后的表面微观溶解形貌[65,67]。从图3-9中可以看出,腐蚀产物呈片状,周浸条件下的腐蚀产物比全浸条件下更厚、更密实。去除腐蚀产物后,全浸条件下的牺牲阳极表面溶解比较均匀,而周浸条件下锌合金阳极表面溶解不均匀,有很多较深的孔洞,呈现较严重的局部腐蚀特征。

图3-8 不同试验条件下锌合金牺牲阳极表面宏观溶解形貌
(a)全浸;(b)周浸(状态Ⅰ);(c)周浸(状态Ⅱ);(d)周浸(状态Ⅲ);(e)周浸(状态Ⅳ)。

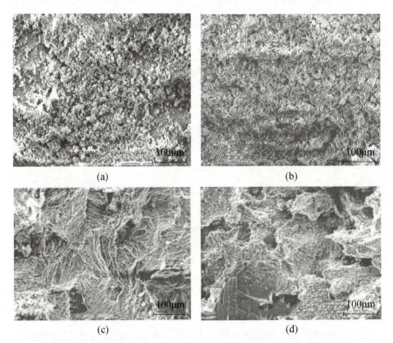

图3-9 锌合金牺牲阳极去除腐蚀产物前后的微观表面形貌
(a)全浸条件下表面腐蚀产物形貌;(b)周浸条件下表面腐蚀产物形貌;
(c)全浸条件下去除腐蚀产物后的表面溶解形貌;(d)周浸条件下去除腐蚀产物后的表面溶解形貌。

Zn－Al－Cd 合金牺牲阳极在不同试验条件下的电化学性能如表 3－15 所列[65]。在海水全浸条件下实际电容量达到 801.5A·h/kg,电流效率高达 96.6%。然而,在周浸条件下阳极的实际电容量和电流效率都明显降低,在最差的状态Ⅳ条件下,阳极的电容量只有 663.6A·h/kg,电流效率降到 72.7%。这是因为周浸条件下表面形成的碱式氯化锌和碳酸锌等腐蚀产物不容易脱落且较为致密,只有孔隙区域能接触海水,导致表面产生不均匀的局部腐蚀,从而造成阳极电流效率降低。

表 3－15 锌合金和铝合金牺牲阳极在不同试验条件下的电化学性能

试验条件	电化学性能	Zn－Al－Cd 合金牺牲阳极	Al－Zn－In－Cd 合金牺牲阳极	Al－Zn－In－Mg－Ga－Mn 合金牺牲阳极
全浸	实际电容量/(A·h/kg)	801.5	2552	2640
	电流效率/%	96.6	88.6	92.5
周浸(状态Ⅰ)	实际电容量/(A·h/kg)	720.1	2097	2528
	电流效率/%	76.3	72.8	88.6
周浸(状态Ⅱ)	实际电容量/(A·h/kg)	768.0	2321	2588
	电流效率/%	81.8	80.5	90.7
周浸(状态Ⅲ)	实际电容量/(A·h/kg)	772.2	2185	2499
	电流效率/%	83.6	75.8	87.5
周浸(状态Ⅳ)	实际电容量/(A·h/kg)	663.6	1941	2406
	电流效率/%	72.7	67.3	84.3

2. 海水周期浸泡对 Al－Zn－In－Cd 合金牺牲阳极性能的影响

Al－Zn－In－Cd 合金牺牲阳极在不同试验条件下工作电位随浸泡时间的变化如图 3－10 所示[64]。在海水全浸条件下,其工作电位约为 －1.10V(SCE),但是在周浸状态下,其工作电位随着干湿循环次数的增加逐渐往正向移动,呈现出与 Zn－Al－Cd 合金牺牲阳极类似的行为,表明阳极的活性逐渐降低。当浸水率为 50% 时(状态Ⅱ,每周期暴露在大气中的时间最短),周浸对阳极工作电位影响不大,经过 10 个周期循环后,工作电位仍保持在 －1.08V(SCE)。在浸水率均为 25% 条件下,状态Ⅲ电位正移要小于状态Ⅰ,而状态Ⅳ电位正移最多,周浸试验后的电位约为 －0.86V(SCE),表明其不能够对压载水舱钢结构提供有效的阴极保护。

图 3－11 所示为 Al－Zn－In－Cd 合金牺牲阳极不同试验条件下的动电位极化曲线,测试介质为海水,扫描速率为 0.167mV/s[64]。从图 3－11 中可以看出,刚浸泡在海水中的试样在海水中的开路电位为 －1.09V(SCE),随着干湿循环周次的增加,阳极的开路电位逐渐正移,而阳极极化曲线则向左移动(极化电流密度降低),并且不同周浸条件下呈现类似的行为。这表明牺牲阳极的性能随周浸次数的增加而降低。

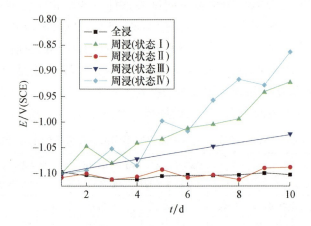

图 3-10　Al-Zn-In-Cd 合金牺牲阳极在不同试验条件下的
工作电位随浸泡时间的变化

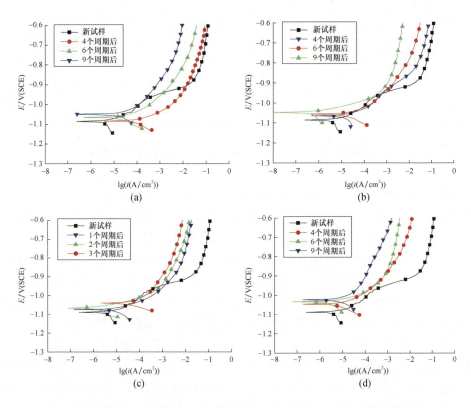

图 3-11　Al-Zn-In-Cd 合金牺牲阳极在不同试验条件下的动电位极化曲线
(a)周浸(状态Ⅰ);(b)周浸(状态Ⅱ);(c)周浸(状态Ⅲ);(d)周浸(状态Ⅳ)。

经过海水全浸试验后，Al–Zn–In–Cd 合金牺牲阳极表面几乎没有腐蚀产物的附着，并且表面腐蚀均匀。在状态 I 中，阳极表面被不完整的白色的腐蚀产物覆盖。在状态 II 中，阳极腐蚀比较均匀，且表面腐蚀产物很少。在状态 III 中，阳极表面虽然没有大量白色腐蚀产物的覆盖，但表面溶解均匀性不好，有大小不一的蚀坑。而在状态 IV 中，阳极表面几乎完全被白色腐蚀产物覆盖包裹，严重阻碍阳极的活化溶解。去除表面的腐蚀产物后可以看出（图 3–12[64]），全浸条件下阳极表面溶解均匀，而周浸条件下阳极表面均呈现不均匀的溶解形貌，尤其是在状态 IV 中，阳极发生了严重的局部腐蚀，表面出现大而深的蚀坑，而其余部分溶解较少。

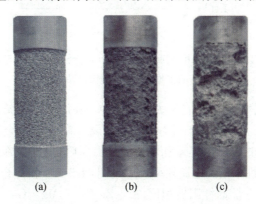

图 3–12　不同试验条件下 Al–Zn–In–Cd 合金牺牲阳极的表面溶解形貌
(a) 全浸；(b) 周浸（状态 I）；(c) 周浸（状态 IV）。

Al–Zn–In–Cd 合金牺牲阳极在不同试验条件下的电化学性能如表 3–15 所列。其在海水全浸条件下的电化学性能完全符合标准要求[68]，而在周浸条件下牺牲阳极的电化学性能均有降低，在最差的状态下（状态 IV），电流效率由全浸时的 88.6% 下降到只有 67.3%，表明阳极的性能显著退化。这种电容量和电流效率的降低与工作电位和表面溶解形貌的变化是对应一致的。

3. 海水周期浸泡对高活化铝合金牺牲阳极性能的影响

高活化铝合金牺牲阳极采用多种合金元素以促进阳极的活化溶解，从而在周浸条件下也可获得较好的电化学性能。开发了 Al–Zn–In–Mg–Ga–Mn 合金牺牲阳极材料，其在不同试验条件下的工作电位随浸泡时间的变化如图 3–13 所示。

从图 3–13 中可以看出，该阳极在海水全浸条件下的工作电位约为 –1.10V（SCE）。在周浸条件下阳极的工作电位也随循环周期的增加发生正移，与锌合金牺牲阳极以及 Al–Zn–In–Cd 合金牺牲阳极呈现类似的行为，但其性能退化的情况远不及 Al–Zn–In–Cd 合金牺牲阳极，即便在最严苛的状态 IV 条件下，阳极工作电位仍负于 –1.00V（SCE）。

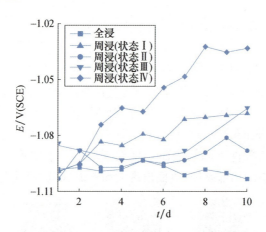

图 3-13 Al-Zn-In-Mg-Ga-Mn 合金牺牲阳极在不同试验
条件下的工作电位随浸泡时间的变化

该阳极的电化学性能也列在了表 3-15 中。在海水全浸条件下的电流效率高达 92.5%,明显大于常规的铝合金牺牲阳极,属于高效铝合金牺牲阳极材料[68]。在周浸条件下,阳极的实际电容量和电流效率有所降低,即便在最差的状态Ⅳ条件下,高活化铝合金牺牲阳极的电流效率仍可达到 84.3%。和锌合金牺牲阳极以及常规 Al-Zn-In-Cd 合金牺牲阳极相比,Al-Zn-In-Mg-Ga-Mn 合金牺牲阳极具有更好的耐周浸性能。

铝合金牺牲阳极在海水中的活化溶解取决于表面氧化膜在氯离子作用下的破裂,一些合金元素如 In、Zn、Cd、Ga 等的加入可促进铝合金阳极的活化[69-70]。在周浸条件下,当阳极再次暴露在大气中时,在海水中活化了的阳极表面会发生再钝化,黏结在阳极表面的腐蚀产物干燥后形成硬的壳层,当再次浸泡在海水中时也很难溶解脱落,从而阻止表面均匀溶解,导致发生严重的局部腐蚀。正是局部腐蚀导致晶粒脱落以及暴露在大气中的自腐蚀导致了牺牲阳极在周浸状态下的电化学性能退化。

试验表明[71],当 Ga 含量为 0.02%(质量分数)时,Al-Zn-In-Mg-Ga-Mn 合金牺牲阳极在周浸条件下具有最好的性能和较均匀的表面溶解形貌。当 Ga 含量进一步增加,Ga 元素会在铝合金晶界处富集,促进局部腐蚀发生,使阳极溶解形貌变差,阳极电流效率下降。Al-Zn-In-Mg-Ga-Mn 合金牺牲阳极溶解反应符合溶解-再沉积机制,活化元素 In 和 Ga 的溶解和再沉积过程,使得阳极表面的氧化膜脱落,当处于大气中时,腐蚀产物不会在阳极表面形成包裹的壳层,只形成较薄的氧化膜层,在阳极再次浸水后,表面膜层易发生破裂,使牺牲阳极经过干湿交替周浸后能继续保持较高的活性,呈现较高的电化学性能。

文献[72]对比测试了四种船用牺牲阳极材料在海水干湿交替条件下的电化

学性能,结果表明,Zn-Al-Cd 合金牺牲阳极在干湿交替条件下的电化学性能较海水全浸时降低幅度最大,Al-Zn-In-Cd 合金牺牲阳极次之,这两种牺牲阳极在干湿交替条件下难以起到有效的保护作用;Al-Zn-In-Mg-Ti 高效铝合金牺牲阳极相对于上面两种阳极具有更好的再活化性能;而 Al-Zn-In-Mg-Ga-Mn 高活化铝合金牺牲阳极在四种阳极中具有最好的耐干湿交替性能,适于在压载舱等周浸部位使用。

从前面不同条件下的性能测试结果可以看出,状态Ⅳ条件下牺牲阳极的性能退化都是最严重的,这表明周浸条件下大气环境的腐蚀性对阳极性能产生了明显影响。对铝合金牺牲阳极在海水周浸条件下于不同湿度的大气环境中测得的牺牲阳极性能表明[73],随着暴露大气环境湿度的增加,铝合金牺牲阳极的开路电位和工作电位呈现小幅度上升,同时降低了铝合金牺牲阳极的电流效率,并加剧了局部腐蚀。这是因为大气湿度越大或处于中性盐雾环境,牺牲阳极的自腐蚀速率会明显增大,而且在大气中表面形成的腐蚀产物更不易脱落,结果导致牺牲阳极的电流效率降低。

对于船舶压载舱阴极保护来说,必须要考虑工况环境条件及其对牺牲阳极性能的影响,尤其是在压载率比较低或长时间处于空舱或载货状态的情况下。Al-Zn-In-Mg-Ga-Mn 高活化铝合金牺牲阳极相对于其他阳极材料具有更好的耐海水/大气交替周浸性能,同时不含 Cd 等对环境有害的元素,是压载舱阴极保护优先选用的阳极材料。

3.4.3 压载舱阴极保护参数

1. 压载舱阴极保护电位标准

由于压载舱的腐蚀环境和使用工况与船体外壳板明显不同,因此压载舱的阴极保护参数与船体外壳阴极保护也存在明显的差异。通常情况下,当钢在海水全浸条件下阴极极化电位达到 -0.80V(相对于 Ag/AgCl 参比电极)或更负时,即可获得良好的保护[71-72]。

然而,在海水周浸条件下,为提高压载舱保护效果,阴极保护电位应当进一步负移,其目的是能够尽快在金属表面形成更致密的钙质沉积层。一方面可以降低后续阴极保护所需电流密度;另一方面可以减小压载舱涂层破损处在潮湿舱内大气环境中的腐蚀。

图 3-14[74]所示为海水周浸条件下碳钢(Q235)在自腐蚀状态和不同阴极保护电位下的腐蚀速率。每个周期连续浸泡在海水中 5 天,共进行了四个周期的试验。海水和大气的温度均为 30℃,大气相对湿度为 90%。从图 3-14 中可以看出,在自然腐蚀状态下,随浸水率的升高,碳钢的腐蚀速率增大。而当受到阴极保

护时,碳钢的腐蚀速率明显降低。尤其是当保护电位达到 -0.95V(SCE)后,碳钢的腐蚀速率随浸水率的增大而降低。当保护电位达到 -1.00V(SCE)时,腐蚀速率降低到只约 0.025mm/a,表明碳钢在周浸条件下获得了良好的保护[73]。

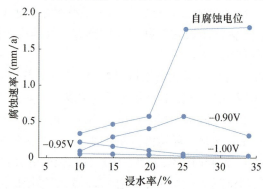

图 3-14 不同保护电位下浸水率对碳钢腐蚀速率的影响

此外,由于压载舱的舱底或肋骨的水平面易于沉积泥沙或污泥,形成厌氧环境,导致硫酸盐还原菌加速腐蚀作用,在这种条件下要获得有效的保护,通常钢的保护电位应负于 -0.90V(相对于 Ag/AgCl 参比电极)。为避免促进压载舱涂层的阴极剥离,阴极保护的最负电位也应受到控制,一般情况下推荐为 -1.10V(相对于 Ag/AgCl 参比电极)[75]。

因此,海水压载舱的阴极保护电位范围通常为 -0.90 ~ -1.10V(相对于 Ag/AgCl 参比电极),最佳保护电位为 -0.95V(相对于 Ag/AgCl 参比电极)左右。对于海水压载舱,应在每次压载后尽可能快地极化到该电位,这就需要更大的起始保护电流密度,同时牺牲阳极要能够快速发生活化或再活化。

船体结构有时采用高强钢或舱内也有一些其他金属构件,这种情况下需要考虑不同金属表面获得保护所需的最佳电位范围。选择其最负阴极保护电位时,需要考虑析氢及其导致的氢致应力腐蚀开裂的影响。当高强钢的屈服强度超过 550MPa 时,其最正保护电位可采用 -0.80V(相对于 Ag/AgCl 参比电极),而最负保护电位应根据钢的具体性能、显微组织和冶金状态,基于以往阴极保护的经验或通过实验室测试来确定,一般为 -0.83 ~ -0.95V(相对于 Ag/AgCl 参比电极)[75]。

2. 压载舱阴极保护电流密度

压载舱阴极保护电流密度与涂层状况、压载率和压载时间、压载舱所处部位等密切相关。图 3-15 所示为周浸次数对碳钢平均保护电流密度的影响[74]。从图 3-15 中可以看出,当保护电位为 -0.90V(SCE)时,随海水/潮湿大气周浸次数的增加,所需的保护电流密度会逐渐增大,最后达到约 $30\mu A/cm^2$,表明在该电位下表面没有形成很好的保护性钙质沉积层,而且随周浸次数增加,要维持该保护电位所需的电流密度更大,这可能和其表面在潮湿大气中形成的腐蚀产物的去极化作用有关。同样,在该电位下,当浸水率由 25% 增加到 33.3% 时,需要经过更多的周浸次数保护电流密度才会达到 $30\mu A/cm^2$,这是因为高浸水率条件下,每周期暴露在潮湿大气中的时间缩短,表面形成的腐蚀产物较少。随浸水率增大,碳钢的保护度增大。浸水率为 25% 时的保护度为 66.5%;而当浸水率为 33.3% 时,保护度为 81.3%。

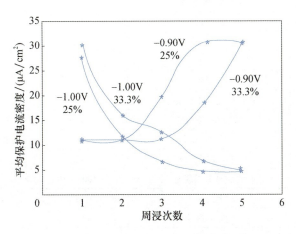

图 3-15 周浸次数对碳钢平均保护电流密度的影响

当保护电位为 -1.00V(SCE) 时,两种浸水率条件下的保护电流密度均随着周浸次数的增加而逐渐变小,这表明在较负的阴极保护电位下,表面易于形成较致密的绝缘钙质沉积层,且随周浸次数增加沉积层的保护作用增强,使得所需的保护电流密度从初期的约 $30\mu A/cm^2$ 下降到 $5\mu A/cm^2$。当周浸率为 25% 时,碳钢的保护度为 98.4%;当周浸率为 33.3% 时,保护度为 98%。表明在该电位下,碳钢在周浸条件下得到了良好的保护。在海水中形成的钙质沉积层在潮湿大气环境中仍能对钢基体提供有效的保护。因此,初期采用较大的电流密度使钢快速极化到较负的电位后,在后续的浸水周期内只需要维持较小的保护电流密度,就可达到所需的保护电位。这种方法不仅可以达到更好的保护效果,而且可以更经济,并有助于延长牺牲阳极的使用寿命。

有关标准或船级社以及文献中推荐的压载舱阴极保护电流密度如表 3-16 和表 3-17 所列[76-78]。当涂层质量较差、压载率较低以及每次压载时间较短时,需要增大保护电流密度。近年来,压载舱涂层的质量和保护效果得到很大的提高,尤其是采用了符合 IMO PSPC 标准的涂层,因此所需的阴极保护电流密度也可以适当降低。

表 3-16 船舶压载舱阴极保护电流密度（Ⅰ）

相关机构规范或标准	部位	保护电流密度/(mA/m²)	备注
LR 劳氏船级社	上边舱	100	若压载时间小于5d，保护电流密度提高10%
	艏尖舱	85	
	深水舱、专用海水舱	85	
	成品油/海水舱	85	
	原油/海水舱	90	
	双层底舱	68	
NK 日本船级社	上边舱	≥90	压载率20%~40%
	下边舱	≥80	压载率>40%
	双层舱	≥56	
BS 7361 英国标准	艏尖舱或上边舱	130	若压载时间小于5d，保护电流密度提高10%
	成品油/海水舱	110	
	原油/海水舱	90	
	完好涂层钢板	5	
DNV 挪威船级社	清洁海水压载舱	100~110	若压载时间小于5d，保护电流密度提高25%
	上边舱	120	
	艏尖舱和艉尖舱	100~110	
	下边舱和双层底舱	80~90	
	油舱/海水舱（壁上有油膜层）	40~60	
	完好涂层钢板	5~10	
	完好的软涂层	20~40	

注：如未特别说明，表中数据均为裸钢板所需电流密度。

表 3-17 船舶压载舱阴极保护电流密度（Ⅱ）

部位	压载率/%	保护电流密度/(mA/m²)		备注
		涂漆板	裸板	
上边水舱	≤20	10~12	150~200	若压载时间小于5d，保护电流密度提高10%
	>50	8~10	100	
	20~50	8~10	150	
下边水舱	≤20	10	150~200	若压载时间小于5d，保护电流密度提高10%
	20~50	8~10	100~150	
	≥50	8~10	80~100	
双层底舱	—	8~10	80	—

《船舶和海洋技术—船舶阴极保护》(ISO 20313:2018)推荐的压载舱裸钢设计保护电流密度为90~130mA/m²。对于涂层钢的保护电流密度，在坞修间隔为3年

时取 $10\text{mA}/\text{m}^2$,坞修间隔为 5 年时取 $15\text{mA}/\text{m}^{2[75]}$。

3. 压载舱阴极保护设计寿命

压载舱牺牲阳极阴极保护的设计寿命应与船舶的坞修间隔相匹配。同时需要考虑到有时由于航运的需要,船舶不能够完全按计划及时进坞更换牺牲阳极,因此应适当留有裕量。

3.4.4 压载舱阴极保护设计与安装

压载舱阴极保护的设计计算方法与船体牺牲阳极保护类似,但保护参数有较大差异。根据保护面积和电流密度可以计算出所需的保护电流量。保护电流密度可基于以往经验,根据具体工况,按相关标准选取。一种是采用考虑了涂层情况的平均电流密度来计算保护所需的总的电流量;另一种是采用裸钢的保护电流密度以及涂层的破损系数 f_c 来计算保护电流量。

涂层破损系数反映了涂层因老化和机械损伤而导致涂层所需电流密度的变化,其系指在保护电位下涂层钢所需的保护电流密度与裸钢保护电流密度之比。该系数越大,表明涂层绝缘性能越差,当 $f_c=1$ 时,表明涂层完全失去保护作用,处于裸钢状态;而当 $f_c=0$ 时,表明涂层完全绝缘,处于理想状态。涂层初期的破损系数可取 1%~2%,当涂层的耐久性较差时,涂层的年破损率可取 3%;当涂层耐久性为中等时,年破损率可取 1.5%;当涂层质量好、耐久性很高时,年破损率为 0.5%~1%[75]。

可按照标准选取适当规格的牺牲阳极,通常压载舱采用细条状阳极,以减小接水电阻,增大发生电流,实现快速极化。图 3-16 为典型的船舶压载舱阴极保护用牺牲阳极结构图。根据阳极重量和固定方式的不同,可采用棒状钢芯或板条状钢芯。

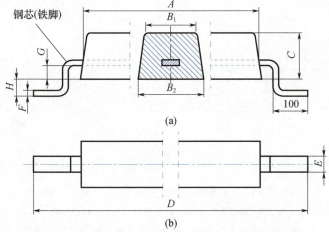

图 3-16 典型的船舶压载舱阴极保护用牺牲阳极结构图
(a)主视图;(b)底视图。

根据每块牺牲阳极的发生电流大小,计算所需的牺牲阳极数量。最后需要对牺牲阳极的使用寿命进行校核。

在进行牺牲阳极寿命核算时,需要考虑压载率的影响,即

$$Y = \frac{1000gQK}{8760\alpha\beta I_f} \tag{3-13}$$

式中:Y 为牺牲阳极使用寿命(a);g 为每块牺牲阳极的净重(kg);Q 为牺牲阳极的实际电容量(A·h/kg);α 为压载率(%);β 为阳极发生电流变化系数,当压载率不大于20%时$\beta=1$,当压载率为20%~50%时$\beta=0.8~0.9$,当压载率大于50%时$\beta=0.7~0.8$;I_f 为牺牲阳极发生电流(mA);K 为牺牲阳极利用系数,取0.85。

牺牲阳极在压载舱内通常分舱均匀布置,目的是使舱内所有结构表面均能达到有效的保护电位。对于舱底积水难以完全排干的部位,或舱底由加强筋分隔的区域,阳极应布置在尽可能低的位置,以便提供相应的保护。阳极通常采用支架式安装,以使其可以输出较大的电流。阳极通常布置在肋骨上,而不是壳板上,采用焊接或螺栓固定的方式。钢芯焊接时,应避开应力集中的区域,如截面变化的部位或角焊缝焊趾处等。焊接安装方式的优点是电连接可靠,安装牢固,但阳极消耗完后更换不便。采用螺栓固定时,为保证电连接性,建议在阳极钢芯与螺栓及螺栓与舱板的连接处进行点焊。也可采用可靠的螺栓夹具来固定牺牲阳极,将阳极卡在肋骨的凸缘上,并应采用螺钉锁紧(图3-17[75])。其他阳极安装方法应进行事先的验证和确认。图3-18[75]为牺牲阳极安装在舱底肋骨上的示意图,以便保证阳极在最低水位情况下也能提供保护。图3-19[77]所示为压载舱内牺牲阳极的典型安装方式示意图。

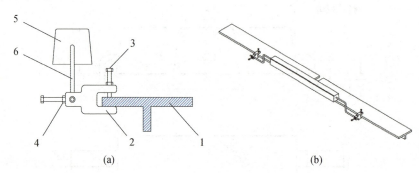

图3-17 采用夹具安装压载舱牺牲阳极示意图

(a)牺牲阳极固定方式;(b)在肋骨上安装的牺牲阳极。
1—压载舱肋骨结构;2—夹具;3—保证安全和电连续性的固定螺钉;
4—固定螺钉;5—牺牲阳极;6—阳极钢芯。

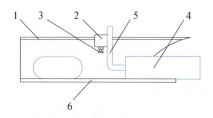

图 3-18 牺牲阳极安装在舱底肋骨上(处于最低位置)示意图
1—舱底肋骨;2—U 形夹具;3—保证安全和电连续性的固定螺钉;
4—牺牲阳极;5—阳极钢芯;6—舱底。

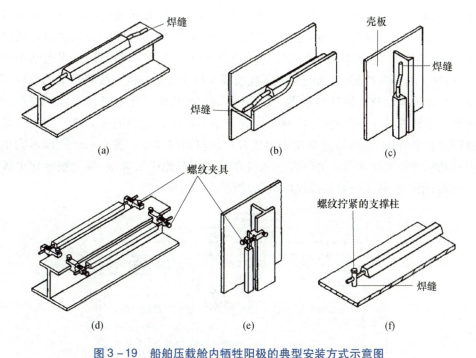

图 3-19 船舶压载舱内牺牲阳极的典型安装方式示意图
(a)舱底和舷侧纵骨;(b)水平桁梁;(c)垂直肋骨;(d)舱底和舷侧纵骨;
(e)垂直肋骨;(f)阳极固定与连接。

阳极表面应保持清洁,严禁沾染油污或覆盖涂层。阳极焊点和焊缝以及涂层烧损部位应在进行表面清理后重新涂装防腐涂层。

对于可能存在易燃气体或装载过燃油的压载舱,铝阳极在压载舱内的安装高度有限制,离舱底的安装势能要求不超过 $28kg \cdot m$,以避免坠落时产生火花导致危险。

对于复杂结构的压载舱,应考虑结构屏蔽或异种金属连接的影响,牺牲阳极的布置应使各部位均获得良好保护。为了获得较为理想的保护效果,可以采用基于边界元方法的计算机数值模拟设计来获得优化的阴极保护方案。

3.4.5 压载舱阴极保护监测与维护

1. 压载舱阴极保护效果监测

电位测量是评判压载舱阴极保护效果的有效方法。当压载舱达到了所要求的阴极保护电位范围时,则可获得良好的保护。如果电位偏正或偏负,则表明压载舱处于欠保护或过保护状态。

压载舱由于结构复杂,有的空间狭窄,可达性差,并且周期性处于干湿交替状态,所以需要采用自动阴极保护电位测量系统来采集海水压载舱的阴极保护电位数据。为此,设计研制了一种可用于干湿交替环境下,自动采集阴极保护电位数据的装置。该装置的内部电路采用低功耗的单片机设计,外壳采用耐压水密结构设计,通过压力开关控制工作状态,当压载舱浸水后会自动开机并按照设定的采样频率进行保护电位数据的自动采集。采用固体银/氯化银参比电极作为电位检测传感器。该装置具有多个通道,可测量压载舱中不同位置处的电位分布。测量结果可存储在装置中,也可通过有线或无线方式传输到控制室。图3-20[79]所示为电位自动检测装置原理图。美国海军也曾在舰船压载舱中安装银/氯化银参比电极传感器,用于监测压载舱阴极保护状况,如图3-21所示[80]。

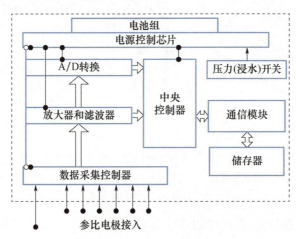

图3-20 压载舱电位自动检测装置原理图

阴极保护状况监/检测技术正朝着集成监/检测的方向发展[81]。除了测量阴极保护电位外,还可测量牺牲阳极的工作电位、发生电流以及干湿交替的时间、舱内温度、湿度等工况环境参数,根据这些测量参数可以评判阴极保护系统是否达到了预期的保护效果,牺牲阳极性能是否发生退化,估算牺牲阳极的消耗速率以及剩余寿命,获得阴极保护电流密度,为后续持续改进提供重要的参考依据,积累宝贵的经验[82]。此外,还可采用基于边界元的计算机数值模拟方法来预测压载舱阴极保护的效果以及保护状态随时间的变化。通过和实际监测数据的对比和迭代,可不断改进预测的精度。

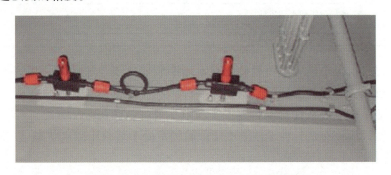

图3-21　船舶压载舱阴极保护监测传感器

压载舱阴极保护的效果也可通过试片法来进行测量和评价,该方法简单直观,通过将标准的船体钢片状试样安装在压载舱有代表性的部位或不同的压载舱中,使试样暴露在船舶压载舱的实际工作环境中,与压载舱电连接的试样和钢结构一起获得阴极保护,而与压载舱钢结构绝缘的试样处于自然腐蚀状态。通过对比暴露一定周期后的试样的腐蚀失重速率,就可以评价压载舱阴极保护效果,并可计算出压载舱的保护度。

2. 船舶压载舱阴极保护系统的维护

通过周期性的检查以及对自动监/检测数据的分析,可以为阴极保护系统的维护提供依据。根据牺牲阳极表面溶解和消耗情况,可以定性判断牺牲阳极是否工作正常。对于表面有结壳或有密实的腐蚀产物包裹的牺牲阳极,如果可能,应采用机械方法清除掉,以避免牺牲阳极发生"窒息"而不能活化,导致阴极保护失效。也可以更换成更耐干湿交替作用的高活化铝合金牺牲阳极材料。当牺牲阳极消耗完或其剩余量不足以维持下一个保护期时,应在坞修时及时进行更换。通过监/检测,结合数值模拟仿真可以获得压载舱阴极保护电位分布,对于保护电位不达标的部位,应查找原因并调整阴极保护设计方案,使其更趋合理。

由于牺牲阳极只有在舱内注入压载水后才能提供防腐保护,而且压载率(浸水率)越低,保护度越小,对牺牲阳极的性能劣化也影响越大,所以压载舱应在整个运行时间内保证达到一定的海水压载时间,以获得有效的阴极保护。表3-18[77]列出了牺牲阳极保护的压载舱推荐应保证的最小压载率(压载舱充水时间占总航行时间的比例)。

表 3 – 18　牺牲阳极保护的压载舱推荐应保证的最小压载率

压载舱内装载情况	最小压载率/%
交替装载压载水和干货	40
交替装载压载水和空舱	40
交替装载压载水和货油	25
交替装载压载水和燃油	25

一般来说,每个航程中压载舱的充水周期应安排不少于 5 天。尽管不可能设置连续压载之间的间隔时间限制,但还是应该尽可能缩短。在制订压载计划方案时,应保证压载舱经常性充水。由于实际中不太可能让每个压载舱都经常性充入压载水,所以应该有选择性地使某些压载舱经常处于装载压载水状态,以获得更好的阴极保护。

3.4.6　压载舱阴极保护典型实例

1. 散货船压载舱阴极保护

青岛远洋运输公司的台州海轮为 6.8 万 t 散货船,1982 年开始交付使用,其海水压载舱采用涂覆环氧焦油涂层和铝合金牺牲阳极保护。上边舱压载率为 20%。1992 年维修时发现,上边舱涂层发生老化破损,原有牺牲阳极消耗殆尽,舱内结构发生腐蚀。为此,对上边舱牺牲阳极进行了重新设计和更换,并开展了实船试验和检测[83]。

采用 Zn – Al – Cd 合金牺牲阳极,规格为 800mm × (56 + 74) mm × 65mm,单块阳极发生电流为 1200mA。有涂层的部位保护电流密度为 $10mA/m^2$,涂层破损部位根据涂层的破损率不同保护电流密度取 $25 \sim 75mA/m^2$。牺牲阳极在舱内均匀分布,安装方式为支架式焊接固定。采用锌合金参比电极监测压载舱保护电位。采用试样原位挂片方法测量钢的保护度。

结果表明,在压载舱第一次压载海水的过程中,压载舱的电位逐渐负移,但上边舱的环境差异导致电位达到保护电位要求的时间不同,与重油舱相邻的压载舱由于高温影响需要更大的保护电流,极化到预期保护电位所需时间更长。第二次压载时,中间隔有 75 天的空舱期,前面阴极保护的作用完全消失。第三次压载时,压载舱的电位负移缓慢,比第一次压载时明显偏正,这可能和锌合金牺牲阳极周浸条件下本身性能退化有关。当海况较差,导致压载舱内海水运动加剧时,会产生去极化作用,导致电位波动和正移。尽管压载的后期均达到了阴极保护电位范围,但不同压载舱的保护效果存在差异。表 3 – 19[83] 所列为采用挂片(Q235 钢)获得的不同压载舱保护度的测量结果。从表 3 – 19 中可以看出,压载舱 RS1 和 RS5 腐蚀速率较大,这是因为 RS1 处于高温环境,而 RS5 所处部位受到变形和较大应力作用,需要采用更大的保护电流密度以取得好的保护效果。另外,所取的裸钢保护电流密度越大,压载舱的腐蚀速率会下降,而保护度增大。

表3-19 船舶压载舱阴极保护设计参数及保护度的测量结果

压载舱	RS1	RS2	RS3	RS4	RS5	RS6
设计电流密度/(mA/m^2)	75	75	25	75	50	50
涂层破损率/%	80	40	20	35	50	20
裸钢保护电流密度[①]/(mA/m^2)	91.3	172.5	85	196	90	210
保护试样的腐蚀速率/(mm/a)	0.14	0.07	0.08	0.05	0,12	0.02
试片测量的保护度/%	56	48	21.1	68.5	45.4	79.1

①裸钢保护电流密度是根据涂层钢板保护电流密度为10mA/m^{2}计算得出。

2. 远洋集装箱船压载舱的阴极保护

某远洋集装箱船仅营运6～7年,压载舱(尤其是边水舱)就已经发现约有5%的涂层剥落,并伴随有坑蚀现象,局部发生穿孔,对船舶的安全营运带来严重的影响。为防止该船压载舱的腐蚀,采用了铝合金牺牲阳极阴极保护[84]。

该船的边水舱有涂层保护,但有部分涂层发生了破损,因此设计选用的保护电流密度为11～12mA/m^2。采用Al-Zn-In-Si合金牺牲阳极,规格为420mm×(160+180)mm×170mm,单块阳极质量为32kg,保护年限按15年计算。各压载舱所需牺牲阳极数量如表3-20所列[84]。

表3-20 各压载舱所需牺牲阳极数量

序号	水舱名称		肋位	保护面积/m^2	安装块数
1	艉尖舱	—	2～13	1576.6	12
2	深舱	右舷	167～183	1480.2	11
3		左舷	167～183	1480.2	11
4	1号边水舱	右舷	148～167	2173.4	16
5		左舷	148～167	2173.4	16
6	2号边水舱	右舷	113～1497	3237.3	24
7		左舷	113～149	3237.3	24
8	3号边水舱	右舷	309～114	4540.5	35
9		左舷	309～114	4540.5	35
10	横倾平衡舱	右舷	53～78	1239.6	10
11		左舷	53～78	1239.6	10
12	艏尖舱	—	188至船首	3340.4	26

未安装牺牲阳极前,各压载舱的自然腐蚀电位大约为 -0.60V(相对于 Ag/AgCl 参比电极)。边水舱安装铝合金牺牲阳极 1 年后,测量的保护电位为 -1.03 ~ -1.04V (相对于 Ag/AgCl 参比电极),表明压载舱获得了有效的保护。采用安装在压载舱中的试片测量了碳钢的腐蚀速率以及保护度,采用牺牲阳极保护后保护试片的平均腐蚀速率在 0.016mm/a,而没有保护试片的平均腐蚀速率为 0.13mm/a,各压载舱的保护度为 78% ~ 95%,表明采用铝合金牺牲阳极可明显提高压载舱的防腐保护效果。

3.5 船舶海水管路系统的阴极保护

3.5.1 海水管路系统的腐蚀与阴极保护特点

船舶海水管路系统主要用于冷却主、辅机以及提供消防、压载、清洗等用水。不同的海水管路系统工况存在一定的差异。有的系统处于动水状态居多,如冷却系统;有的海水系统则大多时间处于静止状态,如消防管路系统。海水管路系统通常管径较小(一般小于 400mm),弯头、三通、阀门、管接头等附件较多,材料复杂,直管段较短,海水流速较高,湍流程度大,往往存在比较突出的冲刷腐蚀、电偶腐蚀、缝隙腐蚀、脱成分腐蚀等问题[1-4]。尽管已经选用了紫铜、铜镍合金等材料来替代过去常用的钢管,但腐蚀破损事故仍然屡见不鲜,还需要采用阴极保护等相应的补充防腐保护措施[35-36,85-86]。

1. 紫铜海水管路腐蚀

20 世纪 70 年代以前,船舶海水管路主要使用紫铜材料。紫铜管路的允许设计流速一般为 1.2 ~ 1.8m/s。由于管路内海水实际流速往往高于这一限值,因此出现了大量的管路腐蚀泄漏问题[87-88]。图 3-22 和图 3-23 所示为某船坞修中更换下来的紫铜海水冷却管法兰头以及弯管等部位的腐蚀形貌。

图 3-22　管接头处紫铜管壁腐蚀穿孔

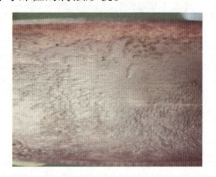

图 3-23　紫铜管壁马蹄坑冲刷腐蚀

图 3-22 中紫铜管壁厚约 3mm,靠近法兰头处管壁出现腐蚀穿孔,孔的尺寸约为 1.2cm×1.0cm,蚀坑深至法兰体。图 3-23 所示为海水管路中明显的马蹄形冲刷腐蚀蚀坑。从图 3-23 中可以看出,小蚀坑由受流动海水冲击力最大处逐渐向外扩展,进而形成大面积的溃疡,最后造成管壁减薄。另外,通过腐蚀统计发现,在靠近法兰头 20cm 以内的铜管,弯管前后 30cm 以内范围,以及四通、五通等异型管内壁处,都是冲刷腐蚀严重的部位,在这些部位应该采取重点防护措施。

2. B10 铜镍合金海水管路腐蚀

近几十年来,B10 铜镍合金等具有良好耐海水冲刷腐蚀的材料,在国内外船舶海水系统中得到大量应用,但其允许设计流速值仍不能完全满足现代船舶高海水流速的要求,在实船使用过程中仍然出现不少腐蚀泄漏问题[89-93]。某船用 B10 海水管路在使用 1 年后发生腐蚀泄漏,实船勘验发现绝大多数泄漏部位都位于法兰短节及焊缝附近(图 3-24),并且不同生产厂家(包括进口管、国产管)、不同管径规格的管路内壁都发生过腐蚀。

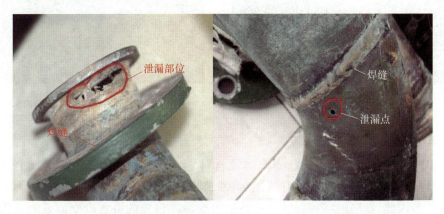

图 3-24　某船 B10 海水管泄漏部位宏观腐蚀形貌(使用 1 年)

3. 铜制海水阀门、滤器腐蚀

某大型船舶海水消防管路系统在拆检过程中发现,拆换的铜合金阀门内部出现大量的铜锈产物(图 3-25),阀座或阀头出现了严重腐蚀,影响阀门的正常使用。

海水滤器处于静止/流动海水交替的服役环境,管路系统停止运行时,滤器内充满海水,处于静态海水腐蚀状态;管路系统运行时,滤器内处于流动海水冲刷腐蚀状态。某船坞修拆检发现,滤器壳体腐蚀部位主要集中在壳体与滤筒立板交界缝隙处(图 3-26),最大腐蚀深度达到 5~6mm。滤网材质大都为硅黄铜,经常发生脱成分腐蚀(图 3-27)。

图3-25 海水管路用铜合金阀门腐蚀

图3-26 海水滤器内壁局部腐蚀

图3-27 海水滤器滤网脱成分腐蚀

4. 海水冷凝器腐蚀

B30铜镍合金是优良的抗海水腐蚀材料,除了传热效率较高、力学性能优良外,B30铜镍合金还兼备耐应力腐蚀、氨蚀、冲刷腐蚀的特性和抗海洋生物污损的优点[94],因此,在船舶、滨海电厂、钻井平台等海洋设施的海水冷凝器系统上得到了日益广泛的应用。但由于受到湍流冷却海水的冲击腐蚀作用、换热管端部扩管时产生的残余应力,以及水室中不同部位的温度差、换热管内壁形成的不同膜层状态等综合因素影响,冷凝器成为船舶海水系统中腐蚀破损事故发生频率最高的装置之一[95-97]。

5. 船舶海水管路系统阴极保护特点

从上面海水管路系统的腐蚀规律来看,腐蚀主要发生在局部区域,尤其是管路接头、焊缝、弯管、三通、插管、变径等海水流速和流态发生突变的位置,以及有异种金属接触或形成缝隙的部位。这些部位往往是腐蚀泄漏的重灾区。因此,可以针对这些腐蚀的"热点"采取对应的防腐措施,使"热点"得到消除,从而保证管路系统的可靠运行。上述腐蚀本质上都是金属在海水中的电化学腐蚀,尽管有水流的机械冲击或水中砂粒的磨蚀作用。因此,阴极保护可以有效减轻和抑制海水管路系统的"热点"腐蚀。但船舶海水管路系统阴极保护和船体结构的阴极保护不同,主要体现出如下几个特点。

(1)保护对象通常都是裸露的金属。海水管路内壁或设备内部通常都没有涂覆有机涂层,一般情况下有机涂层也很难耐冲刷腐蚀环境的作用,因此阴极保护需要的电流量往往比较大。

(2)阴极保护作用距离非常有限。由于管路系统都是裸露的金属,这就使得阴极保护电流很容易被附近的金属表面吸收,难以传递到较远的距离。加上管路系统尺寸小、结构复杂,屏蔽效应比较严重,也制约了阴极保护的有效作用范围。

(3)牺牲阳极尺寸和安装位置受到严格限制。由于牺牲阳极具有结构简单、不用维护、一般没有气体析出的特点,比较适合船舶海水管路系统内部进行阴极保护。海水管路或设备内部尺寸很紧凑,空间很狭窄,安装牺牲阳极后容易对管路或设备产生阻塞效应,对海水流量和流态产生影响。因此,牺牲阳极的尺寸往往受到很大的限制,很多部位不允许、也没有条件安装牺牲阳极。牺牲阳极安装不当甚至可能形成严重湍流,反而促进腐蚀的发生。在实际船舶上,曾多次在安装塞状锌合金牺牲阳极的位置上发生腐蚀泄漏事故。

(4)需采用系统性腐蚀控制。阴极保护尽管可以有效防止电化学腐蚀,但对海水管路系统中由于高流速、湍流、砂粒等造成的腐蚀问题,单独采用牺牲阳极保护不能完全解决,最好的办法是采用系统性腐蚀控制,通过优化结构设计、控制海水流速和流态、采用耐蚀合金材料、对"热点"部位施加耐蚀镀层和牺牲阳极保护,来系统解决船舶海水管路系统的腐蚀泄漏问题。

3.5.2 海水管路系统牺牲阳极保护设计与安装

海水管路的材料选用受到技术发展和成本的制约。现有船舶海水管路一般采用以铜合金为主的海水管路系统,关键部位采用钛合金管路或设备[98-100]。海水管路的结构设计则受到设备、空间和整体布局的制约,难以通过防腐蚀结构设计来完全解决腐蚀问题。根据船舶海水管路系统的腐蚀特点,可采用牺牲阳极保护技术对船舶海水管路系统中的"热点"部位进行腐蚀防护[23,86,101]。

1. 船舶海水管路系统保护用牺牲阳极材料

早期船舶海水管路、冷却器等设备广泛采用塞状锌合金牺牲阳极(锌塞)保护,但不是很成功。在有锌合金牺牲阳极保护条件下海水管路仍然会出现腐蚀泄漏,其主要原因不是牺牲阳极保护无效,而是因为锌合金牺牲阳极与铜合金电位差过大(约800mV),牺牲阳极溶解过快,加之海水管路通径太小,牺牲阳极尺寸有限,锌塞寿命太短,大都在几个月内即完全消耗,造成海水管路实际长时间处于无保护状态。

俄罗斯、美国、日本等国家很早就已将铁合金牺牲阳极应用于保护船舶铜质海水管路[86]。铁合金牺牲阳极密度和电容量均较锌合金牺牲阳极大,电流效率高,阳极寿命长,溶解下来的铁离子还可以在铜合金表面上形成富铁膜,增加了铜合金管路的耐蚀性。铁合金牺牲阳极还可用于海水冷却器、冷凝器等海水冷却设备,可以保护其铜合金水室(封头)、管板以及冷凝管管端。铁合金牺牲阳极还适用于不锈钢结构的保护。对于由钛合金和铜合金或不锈钢等构成的设备,铁合金牺牲阳极比锌合金牺牲阳极保护更具优势,可防止保护电位过负导致的氢脆风险。

2. 海水管路系统用牺牲阳极结构设计

船舶海水管路系统用牺牲阳极的结构和形状应当与保护的对象相匹配。海水管路系统常用牺牲阳极主要有栓塞式牺牲阳极、法兰间式牺牲阳极、管段式牺牲阳极以及块状牺牲阳极等几种类型。

1) 栓塞式牺牲阳极

栓塞式牺牲阳极结构如图 3-28 所示,这种阳极可用于通径大于 76mm 管路的阴极保护,其优点是安装、更换方便,缺点是对水流有干扰,阳极不能做得太大,使用寿命有限,通常需要半年甚至两三个月更换一次。可在使用频率较低(大多数时间管内没有海水,牺牲阳极处于非工作状态的情况)、能方便及时更换的管路或设备上采用。

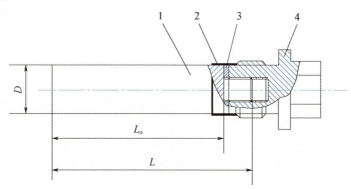

图 3-28 栓塞式牺牲阳极结构示意图

1—阳极体;2—保护涂层(环氧腻子);3—垫片;4—固定螺栓。

2) 法兰间式牺牲阳极

法兰间式牺牲阳极结构示意图如图 3-29 所示,这种牺牲阳极可用于管径不小于 32mm、通过法兰连接的海水管路中,通过螺栓连接或松套法兰固定于海水管路需保护管段,并与被保护管路进行电连接。其优点是流体的阻力较小,导致的湍流程度轻,由于增加了阳极质量,因此可延长阳极的使用寿命。此种阳极设计使用寿命较长,可以按一个坞修期进行设计,牺牲阳极的更换一般需在坞修期间,也可以在关闭阀门、管路内无水状态下更换。图 3-30 所示为一种小管径法兰间式铁合金牺牲阳极组件。该类型铁合金牺牲阳极已经在多艘船舶的铜合金海水管路系统上进行了成功的应用,实船防护效果良好。

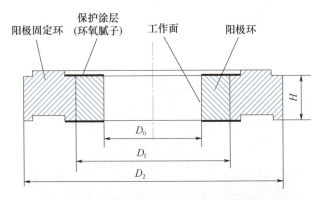

图 3-29　法兰间式牺牲阳极结构示意图

图 3-30　船用法兰间式铁合金牺牲阳极组件

3)管段式牺牲阳极

这种阳极可用于难以进行维修保养、要求保护期限必须达到或超过一个坞修期的海水管路上。其优点是可以大幅度地增加阳极质量,显著增加阳极使用寿命;其缺点是更换比较麻烦。阳极的结构是两端带有法兰的一段双金属管,其内层为牺牲阳极材料,外层为与海水管路或法兰相同的材料,用法兰与被保护海水管路直接相连,其结构示意图如图 3-31 所示,图 3-32 所示为管段式铁合金牺牲阳极实物图。

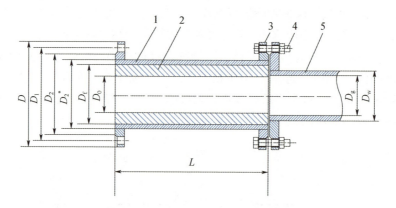

图 3-31 管段式牺牲阳极结构示意图

1—阳极外套管;2—管式阳极体;3—法兰;4—螺栓;5—管路。

D_g—管子公称通径;D_w—管子外径;D_0—阳极内径;D_f—阳极外径;D_2—法兰密封面外径;

D_2^*—阳极外套外径;D_1—螺栓孔中心圆直径;D—法兰外径。

图 3-32 管段式铁合金牺牲阳极实物图

4) 块状牺牲阳极

块状牺牲阳极主要用于滤器、热交换器等设备的阴极保护。阳极安装在设备内部,为不影响内部水流以及占用太多空间而影响设备的正常使用,设备内部用块状阳极的尺寸也不能太大。通常为长条状或方块状,或者是圆盘状,采用螺栓固定安装。具体的形状和规格需根据设备的实际情况来确定。

3. 海水管路系统牺牲阳极阴极保护设计

对于铜及铜合金管路和设备,由于其自腐蚀电位相对较正,当其阴极保护的最小(正)电位达到 -0.45V(SCE)时,就可以获得良好的保护。铜合金一般没有最大(负)保护电位要求,但如果海水管路系统中有钛合金等对氢脆比较敏感的材料,又和铜合金一起得到阴极保护,则最大阴极保护电位应不负于 -0.75V(SCE)。

这种情况下,选用铁合金牺牲阳极比较合适。

海水管路系统阴极保护设计原理上和船体阴极保护设计没什么不同。其阳极发生电流以及阴极保护寿命都可以采用相同的公式计算。但设计方法上有较大的差别。由于海水管路系统的特点,决定了牺牲阳极作用范围是比较窄的。因此掌握牺牲阳极保护的范围对阴极保护设计来说十分关键。以往常常采用 12 倍的管径长度作为管道阴极保护的有效保护范围,但该值实际上存在较大变化,主要取决于牺牲阳极材料、形状和规格、管径的大小、海水的流速等多种因素。例如,锌合金牺牲阳极由于工作电位较负,驱动电位更大,因而比铁合金牺牲阳极保护距离要远。当管内的海水处于静止状态时,由于溶解氧含量消耗逐渐降低,阴极反应的极化增强,所以保护距离较大,可明显超过 12 倍管径。而当海水流速增大后,由于去极化增强,阴极保护的作用距离将显著减小。因此,采用传统的阴极保护设计方法时,保护面积应综合考虑这些因素的影响来计算确定。

对于滤器、冷却设备的阴极保护,保护面积应把电连接在一起的部件均考虑进去。例如,热交换器的阴极保护面积应包括水室(封头)面积、管板面积以及冷却管束管端的面积。冷却管受到阴极保护的长度和上面海水管道的情况类似,取决于具体的工况条件,通常可按 12 倍管径长度来计算保护面积。

由于海水流动、湍流、含砂等原因,海水管路以及设备所需保护电流密度通常比船体阴极保护要高得多。

海水管路系统保护用牺牲阳极的型号规格可根据管路和设备的结构和尺寸来选取或设计。由于受安装方式和空间的限制,牺牲阳极的尺寸和重量也是受限的,因此很多时候不是根据保护寿命的要求来设计和选择牺牲阳极,而是反过来,根据所选用的牺牲阳极来估算使用寿命。通常在条件允许的情况下,希望尽可能采用较大规格的牺牲阳极,以便获得尽可能长的牺牲阳极使用寿命。由于海水管路系统牺牲阳极更换并不是必须在进坞后才能进行,因此当牺牲阳极到达寿命期后可以方便地进行更换。

船舶海水管路系统很长、结构很复杂、附件和设备也很多,电流屏蔽现象严重,加上牺牲阳极尺寸和布置位置受限,保护范围较小,因此要对整个管路系统全程均实施阴极保护是困难的,也是没有必要的。可根据实船海水管路腐蚀调查结果和腐蚀破损规律,采用"热点"保护方案,即对腐蚀严重和突出的部位,如弯管、三通、泵、阀进出口处、法兰接头等部位以及滤器、冷却器等设备实施重点保护,从而消除系统中的腐蚀"热点",提升海水管路系统的整体保护水平,保障海水管路系统的可靠运行。

对于海水管路"热点"部位,牺牲阳极应布置在与其尽可能靠近的位置,以使其获得充分的保护。可采用栓塞式牺牲阳极或法兰间式牺牲阳极,或者是管段式牺牲阳极,优先采用法兰间式和管段式牺牲阳极,一般直接安装在管道接头处。为对管路中的泵、阀进行保护,法兰间或管段式牺牲阳极通常安装在其与管道的接口处。对于滤器,块状牺牲阳极可固定在滤器的顶盖上。对于冷却器,通常采用圆盘状牺牲阳极安装在冷却设备两端的封头上。如果冷却器的尺寸较小,也可将栓塞式牺牲阳极布置在封头上。

由于海水管路系统阴极保护的复杂性,仅靠经验方法很难获得优化的保护效果。可采用计算机数值模拟仿真计算的方法来获得最优化的阴极保护方案。

4. 海水管路系统牺牲阳极的安装

1) 牺牲阳极的安装与电连接

栓塞式牺牲阳极通常采用阳极座用螺纹直接固定在管道或设备上。圆盘状牺牲阳极或块状牺牲阳极通常采用螺栓固定并与设备保持电连接。法兰式和管段式牺牲阳极的安装要复杂一些,需采用法兰和管路连接在一起。

以海水管路法兰间式铁合金牺牲阳极的安装连接为例来说明其安装与电连接方式,管段式牺牲阳极的安装与其类似。图3-33所示为法兰间式牺牲阳极连接结构示意图。在安装牺牲阳极时,只需将阳极环夹在两法兰之间,用螺栓将两法兰紧固即可。为防止阳极环与法兰间渗水,需加密封垫。安装时确保牺牲阳极环和密封垫片与管路的中心对正,按规定的拧紧力矩使紧固件连接可靠。

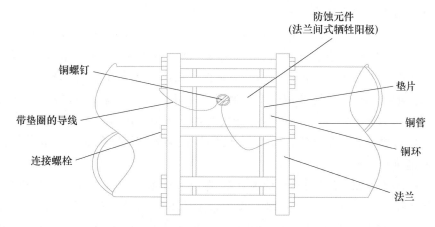

图3-33 海水管路法兰间式牺牲阳极连接结构示意图

为确保阳极环与管路电连接,需在阳极外环钻孔用螺栓固定连接多芯接触导线,其直径不小于2mm,导线自由端焊上接线头或导电片,用厚度为0.5~1.0mm的铜片作为接触导线材料,接触导线或导电片固定在被保护管路一侧的螺栓或螺母下面。此时导线与螺栓或螺母的接触面应打磨至露出金属光泽,接触导线端头或导电片的自由端以及压紧垫圈都应有铅-锡复层。阳极安装完毕后,焊接部位、接触导线、紧固件等都应按该部位的涂漆要求进行涂漆保护。

2)牺牲阳极的安装检验

牺牲阳极安装应按照相应的施工技术要求进行,安装前应按照施工图样,检查确定牺牲阳极安装位置、型号规格及数量,并清理阳极表面防止沾污。当牺牲阳极安装完成后,应检查阳极与管路间的电连接是否可靠,测量阳极外壳与被保护管路表面的接触电阻,确保牺牲阳极和管道之间处于良好电导通状态。

当所有管路系统中的牺牲阳极安装完成后,按系统要求对海水管路进行试压,牺牲阳极与法兰连接面间应无渗漏,具有要求的水密性能。

3)牺牲阳极的维护

使用时,必须按设计要求定期更换阳极,否则阳极完全损耗后海水管路系统将处于自腐蚀状态。

海水管路法兰间式牺牲阳极使用过程中应定期检查并确保导线电连接可靠。

保护期满后更换牺牲阳极时应检查管路保护效果和阳极溶解消耗情况,并根据检查结果酌情调整阴极保护方案。

3.5.3 海水管路系统牺牲阳极保护应用效果

1. 海水管路牺牲阳极保护效果

铁合金牺牲阳极已用于多种型号船舶的铜合金海水管路及设备防腐,如图3-34所示。某船海水冷却管路系统加装法兰间式铁合金牺牲阳极3年后,通过实船在线电位检测装置(图3-35)对被保护海水管路的内壁电位进行检测,结果显示B10海水管路内壁保护电位为-478mV(相对于Ag/AgCl参比电极),说明海水管路仍然处于被保护状态,实船也没有发生过腐蚀泄漏问题,铁合金牺牲阳极对于船舶海水管路系统具有良好的防护效果。

图3-34 铁合金牺牲阳极保护实船B10管路照片

图 3-35　实船 B10 管路铁合金牺牲阳极保护电位在线检测装置

2. 海水滤器牺牲阳极保护效果

针对海水滤器和滤网的腐蚀问题,某船在滤网顶盖上安装了块状铁合金牺牲阳极进行保护(图 3-36),通过两侧固定螺栓与滤网顶盖进行电连接,滤网同时受到阴极保护。3 年后的坞修检查发现,滤网的腐蚀现象大大减缓,只有轻微铜绿色腐蚀产物附着在局部表面,如图 3-37 所示。

图 3-36　滤网顶盖上安装的牺牲阳极　　图 3-37　海水滤网被保护后形貌

3. 海水冷凝器管板牺牲阳极保护效果

某船海水冷凝器接触海水部位都为 B30 材质,采用牺牲阳极对水室及管板和换热管管端进行保护,牺牲阳极安装在端盖上,初始设计时牺牲阳极材料为锌合金牺牲阳极,但由于锌合金牺牲阳极与 B30 铜合金电位差较大,导致阳极溶解速率快。此外,锌合金牺牲阳极易结壳失效,如图 3-38 所示。坞修时更换为铁合金牺牲阳极,使冷凝器的水室端盖和管板部位都得到良好保护,如图 3-39 所示。

图 3-38 冷凝器用锌合金
牺牲阳极(结壳)

图 3-39 更换铁合金牺牲阳极
保护后的冷凝器管板(无腐蚀)

3.6 国内外船舶牺牲阳极阴极保护技术对比分析

3.6.1 国内外牺牲阳极材料性能对比

船用牺牲阳极材料的发展趋势是以新型的铝合金牺牲阳极替代传统的锌合金牺牲阳极,达到延长保护寿命,降低保护费用的目的。船舶牺牲阳极阴极保护早期普遍采用的是锌合金牺牲阳极,由于其存在相对密度大、电容量小等缺点,一般设计使用寿命只有 2~3 年,不能很好满足 5 年及以上保护期的需要。

随着阴极保护技术的发展,锌合金牺牲阳极逐渐被铝合金牺牲阳极所取代。铝合金牺牲阳极材料目前已形成一系列的产品,可以满足不同工况环境条件的需要。各种不同船型可根据需要采用不同的牺牲阳极型号和规格。

目前国外在常规牺牲阳极材料方面技术成熟,并用于各种军用和民用船舶的腐蚀防护。近年来,针对特殊工况环境,国外研发了新型牺牲阳极材料,如针对深海低温环境开发的深海冷水牺牲阳极,针对高强钢结构开发的低电位牺牲阳极等,并已用于实际工程中。

我国船舶阴极保护技术的发展起始于 20 世纪 60 年代初期。在牺牲阳极材料的研究方面,参照美国标准,结合我国锌原材料铁含量较高的特点,通过大量的试验,在 20 世纪 70 年代研制出了 Zn-Al-Cd 合金牺牲阳极(其成分与国外标准不同,但性能相同);在 20 世纪 60 年代末期开始了对铝合金牺牲阳极的研究,在 20 世纪 70 年代中后期研制出了 Al-Zn-In 系合金牺牲阳极[1,102]。这两类阳极材料已广泛应用于船舶和港工设施的腐蚀保护,并于 1985 年分别制定了国家标准,同时制定了船舶牺牲阳极保护设计与安装的国家军用标准。在"七五""八五"期间,对高效铝合金牺牲阳极进行了重点的研究,已研制出适用于船舶的电流效率达到 92%~94% 的高效铝合金阳极,达到国际先进水平。经过多年的发展,铝合金牺牲阳极材料已形成一系列的产品,并在船舶与海洋工程装备的腐蚀防护中得到了广泛应用,取得了良好的保护效果[103]。目前船舶与海洋工程结构阴极保护用牺牲阳极已完全实现国产化,并且大量出口。

但与发达国家相比,我国在特种牺牲阳极材料方面仍存在一定的差距。近年来,我国也研制了深海牺牲阳极(用于深海环境)、低电位牺牲阳极(保护高强钢等氢脆敏感材料)和高活化牺牲阳极(用于干湿交替环境)等新型牺牲阳极材料,但这些特种牺牲阳极目前的应用还较少,需要进一步积累更多的实际应用经验和数据。

3.6.2 国内外船舶牺牲阳极阴极保护标准对比

近年来,随着世界各国对海洋装备和设施腐蚀状况的日益重视,一系列相关标准规范相继制定和修订。英国制定的 BS 7361、挪威的 DNVGL - RP - B401 规范等都提出了采用阴极保护与涂层联合防腐蚀的措施,并对方案设计、设备选型、系统安装、调试验收、日常维护进行了详细的规定。目前,广泛接受和认可的牺牲阳极阴极保护标准有美国的海军舰船通用规范、MIL 标准、英国的 BS 标准、挪威的 DNV 规范、欧盟 EN 标准,以及 ISO 国际标准等。国际上现行的与船舶牺牲阳极阴极保护相关的部分标准如表 3 - 21 所列。

表 3 - 21 国际上现行的与船舶牺牲阳极阴极保护相关的部分标准

序号	标准名称	状态
1	《阴极保护 第1部分:陆地和海上应用实施规程》(BS 7361 - 1:1991)	现行
2	《金属结构的内部阴极保护》(EN 12499:2003)	现行
3	《阴极保护测量技术》(EN 13509:2003)	现行
4	《锌合金牺牲阳极》(MIL - DTL - 18001L—2013)	现行
5	《海水中阴极保护总则》(EN 12473:2014)	现行
6	《铸造和挤压制造锌阳极标准规范》(ASTM B418—16a)	现行
7	《阴极保护设计》(DNVGL - RP - B401—2017)	现行
8	《海水阴极保护总则》(ISO 12473:2017)	现行
9	《船舶和海洋技术—船舶阴极保护》(ISO 20313:2018)	现行
10	《基于挂片测量的阴极保护效果评估》(ISO 22426:2020)	现行

在船舶牺牲阳极阴极保护技术方面,我国也制定了一些标准规范,包括国家标准、国家军用标准、船舶行业标准等,并对牺牲阳极阴极保护设计、安装、保护效果

检测等进行了详细的规定。表 3-22 列出了我国现行的一些船舶牺牲阳极阴极保护相关标准。

表 3-22 我国现行的一些船舶牺牲阳极阴极保护相关标准

序号	标准名称	实施日期	状态
1	《牺牲阳极电化学性能试验方法》(GB/T 17848—1999)	2000-06-01	现行
2	《锌合金牺牲阳极》(GB/T 4950—2021)	2022-03-01	现行
3	《铝-锌-铟系合金牺牲阳极》(GB/T 4948—2002)	2003-01-01	现行
4	《水面舰船牺牲阳极保护设计和安装要求》(GJB/T 157A—2008)	2008-10-01	现行
5	《海船牺牲阳极阴极保护设计和安装》(CB/T 3855—2013)	2013-12-01	现行
6	《海水阴极保护总则》(GB/T 31316—2014)	2015-09-01	现行
7	《阴极保护技术条件》(GB/T 33378—2016)	2017-07-01	现行
8	《铝-锌-铟系合金牺牲阳极化学分析方法》(GB/T 4949—2018)	2018-12-01	现行

3.6.3 国内外牺牲阳极阴极保护设计技术对比

20 世纪以来,世界各国的船舶阴极保护设计基本上都是采用传统的经验设计方法,阴极保护参数的选取和阳极的布置方式都是根据公式计算和防腐蚀工程师的经验来确定的,难以获得优化的效果;对阴极保护电位分布、牺牲阳极消耗情况以及保护效果及其随时间的变化难以有效预测。人为的因素较多,易造成设计方案不尽合理,从而导致保护不足或者过保护的情况,影响船舶的保护效果并造成材料浪费。随着船舶与海洋结构物发展日渐趋向大型化,结构更复杂,如何使保护电位和保护电流均匀分布成为随之而来的难题[104]。

近年来,越来越多的研究人员开始将计算机仿真模拟技术应用到阴极保护的理论计算和设计中,该技术利用计算机有限元或边界元方法求解描述阴极保护电场的偏微分方程,获得结构物表面的极化电流和电位的分布,确定合适的阳极规格、数量以及最佳布置方式,以获得技术经济性最优的阴极保护设计方案。同时,还可预测阴极保护效果及其变化。采用计算机仿真模拟阴极保护优化设计技术,可提高阴极保护的精确性和可靠性,降低保护费用。在国外,阴极保护仿真技术已在船舶、海洋工程装备等结构物上得到越来越多的应用。

我国的船舶阴极保护设计大多还是采用经验设计方法。但近年来在阴极保护设计技术方面进步很快,已经研发了基于物理缩比模型的优化设计技术以及采用计算机仿真计算的优化设计技术,并且已在海军舰船、大型复杂海洋工程结构中得到了成功的应用。这些先进的阴极保护设计技术具有很好的推广应用前景。本书的第 5 章对船舶阴极保护优化设计有专门的介绍。

参考文献

[1] 陈光章,吴建华,许立坤,等. 舰船腐蚀与防护[J]. 舰船科学技术,2001,23(2):38-43.

[2] 顾彩香,吉桂军,朱冠军,等. 船舶的腐蚀与防腐措施[J]. 船舶工程,2010,32(3):1-4.

[3] MATHIAZHAGAN A. Design and programming of cathodic protection for ships[J]. International Journal of Chemical Engineering and Applications,2010,1(3):217-221.

[4] 韩恩厚,陈建敏,宿彦京,等. 海洋工程结构与船舶的腐蚀防护——现状与趋势[J]. 中国材料进展,2014,33(2):65-76.

[5] XU L,XIN Y,MA L,et al. Challenges and solutions of cathodic protection for marine ships[J]. Corrosion Communications,2021,2:33-40.

[6] 杨朝晖,刘斌,李向阳,等. 牺牲阳极在船舶阴极保护中的应用和进展[J]. 中国材料进展,2014,37(9-10):618-622.

[7] 万冰华,费敬银,王少鹏,等. 牺牲阳极材料的研究、应用及展望[J]. 材料导报,2010,24(10):87-93.

[8] 施云芬,张世龙,王嘉浩,等. 牺牲阳极防腐材料的研究进展[J]. 东北电力大学学报,2017,37(4):80-85.

[9] 袁传军. 铝、锌、镁合金电化学性能及机理研究[D]. 大连:大连理工大学,2009.

[10] 侯德龙,宋月清,李德富,等. 制备工艺对锌合金牺牲阳极性能影响的研究[J]. 稀有金属,2006,30(12):65-67.

[11] 龙萍. 热海水环境下铝、锌牺牲阳极电化学性能的研究[D]. 哈尔滨:哈尔滨工程大学,2006.

[12] 韩巍. 环境温度对锌合金牺牲阳极材料性能的影响与合金化改性研究[D]. 西安:西安建筑科技大学,2011.

[13] ASTM Committee B02 on Nonferrous Metals and Alloys. Standard specification for cast and wrought galvanic zinc anodes:ASTM B418—16a[S]. West Conshohocken:ASTM International,2016.

[14] 孙明先,马力,张海兵,等. 铝合金牺牲阳极材料的研究进展[J]. 装备环境工程,2018,15(3):9-13.

[15] 文九巴,马景灵,贺俊光. 防腐用铝基阳极材料[M]. 北京:化学工业出版社,2012.

[16] 刘辉,孙明先,马力,等. 杂质元素对铝基牺牲阳极的影响研究进展[J]. 材料导报,2011,25(17):438-441.

[17] HARTT W H,LEMIEUX E J,LUCAS K E. A critical review of aluminum anode activation,dissolution mechanisms,and performance[C]//Corrosion 2001. Houston:NACE,2001:01509.

[18] 杨海洋,董彩常,丁国清,等. 干湿交替环境下铝合金牺牲阳极研究进展[J]. 全面腐蚀控制,2015(9):26-27,31.

[19] 张海兵,马力,李威力,等. 深海牺牲阳极模拟环境电化学性能研究[J]. 材料开发与应用,2015,10(5):63-67.

[20] 邢少华,李焰,马力,等. 深海工程装备阴极保护技术进展[J]. 装备环境工程,2015,12(2):49-53.

[21] 胡崇巍. 低驱动电位铝合金牺牲阳极材料的开发及性能研究[D]. 青岛:青岛科技大学,2019.

[22] 马力,李威力,曾红杰,等. 低驱动电位 Al-Ga 合金牺牲阳极及其活化机制[J]. 中国腐蚀与防护学报,2010,30(4):329-332.

[23] 田璇,丁冬雁. 铁基牺牲阳极的研究进展[J]. 腐蚀科学与防护技术,2015,27(4):382-386.

[24] 孙仁兴,李良,孙长坤,等. 铁合金牺牲阳极材料的研究与应用[C]//中国腐蚀与防护学会. 水环境腐蚀与防护学术研讨会. 厦门:中国腐蚀与防护学会水环境专业委员会,2009.

[25] 张克. 镁包铝型复合牺牲阳极的研制及性能研究[D]. 北京:中国科学院研究生院,2006.

[26] 赵锐. 铝铝复合牺牲阳极的电化学性能研究[D]. 青岛:中国海洋大学,2013.

[27] 万冰华,费敬银,王磊,等. 复合牺牲阳极材料的研究与应用[J]. 材料热处理技术,2010,39(16):96-98.

[28] 许立坤. 海洋工程的材料失效与防护[M]. 北京:化学工业出版社,2014.

[29] 侯保荣. 海洋腐蚀与防护[M]. 北京:科学出版社,1997.

[30] 李明昕. 船舶牺牲阳极的阴极保护设计研究[J]. 装备制造技术,2007,8:31-34.

[31] 颜世文,于全虎. 钢质海船的腐蚀原因与防护[J]. 江苏船舶,2003,20(3):17-20.

[32] 黄永昌. 电化学保护技术及其应用——第五讲 船舶的阴极保护[J]. 腐蚀与防护,2000,21(7):324-328.

[33] 黄永昌,张建旗. 现代材料腐蚀与防护[M]. 上海:上海交通大学出版社,2012.

[34] 吴荫顺,曹备. 阴极保护和阳极保护——原理、技术及工程应用[M]. 北京:中国石化出版社,2015.

[35] 鲍戈拉德 И Я,等. 海船的腐蚀与保护[M]. 王曰义,杜桂枝,等译. 北京:国防工业出版社,1983.

[36] 肖千云,吴晓光. 船舶腐蚀与防护技术[M]. 哈尔滨:哈尔滨工程大学出版社,2012.

[37] 贝克曼 W V,施文克 W,普林兹 W. 阴极保护手册—电化学保护的理论与实践[M]. 胡士信,王向农,徐快,等译. 北京:化学工业出版社,2005.

[38] 全国海洋船标准化技术委员会船用材料应用工艺分技术委员会. 海船牺牲阳极阴极保护设计和安装:CB/T 3855—2013[S]. 北京:中国船舶工业综合技术经济研究院,2014.

[39] 中国船舶工业综合技术经济研究院. 水面舰船牺牲阳极保护设计和安装:GJB 157A—2008[S]. 北京:国防科工委军标出版发行部,2008.

[40] International Organization for Standardization. General principles of cathodic protection in seawater:ISO 12473:2017[S]. Geneva:ISO,2017.

[41] DNV GL AS. Cathodic protection design:DNVGL-RP-B401[S]. Oslo:DNV-GL,2017.

[42] International Organization for Standardization. Petroleum, petrochemical and natural gas industries—Cathodic protection of pipeline transportation systems. Part 2:Offshore pipelines:ISO 15589-2:2014[S]. Geneva:ISO,2014.

[43] 陈祥曦. 阴极极化对海洋工程用钢及其焊缝氢脆敏感性影响的研究[D]. 青岛:青岛科技大学,2015.

[44] 朱王晶. 阴极极化对590高强钢及其焊接件氢脆敏感性影响的研究[D]. 青岛:青岛科技大学,2014.

[45] 杨兆艳. 阴极极化对907钢氢脆敏感性影响研究[D]. 青岛:中国海洋大学,2009.

[46] 陈祥曦,马力,赵程,等. 阴极保护电位对E460钢氢脆敏感性的影响[J]. 腐蚀与防护,2015,36(11):1026-1030.

[47] 陈祥曦,张海兵,赵程,等. 阴极保护电位对E550钢氢脆敏感性的影响[J]. 腐蚀科学与防护技术,2016,28(2):144-148.

[48] 杨兆艳,闫永贵,马力,等. 阴极极化对907钢氢脆敏感性的影响[J]. 腐蚀与防护,2009,30(10):701-703.

[49] 逄世勇. 铝合金在船舶和海洋工程中的应用分析[J]. 建材与装饰,2016,31:173-174.

[50] 冯少雄. 高速铝合金船腐蚀特征及防腐措施[J]. 中国水运,2018,18(3):9-10.

[51] 张波,方志刚,李向阳,等. 铝合金船舶的腐蚀防护技术现状与展望[J]. 中国材料进展,2014,33(7):414-417.

[52] VERSTRAELEN H,BAERE K D,SCHILLEMANS W,et al. In situ study of ballast tank corrosion on ships – Part 1[J]. Materials Performance,2009,48(10):48-51.

[53] VERSTRAELEN H,BAERE K D,SCHILLEMANS W,et al. In situ study of ballast tank corrosion on ships – Part 2[J]. Materials Performance,2009,48(11):54-57.

[54] BAERE K D,VERSTRAELEN H,RIGO P,et al. Study on alternative approaches to corrosion protection of ballast tanks using an economic model[J]. Marine Structures,2013,32:1-17.

[55] CLELAN J H. Corrosion risks in ships' ballast tanks and the IMO pathogen guidelines[J]. Engineering Failure Analysis,1995,2(1):79-84.

[56] International Maritime Organization(IMO). Performance standard for protective coatings of dedicated seawater ballast tanks on all new ships and of double-side skin spaces of bulk carriers:Resolution MSC. 215(82)[S]. London:IMO,2006.

[57] 金晓鸿. 船舶涂料与涂装手册[M]. 北京:化学工业出版社,2016.

[58] 范鹏,赵磊. 船舶压载水处理技术的发展现状及处理系统的选型研究[J]. 青岛远洋船员职业学院学报,2015,36(4):9-13.

[59] NACE International. Test to determine the potential corrosion effects of ballast water treatment systems on ballast tanks:NACE TM0112—2012[S]. Houston:NACE International,2012.

[60] 孔小东,程学群,常万顺,等. 干湿交替条件下牺牲阳极保护效果分析[J]. 材料保护,1998,31(12):25-26.

[61] BAERE K D,VERSTRAELEN H,LEMMENS L,et al. A field study of the effectiveness of sacrificial anodes in ballast tanks of merchant ships[J]. Journal of Marine Science and Technology,2014,19:116-123.

[62] BAERE K D,VERSTRAELEN H,LEMMENS L,et al. In situ study of the parameters quantifying

the corrosion in ballast tanks and an evaluation of improving alternatives[C]//Corrosion 2011. Houston:NACE International:11419.

[63] 中国船舶工业总公司洛阳船舶材料研究所. 牺牲阳极电化学性能试验方法:GB/T 17848—1999[S]. 北京:中国标准出版社,2000.

[64] XU L,MA Y,LI X,et al. Performance of aluminium alloy sacrificial anode under cyclic immersion in seawater[C]//Corrosion 2010. Houston:NACE International:10397.

[65] 马燕燕. 牺牲阳极在海水干湿交替条件下的电化学性能研究[D]. 青岛:中国海洋大学,2006.

[66] 全国海洋船标准化技术委员会. 锌合金牺牲阳极:GB/T 4950—2021[S]. 北京:中国标准出版社,2021.

[67] 马燕燕,许立坤,王洪仁,等. 锌合金牺牲阳极海水干湿交替条件下的电化学性能研究[J]. 腐蚀与防护,2007,28(1):9-12.

[68] 全国海洋船标准化技术委员会船用材料分技术委员会. 铝-锌-铟系合金牺牲阳极:GB/T 4948—2002[S]. 北京:中国标准出版社,2003.

[69] BESSONE J B,FLAMINI D O,SAIDMAN S B. Comprehensive model for the activation mechanism of Al-Zn alloys produced by indium[J]. Corrosion Science,2005,47(1),95-105.

[70] VENUGOPAL A,RAJA V S. Evidence of dissolution-redeposition mechanism in activation of aluminium by indium[J]. British Corrosion Journal,1996,31(4):318-320.

[71] 宋高伟,黄燕滨,丁华东,等. 含Ga铝基牺牲阳极在干湿交替环境下的行为研究[J]. 材料工程,2012,(11):18-22.

[72] 方志刚. 四种典型牺牲阳极在干湿交替环境中的性能评价[J]. 表面技术,2012,41(4):31-34.

[73] 黄振风,郭建章,刘广义,等. 海水干湿交替环境对铝合金牺牲阳极性能的影响[J]. 腐蚀与防护,2016,37(2):160-164.

[74] 吴建华,温秀忭,刘光洲,等. 阴极保护对海水间浸低碳钢的防蚀作用[J]. 中国腐蚀与防护学报,1998,18(2):131-135.

[75] International Organization for Standardization. Ships and marine technology – Cathodic protection of ships:ISO 20313:2018[S]. Geneva:ISO,2018.

[76] DNV AS. Corrosion protection of ships:DNV recommended practice[S]. Oslo:DNV,2000.

[77] General Electrotechnical Standards Policy Committee. Cathodic protection – Part 1:Code of practice for land and marine applications:BS 7361-1:1991[S]. London:BSI,1991.

[78] 胡士信. 阴极保护工程手册[M]. 北京:化学工业出版社,1999.

[79] 程文华,郭为民,许立坤. 阴极保护电位自动采集装置的研制[J]. 腐蚀科学与防护技术,2009,21(3):255-256.

[80] THOMAS E D. New challenges in cathodic protection[C]//US Navy Cathodic Protection Conference. San Diego:NAVSEA,2007.

[81] WOLD K K,JOHNSEN R,IANNUZZI M,et al. Integrated cathodic protection(CP) sensor network development of the CP sensor[C]//Corrosion 2018. Houston:NACE International:11109.

[82] 许立坤,马力,邢少华,等. 海洋工程阴极保护技术发展评述[J]. 中国材料进展,2014,33(2):106-111.

[83] 吴建华,陈仁兴,刘光洲,等. 台洲海轮海水压载舱的牺牲阳极法阴极保护[J]. 中国腐蚀与防护学报,1998,18(4):297-301.

[84] 王在忠,李桂华,许建华. 铝基牺牲阳极阴极保护在海船压载水舱中的应用研究[J]. 交通部上海船舶运输科学研究所学报,1995,18(2):47-53.

[85] 张敏丽. 船舶海水管系腐蚀的原因及其防护[J]. 全面腐蚀控制,2010,24(6):5-9.

[86] 王曰义. 海水冷却系统的腐蚀及其控制[M]. 北京:化学工业出版社,2006.

[87] 阮少华,胡强生. 某船海水管系腐蚀的原因及其防护[J]. 天津航海,2003(2):7-9.

[88] 王曰义. 紫铜在流动海水中的腐蚀与防护[J]. 材料开发与应用,1994,9(6):24-29.

[89] 马爱利,张亚明,姜胜利,等. 船用焊接B10铜镍环失效分析[J]. 腐蚀科学与防护技术,2015,27(5):473-482.

[90] 朱建军. 低镍白铜在海洋环境中的应用[J]. 江苏冶金,2003,31(6):21-22.

[91] 马爱利,张亚明,姜胜利,等. 船用焊接B10铜镍环失效分析[J]. 腐蚀科学与防护技术,2015,27(5):473-482.

[92] 张永强. 国产B10合金耐海水冲刷腐蚀对比研究[J]. 材料开发与应用,2007,22(6):36-39.

[93] 林乐耘,徐杰,赵月红. 国产B10铜镍合金腐蚀行为研究[J]. 中国腐蚀与防护学报,2000,20(6):361-367.

[94] 朱小龙,林乐耘,雷廷权. 70Cu-30Ni合金海水腐蚀产物膜形成过程[J]. 金属学报,1997,33(12):1256-1261.

[95] 周永峰,王洪仁. 船舶海水管系的环境腐蚀研究进展[J]. 材料开发与应用,2008,48(6):16-20.

[96] 沈宏,高峰,张关根,等. 舰船海水管系选材及防腐对策[J]. 船舶工程,2002,32(4):43-47.

[97] 陈满,王黎明,邹建东,等. 冷凝器失效分析及改造措施[J]. 石油化工设备,2010,39(s1):70-72.

[98] 宁兴龙. 俄罗斯舰船用钛[J]. 钛工业进展,2003,20(6):28-32.

[99] 孟祥军. 钛合金在舰船上的应用[J]. 舰船科学技术,2001,23(2):23-27.

[100] 王曰义,姚萍,刘玉梅. 全钛冷凝器主循环水系统的电偶腐蚀及其防护[J]. 材料开发与应用,1996,11(5):30-34.

[101] 王虹斌,赵进刚,韩冰. 舰船冷却设备的防腐对策[J]. 腐蚀科学与防护技术,2002,14(6):359-361.

[102] 颜东洲,黄海,李春燕. 国内外阴极保护技术的发展和进展[J]. 全面腐蚀控制,2010,24(3):18-21.

[103] 孙明先. 舰船阴极保护技术的现状与发展[J]. 舰船科学技术,2001,23(2):44-46.

[104] 孙建红,郑炜,王晓鹏. 水面舰艇船体防腐和阴极保护的优化设计方法[J]. 中国船舶研究,2001,2(4):60-64.

第 4 章

船体外加电流阴极保护系统

4.1 船体外加电流阴极保护系统的构成

船体外加电流阴极保护系统由于具有输出电流量大、系统使用寿命长、船体航行阻力小、保护电位可以随工况条件发生变化而自动恒定等优点,在船体防腐中得到广泛的应用。尤其是大型远洋船舶,由于船体所需要的保护电流量大,并且随季节和航行的区域发生较大的变化,只有外加电流阴极保护系统可以很好地予以满足。船体外加电流阴极保护系统(装置)通常由直流电源设备(恒电位仪)、辅助阳极(组件)、参比电极(组件)、轴接地装置、舵接地电缆以及系统连接用电缆等构成。图 4-1 所示为典型的船体外加电流阴极保护系统及其组成[1]。根据船舶的吨位大小,可以采用单区或多区阴极保护,整条船可以采用一套或多套外加电流阴极保护装置来提供保护。

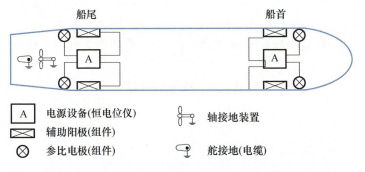

图 4-1 典型的船体外加电流阴极保护系统及其组成

在船体外加电流阴极保护系统中,电源设备起着提供和调节阴极保护所需电流的作用。最简单的电源设备为整流器,其可将交流电转变为低压直流电,但其通常为手动控制,不适于船体保护电流需要量经常发生变化的情况。因此,船体外加电流阴极保护用电源设备通常都是采用具有自动控制功能的恒电位仪,其可以根据外界环境和工况条件的变化而自动调节保护电流输出,从而使船体的电位一直保持在合适的保护电位范围内。辅助阳极起着排流的作用,其将电源设备提供的保护电流经由海水介质传递到船体水下表面上。通常一套船体外加电流阴极保护装置中需要至少两只辅助阳极,一般会更多,辅助阳极的数量取决于阴极保护系统的设计。参比电极用于测量船体的保护电位,从而评估船体保护效果。同时,给自动控制的恒电位仪提供控制信号。用于测量和控制的参比电极通常是分开的,因此一套船体外加电流阴极保护装置通常会配置两只参比电极。

恒电位仪、辅助阳极和参比电极构成了基本的外加电流阴极保护系统。但是对于船舶来说,还需要有轴接地装置和舵接地电缆以保证推进器(含尾轴、螺旋桨等)和舵与船壳体有良好的电性连接,从而使船体外壳和螺旋桨、舵等附体一起都获得阴极保护。图4-2所示为船体外加电流阴极保护系统中的各组成部分在船舶上的布置示意图。对于中大型船舶,至少在船尾和船首部位各安装一套分立的外加电流阴极保护装置,以使整个船体(含附体)均获得良好的保护。

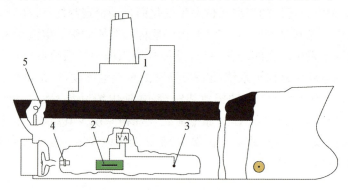

图4-2 船体外加电流阴极保护系统布置示意图
1—恒电位仪;2—辅助阳极;3—参比电极;4—轴接地装置;5—舵接地电缆。

4.2 电源设备

4.2.1 船用恒电位仪的原理与技术要求

恒电位仪本质上仍然是整流器,但它是可以实现保护电位自动控制的直流电源。由船上提供的交流电首先要经过变压器降低电压;然后采用整流电路使其转变为直流电,多采用桥式全波整流电路。恒电位仪的工作原理是通过参比电极来采集船体实际电位,作为自动控制的信号,将测量的船体电位信号输入比较放大器,通过与设定的保护电位值进行比较放大后,经过闭环反馈系统,自动调整主回路的电流输出,从而使船体电位趋于恒定。当船体初始电位比设定的保护电位明显偏正时,恒电位仪将会自动增大保护电流,使船体产生阴极极化,船体电位发生负移。当船体电位逐渐接近设定值时,恒电位仪则自动降低输出电流;当船体达到要求的给定保护电位后,恒电位仪将停止输出。随着去极化的进行,船体电位又开始正移,随着测量电位和给定电位之间的电位差的增大,恒电位仪输出也自动开始增加,从而使船体电位一直处于要求的保护电位范围。

图 4-3 所示为典型的恒电位仪原理框图[2]。其中,稳压电源为测量和控制电路用电源,极化电源为主回路中的提供阴极保护电流的直流电源。通过比较器来获得船体电位与设定的控制基准之间的电位差,通过触发器和调整器来控制和调节输出电流的大小。恒电位仪通常还设有过流保护、电位超范围报警以及阴极保护运行参数测量等功能。通过微处理器还可以实现运行和保护参数的自动采集、存储和处理。有的智能化恒电位仪还设有通信模块,可与外部上位机或者服务器进行通信,以便相关人员实时掌握外加电流阴极保护系统的运行状况。微处理器还可进行电位插值计算,可采用多测点电位平均值作为控制输入;当检测到参比电极失效或者故障时,根据系统保存的船体电位和输出电流的关系曲线来计算当前需要输出的电流,以避免船体的过保护或欠保护。

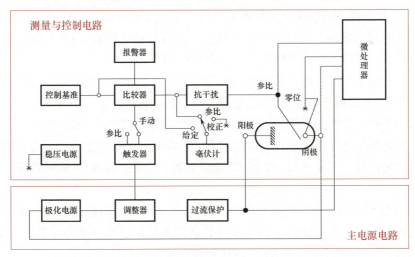

图 4-3 典型的恒电位仪原理框图

船用恒电位仪应满足如下主要技术要求[3-4]:
(1)在船舶工况环境条件下能稳定可靠地工作;
(2)具有良好的电磁兼容性能;

(3)电位控制误差较小,要求不超过 20mV,通常不超过 5mV;

(4)输入阻抗高,应不小于 1MΩ;

(5)纹波系数小,通常不应超过 5%;

(6)应结构简单、易于维护、尺寸小、重量轻。

纹波系数主要对镀铂钛阳极的性能有较大影响,在大的纹波系数下会加速镀铂钛阳极的消耗。对于舰船来说,大的纹波系数还会导致产生较大的水下电场,增大信号特征,影响其隐身性能[5]。此外,恒电位仪还应具有检测输出电压、总输出电流及各阳极的分电流、给定电位、船体电位、推进器(轴)对地(船体)电位差等功能;具有限流和过流保护装置;具有"手动"和"自动"两种调节功能,以便在特殊情况下(如海船处于淡水介质、停泊码头焊接施工时、控制用参比电极失效等),可由通常的自动运行模式切换为手动模式,以调节和控制电源设备的输出。有的恒电位仪还能够自动采集和存储阴极保护参数,便于对阴极保护系统的运行状况和保护效果进行分析和管理。

为准确测量船体电位,消除介质电阻导致的 IR 降的影响,可采用瞬时断电方法测量船体的断电电位(Off 电位)。由于海水具有较低的电阻率,因此 IR 降对电位测量的影响相对较小。

由于外加电流阴极保护系统一旦发生故障,导致电流无法输出,则船体将处于自然腐蚀状态,因此整个系统的可靠性对船体的保护十分关键。尽管电源设备、辅助阳极、参比电极等系统组成部件都有可能发生故障从而影响系统运行的可靠性,但故障和问题通常都会反映在恒电位仪上。为保证船体阴极保护系统的可靠性,恒电位仪以及其他部件应遵守如下一些设计原则[6]。

(1)简化的原则。所设计的整机或系统的结构、线路应尽量从简,选用比较成熟的结构、材料和典型电路,结构上简单化、模块化、插件化。

(2)优化的原则。选用高质量的元器件和零部件,优选合格供方的产品,对电子元器件尤其是整个系统或设备的关键件、重要件等进行老化筛选。元器件选用时需注意标准化、系列化、通用化,以提高互换性,从而提高设备和系统的可维修性。

(3)综合考虑系统的性能、功能和可靠性要求。设计指标以满足实际需要并有一定裕量为准。在保证性能和可靠性的条件下尽量选用价廉的元器件,以降低成本,同时删除一些不必要的功能,以达到进一步简化的目的。

(4)降额设计。使选用的元器件和部件在低于额定应力下工作,可大幅降低元器件和部件的使用失效率,从而提高设备和系统的可靠性,尤其是对于船体外加电流阴极保护装置这样需要长期连续工作的系统。

(5)冗余设计。通过增加完成同一功能的并联或备用单元数目来提高可靠性。例如,给恒电位仪增加控制电路板备份;在参比电极组件中采用双参比电极结构;船体上安装的辅助阳极数量和位置应有一定的冗余,确保在一只阳极失效后整个船体仍能够获得有效的保护。冗余设计是提高设备和系统可靠性的有效途径,但冗余会增加成本费用。

(6)环境防护设计。各种环境应力会对系统的可靠性产生严重影响。为提高阴极保护系统可靠性和环境适应性,必须进行环境防护设计,包括耐海洋环境(高温、低温、潮湿、盐雾或海水、霉菌等)、抗机械环境(振动、冲击、摇摆等)的防护设计,以满足船用条件。环境防护设计的具体内容包括热设计、"三防"设计、抗冲击振动设计、防电磁干扰的电磁兼容性设计等。由于恒电位仪的功率器件为发热源,散热对保障设备的可靠性非常关键,可采用高效散热器、强制对流等手段进行冷却和控温。

(7)使用性、维修性、安全性设计。使用性设计应保证设备有良好的人机界面,保证操作人员能够迅速、准确、无差错、可靠地使用船体外加电流阴极保护系统。恒电位仪设备应有保护系统,不会由于误操作而导致设备损坏。考虑到阴极保护系统的功能和任务情况,要求设备和部件出现故障后应具有良好的可维修性。这就要求恒电位仪设计有故障检测和报警电路,并使设备尽量模块化,一旦出现故障,可直接更换模块,再将损坏的模块返厂进行故障分析和处理,将大大提高维修效率,简化维修程序[7]。同时,要求各零部件通用性好、互换性好、便于现场拆卸和安装。设备布置的位置应可达性好,留有适宜的维修空间。装置的安全性设计也非常重要,要防止对设备和人员的安全造成危害。例如,应采用不同的颜色和标记以避免阳极和阴极电缆接反而导致船体加速腐蚀的情况发生。

4.2.2 船用恒电位仪的类型与特点

与实验室用恒电位仪不同,船用恒电位仪输出电压和输出电流通常很大,尤其是用于大型船舶时,尽管测量与控制的精度没有实验室用恒电位仪那么高。常用的船用恒电位仪主要有可控硅恒电位仪、大功率晶体管恒电位仪、磁饱和恒电位仪以及开关电源型恒电位仪等几种类型。前三种恒电位仪均为相控式恒电位仪,最后一种为高频开关式恒电位仪,这些恒电位仪的原理和特点如下。

1. 可控硅恒电位仪

可控硅恒电位仪是很早就开始得到应用的外加电流阴极保护用电源设备,其采用可控硅作为功率器件,通过相控整流技术来调节恒电位仪的输出。图4-4所示为可控硅恒电位仪的电路原理框图[8]。主电路由变压器、可控硅整流电路和滤波电路所组成。图4-5所示为可控硅恒电位仪典型的整流电路[9]。交流电经主变压器降压,可控硅削波,得到脉动的直流输出,再通过滤波来减小输出的纹波。

在控制电路方面,将测得的参比电极电位作为反馈控制信号,与给定电位进行比较,经误差放大处理,通过移相脉冲调整可控硅的导通角,从而实现对输出电流的调节。

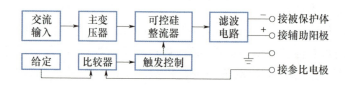

图4-4 可控硅恒电位仪的电路原理框图

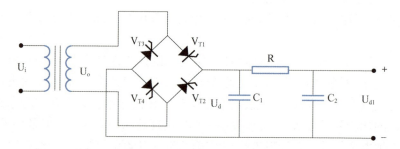

图4-5 可控硅恒电位仪典型的整流电路

早期主要采用晶体管分立元件构建恒电位仪的各中间放大器和脉冲触发器。随着电子技术的进步,集成电路和模块得到了更多的应用。可采用集成芯片型移相触发器来控制可控硅元件,该触发器能由交流电网直接供电,无须外加同步、输出脉冲变压器和外接直流工作电源,并且能直接用于可控硅控制及耦合触发,具有锯齿波线性好、移相范围宽、输出电流大等优点。

可控硅恒电位仪的特点是重量相对较轻(与磁饱和电源相比),但仍比较笨重;输出效率较高(75%~90%);响应速度快,自动调节性能较好,控制精度在2%左右。但其电网适应能力差,随着电网波动加大,输出稳定度下降,纹波系数增大(超过5%),当输出电压较低时,会出现不连续状态,输出脉冲直流。另外,其抗过载能力比较差,且对电网和通信系统以及其他设备有干扰、有噪声等。

2. 大功率晶体管恒电位仪

大功率晶体管恒电位仪采用大功率晶体管作为恒电位仪的功率放大元件,其电路结构框图如图4-6所示[10]。其工作过程为通过给定电位和参比电极测量电位信号之间的比较,由比较放大器对差值进行放大,经前置放大后去推动功率放大电路,调节电流输出,使船体电位趋近设定保护电位。恒电位仪具有输出电压、阳极电流、各参比电极电位的测量和显示功能,具有手动/自动控制以及保护电位超限报警功能。

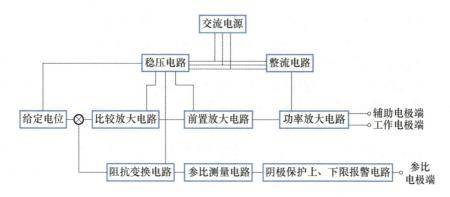

图 4-6 大功率晶体管恒电位仪电路结构框图

大功率晶体管是功率放大电路中的关键器件,可采用多个大功率晶体管并联方式以满足大的输出电流的需要。散热设计对功率放大电路的可靠运行十分重要,恒电位仪设置了自动温控单元,由高效散热器、温度传感器以及风扇构成,以避免大功率晶体管温升过高而影响工作性能甚至损坏。散热器可采用管式散热系统,利用液态工质相变快速传导热量,从而显著提高大功率晶体管功率放大电路的设计功率。另外,在稳压电路输出端串接电阻再接入功率放大电路,采用串联调压方式设计电压挡,这样可以改变管压降的大小,通过设计合适的电压挡可有效提高效率、减小大功率晶体管管耗发热。

大功率晶体管恒电位仪的特点是体积较小、重量较轻、噪声低、无干扰、兼容性强。缺点是耐电压低,负载阻抗应在 1Ω 之内。因此,此类恒电位仪性能虽然优越,但应用范围受到限制,只能在海水等低电阻率介质的阴极保护中应用[11]。

3. 磁饱和恒电位仪

磁饱和恒电位仪采用磁放大器作为功率放大器,其主电路由主变压器、磁饱和电抗器、桥式整流器及滤波器所组成。图 4-7 所示为磁饱和恒电位仪的基本电路原理示意图[8]。通过主变压器将电网电压降压,副边串入一个由直流绕组控制的磁饱和电抗器 L_K,通过调整直流绕组 N_K 中的电流来控制电抗器铁芯的饱和度,从而控制输出电流和输出电压。

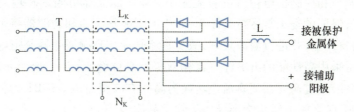

图 4-7 磁饱和恒电位仪的基本电路原理示意图

磁饱和电抗器是功率调节元件,由铁芯和线圈组成,采用真空浸漆的处理工艺,保证了核心部件可靠性。控制电路采用集成运算放大器为主体,电路结构简单,主要由稳压电源及电位给定电路、电压放大电路、电流放大器、电位测量电路、过流保护电路、断相保护电路以及自动/手动转换装置所组成[12]。工作时,控制用参比电极的测量电位与给定电位进行比较,得到误差信号,经电压和电流放大器放大后,送到磁饱和电抗器的控制绕组,以控制磁饱和电抗器的输出电流。当测量船体电位偏正,离设定值相差较大时,控制绕组中的电流增加,使磁饱和电抗器的输出电流增大。当船体极化电位接近给定值时,则输出电流减小,从而实现恒定电位的目的。

磁饱和恒电位仪具有抗震性能好、抗过载能力强、转换效率高(效率超过83%)、结构简单、可靠性高等优点,适用于各种介质环境。工作时不产生射频电压,有较好的电磁兼容性能。但由于采用大功率工频变压器和滤波电感,因此体积庞大,比较笨重,给运输、安装带来不便。还存在空载电流大的问题,甚至会出现空载电流超过所需要的阴极保护电流量的情况(如新涂装的船舶,初期需要的保护电流量很小),造成设备不能在自动运行模式下工作,影响系统正常运行[13]。此外,在大功率输出时有振动噪声,具有铁损和铜损严重、控制精度较低、纹波系数较大(约5%)、可调范围较窄、动态性能较差等缺点。

4. 开关电源型恒电位仪

所谓开关电源是指采用功率半导体器件作为开关元件,通过周期性通断开关、控制开关元件占空比来调整输出的电源。开关电源型恒电位仪首先通过交流输入直接整流;然后经过由功率开关器件(功率晶体管、MOS 场效应管、IGBT 功率半导体器件)构成的逆变电路,将高压直流变换成高频方波(20kHz 以上)。高频方波经高频变压器降压得到低压的高频方波,再经整流滤波得到电压稳定的直流输出。

图4-8所示为高频开关恒电位仪的原理框图[14]。其主电路为由输入电网滤波器、输入整流滤波器、高频开关变换器、高频变压器、输出整流滤波器等组成的功率单元。通过取样比较放大及控制驱动电路,来控制变换器中功率开关器件的占空比,从而调节和控制恒电位仪的直流输出。EMI 滤波器可阻断环境对恒电位仪的电磁干扰,保证设备正常运行。图4-8中的工频整流器和滤波器将工频交流电整流转换为直流电,并进行滤波处理,减少直流脉动。高频逆变器是恒电位仪的核心部件,通常采用高性能的 IGBT(绝缘栅双极型晶体管)作为主逆变元件,以保证电源的可靠性,通过逆变器使直流电转换为高频方波交流电。IGBT 为新型复合器件,将 MOSFET(金属－氧化物半导体场效应晶体管)和 GTR(大功率电力晶体管)的优点集于一体,不仅输入阻抗高、速度快、热稳定性好和驱动电路简单,而且对器

件的耐压要求不高,电流控制能力强。采用高频变压器进行变压和隔离。高频整流器将低压高频交流电转换成直流电,通过输出滤波器,使直流输出更平滑,可降低恒电位仪的纹波系数。在控制电路中,电网检测和控制单元可检测电网状况并控制浪涌冲击电流对系统的影响。电压、电流采样保持单元将测量输出电压和电流并将采集的信号传送到比例 – 积分 – 微分(PID)控制系统,同时传送到中央控制系统,便于报警和通信。参比隔离和放大单元向 PID 控制系统提供自动控制的输入信号,并传送到中央控制系统。通过该单元的参比输入电流不大于 $1\mu A$,通常设置一路控制参比信号和多路测量参比信号。控制用参比电极可取船体上安装的最典型的一只或其中相似的几只加权平均作为控制输入。PID 控制系统是控制电路的核心,通过电位采样数据和控制数据(给定电位)的比较,调制产生所需宽度的脉冲信号,以便调节和控制恒电位仪的输出。PID 控制器具有原理简单、易于实现、适用面广、控制参数相互独立、参数的选定比较简单等优点[15]。驱动单元提供 IGBT 运行的控制脉冲,以调节开关元件的占空比,使输出电压跟随误差电压(测量电位和给定电位差)的变化而变化,从而达到恒定电位的目的。中央控制系统是人机界面,可进行参数设置和控制,并显示阴极保护系统的运行状况。通过远程通信接口,可实现远距离数据传输和人机对话。

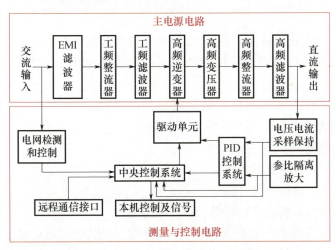

图 4 – 8　高频开关恒电位仪的原理框图

开关电源型恒电位仪具有如下特点[8,14,16]。

(1)与可控硅和磁饱和恒电位仪相比,开关型恒电位仪由于采用逆变技术,在输出功率不变的情况下,主变压器、滤波电感铁芯的横截面积与其工作频率成反比,因此具有体积小、重量轻的优点,可占用更小的船上空间,并便于设备的运输和安装。

(2) 高效节能、环保、功率因数高,其效率可达到90%,功率因数大于0.99,空载电流低于0.1A,而且铜损、铁损少,明显优于可控硅和磁饱和恒电位仪。

(3) 能够充分满足电网的多样性(220V或380V均适用)和波动性要求,交流电源电压允许波动范围为±20%以内。

(4) 直流输出为稳定的直线,纹波系数小,在1%以内(全范围);控制精度高,优于1%,电位控制误差在5mV以内。

(5) 正常工作频率一般高于20kHz,超出音频范围,因此大电流运行时噪声小。

(6) 智能化和模块化程度高,稳定性好,抗过载能力强,可靠性高,便于管理和维护,综合性能突出。

由于开关型恒电位仪具有上面这样一些特点,使其成为可控硅、大功率晶体管或磁饱和恒电位仪的升级换代产品,在外加电流阴极保护中得到越来越多的应用。

4.3 辅助阳极材料与组件

4.3.1 船用辅助阳极材料的技术要求与分类

在船体外加电流阴极保护系统中,恒电位仪所提供的保护电流需要通过辅助阳极经由海水介质传递到被保护金属表面。船用辅助阳极材料应满足如下一些要求:

(1) 导电性能良好,阳极极化小,有良好的电化学活性;
(2) 阳极消耗速率低,尺寸稳定,使用寿命长;
(3) 工作电流密度高,排流量大;
(4) 重量轻且具有足够的机械强度,不易损坏;
(5) 易于加工成形,性价比高;
(6) 阳极材料及腐蚀产物环保、无毒、无污染。

可用作辅助阳极的材料种类繁多,如废钢铁、石墨、磁性氧化铁、高硅铸铁、铅合金、铂复合阳极、混合金属氧化物、导电聚合物等。这些辅助阳极材料各有其性能特点,适用于不同的场合。随着技术的进步,一些性能落后或不够环保的阳极材料逐渐被淘汰,并被高性能的辅助阳极材料所取代。

辅助阳极的分类如图4-9所示[17]。根据其消耗速率的大小可以分为可溶性阳极、微溶性阳极和不溶性阳极三类。所谓不溶性阳极并非完全不溶解,而是溶解速率极低,通常为mg/(A·a)量级。也可根据辅助阳极的结构分为整体式阳极和复合阳极。复合阳极系由基体和具有电化学活性的表面覆盖层构成。

第4章 船体外加电流阴极保护系统

图4-9 辅助阳极的分类

(a) 按消耗速率分类:
- 可溶性阳极
  - 废钢铁
  - 铝
- 微溶性阳极
  - 石墨
  - 高硅铸铁
  - 磁性氧化铁
  - 铅银合金
- 不溶性阳极
  - 铂复合阳极
  - 钛基金属氧化物阳极等

(b) 按阳极结构分类:
- 整体式阳极
  - 废钢铁
  - 石墨
  - 高硅铸铁
  - 铅银合金
  - 磁性氧化铁
- 复合阳极
  - 铂/钛、铂/铌、铂/钽
  - 聚合物柔性阳极
  - 钛基金属氧化物阳极

辅助阳极工作时,其与介质直接接触的表面会发生电化学反应。对于可溶性阳极,工作时主要发生阳极材料的电解反应,阳极材料的消耗符合法拉第定律,因此可溶性阳极消耗速率大,使用寿命较短,如废钢铁阳极的消耗速率为 $9\sim10\text{kg}/(\text{A}\cdot\text{a})$。对于微溶性阳极和不溶性阳极,表面则主要发生析氯或析氧反应。具体的表面电化学反应取决于溶液的组成以及阳极材料和阳极工作电流密度。阳极反应的结果会导致阳极附近区域的酸性明显增强,pH 值降低,因此阳极材料及组件必须具有耐酸性环境作用的能力。

适于船舶外加电流阴极保护的辅助阳极主要包括三种:铅合金阳极、铂复合阳极和混合金属氧化物阳极。其他辅助阳极因消耗速率太高,或脆性太大,或工作电流密度太小等原因,在船舶外加电流阴极保护系统中很少使用。

4.3.2 铅合金阳极

铅合金阳极是在铅基体中加入少量的银所形成的合金,包括铅银合金阳极和铅银微铂阳极。在海水中单纯采用铅做阳极时,其表面会形成绝缘的 $PbCl_2$ 膜层,使阳极电位升高,产生钝化失效。当钝化膜层击穿后会使铅阳极表面产生孔蚀,因此纯铅不适于作辅助阳极。采用铅银合金做阳极时,通阳极电流后其表面也会先形成 $PbCl_2$,即

$$Pb + 2Cl^- - 2e \longrightarrow PbCl_2 \tag{4-1}$$

但该膜会发生如下的氧化反应,形成致密的过氧化铅(PbO_2)膜:

$$PbCl_2 + 2H_2O \longrightarrow PbO_2 + 2Cl^- + 4H^+ + 2e \qquad (4-2)$$

该膜层具有良好的导电性和稳定性,并能对基体起到保护作用,因此铅合金阳极的消耗速率较小,属于微溶性阳极。

铅银合金中通常含有1%~4%的银,含银2%的铅银合金(Pb-2Ag)使用较多,也可以采用铅银锑合金(Pb-1Ag-6Sb)[18-19]。铅银合金阳极通常在中等电流密度范围内工作,其工作电流密度为$50 \sim 300 A/m^2$,消耗速率小于$0.1 kg/(A \cdot a)$。当工作电流密度低于$30 A/m^2$时,阳极表面不能形成过氧化铅电导性膜层,使铅产生电化学溶解,结果导致高的阳极消耗速率。有人曾研究了各种铅银合金在不同电阻率的NaCl溶液中的消耗速率[20],结果表明只有当电阻率小于$50 \Omega \cdot cm$时,铅银阳极才具有较低的消耗率,因此铅银合金阳极非常适于在海水介质中使用。为了保证铅银阳极的工作性能,也可对铅银阳极在海水中先进行预成膜处理,使其表面形成完整的过氧化铅膜。预成膜的铅银合金阳极也可在淡水中使用,但一旦导电膜层破坏,则在淡水中不能修复。铅银合金阳极也不适在深海中使用,这是因为在深海的高海水压力下,过氧化铅的生成率显著增加,使得膜层过厚而形成裂纹,容易产生剥离。

为进一步改进铅银合金阳极的电化学性能,发展了铅银微铂阳极,它是在铅银合金基体中嵌入铂丝或铂铱丝而构成,其基体的银含量为1%~2%,嵌入的铂丝或铂铱丝的工作表面积与铅银合金的表面积之比约为1:1000[21]。暴露在介质中的铂或铂铱丝表面提供了PbO_2膜的形核点,促进了PbO_2膜在整个铅银合金表面的形成和生长。铅银微铂阳极比铅银合金阳极具有更高的工作电流密度和更低的消耗速率。其工作电流密度为$150 \sim 450 A/m^2$,由于消耗速率小于$0.008 kg/(A \cdot a)$,铅银微铂阳极可以具有很长的使用寿命。

铅合金阳极可通过铸造和机械加工成形,易于制造,成本较低。在使用前通常应进行预成膜处理。早期铅合金阳极在船舶上得到了较多的应用,但是由于铅合金阳极密度大、笨重,且对环境有污染,随着新型辅助阳极材料的发展,铅合金阳极现在已较少使用。

4.3.3 铂复合阳极

1. 铂复合阳极的基体

铂复合阳极是在钛、铌、钽等金属基体上被覆铂层而构成。铂在海水中具有优异的电化学性能,但价格昂贵,因此将实体铂作为阳极是非常不经济的,采用在金属基体表面复合铂层的方式构成铂复合阳极材料则既可发挥铂的优良特性,又可显著降低阳极的成本。

钛、铌、钽属于阀金属,是铂复合阳极常用的基体材料,其物理性能如表4-1所列[22]。当阳极表面的铂层存在缺陷或受到损伤而裸露出基体时,在阳极电流的作用下,基体表面会形成致密的钝化膜,为暴露的基体金属提供保护,从而避免基体发生腐蚀。即暴露的基体会处于绝缘钝化状态,而有铂层的部位为电化学活性表面,阳极电流将只从有铂层的部位流出。但是,基体表面的钝化膜在一定的电位下会发生击穿,造成钝化膜破坏,导致基体金属腐蚀。基体金属的击穿电位取决于基体材料性质以及介质的种类。钛在海水中的击穿电位约为8~12V,而随着氯离子含量的降低,钛的击穿电位会逐渐升高。铌和钽在海水中的击穿电位要比钛高得多,大约分别为40V和80V以上,甚至有报道击穿电位可达到120V以上[23-25],因此采用铌和钽做阳极基体具有更高的可靠性。

表4-1 铂复合阳极常用基体材料及铂的物理性能

物理性能	钛	铌	钽	铂
密度(20℃)/(g/cm^3)	4.54	8.40	16.60	21.4
线膨胀系数(25℃)/(10^{-6}/℃)	8.5	7.1	6.5	9.0
电阻率(20℃)/($\mu\Omega \cdot cm$)	42.0	14.8	12.4	10.6

尽管钽具有优异的物理性能、导电性和电化学性能,但由于钽价格太高,因此实际工程中很少使用。钛和铌具有良好的力学性能,可方便地加工成各种所需的结构形状。钛的价格较铌便宜得多,并且相对密度较小,但其电阻率是铌的3倍,允许的工作电压也低得多。通常情况下,在海水中采用钛作为铂复合阳极的基体可以满足实际要求,并且具有较高的性价比。只有在较苛刻的工作条件下,如要求高的工作电流密度、要求基体具有优良耐蚀性的场合,才选用铌作基体。

由于钛和铌的电阻率比铜高得多,对于长尺寸的铂钛或铂铌复合阳极如丝状阳极,为改善基体的导电性和阳极体的电流分布,可以采用铜芯的复合钛丝或复合铌丝作铂阳极的基体。

2. 铂复合阳极的制备工艺

铂复合阳极的制备工艺主要有电镀、离子镀、点焊、冶金拉拔、爆炸焊接和轧制等,每种工艺有其自身的特点。

早期的铂复合阳极大多是采用电镀的方法制造的,电镀的途径有两种:一种是水溶液电镀[26];另一种是熔盐镀[27]。电镀时基体的预处理非常关键,否则影响镀层的结合力。钛基体上镀铂使用最多的是水溶液电镀,钛基材首先用丙酮去除油污,并用蒸馏水冲洗;然后用草酸或盐酸与氢氟酸混合溶液进行浸蚀以去除表面的氧化膜,并获得均匀的粗糙表面。水溶液镀铂可采用碱性或酸性镀液。碱性镀液常用主盐有$H_2Pt(OH)_6$、$K_2Pt(OH)_6$、$Na_2Pt(OH)_6$等六羟基铂酸以及它们的盐,铂以 $Pt(OH)_6^{-2}$ 的形式均匀地存在于镀液中。酸性镀液主要以二亚硝酸二氨铂($Pt(NO)_2(NH_3)_2$,也称为 P 盐)、H_2PtCl_6、H_2PtCl_4、$H_2Pt(SO_4)_2$、K_2PtCl_6 等为主盐,并含有氨基磺酸(NH_2SO_3H)、硫酸(H_2SO_4)、亚硫酸盐(Na_2SO_3)缓冲剂。氨基磺酸是络合剂,可提高阴极极化,使镀铂层晶粒更细小。通过优化电镀工艺参数可以获得合适厚度的光亮镀铂层。水溶液电镀的方法比较简便,由于镀层中有氢吸入,因此镀铂层有较高的硬度。水溶液电镀铂层的厚度一般较薄,通常在几微米到十几微米,太厚则镀层的结合力会下降。可对镀铂阳极进行真空退火(400℃,保温 3h)热处理,以降低镀层的内应力,改善镀层与基体的结合强度。

熔盐镀铂也有很长的历史,开始于 20 世纪 30 年代。在熔盐电解槽中,电解质中不存在氧成分,基体金属表面的钝化膜可能被溶解,加上热扩散作用,使得镀铂层和基体结合比较牢固,镀层没有应力并具有可延性。典型的熔盐镀铂工艺如下[28]:将 53% 的 NaCN 和 47% 的 KCN 首先置于陶瓷坩埚中预烧熔,待温度高于熔点 50℃时(550℃),将两块铂电极插入熔体中并通电,当铂离子浓度达到大约 0.3% 时,便完成了熔盐电解质的制备。也可采用铂盐来作为电镀的铂源。电镀时采用氩气保护,阴极电流密度为 30~300A/m^2,电流效率可达到 65%~98%。因电镀时,阳极电流效率一般高于阴极电流效率,应定时添加氰化物熔盐以维持电解液有效成分的基本稳定。

熔盐镀铂可以得到厚的、光亮的无应力铂镀层,其厚度甚至可达到几毫米,并且形成的镀层更均匀。表 4-2 所列是几种不同的电镀铂工艺特点的比较[29]。尽管熔盐镀铂比水溶液镀铂具有更好的性能,但其工艺复杂,操作环境差,电解质有毒,成本较高,难以对大尺寸镀件施镀。

表 4-2 几种不同的电镀铂工艺特点的比较

电镀工艺	最大镀层厚度/μm	硬度/HV 电镀状态	硬度/HV 800℃退火	沉积速率/(μm/h)
熔盐电镀	1500	70	48	20~25
水溶液电镀($Na_2Pt(OH)_6$ 碱性镀铂液)	12.5	120	70	5
水溶液电镀(DNS 酸性镀铂液)	25	400~450	70	1.5

除了电镀外,化学镀也可用于制备镀铂阳极[30-31]。化学镀属于自催化镀,是在没有外加电流作用的情况下,依靠溶液中各物质间或金属与溶液中物质间的氧化还原反应,在工件表面形成镀层的方法。化学镀不需要电源,只要镀液能到达的地方都能形成镀层,因此非常适合用于形状和结构较复杂的基体。钛表面化学镀铂所用镀液也可分为酸性镀液和碱性镀液两类。化学镀铂前需对钛基体进行预处理,使基体表面的粗糙度提高并充分活化,可显著提高钛表面化学镀铂起始阶段的

诱发速度。采用氯铂酸溶解于盐酸中制成铂原液,与 1,3,6 - 萘三磺酸三钠、苯二磺酸、磺基水杨酸以及水合肼构成的酸性镀液;或采用 $Pt(NO)_2(NH_3)_2$ 作为主盐,水合肼作还原剂,用氨水调节 pH 值,盐酸羟氨作为稳定剂来构成碱性镀液,均可实现在钛表面化学镀铂。化学镀铂结束后,通过镀后热处理,可增强镀层与基体的结合力。

也可以采用离子镀、磁控溅射、化学气相沉积等涂覆方法来制造铂阳极,但这些方法受到设备局限,很难制造大尺寸的阳极,获得的镀铂层较薄,并且造价较高。

由于镀铂层和基体结合强度较小,有的镀层孔隙率高,因此在流动介质中很容易产生磨耗,增大阳极的消耗速率,甚至使涂层剥落,影响镀铂阳极工作的可靠性和使用寿命。

为改善铂层和基体间的结合力,曾有人采用点焊的方法制造铂复合电极。将铂片或铂丝缠绕在钛或铌基体上,隔一定的间距进行点焊使两者形成冶金结合。由于只能在局部进行焊接,因此容易受到破坏,影响铂与基体之间电连接的可靠性。

爆炸焊接的方法也已用于铂复合阳极的制造,它是一种较新的铂阳极制造技术。在铂层和基体之间填充炸药,通过爆炸产生的冲击波可以去除金属表面的氧化膜,在高温高压的作用下使两个新鲜的表面之间形成冶金结合,后续还要进行真空退火以及轧制或拉拔加工以获得所需的铂层厚度和平整光滑的表面[32]。爆炸焊接会形成周期性波状界面,在界面两侧存在塑性流动和畸变。爆炸复合面上存在着熔化再结晶形成的微晶层。在界面处会形成铂和钛的金属间化合物,如 PtTi、Pt_5Ti_3、$PtTi_3$、Pt_3Ti 等,以及 PtTi 高温相和少量非晶。这是因为爆炸复合时铂和钛的结合面上发生了熔化现象,由于冷速极大,熔化金属来不及成分均匀化就发生了凝固,从而形成了微晶、非晶以及高温相等多种化合物[33]。采用爆炸焊接工艺制造的铂复合阳极性能可靠,但工艺较复杂,可能会出现铂层厚度不均匀,甚至铂层不连续的情况,但这不会对其使用性能和寿命产生大的影响。这种铂层的不连续和电镀铂层存在的孔隙有着本质的区别,电镀铂层的高孔隙率容易导致镀铂层的剥落,而冶金结合的铂层不连续处不会对铂层的结合状况产生明显的影响,暴露的基体表面会形成保护性钝化膜。

另一种获得冶金结合的铂阳极制造工艺是冶金拉拔或轧制,它省去了爆炸焊接的工序,通过在基体上包覆铂层,在惰性气氛中进行轧制或拉拔,并进行真空退火处理,经过多次轧制或拉拔获得所需的铂层厚度和阳极尺寸。由于铂层和基体金属一起产生大的塑性变形以及热处理的作用,使得铂层和基体之间的界面也处于一种冶金结合状态,相当于压力焊接[34]。由于钛、铌、钽等基体都极易氧化,因此在拉拔和轧制过程中,一定要保证铂和基体之间的界面要在隔绝空气的条件下进行,这对保证界面的冶金结合至关重要。这种冶金结合的铂复合阳极和基体结合牢固,铂层没有孔隙,完全消除了铂层脱落的危险,其消耗主要为铂层的溶解,因此具有高的可靠性和长的使用寿命,在苛刻的工作条件下也可以稳定地工作。

冶金结合的铂复合阳极具有优异的性能,但制造难度大,需要大型的专用加工设备,因此价格较贵,可通过批量生产来降低造价。采用爆炸焊接和冶金拉拔或轧制工艺,可以获得较厚的铂层,但铂层厚度很难获得精确控制。铂复合阳极的铂层厚度通常在几微米到几十微米范围内,取决于铂复合阳极加工工艺、所要求的使用寿命以及经济上的考虑。

3. 铂复合阳极的应用性能

图 4-10 所示为三种铂复合阳极在海水中的动电位极化曲线[22]。随极化电位升高,阳极的电流密度会显著增大,这是因为阳极表面开始发生了析氯电化学反应,在更高的电位下还会发生析氧反应。对比三种不同基体的铂复合阳极可以看出,Pt/Ta 阳极的电化学性能优于 Pt/Nb 阳极和 Pt/Ti 阳极,在同样工作电流密度下,Pt/Ta 阳极的电位最低,而 Pt/Ti 阳极的最高,这和三种阳极的导电性能有关。

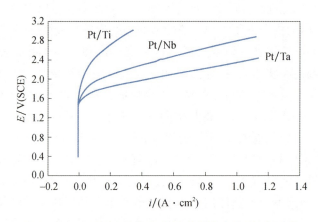

图 4-10　三种铂复合阳极在海水中的动电位极化曲线

铂复合阳极的寿命与其消耗速率有关。对 Pt/Ti 阳极在硫酸中进行的强化电解试验表明[35],铂复合阳极的失效主要是由铂层的溶解所造成的。在酸性环境以及大电流密度条件下,铂的消耗速率是很高的。当铂层溶解到开始显露钛基体时,钛基体上 TiO_2 钝化膜生成,破坏剩余铂层和基体间的结合,导致铂层起皮脱落。铂阳极的消耗速率与阳极表面的电化学反应密切相关。在析氯条件下消耗速率很低,如在饱和食盐水中电解时的消耗速率小于 $1mg/(A·a)$,在海水中的消耗速率约为 $6mg/(A·a)$。但是,在析氧时消耗速率会明显增大,这是因为析氧造成的强酸性环境加速了铂的溶解。例如,在淡水中铂复合阳极的消耗速率约为45mg/(A·a)。在氯氧共析的情况下,其消耗速率远高于单纯析氯或析氧的情形,如在江河入海口处微咸水中,铂复合阳极的消耗速率可高达数百 mg/(A·a)。当电解质中存在某些有机化合物时,会使铂复合阳极产生异常高的消耗,并导致阳极产生早期失效[36]。

实验室试验和实际应用经验表明[37-40],脉动电流或电流纹波,以及周期性中断电流会对铂复合阳极的性能产生明显的影响,使其消耗速率增加数十倍,导致铂阳极产生早期失效。因此,在采用铂复合阳极的外加电流阴极保护系统中,通常要求电源设备直流输出的纹波系数要小于5%,并应慎重采用脉冲阴极保护技术。后来的研究表明交流纹波的影响并不像宣称的那样严重,主要与脉冲电流的频率有关系[40]。在低频脉冲电流或低频交流纹波的作用下,铂复合阳极的表面在阳极极化时所形成的铂氧化物在去极化的过程中会产生还原反应,使氧化物破坏,加速了铂层的溶解消耗。然而,在100Hz或更高频率脉冲电流的情况下,去极化的过程太短,来不及产生铂氧化物的还原反应,使阳极表面的铂氧化物能继续起到对铂层的保护作用[41]。

铂复合阳极主要用于海水和淡水介质,在土壤介质的阴极保护中很少使用。这是因为阳极在地床中工作时会形成强酸性环境,又不能够通过扩散和对流来缓解,因而加速了铂的溶解,在地床中铂复合阳极的消耗速率可高达175~200mg/(A·a)。由于铂复合阳极价格较昂贵,不可能大面积采用,在地床中消耗速率大,而且地床接地电阻随时间延长逐渐增大,所以铂复合阳极用于土壤介质中与其他阳极相比没有优势[42]。

铂复合阳极在海水中的消耗速率小,属于不溶性阳极,使用寿命可达到20年以上。其工作电流密度大,在海水中可达到2000A/m^2,适于制造大排流量辅助阳极。此外,阳极重量轻,尺寸小,易于成形,并具有良好的力学性能。正是由于铂复合阳极优点突出,因此已在船舶外加电流阴极保护中得到广泛使用,并积累了非常丰富和成熟的使用经验。

4.3.4 钛基混合金属氧化物阳极

1. 金属氧化物阳极涂层体系

1)非贵金属氧化物阳极

广义上的金属氧化物阳极既有整体性氧化物阳极,又有复合的氧化物阳极。整体性氧化物阳极包括铸造的磁性氧化铁阳极、烧结的钙钛矿型氧化物阳极、尖晶石型铁氧体阳极(如锰锌铁氧体、镍铁氧体、钴铁氧体等)以及亚氧化钛 Ti_nO_{2n-1} (也称 Ebonex 阳极)[43-44]。这些铸造或烧结成形的整体性氧化物阳极具有较低的消耗速率和较长的使用寿命,但由于其脆性大、形状和尺寸受到限制、难以加工和焊接,因此这类金属氧化物阳极并没有得到广泛的工程应用[17]。

复合氧化物阳极是由阳极基体材料和导电的金属氧化物活性涂层所构成。通常所说的混合金属氧化物阳极是指在钛基体上被覆一层导电的混合金属氧化物活性层而构成的复合氧化物阳极材料。用作阳极的金属氧化物涂层应具有良好的导电性、高的化学和电化学稳定性、低的消耗速率并且和基体结合牢固。

早期曾采用等离子喷涂方法在钛基体上涂覆镍铁氧体和钴铁氧体以制造阴极保护用氧化物阳极,其消耗速率为 $0.1 \sim 8.7 \text{g/}(A \cdot a)$,与烧结铁氧体阳极相当,但这种等离子喷涂铁氧体层与钛基体间的结合力不佳[45]。此外,喷涂的铁氧体层的厚度仅有 $50 \mu m$,对实际使用的阳极来说显然太薄。美军结构工程研究实验室也曾开展了陶瓷氧化物复合阳极材料研究,采用等离子喷涂的工艺在钛或铌基体上沉积陶瓷氧化物层,用它来取代高硅铸铁阳极用以保护河道上的闸门[46-47]。所采用的金属氧化物体系主要有锂铁氧体、镍铁氧体、钴铁氧体等。其中,锂铁氧体表现出了最优的性能,这是因为锂离子可以取代钙钛矿相中的铁离子而形成连续的固溶体,并且喷涂的锂铁氧体层可以和钛或铌基体具有良好的结合力。由于采用等离子喷涂工艺成形,因此可以很方便地加工成各种阳极形状。该阳极在海水中的消耗速率约为 $1.7 \text{g/}(A \cdot a)$。尽管和高硅铸铁等阳极相比,其消耗速率要小得多,但和铂阳极消耗速率(约为 $6 \text{mg/}(A \cdot a)$)以及其他金属氧化物阳极相比,其消耗速率还是要大得多。要获得较长的阳极使用寿命,则必须喷涂较厚的陶瓷氧化物层。

有人曾采用在钛基体上电沉积 PbO_2 来制造氧化物复合阳极,俄罗斯全联盟轻金属腐蚀防护研究院也曾采用热喷涂的方法在钛基体上涂覆 Fe_2O_3 涂层来制造阴极保护用金属氧化物阳极,这些氧化物阳极成本较低,制备较简便,但阳极使用寿命较短[48-49]。

上述各种采用非贵金属氧化物活性涂层的复合阳极,由于性能不够理想而均没有在实际工程中得到广泛应用。

2) 贵金属混合金属氧化物阳极

20 世纪 60 年代,为满足氯碱工业隔膜电解槽的需要,出现了尺寸稳定性阳极(DSA),它是在钛基体上采用热分解方法被覆 $RuO_2 - TiO_2$ 混合金属氧化物电催化涂层而构成。该阳极具有较低的析氯电位、良好的耐蚀性和稳定性,完全取代了过去的石墨阳极,给氯碱工业带来了一场技术革命[50]。后来经过不断的研究与发展,许多新的金属氧化物被引入电催化涂层,使 DSA 的内容得到了极大的丰富,开发出了许多不同涂层体系的混合金属氧化物阳极,并在海水电解、氯酸盐电解、废水处理、阴极保护等领域得到成功的应用[51]。

常规的钛基 $RuO_2 - TiO_2$ 混合金属氧化物阳极尽管在氯碱工业中电解饱和食

盐水时具有优异的电化学性能和长的使用寿命，但用作外加电流阴极保护用阳极时，由于受到表面析氧反应的影响，阳极的使用寿命往往很短，不能满足实际工程对辅助阳极长寿命的需要。

对钛基 $RuO_2-TiO_2-SnO_2$、$RuO_2-TiO_2-IrO_2-SnO_2-Co_3O_4$、$IrO_2-TiO_2-Ta_2O_5$ 阳极和 Pt/Ti 阳极在 1mol/L H_2SO_4 中于 $2A/cm^2$ 电流密度下的强化电解失效行为进行了研究[35]。其中，$RuO_2-TiO_2-SnO_2$ 涂层体系以 RuO_2 作为贵金属组元，为氯碱工业用 RuO_2-TiO_2 阳极的改良型；$RuO_2-TiO_2-IrO_2-SnO_2-Co_3O_4$ 体系以 RuO_2 为主，加入部分 IrO_2 作为贵金属组元，为次氯酸钠发生器用阳极；$IrO_2-TiO_2-Ta_2O_5$ 体系以 IrO_2 作为主要的活性组元，为析氧环境下的耐蚀性阳极。结果表明：$IrO_2-TiO_2-Ta_2O_5$ 阳极的强化电解寿命最高，Pt/Ti 阳极次之，$RuO_2-TiO_2-SnO_2$ 阳极最低，如表4-3所列。从消耗速率来看，以 RuO_2 为主要活性组元的氧化物阳极消耗速率比较大，这是因为 RuO_2 在高电位下可以被氧化为更高的价态，从而发生溶解消耗。Pt/Ti 复合阳极在硫酸中的消耗速率高达 $322.4mg/(A·a)$，铂层发生了溶解，起皮剥落。而以 IrO_2 为主的氧化物涂层体系具有很低的消耗速率，活性涂层除了发生溶解外，在活性层和基体间有钝化膜生成也是氧化物阳极失效的主要原因之一[52-53]。

表4-3 不同阳极的加速寿命试验结果

阳极材料	强化电解寿命/h	涂层失重/(mg/cm²)	消耗速率/(mg/(A·a))
$RuO_2-TiO_2-SnO_2$	15.1	1.54	434.7
$RuO_2-TiO_2-IrO_2-SnO_2-Co_3O_4$	24.0	2.60	476.7
$IrO_2-TiO_2-Ta_2O_5$	394.3	0.77	8.5
Pt/Ti	174.3	12.82	322.4

试验条件：1mol/L H_2SO_4，45℃，阳极电流密度为 $2A/cm^2$。

针对不同氧化物阳极的电解失效行为和机理，可采用如下途径来进一步改善阳极的耐蚀性和抗钝化性能：①采用 IrO_2 作为阳极的主要活性组元；②采用多元混合金属氧化物来改善阳极的电化学稳定性；③采用耐蚀导电中间层来改善阳极的抗钝化性能；④通过优化制备工艺来改善氧化物层和基体间的结合力。

在以 IrO_2 为主要活性组元的氧化物涂层体系当中，$IrO_2-Ta_2O_5$ 体系既具有良好的电化学活性，同时又具有非常高的稳定性，被认为是在析氧工作环境中性能相对最优的阳极材料[54-55]。

图4-11所示为钛基 $IrO_2-Ta_2O_5$ 阳极中 Ir 的摩尔分数对其在 0.5mol/L Na_2SO_4 溶液中的循环伏安电量 q^* 的影响[56]，其电位扫描范围为 $-0.6\sim1.2V(SCE)$，扫描速率为 20mV/s。伏安电量 q^* 反映了氧化物阳极的电化学活性表面积的大小和

活性点的数量,通常 q^* 值越大,表明氧化物阳极的电化学活性越高。从图 4 – 11 中可以看出,当 Ir 的摩尔分数约为 70% 时,IrO_2 – Ta_2O_5 阳极具有最大的电化学活性表面积。

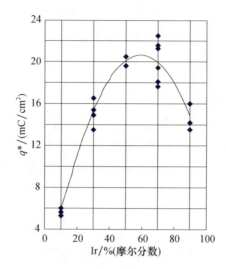

图 4 – 11　钛基 IrO_2 – Ta_2O_5 阳极中 Ir 的摩尔分数对循环伏安电量的影响

图 4 – 12(a)给出 IrO_2 – Ta_2O_5 阳极的成分对析氧反应电流密度的影响,该电流密度值取自循环伏安曲线,对应的电位是 1.2V(SCE)。随着氧化物涂层中 Ir 含量的增加,析氧电流密度先增加后减小,摩尔分数为 50%～70% 的 Ir 的铱钽氧化物阳极具有最高的电化学活性。析氧电流密度 i、伏安电量 q^* 与铱钽氧化物阳极成分之间具有相同的变化规律,这表明铱钽氧化物阳极的电化学活性与电化学活性表面积之间存在密切的联系。归一化的电流密度 i/q^* 与氧化物涂层中 Ir 摩尔分数的关系如图 4 – 12(b)所示。归一化的电流密度随 Ir 的摩尔分数连续增加到约 70%,然后缓慢降低。这表明摩尔分数为 70% 的 Ir 的阳极具有最大电化学活性的原因不仅应归因于其所具有的大的真实电化学活性表面积,而且要归因于其良好的电催化作用。10%(摩尔分数)Ir 阳极具有很差的电化学和电催化活性以及小的电化学活性表面积,这可能是因为活性组元的含量太低,使得氧化物阳极的导电性能很差。

对于实际应用来说,氧化物阳极的稳定性和使用寿命是非常重要的性能。IrO_2 – Ta_2O_5 阳极在 1mol/L H_2SO_4 溶液中于 2A/cm^2 条件下的强化电解寿命与成分的关系如图 4 – 13 所示[57]。从图 4 – 13 中可以看出,在开始阶段随着 Ir 摩尔分数的增加,阳极的强化电解寿命增加缓慢,当 Ir 的摩尔分数大于 50% 时迅速增大,在 70% 时具有最高的稳定性。由于不同成分的铱钽氧化物阳极涂层中的实际贵金属含量不一样,将各阳极的强化寿命用实际含铱量进行归一化处理可获得单位质量 IrO_2 所具有的寿命,它反映了氧化物电极涂层中贵金属的使用效率。从图4-12中可见,Ir 摩尔分数为70%的铱钽氧化物阳极具有最高的效率。对照前面的电化学活性随成分的变化,可见含铱量为70%的铱钽氧化物阳极同时具有优异的电化学活性和稳定性。

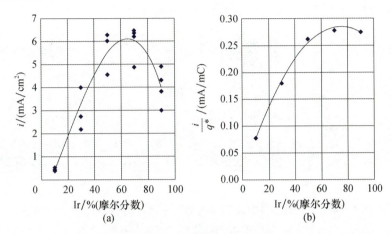

图4-12 钛基 IrO_2-Ta_2O_5 阳极中 Ir 的摩尔分数对析氧反应电流密度和归一化的电流密度的影响

(a)析氧反应电流密度;(b)归一化的电流密度。

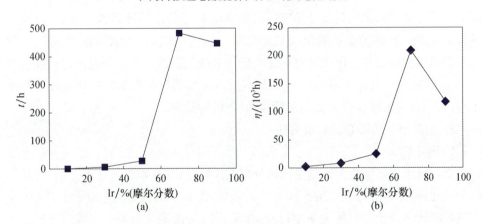

图4-13 钛基 IrO_2-Ta_2O_5 阳极中 Ir 的摩尔分数对强化电解寿命和贵金属的使用效率的影响

(a)强化电解寿命;(b)贵金属的使用效率(单位质量($mmol/cm^2$)IrO_2 所具有的寿命)。

图4-14 所示为 Ir 的摩尔分数为70%的钛基 IrO_2-Ta_2O_5 阳极的微观表面形貌,其表面存在干泥状微裂纹,并且裂纹成团分布。其位置通常对应于经预处理的

钛基体表面较大尺寸的蚀坑内。干泥状裂纹是热分解方法制备的金属氧化物涂层阳极的典型形貌特征。由于涂刷时容易在表面蚀坑处积存涂液,此处的涂层往往较厚,在烧结和冷却过程中存在较大热应力而导致开裂。在裂纹团周边有细小的白色颗粒物(IrO_2晶体)析出,并团聚形成条带,其位置通常对应于钛基体表面较大蚀坑的凸起边缘以及基体上没有蚀坑的较平坦的区域。这些区域往往涂层较薄,涂液在热分解的过程中容易发生 IrO_2 晶体的形核和生长。

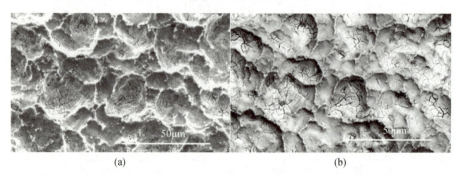

图4-14 Ir的摩尔分数为70%的 $IrO_2 - Ta_2O_5$ 阳极的微观表面形貌

(a)二次电子像;(b)背散射电子像。

为进一步提高阳极的性能或减少贵金属含量,在 $IrO_2 - Ta_2O_5$ 涂层体系的基础上,还发展了 $IrO_2 - Ta_2O_5 - SnO_2$、$IrO_2 - Ta_2O_5 - TiO_2$ 等多元混合金属氧化物涂层阳极[58-59],通过采用均匀设计等统计试验方法对复杂涂层体系进行优化,可获得具有最优综合性能的金属氧化物阳极[60-61]。另外,通过往 $IrO_2 - Ta_2O_5$ 涂层中加入石墨烯所构成的复合阳极具有更高的析氧电催化活性和更大的电化学活性表面积[62]。适量第三组元的加入,不仅可提高混合金属氧化物阳极的电化学性能和使用寿命,而且还可减少贵金属的用量,降低阳极的成本。

2. 金属氧化物阳极的制备方法

1)热分解法

金属氧化物阳极通常都是采用热分解方法制备,其基本工艺流程包括:钛基体的预处理;将配好的涂液涂覆到钛基体的表面;先烘干后再进行热烧结,使涂膜发生热分解转化为金属氧化物涂层;待冷却后再重复涂刷—烘干—烧结—冷却的工艺过程多次,直到达到所需的涂层厚度或涂层载量。制备过程中的工艺参数对氧化物阳极的组织和性能会产生显著的影响。

(1)钛基体预处理的影响。

钛基体预处理的目的是去除表面的氧化膜并获得清洁、粗糙的表面:一方面可以提高氧化物涂层的结合力,从而改善导电性,延长阳极的使用寿命;另一方面可以提高基体的表面粗糙度,增加阳极的真实表面积,降低真实电流密度,改善电极的电化学性能。不同的钛基体表面预处理对 IrO_2-Ta_2O_5 氧化物阳极的形貌和电化学性能有明显的影响,基体预处理是金属氧化物阳极制备工艺中的一个非常重要的步骤[63-65]。

通常对钛基体可采用丙酮或热碱性溶液进行清洗除油,然后进行喷砂去除表面的氧化膜和其他表面缺陷,再用酸进行浸蚀处理,获得均匀的灰色麻面。酸蚀时钛表面会形成室温下比较稳定的氢化钛,可以避免基体预处理后表面的迅速氧化。

将喷砂后的钛板用 10%(质量分数)的草酸溶液在 90~95℃下浸蚀处理。图 4-15 所示为钛基体的腐蚀速率(CR)随时间的变化[66]。从图 4-15 中可以看出,喷砂后草酸对钛基体的腐蚀速率呈先增大再减小的趋势。酸蚀最初的腐蚀速率较小,这可能是由于钛基体虽经过喷砂处理,但放置一段时间后,表面仍发生氧化,形成一层稳定的氧化膜。随时间的延长,腐蚀速率急剧增加,一方面是由于钛表面氧化膜被破坏,暴露出活泼金属,加速钛的溶解;另一方面,钛基体喷砂后,表面呈细碎的不规则形貌,尖角处优先溶解,一些与基体结合不牢的颗粒酸蚀后发生脱落,使腐蚀速率达到最大值。随后腐蚀速率很快减小并趋于稳定,表明基体进入全面、稳定的腐蚀状态。

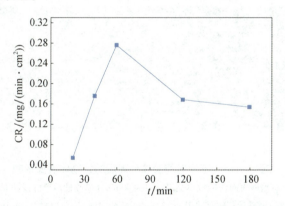

图 4-15 喷砂后钛基体在草酸中的腐蚀速率随时间的变化

图 4-16 所示为经不同时间酸蚀处理后的钛基体表面形貌[66]。从图 4-16 中可以看出,喷砂形成的是宏观粗糙的表面,表面氧化物膜及表层金属均被去除,表面存在大量形状不规则的细小碎片或颗粒。酸蚀 40min 后,表面附着不牢的碎片已经溶解去除,但基体仍主要沿碎片或颗粒边界腐蚀,宏观不平度甚至增大,表面不均匀。酸蚀时间延长至 1h,基体腐蚀加深,表面粗糙度增加,但仍不均匀,表面局部区域形成大的腐蚀坑。其表面形貌较酸蚀前已有明显的变化。酸蚀 2h 后,基体呈现出酸蚀所特有的蜂窝状形貌。进一步延长腐蚀时间到 3h,腐蚀坑增大加

深,和单纯草酸浸蚀的基体相比,喷砂后草酸浸蚀的表面麻点的密集程度及深度要更大,有利于增大阳极的比表面积。

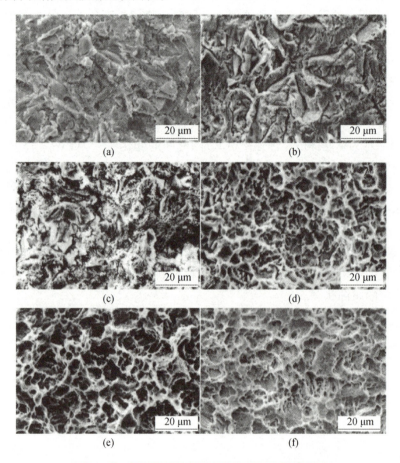

图 4-16 不同时间酸蚀处理后的钛基体表面形貌
(a)喷砂表面;(b)喷砂后草酸浸蚀 40min;(c)喷砂后草酸浸蚀 1h;
(d)喷砂后草酸浸蚀 2h;(e)喷砂后草酸浸蚀 3h;(f)草酸浸蚀 3h。

测试了经不同预处理后制备的 $IrO_2 - Ta_2O_5$ 氧化物阳极在 1.28V(SCE)下于 1mol/L H_2SO_4 溶液中的电化学阻抗谱。图 4-17 所示为基体喷砂后酸蚀时间对氧化物阳极双电层电容和电荷转移电阻的影响。双电层电容可以用来表征电极表面活性点的数目,即表面活性点数量增加,双电层电容增大。电荷转移电阻代表氧化物阳极表面上电化学反应的难易程度,可反映阳极表面析氧反应的电催化活性。图 4-17 表明,随着浸蚀时间的延长,阳极的电化学活性表面积增大,表面活性点数量增多,同时析氧电催化活性增强。但当浸蚀一定时间形成微观粗糙表面后,其电化学活性表面积和电催化活性变化趋缓。

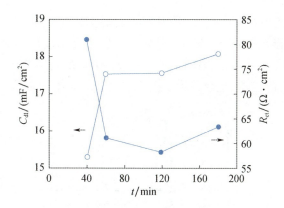

图4-17　基体喷砂后酸蚀时间对氧化物阳极双电层电容和电荷转移电阻的影响

图4-18所示为喷砂后草酸浸蚀时间对氧化物阳极强化电解寿命(L)以及用Ir含量归一化处理后的强化电解寿命(L_n)的影响。L_n为氧化物涂层中单位质量的Ir对应的阳极强化电解寿命。随着酸蚀时间的延长,氧化物阳极的寿命首先是大幅度增加,然后小幅度变化。这是由于酸蚀造成的微观粗糙表面增加了电化学活性表面积,因而降低了真实工作电流密度,并改善了涂层与基体的结合力。形成的氧化物涂层均匀致密、裂纹少,因而具有更好的耐久性。从析氧电催化活性和稳定性综合来看,基体喷砂酸蚀2h条件下制备的$IrO_2 - Ta_2O_5$阳极具有最优的性能。

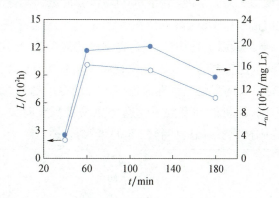

图4-18　喷砂后草酸浸蚀时间对$IrO_2 - Ta_2O_5$阳极强化电解寿命的影响

(2) 热分解温度的影响。

烘干和热烧结是使涂膜中溶剂挥发并分解转化为金属氧化物的关键过程,对金属氧化物阳极的性能有非常重要的影响。图4-19所示为烧结温度对$IrO_2 - Ta_2O_5$氧化物阳极晶体结构的影响[67]。在X射线衍射谱中,Ti的衍射峰来自基体,由于氧化物层较薄,X射线穿透到达基体。当烧结温度为400℃时,没有明显的氧化物组元的衍射峰出现,这是因为在较低温度下转化的产物结晶度低,为非晶态。当烧结温度升高到450℃,氧化物涂层中开始出现明显的IrO_2晶体衍射峰。在400~600℃整个温度范围内,都没有Ta_2O_5相的衍射峰出现,这是因为形成的Ta_2O_5为非晶态的结构,也就是说阳极涂层由IrO_2晶体和非晶相Ta_2O_5所构成。

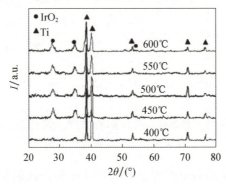

图4-19 烧结温度对$IrO_2-Ta_2O_5$氧化物阳极晶体结构的影响

图4-20所示为烧结温度对$IrO_2-Ta_2O_5$氧化物阳极循环伏安电量以及强化电解寿命的影响[67]。伏安电量q^*与氧化物阳极的电化学活性表面积成正比。随着烧结温度升高,q^*值逐渐下降。400℃烧结时获得的氧化物阳极具有最高的电化学活性表面积。这可能是由于温度升高后,氧化钽组元会在表面富集,导致表面IrO_2活性点数量降低。另外,当温度高于500℃后,会促进钛基体的氧化,从而导致表观活性降低。在1mol/L H_2SO_4溶液中在2A/cm^{2}电流密度下测量了氧化物阳极的强化电解寿命。当在低温下烧结时,氧化物阳极的寿命较短,这是因为所形成的氧化物结晶度低,稳定性较差的缘故。当烧结温度达到500℃时,氧化物阳极的稳定性显著增大,具有最大的强化电解寿命值。当烧结温度超过550℃后,氧化物阳极的寿命又有所降低,这可能和高温下钛基体更易于氧化有关。综合考虑,对于$IrO_2-Ta_2O_5$氧化物阳极,烧结温度控制在500℃较为合适。

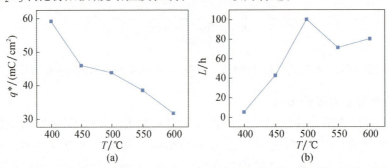

图4-20 烧结温度对$IrO_2-Ta_2O_5$氧化物阳极循环伏安电量以及强化电解寿命的影响

(a)循环伏安电量;(b)强化电解寿命。

2) 聚合物溶胶-凝胶法

传统的热分解方法是将 Ir 和 Ta 的氯盐或有机盐溶解在醇或酸的溶液中构成涂液,然后通过热分解来形成相应的金属氧化物涂层。然而,该方法所形成的涂层易产生成分偏聚、粗大的晶粒和 IrO_2 晶体的析出等问题,影响组织的均匀性和阳极的性能。溶胶-凝胶方法已被用来替代传统的热分解方法,采用溶胶-凝胶方法制备的氧化物涂层晶粒更细小,成分分布更均匀,具有更少的杂质和更高的电化学性能。溶胶-凝胶方法制备的涂层与设计的名义成分更接近,因此比常规热分解方法更适合制备含有易烧损组元的氧化物涂层体系。

聚合物溶胶-凝胶法,也称为 Pechini 方法,在制备金属氧化物阳极中得到较多的应用。它是通过有机单体的聚合形成凝胶,使金属离子可以均匀分散在聚合物网络中。通过烧结过程可以使凝胶膜转变成氧化物涂层。聚合物溶胶-凝胶法具有简单、易操作、对水不敏感等优点。

图 4-21 所示为采用常规热分解方法和聚合物溶胶-凝胶方法制备的 IrO_2-Ta_2O_5 氧化物阳极的表面微观形貌[68]。常规方法的涂液是将 H_2IrCl_6 和 $TaCl_5$ 溶解在正丁醇和盐酸溶液中。而聚合物溶胶-凝胶法是将柠檬酸先溶解在乙二醇中,然后加入 H_2IrCl_6 和 $TaCl_5$ 形成涂液。从图 4-21 中可以看出,溶胶-凝胶方法制备的阳极表面基本没有 IrO_2 晶体析出,但仍有少量干泥状微裂纹存在,其与常规热分解方法制备的阳极有明显的差异。能谱分析表明溶胶-凝胶法制备的阳极涂层成分更均匀且 Ir/Ta 摩尔含量比与涂液中的名义成分更靠近一致。

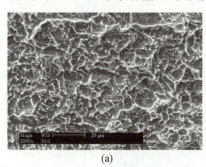 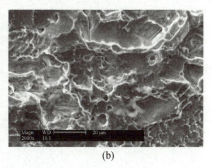

(a)　　　　　　　　　　　　　(b)

图 4-21　常规热分解方法和聚合物溶胶-凝胶方法制备的
IrO_2-Ta_2O_5 氧化物阳极的表面微观形貌

(a)常规热分解方法;(b)聚合物溶胶-凝胶方法。

图 4-22 所示为两种方法制备的 IrO_2-Ta_2O_5 氧化物阳极在 1mol/L H_2SO_4 溶液中的动电位阳极极化曲线。从图 4-22 中可以看出,两种方法制备的阳极具有类似的析氧极化行为,但聚合物溶胶-凝胶方法制备的阳极具有更高的析氧电化学活性,在相同的电位下,具有更高的析氧电流密度。

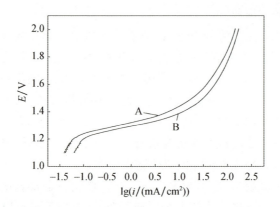

图 4-22　常规热分解方法 A 和聚合物溶胶-凝胶方法 B 制备的 IrO_2-Ta_2O_5 氧化物阳极在 1mol/L H_2SO_4 溶液中的动电位阳极极化曲线

图 4-23 所示为两种方法制备的 IrO_2-Ta_2O_5 氧化物阳极强化电解寿命的比较。从图 4-23 中可以看出,聚合物溶胶-凝胶方法制备的阳极具有更高的稳定性和更长的使用寿命。这要归因于该方法制备的氧化物阳极具有更少的微裂纹和更大的电化学活性表面积。同时,由于没有 IrO_2 晶体颗粒在表面析出,因此减少了涂层中活性组元的消耗,提高了混合金属氧化物体系的化学和电化学稳定性。总括起来,采用聚合物溶胶-凝胶方法制备的氧化物阳极具有更好的性能。

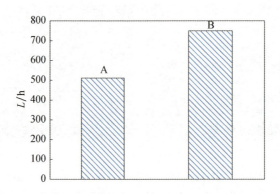

图 4-23　常规热分解方法 A 和聚合物溶胶-凝胶方法 B 制备的 IrO_2-Ta_2O_5 氧化物阳极在 1mol/L H_2SO_4 溶液中于 $2A/cm^2$ 条件下的强化电解寿命的比较

3. 金属氧化物阳极的性能与应用

金属氧化物阳极是在钛基体上被覆导电的混合金属氧化物膜层而构成,属于新一代辅助阳极材料[69]。图 4-24 所示为铅合金阳极、铂复合阳极以及钛基金属氧化物阳极在海水中的动电位极化曲线[70],从图4-24中可以看出,金属氧化物阳极的极化电位最低,且远低于铂阳极和铅合金阳极,表明金属氧化物阳极具有非常高的电化学活性,在相同工作电流密度下可降低输出电压,因此具有更高的能源利用效率。

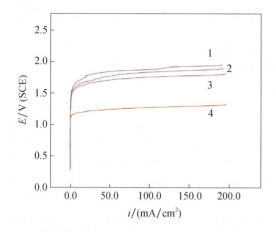

图4-24 常用辅助阳极材料在海水中的动电位极化曲线
1—铂/铌电极;2—铅银合金阳极;3—铅银微铂阳极;4—钛基金属氧化物阳极。

几种船舶常用辅助阳极材料的电化学性能如表4-4所列。钛基金属氧化物阳极具有极低的消耗速率,比铂阳极还要小,因此也属于不溶性阳极材料。金属氧化物阳极的使用寿命与工作电流密度有关。电流密度越大,则阳极的寿命越短。从图4-24中的极化曲线可以看出,金属氧化物阳极可以在非常大的电流密度下工作,但出于确保阳极具有长的使用寿命来考虑,通常推荐氧化物阳极的工作电流密度不超过 $600A/m^2$。

表4-4 船舶外加电流阴极保护系统常用辅助阳极的电化学性能

辅助阳极材料	推荐工作电流密度/(A/m^2)	消耗速率/$(kg/(A·a))$	寿命/a
铅银合金阳极	50~300	≤0.1	≥6
铅银微铂阳极	50~1000	≤$8×10^{-3}$	≥10
铂钛复合阳极	≤1500	≤$6×10^{-6}$	≥20
铂铌复合阳极	≤2000	≤$6×10^{-6}$	≥20
钛基金属氧化物阳极	≤600	≤$5×10^{-6}$	≥15

金属氧化物阳极由于以钛为基体,所以具有良好的力学性能和加工性能,易于成形,并且重量轻,便于运输和安装。表面工作层由贵金属氧化物和惰性金属氧化物等所构成,具有优异的电化学性能,包括良好的导电性、高的电化学活性、较低的

极化率等。同时还极耐酸性环境作用,具有非常低的消耗速率、极高的化学和电化学稳定性,因而可以具有很长的使用寿命。由于为混合金属氧化物涂层,且制备工艺较为简便,所以其成本比铂复合阳极明显降低,因而具有较高的性价比。船舶常用辅助阳极材料的性能特点如表 4-5 所列[71]。由于具有优异的综合性能,金属氧化物阳极已在船舶外加电流阴极保护中得到越来越多的应用。

表 4-5 几种船舶常用辅助阳极材料的性能特点

阳极材料	铅合金阳极	铂复合阳极	钛基金属氧化物阳极
性能特点	• 已有长期使用经验 • 在海水中有良好性能 • 价格便宜 • 易于加工成形 • 中等工作电流密度 • 没有工作电位限制 • 尺寸大,笨重 • 不推荐在淡水中使用 • 在深海中消耗速率大 • 对健康和环境有害	• 已有长期使用经验 • 在海水中有良好性能 • 低的消耗速率 • 尺寸较小,重量轻 • 工作电流密度大 • 价格高 • 有工作电位限制 • 在淡水中消耗速率增加 • 受低频脉动电流影响,消耗速率增加	• 已有长期使用经验 • 极低消耗速率 • 尺寸小,重量轻 • 高性能特点 • 适用范围广,可用于海水、淡水和地床中 • 价格适中,较为经济 • 极化电位低,电效率高 • 有工作电位限制 • 有多种氧化物涂层体系

4.3.5 船用辅助阳极组件

船用辅助阳极组件应满足如下要求:①阳极应能达到额定的排流量;②在实现额定排流量的条件下,阳极组件的尺寸应尽量小;③阳极组件应便于实船安装;④应考虑阳极组件的形状和结构对船舶航行阻力的影响;⑤应尽量降低阳极的接水电阻,以便减小电源设备的输出电压,提高阴极保护系统的效率;⑥阳极在安装和使用过程中应不易损坏。

船用辅助阳极组件由阳极体和阳极托架(绝缘座)组成。阳极体又包括阳极工作体和导电杆两部分。对于整体型阳极如铅合金阳极,导电杆往往直接浇铸在阳极工作体中。对于复合阳极如铂/钛、铂/铌以及钛基金属氧化物阳极,通常采用焊接的方法将导电杆和阳极工作体连接,从而构成一个整体。

阳极托架起固定阳极体并使阳极体与船壳钢板绝缘的作用。由于阳极在海水中的电化学反应会产生大量的氯气和氧气,而氯气又很容易形成盐酸和次氯酸,因此阳极托架材料必须能够长时间地耐这些化学物质作用。阳极托架应具有足够的绝缘性能和力学性能,以及低的吸水率。

早期的阳极托架是采用层压玻璃钢板加工而成,现在已被直接热压成形的环氧玻璃钢所取代,这种阳极托架在实际使用中被证明是可靠的。

船用辅助阳极的形状通常有圆形、矩形和长条形。长条形阳极的接水电阻小于圆形和矩形阳极,且长度越大,接水电阻越低。但是阳极长度增大后,将增加阳极体和阳极托架制造成形的难度,增大制造成本,并且不便于阳极组件的成形和安装,尤其是在有曲率的表面(如船头或船尾处)安装。为减少航行阻力,保持船体表面流线型,并避免阳极受到机械损坏,小的阳极和盘状辅助阳极组件可采用镶嵌式安装结构,而大的长条状阳极组件通常采用螺钉紧贴在船体表面上安装。

图4-25和图4-26所示分别为额定排流量为100A的船用金属氧化物阳极组件及其输出特性[72],其输出电流量可满足设计要求。图4-27所示为船用长条状铂/钛复合阳极组件[73]。图4-28所示为船用圆盘状铅银微铂阳极组件。

图4-25 船用金属氧化物阳极组件

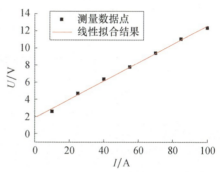

图4-26 船用金属氧化物阳极组件在海水中的输出特性

图4-27 船用长条形铂/钛复合阳极组件

图4-28 船用圆盘状铅银微铂阳极组件

由于辅助阳极需要穿过船体进行安装,因此必须保证辅助阳极组件以及密封结构的水密性,同时应保证辅助阳极体及导电杆与船体绝缘。辅助阳极安装完成后,阳极体或导电杆与阳极密封填料函或水密装置之间的绝缘电阻,在干燥状态下应大于1MΩ。对密封结构应进行打压试验,确保在船体上安装好后不发生泄漏。图4-29和图4-30所示为标准的辅助阳极水密结构示意图[21]。

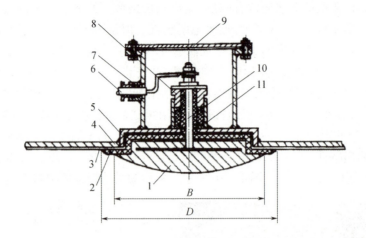

图 4-29 圆盘状辅助阳极水密结构示意图

B—阳极体的直径;D—绝缘座的直径。

1—阳极体;2—绝缘座;3—阳极屏蔽层;4—船体;5—阳极体座;6—电缆;
7—电缆填料函;8—压紧螺母;9—水密罩;10—导电杆;11—阳极填料函。

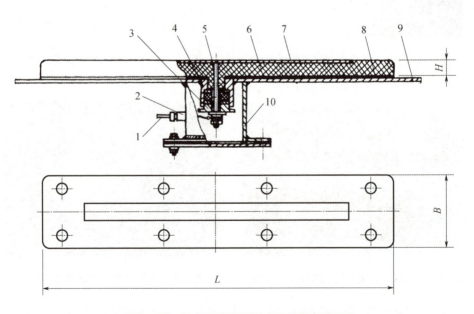

图 4-30 长条形辅助阳极水密结构示意图

H—阳极绝缘座的厚度;L—阳极绝缘座的长度;B—阳极绝缘座的宽度。

1—电缆;2—电缆填料函;3—压紧螺母;4—阳极填料函;5—导电杆;6—阳极绝缘座;
7—阳极体;8—橡皮垫;9—船体;10—水密罩。

4.4 参比电极材料及组件

在船体外加电流阴极保护系统中,参比电极用来测量被保护结构的电位并向恒电位仪控制系统传送信号,以自动调节保护电流的大小,使结构的电位处于要求的范围内。另外,通过参比电极监测保护电位,可评判船体阴极保护的效果。因此,参比电极在外加电流阴极保护中起着非常关键的作用,参比电极是船体外加电流阴极保护系统中的关键部件之一。

船用参比电极应满足如下要求。

(1)电极电位能保持长期稳定,重现性好。参比电极是电位测量的基准,电位测量和控制的准确度与参比电极的稳定性密切相关。在长期使用过程中不可避免地会有变化,这就要求参比电极本身的电位波动要小,同时参比电极的设计使用寿命较长,因此参比电极应具有长期稳定性。

(2)应具有优异的耐极化性能。尽管电位测量仪表的阻抗很高,但参比电极在测量电位过程中仍会有微量电流流过,导致电极发生极化,尤其是电路闭合的瞬间电流量较大。这就要求参比电极应具有优异的耐极化性能,不会因测量电流流过而产生明显的电位极化,并且断电后电极电位能很快恢复到平衡状态。

(3)电极的电位温度系数小,即电位随环境温度变化小,并且呈线性关系,便于对参比电极的电位进行校正。而且当温度恢复到原先的温度后,电位应迅速回到原电位值。

(4)使用寿命要长。参比电极安装在水下船体上,只有进坞时才能方便更换,因此参比电极的寿命应达到船舶的中修期,甚至更长,以便和外加电流阴极保护系统中的辅助阳极寿命相匹配。

(5)具有一定的机械强度,耐水流冲刷和磨损,坚固耐用,并应便于加工成型和安装。

(6)参比电极的电解液与介质溶液组成尽可能相同,以免被污染。

船舶用参比电极主要有三类,包括铜/饱和硫酸铜参比电极、锌及锌合金参比电极以及银/氯(卤)化银参比电极。其中,便携式铜/饱和硫酸铜参比电极主要用于临时测量;而其他两类参比电极为固体参比电极,适于安装在船体上长期使用。

4.4.1 铜/饱和硫酸铜参比电极

在钢铁构筑物(如储罐、管道、船舶、码头等)的阴极保护领域,常常会用到铜/饱和硫酸铜参比电极。铜/饱和硫酸铜参比电极具有耐腐蚀、电位稳定、不易极化、灵敏度高、制作简单等特点,适合在海水、淡水和土壤中使用。该电极的理论原型是在饱和硫酸铜溶液中置入铜电极,铜与溶液发生如下电极反应:

$$Cu \rightleftharpoons Cu^{2+} + 2e \qquad (4-3)$$

即铜成为铜离子的反应是可逆的,该参比电极的电位可用下式计算:

$$E = E^0 + \frac{RT}{nF}\ln a_{Cu^{2+}} \qquad (4-4)$$

式中:E 为参比电极的电位(V);E^0 为铜的标准电位(V);R 为气体常数,$R = 8.314 \text{J}/(\text{mol}\cdot\text{K})$;$T$ 为绝对温度(K);F 为法拉第常数,$F = 96500 \text{C/mol}$;n 为参加反应的电子数,此处为 2;$a_{Cu^{2+}}$ 为铜离子的活度。

25℃时铜/饱和硫酸铜电极电位可用下式计算:

$$E = 0.337 + 0.030 \lg a_{Cu^{2+}} \qquad (4-5)$$

阴极保护工程中经常使用的铜/饱和硫酸铜参比电极有两种:便携式参比电极和长效埋地型参比电极。

便携式铜/饱和硫酸铜参比电极产品构造简单,多为绝缘材料(如有机玻璃)制作的圆筒形电极体,内部充装饱和硫酸铜溶液,浸泡在硫酸铜溶液中的铜电极固定于电极体一端与测量线相接,电极体另一端封以半透膜为测量端,即与被测量环境的接口。透明有机玻璃可以便于观察内部溶液的状况。铜电极由电解铜制成,在浸入硫酸铜溶液之前,用砂纸打磨,并在 20% NaOH 溶液中煮沸以除去油污,取出后用蒸馏水洗净。半透膜是铜/饱和硫酸铜参比电极的关键部件之一,它要求化学性质稳定,既有相当的密封性,又有均匀的渗透性,以保证测量过程中离子交换和导电。微孔(微渗)陶瓷或软木是制作半透膜的良好材料。用蒸馏水和分析纯硫酸铜配制溶液,需要注意的是在溶液中应有过剩的硫酸铜结晶,以维持饱和状态。初次使用或长时间搁置后使用前应在海水或蒸馏水中浸泡 24h 左右。测量时应倒置 1~2 次,防止硫酸铜结晶堵塞半透膜。这种电极的电位稳定性与制作电极材料(铜、硫酸铜试剂)的纯度、处理方法(如电极是否镀铜,半透膜干湿状态等)以及电解液是否污染等因素有关。图 4-31 为典型的便携式铜/硫酸铜参比电极的结构示意图[74]。便携式铜/硫酸铜电极尺寸小,需要不断补充饱和硫酸铜溶液,主要应用于现场调研等临时测量场合,由于寿命较短,并不适合对金属结构物的电位进行长期测量。

因为铜/饱和硫酸铜参比电极是工作在液态,使用过程中硫酸铜溶液消耗流失,须经常补充,比较麻烦,在有些要求长时间连续采样测试的场合常因维护不及时发生测量间断。为了解决这一问题,满足埋地管线等地下金属结构物阴极保护的需要,发展了长效铜/饱和硫酸铜参比电极。该参比电极是在陶质或素瓷罐体内充装硫酸铜晶体和铜电极,连接电极引线制成,陶瓷罐体既是电极本体,也是测量接口。长效铜/饱和硫酸铜参比电极实际上和便携式铜/饱和硫酸铜参比电极原理是一样的,不过因为整个电极结构与测试环境融合在一起,埋设后应依靠环境介质中水的渗入来形成饱和硫酸铜溶液。由于尺寸较大,装载的硫酸铜晶体量大,所以参比电极使用寿命长,可达到10年以上,使用过程中不须维护,因而在土壤介质中得到广泛使用。

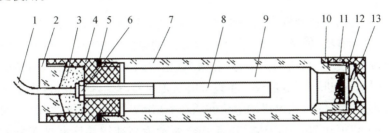

图4-31 便携式铜/饱和硫酸铜参比电极的结构示意图
1—电缆;2—密封盖;3—密封填料;4—电极座;5—密封垫;6—螺母;7—护套;
8—电极体;9—饱和硫酸铜溶液;10—密封垫;11—压紧盖;12—密封垫;13—半透膜。

4.4.2 锌及锌合金参比电极

锌电极属于固体参比电极,往往是直接放置在被测金属周围的介质中。开始时金属锌周围并没有锌离子存在,但是由于锌电极在溶液中会发生溶解,在电极表面的溶液中就产生了一定浓度的锌离子,金属锌和锌离子之间就建立起了平衡。电极表面的反应如下:

$$Zn \rightleftharpoons Zn^{2+} + 2e \quad (4-6)$$

锌电极的电位取决于溶液中锌离子的活度和温度,其电位可用下式计算:

$$E = E^0 + \frac{RT}{2F}\ln a_{Zn^{2+}} \quad (4-7)$$

式中:E^0为锌电极的标准电极电位(V),25℃时$E^0 = -0.763\text{V}$;R、T、F的意义与式(4-4)中的相同;$a_{Zn^{2+}}$为溶液中锌离子的活度。

船用锌参比电极主要包括高纯锌参比电极和Zn-Al-Si合金参比电极。用作参比电极的高纯锌纯度应不小于99.999%。杂质对高纯锌的阳极行为和自溶性有很大的影响。杂质的存在会阻止锌的长期溶解和活化。Zn-Al-Si合金参比电极的化学成分要求如表4-6所列。Fe、Cu是锌合金电极中有害的杂质,必须限制其含量,以保证阳极的电化学性能。通过加入适量Al和Si,可以使锌合金表面更容易发生活化,溶解更均匀。由于可以采用纯度为99.99%的锌来制备Zn-Al-Si合金参比电极,因此降低了材料的成本。

表 4-6 Zn-Al-Si 合金参比电极的化学成分要求

元素	合金元素			杂质元素	
	Zn	Al	Si	Cu	Fe
含量/%(质量分数)	余量	1.4~1.7	0.10~0.16	<0.005	<0.005

表 4-7 列出了锌及锌合金参比电极以及其他参比电极的电化学性能[74]。从表 4-7 中可以看出,锌及锌合金参比电极本身的电极电位较负。因此船体相对于锌参比电极的电位一般均为正值,这和银/氯化银以及铜/饱和硫酸铜参比电极正好相反。因此,在进行恒电位仪设备设计时必须要考虑到这一点,以便和所选用的参比电极相适应。锌参比电极的电位波动在 ±15mV 以内,当通以 10μA 的极化电流时,电位极化值在 20mV 以内。图 4-32 所示为高纯锌参比电极在海水中实际测量的电极电位随时间的变化[75]。从图 4-23 中可以看出,浸泡 2d 后电极电位开始进入稳定的波动状态,高纯锌参比电极的稳定电位约为 -1.018V(SCE),电位波动为 ±7.0mV。尽管锌及锌合金参比电极的性能较银/氯化银参比电极要差一些,但其精度可以满足实际工程的需要。

表 4-7 参比电极的电化学性能

参比电极种类	电极电位/V(SCE)	电位稳定性/V	极化值/V	
			阴极电流 10μA	阳极电流 10μA
银/氯化银参比电极	0.0015~0.0095	±0.005	>-0.005	<+0.005
锌及锌合金参比电极	-1.014~-1.044	±0.015	>-0.020	<+0.020
铜/饱和硫酸铜参比电极	0.069~0.074	—	—	—

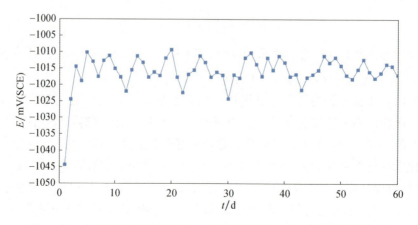

图 4-32 高纯锌参比电极在海水中实际测量的电极电位随时间的变化

环境因素会对锌及锌合金参比电极的性能产生一定的影响。锌电极的电位取决于锌离子的活度,只有锌发生溶解才能形成稳定的电极电位。海水是含有多种盐的近中性电解质溶液,并含有一定浓度的溶解氧。锌在海水中溶解时阴极过程主要是氧的去极化,锌的溶解主要受氧的扩散所控制。因此,随流速增大,锌的稳定电位变负,电位随时间的变化曲线波动越平缓。但是流速过高,也会影响锌与表面锌离子之间的平衡反应,难以达到稳定状态。海水中的氯离子是一种半径小、穿透能力强的阴离子,对金属表面的氧化膜有很强的破坏能力,有助于锌电极的活化溶解。氯离子浓度越低,其稳定电极电位越正,例如,高纯锌电极在海水和淡水中的稳定电位分别为 $-1.020\text{V}(\text{SCE})$ 和 $-0.950\text{V}(\text{SCE})$[76]。

温度会影响锌及锌合金参比电极的电位。高纯锌电极在温度较低时(低于 40℃)电位随温度变化较小,温度较高时(大于 40℃)电位随温度升高明显正移。可见温度对高纯锌参比电极呈现较复杂的综合性影响[75,77]。

海水中微生物膜的形成易改变金属表面电化学状态,海水介质中的微生物活性会导致电极电位正移,并加速锌在海水中的电化学腐蚀。锌溶解腐蚀后可形成氢氧化锌,如积聚在锌的表面上,则会阻止锌的进一步溶解,会导致锌的钝化,从而影响参比电极的性能。

通过恒电流阳极氧化的方法可提高锌参比电极的电位稳定性。对高纯锌参比电极施加一定的阳极电流密度,可促进锌电极表面活化溶解,使锌电极电位波动减小,有助于提高电极电位的稳定性[76,78]。

锌及锌合金参比电极具有足够的稳定电位和较高的交换电流密度,并具有较低的电阻率和极化率,适合在海水、淡海水以及淡水中作参比电极。锌电极结构通常为盘状或柱状,采用机械加工成形,具有易于制造,价格低廉,电极强度高,不易损坏,使用寿命长等优点,在阴极保护工程中得到较多的应用。

将参比电极体封装在绝缘支座中以构成参比电极组件。锌参比电极通常会暴露较大的工作表面,以便获得更稳定的电位和更好的抗极化性能。图 4-33 所示为船用锌及锌合金参比电极组件及其安装结构示意图[74],采用该结构可以满足船用参比电极的绝缘性和水密性要求。

4.4.3 银/氯化银参比电极

银/氯化银参比电极是由金属银及其难溶盐(AgCl)和溶液中的氯离子所组成的可逆电极体系,适用于海水和淡海水等含有氯离子的介质中。银/氯化银参比电极已在船舶阴极保护系统中得到广泛应用。该参比电极具有优异的电位稳定性和高的抗极化性能,通过采用合适的制备工艺和结构设计可以获得长寿命参比电极。银/氯化银/海水体系的电极反应为

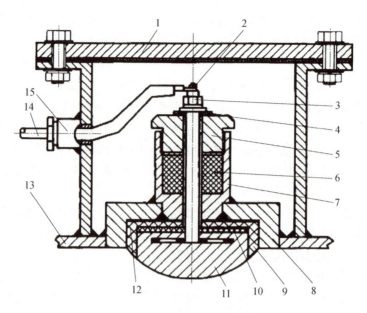

图4-33 船用锌及锌合金参比电极组件及其安装结构示意图
1—水密罩;2—接线柱;3—螺母;4—绝缘垫;5—压紧螺母;6—密封填料;7—填料函;
8—填料函座;9—绝缘体;10—水密垫;11—电极体;12—填料;13—船体;
14—电缆;15—电缆填料函。

$$AgCl + e \rightleftharpoons Ag + Cl^- \qquad (4-8)$$

该电极反应是可逆的,其电极电位可用下式计算:

$$E = E^0 - \frac{RT}{F}\ln a_{Cl^-} \qquad (4-9)$$

式中:E^0 为电极的标准电位(V),即氯离子活度 $a_{Cl^-}=1$ 时电极电位;a_{Cl^-} 为溶液中氯离子的活度;R、T、F 与式(4-4)中意义相同。

25℃时银/氯化银参比电极电位可用下式计算:

$$E = 0.222 - 0.0592\lg a_{Cl^-} \qquad (4-10)$$

银/氯化银参比电极可分为封闭式电极和开放式电极。封闭式电极是将有 AgCl 表面层的银电极体放在 NaCl 溶液中并用多孔隔膜与外面的介质隔开,通常作为便携式电极使用,但该电极要定期更换电解液以保持电位恒定。开放式电极采用固定式,它的电解液就是外面的环境介质(如海水),因此其电位与海水的盐度(或氯度)及温度存在较大关系。

1. 电极制备方法

海洋船舶阴极保护用银/氯化银参比电极体主要包括圆柱状、螺旋状和网状,常用的制备方法包括电解法、热分解-电解法、热分解法、粉压法和热浸涂法。工程中用的全固态银/氯化银参比电极通常采用粉压法或热浸涂方法制备。

1) 粉压法

粉压法的操作步骤:首先将银粉与氯化银粉按一定比例均匀混合后倒入模具,在设定压力下一次冷压成圆柱状电极体;然后把电极体放入瓷坩埚中,一起放在马弗炉内进行高温烧结。将烧结好的电极体按要求的尺寸进行机械加工,洗净经 0.1mol/L HCl 活化 1 周后,放入避光的 3.5% KCl 溶液中待用。采用不同的原材料以及不同的压制和烧结工艺对粉压法电极的性能有一定的影响。

通过研究粉压法银/氯化银参比电极在海水和海泥中的电位稳定性[79],发现银/氯化银参比电极在海泥中 280d,其电极电位波动为 4.0mV;在海水中 132d,电极电位波动 2.5mV,且重复性好,表明银/氯化银参比电极在海水和海泥中均具有较好的电位稳定性。另外,在模拟海水深度 0~300m 的高压环境进行测试,最大电极电位波动为 3.3mV,表明海水压力对电极电位稳定性影响不大。

通过测试烧结温度((320 ± 5)℃、(500 ± 5)℃)、介质温度(10~40℃)及介质纯度等因素对粉压法银/氯化银参比电极性能的影响[80],发现两种不同的烧结温度对电位稳定性无影响。介质温度对电极电位影响小,即具有较小的温度系数。而介质纯度明显影响电极电位的稳定性,选用电极内阻小的合适的电极腔体,充入 KCl 溶液,可保证参比电极达到高精度要求。

另外,浸泡时间、粉末制备方法和相对流速等因素也会对银/氯化银参比电极电位稳定性产生影响。试验发现,固相法粉末制备的电极其浸泡稳定性好,电位波动在 2mV 以内,海水流速小于 3.6m/s 时对电极电位无显著影响。因此,粉压银/氯化银参比电极可作为水下阴极保护电位检测和监测用参比电极。

结合深海高压使用环境的具体特点,研究人员采用粉压法研制了深海用全固态高精度的银/氯化银长效参比电极,并进行性能测试[81]。参比电极在海水中具有良好的长期稳定性、能斯特(Nernst)响应特性和温度响应特性,长期海水浸泡电极电位漂移为 ±0.5mV,当水流速度小于 5m/s 时,电极电位几乎不受影响。采用电化学阻抗谱技术对电极的动力学参数进行了测量,对比了不同情况下的电极表面状态,结果表明银/氯化银参比电极具有较小的极化电阻,并具有良好的可逆电极过程的特征。

粉压法制备的银/氯化银参比电极在海水中具有较好的电化学性能,可满足相应的技术指标要求(表 4-7),但使用寿命相对较短,约为 6 年,在长期使用过程中容易产生逐步粉化的现象,从而导致其提早失效。

2) 热浸涂法

热浸涂法的步骤是将银基体进行清洁处理后,先预热,然后部分浸没在熔融的 AgCl 中,一定时间后取出自然冷却,再用氢或电化学方法还原,得到电极体[82-84]。

还原方法会显著影响参比电极的表面微观结构和电极性能。图 4-34 所示为氢还原方法和电化学还原方法制备的银/氯化银参比电极的表面典型形貌[83]。氢还原法制备的参比电极表面在部分晶界上以及晶界的交汇处有一些点状和岛状区域,电极表面还原存在不均匀性。电化学还原法制备的参比电极表面出现比较细小的多孔结构,增加了参比电极的比表面积,有益于参比电极抗极化性能的提高。

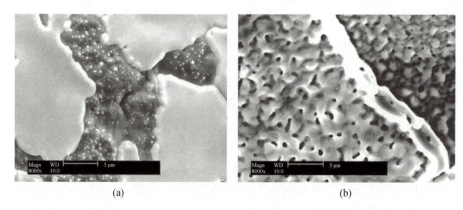

图 4-34 热浸涂法制备的银/氯化银参比电极表面典型形貌
(a)氢还原法;(b)电化学还原法。

图 4-35 所示为不同还原方法制备的热浸涂银/氯化银参比电极的线性极化曲线[83]。结果表明,与氢还原法相比,电化学还原法制备的参比电极极化电阻 R_p 由 10.92Ω·cm² 降低至 8.33Ω·cm²,具有更好的抗极化性能。不同还原法所制备的电极的电位稳定性和温度系数没有明显区别。

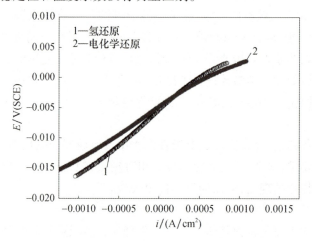

图 4-35 热浸涂法制备的银/氯化银参比电极的线性极化曲线

图 4-36 所示为热浸涂法和粉压法制备的银/氯化银参比电极在海水中的电极电位随时间的变化[85]。由图 4-36 中可以看出,在两个月的时间里,两种方法制备的银/氯化银参比电极均具有良好的电位稳定性。在最初几天电位波动稍大,随后趋于稳定,波动范围约为 ±1mV。但是,热浸涂法制备的银/氯化银参比电极的极化电阻($7.9\Omega \cdot cm^2$)要明显低于粉压法制备的电极($13.6\Omega \cdot cm^2$)。采用 $10\mu A$ 的阳极电流和阴极电流进行极化测试,热浸涂银/氯化银参比电极的极化值为 1mV,而粉压法制备的银/氯化银参比电极极化值约为 3mV。因此,热浸涂银/氯化银参比电极具有更好的抗极化性能。

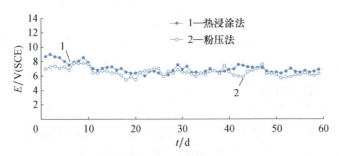

图 4-36　热浸涂法和粉压法制备的银/氯化银参比电极在海水中的电极电位随时间的变化

2. 电极失效机理与寿命预测

在实际阴极保护工程中,光照、介质污染、水流冲刷及漏电流极化均可导致参比电极发生暂时或永久失效,前三点可以通过采取一定的措施避免其发生,如在电极外面加装不透光的密封电极套,只留下多孔结构和电解液相通,既可以避免光照,又可以避免水流冲刷,还可以一定程度上避免沾污的影响,但是漏电流极化的影响则是不可避免的。

通过大电流加速极化试验方法研究了银/氯化银参比电极漏电流情况下的失效过程及机理[83,86]。在 3.5% NaCl 溶液中,先对参比电极进行阶梯电流阴极极化,分别通以 -2mA 的电流 60min、-20mA 的电流 240min、-50mA 的电流 600min,每阶段结束后继续断电浸泡一定时间直至电位恢复或稳定,然后再进行下一阶段更大电流极化试验,直至电极失效(电位明显偏移不能恢复)。加速试验失效后的电极表面呈现疏松多孔结构,电极上的 AgCl 全部被还原为 Ag。为进一步分析电极失效过程中的表面状态的变化,测试了电极失效过程的电化学阻抗谱,如图 4-37 所示。

采用等效电路进行拟合,拟合结果列于表 4-8 中。从表 4-8 中可以看出,银/氯化银参比电极失效试验前涂层电阻和电荷转移电阻都比较大,说明此时电极表面 AgCl 涂层较多,而且电极尚未达到完全活化。使用 -20mA 阴极电流极化后,电极表面 AgCl 减少,涂层电阻减小,此时电极活化较完全,电荷转移电阻也减小。当电极完全失效后,电极表面 AgCl 完全被还原为 Ag,此时电荷转移电阻也变为 Ag 电极的电荷转移电阻,所以电阻明显增大。银/氯化银参比电极在漏电流情况下失效的主要原因是电极中 AgCl 被还原为 Ag。

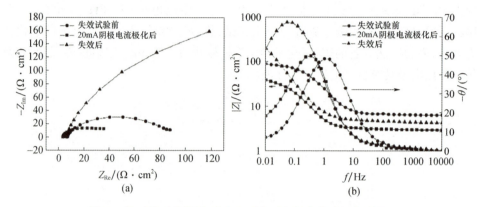

图 4-37　银/氯化银参比电极失效过程的电化学阻抗谱图

(a) Nyquist 图；(b) Bode 图。

表 4-8　银/氯化银参比电极的电化学阻抗谱拟合参数

电化学参数	失效试验前	20mA 阴极电流极化后	失效后
$R_s/(\Omega \cdot cm^2)$	6.451	3.032	4.575
$Q/Q_c/(F/cm^2)$	0.008739	0.06113	—
n_1	0.8622	0.8681	—
$R/R_c/(\Omega \cdot cm^2)$	69.27	32.03	—
$Q_{dl}/(F/cm^2)$	0.1175	0.8963	0.04546
n_2	0.3354	0.8535	0.8422
$R_{ct}/(\Omega \cdot cm^2)$	46.47	22.63	557.5

随着银/氯化银参比电极在海洋工程装备中的广泛应用,如何对电极寿命进行预测成为急需解决的关键问题之一。采用电化学石英晶体微天平研究了银/氯化银参比电极在 3.5% NaCl 溶液中电极表面 AgCl 的溶解过程,并结合扫描电子显微镜及能谱仪测试手段对 AgCl 溶解过程中电极表面形貌和成分进行分析,探讨银/氯化银参比电极表面 AgCl 含量与电极电位的关系。结果表明[87],银/氯化银参比电极表面的 AgCl 在 3.5% NaCl 溶液中会缓慢溶解,溶解速率约为 6×10^{-6} mg/min。结合能谱分析得到了石英晶体电极表面 AgCl 含量(质量分数)和电极电位的关系,如表 4-9 所列。当银/氯化银参比电极表面 AgCl 的质量分数为 8%~97% 时,电极电位比较稳定,并且接近理论电极电位,可作为有效参比电极使用。

表 4-9 电极表面不同 AgCl 含量范围时的电极电位

电极表面 AgCl 含量/%(质量分数)	电极电位范围/mV(SCE)
20~97	-4~-5.5
8~19	-5.5~-7.5
6~8	-7.5~-11
2~5	-11~-80
0~2	<-100

另外,通过极化容量方法可以有效预测电极的寿命[88]。一般船用参比电极测量时的漏电流不大于 1μA,按 1μA 的漏电流使用 20 年的时间可计算出所制备的银/氯化银参比电极的极化容量值。采用大电流(-200μA)对银/氯化银参比电极在海水中进行加速极化试验,在达到工作 20 年对应的极化容量值后监测电极状态和性能。在极化容量测试结束后,银/氯化银参比电极 1 天后即恢复到极化前的电位值,且电位稳定性较好,电极内阻略有增加,能谱分析电极上仍有足量银盐存在,仍可作为有效参比电极使用。

4.4.4 银/卤化银参比电极

银/卤化银参比电极是一种 AgCl、AgBr 固溶体混合物全固态电极,可以和海水中的卤素离子呈现更好的热力学平衡,克服了银/氯化银参比电极受海水中溴离子的影响导致电位不稳的现象,是海水中较理想的参比电极材料[89-90]。

根据化学海洋学中海水组成保守性和固-液平衡原理,以及海水中 Ag 的溶存形式,研究人员计算并合成了与天然海水中卤离子呈热力学平衡的卤化银固溶体。发现以该固溶体作为活性材料制成的全固态银/卤化银参比电极,对海水中氯离子活度具有理想的 Nernst 响应。在天然海水中浸泡近 4 年的结果表明,该电极具有良好的化学稳定性和电化学稳定性,且不存在电势漂移和光敏现象,可用作海洋构筑物阴极保护系统的长寿命参比电极[89]。

卤化银配比不同,制备的参比电极性能也存在较大差异。不同氯化银/溴化银配比的参比电极在海水中浸泡 30d 的电位-时间变化如图 4-38 所示[91]。从图 4-38 中可以看出,经活化后的银/卤化银参比电极在 30d 的浸泡过程中电极电位有小幅度波动,其中氯化银/溴化银为 77/23 的电极电位波动最小,波动值小于 1mV,而氯化银/溴化银为 60/40 的电极电位波动相对最大。另外,随着 AgBr 含量的增加,银/卤化银参比电极的电极电位向负向移动,主要是由于银/卤化银参比电极的电位反映的是银/氯化银、银/溴化银的混合电位,银/溴化银的电极电位小于银/氯化银的电极电位,所以溴化银的含量越多,电极的电位越负。

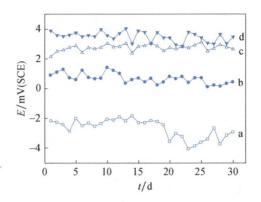

图4-38　银/卤化银参比电极在海水中浸泡30d的电极电位-时间曲线

AgCl与AgBr质量比分别为:a—60/40;b—70/30;c—77/23;d—85/15。

与银/氯化银参比电极一样,银/卤化银参比电极也可采用粉压法或热浸涂方法制备。研究了氢还原和电化学还原对热浸涂银/卤化银参比电极性能的影响[92]。结果表明,两种还原方法制备的银/卤化银参比电极都具有良好的电位稳定性。但电化学还原法制备的银/卤化银参比电极比表面积较大,极化电阻和极化值较小,抗极化性能优于氢还原法制备的银/卤化银参比电极。两种方法制备的银/卤化银参比电极温度系数相差不大,且都较小,约为0.3mV/℃。

全固态银/氯(卤)化银参比电极由于具有优异的电化学性能和长寿命,已在海洋船舶阴极保护系统中得到广泛的应用。银/氯(卤)化银参比电极体需要封装在由绝缘材料加工成的电极套中,电极体的工作部分位于电极套的空腔内,通过隔膜与海水接触,可避免受到水流冲击的干扰以及海洋生物附着的影响,保证了电极可靠性。图4-39所示为船用长寿命银/氯(卤)化银参比电极组件。图4-40所示为船用银/氯(卤)化银参比电极实船安装结构示意图[74],参比电极在船体上安装后应具有良好的绝缘性和水密性能。

图4-39　船用长寿命银/氯(卤)化银参比电极组件

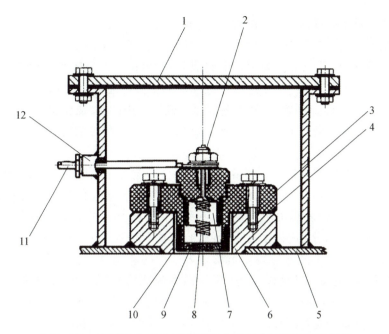

图4-40 船用银/氯(卤)化银参比电极实船安装结构示意图
1—水密罩;2—接线柱;3—上法兰;4—橡胶垫;5—船体;6—焊接法兰;
7—3.5% NaCl 溶液;8—电极体;9—半透膜;10—渗水套;11—电缆;12—电缆填料函。

4.4.5 影响参比电极性能的外部因素

影响参比电极性能的因素除了电极体本身外,还有外部环境因素,主要包括温度、光线、电解质浓度和介质污染等。这些因素的具体影响如下[93-94]。

温度是影响参比电极电位的重要因素。根据能斯特方程可知参比电极电位取决于温度和离子的活度。在离子活度不变的情况下,电极电位和温度呈线性关系。另外,当温度升高时,能够溶解于饱和溶液中的盐量也增加,从而间接影响电极电位。当环境温度变化较大时,温度系数会使电位测量产生较大误差。因此,在现场使用参比电极时,需考虑环境温度的影响,必要时要用温度系数对测量数值进行修正。

对于光敏性的铜盐和银盐,光线会影响其所构成参比电极的电位。例如,铜/饱和硫酸铜参比电极有较高的光敏感性,夏至正午在阳光直接照射下的铜极棒与处于无光照条件下的相同铜极棒的电位差为-52mV。因此,铜/饱和硫酸铜参比电极更适合用于避光的土壤中。光线对银/氯化银参比电极的影响通常小于1mV,虽然银/氯化银参比电极光敏性小,但是光照能促使 AgCl 的分解。如果溶液中有溶解氧存在,在电极表面将生成 Ag_2O,使电极电位发生漂移。因此,在此类参比电极的制备以及使用过程中,应注意采取避光措施。

参比电极的电位随其电解液中活性组分的活度变化而变化。当参比电极采用内参比溶液时,其电解液为恒定的组成,一般电位的变化较小。而当固体参比电极直接和海水等介质接触时,由于电解液的组分可能发生变化,将会导致参比电极电位发生偏移。例如,在处于潮汐河口或淡水中的银/氯化银参比电极,随水中氯离子浓度减小会发生电位正移;高纯锌参比电极在稀释的海水中,电位也会发生正移。

参比电极在使用过程中电解液的沾污将会影响参比电极的电位,原因是污染物和电极同时发生相互竞争的化学反应,而每个化学反应有自己的特征电位,这样,电极的实际电位就是由个别的反应所建立起所有电位的混合电位。这些污染物中主要包括卤化物、硫化物等。例如,氯离子浓度达到一定程度时,会使铜/饱和硫酸铜参比电极的电位发生负移。大气中的硫化物会影响到储存着的干式银/氯化银参比电极。其他卤化物(溴、碘)和硫化物对铜/饱和硫酸铜和银/氯化银参比电极有类似的有害作用。对于在海水中使用的第二类参比电极来说,海洋环境是一个复杂的电解液环境。海水中存在大量的污染物和杂质,这些物质可能会在参比电极表面发生吸附、沾污,从而不同程度地引起电极电位的不稳定,使得参比电极测量精度降低。海水中的钙、镁、铁等离子附着在参比电极表面,使参比电极极化或活性降低,从而缩短参比电极的使用年限。另外,海洋生物附着在参比电极体上,会减小参比电极的表面积,同时由于生物的新陈代谢改变了电极表面局部环境,也会影响电极电位的稳定性。

4.5 其他附件

4.5.1 阳极屏

阳极屏是指在阳极周围的船体上涂覆的专用绝缘屏蔽层,其作用是使阴极保护电流能投射得更远,从而增大保护范围,并使船体表面上的电位和电流分布更均匀,避免在辅助阳极附近的船体因电位过负而产生过保护,导致船体和油漆涂层的损伤。阳极屏涂层应具有良好的防腐性能和高附着力以及柔韧性,还必须具有优异的耐电位性能(耐阴极剥离性能)。由于在辅助阳极附近阴、阳极反应会产生很多的侵蚀性化学物质,因此阳极屏应耐氯气以及酸性和碱性环境的作用。此外,还应具有良好的施工工艺性能。

早期阳极屏曾采用过水泥砂浆层或阴极保护漆,但这些屏蔽层易于脱落或耐阴极剥离电位较低,使用寿命较短。后来船用阳极屏主要采用环氧腻子涂层[95],

以环氧树脂为主成膜物,采用固化性、柔韧性、稳定性均好的单一固化剂,以提高涂料的储存稳定性以及涂层的柔韧性。通过加入少量有机氮碱,以提高涂层的附着力和防锈性能。加入碳酸钙和超细云母粉作为填料以提高涂层的绝缘性能和耐阴极剥离性能。该阳极屏涂层(干膜厚度900μm)与基体的附着力达到11MPa。经过4400h的盐雾试验后,涂层仍保持完好。对阳极屏涂层在海水中施加-3.5V(相对于银/氯化银参比电极)的阴极电位,在75天的试验时间内,保护电流一直为0,表明具有优异的绝缘性能和耐阴极剥离性能。按照《漆膜耐冲击测定法》(GB/T 1732—2020)进行50cm冲击试验,涂层完好,没有裂纹、皱纹及剥落等现象。阳极屏涂料的储存稳定性达到1年以上。这些性能可满足船舶及海洋工程阳极屏涂料的相关技术要求[96]。随着大型船舶的发展,船体外加电流阴极保护系统中单只辅助阳极的排流量不断增加,其输出电流可达到120A,甚至200A,相应地对阳极屏涂层提出了更高的要求。为满足大排流量辅助阳极的需要,发展了新型环氧阳极屏涂层(8702-5型),该阳极屏涂层的性能如表4-10所列[17]。

表4-10 新型环氧阳极屏涂层的性能

性能	试验方法及试验条件	性能指标
附着力	《色漆和清漆 拉开法附着力试验》(GB/T 5210—2006)	13.4MPa
耐冲击性能	《漆膜耐冲击测定法》(GB/T 1732—2020)	50cm,无裂纹及剥落等现象
耐盐雾性能	《色漆和清漆 耐中性盐雾性能的测定》(GB/T 1771—2007)	4400h(1级) 漆膜完好,钢板无锈
耐阴极剥离性能	《船舶及海洋工程阳极屏涂料通用技术条件》(GB/T 7788—2007) -4.5V(SCE),平均涂层厚度约1000μm	通电90d,极化电流始终为0.2~1.0μA,而且也没有上升的趋势,涂层无起泡、剥落和粉化

阳极屏涂层可采用刮涂或喷涂,涂层厚度从辅助阳极组件向外逐渐减小,通常在辅助阳极托架的边缘涂层厚度至少达到3mm,然后向外围逐渐减薄到0.5mm左右。

涂层厚度对阳极屏的绝缘性能和耐阴极电位性能有明显的影响。参照GB/T 7788—2007的试验方法[96],对不同厚度的阳极屏涂层试样,在海水中施加不同的阴极极化电位,然后监测其极化电流随时间的变化。试验用阳极屏涂层的厚度分别为500μm和1000μm,施加的阴极电位分别为-4.5V(SCE)和-10V(SCE),该电位为名义电位,包含有涂层本身的IR降。

图4-41所示为500μm厚的阳极屏涂层在-4.5V(SCE)和-10V(SCE)

下的阴极极化电流随试验时间的变化。由图中可以看出,当阴极极化电位为 -10V(SCE)时,在极化初期,就有明显的极化电流流过,随极化时间的延长,极化电流增大的幅度比较快,同时发现阴极极化电流呈一定的台阶方式增大,在一个月后,极化电流已达到30mA,此时涂层表面出现可观察到宏观微孔,在试验结束时,极化电流达到70mA,涂层表面的微孔已经发展成裂纹。试验结束后,拿出试样进行检查,涂层表面除了裂纹外,在局部出现鼓泡现象。剥除鼓泡和开裂部分,发现已有35%~40%面积的涂层发生了破坏。这表明500μm厚的阳极屏涂层不具有耐-10V(SCE)阴极电位的能力。而在-4.5V(SCE)电位下,在通电初期,阴极极化电流几乎为0,随极化时间的延长,极化电流也呈台阶方式增大,试验40天后的极化电流约为5μA,52天后约为11μA。试验结束后检查表明,阳极屏涂层没有产生阴极剥离或破坏。对比图4-41(a)中的曲线1和曲线2,可以看出提高阴极极化电位值,会加速环氧阳极屏涂层阴极剥离的发生。

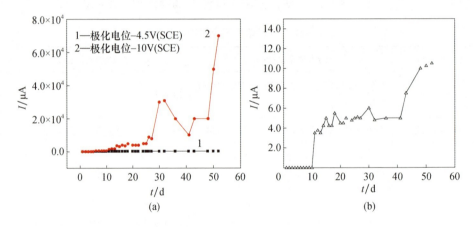

图4-41 500μm厚的环氧阳极屏涂层在不同极化电位下的阴极极化电流随试验时间的变化

(a)极化电位为-4.5V(SCE)和-10V(SCE);(b)极化电位为-4.5V(SCE)(1的电流放大图)。

图4-42所示为500μm和1000μm厚的环氧阳极屏涂层在-10V(SCE)下的阴极极化电流随试验时间的变化。从图4-42中可以看出,对于1000μm厚的环氧阳极屏涂层,随极化时间的延长,阴极极化电流呈台阶状逐渐增大。试验时间达到10天时,极化电流约为12μA;当试验时间达到30天时,极化电流增加到大约100μA。而当试验结束时(试验时间为52天),阴极极化电流达到了约200μA,但和500μm厚的阳极屏涂层相比(极化电位同样为-10V(SCE)),其阴极极化电流仍要小得多,相差约350倍。试验结束后的检查表明,涂层没有产生阴极剥离和破坏。因此,从试验结果来看,1000μm厚环氧阳极屏涂层基本上具有可耐

-10V(SCE)电位的能力。但从长期可靠工作的角度来考虑,在施加-10V(SCE)电位的条件下,阳极屏涂层的厚度还应进一步增加。

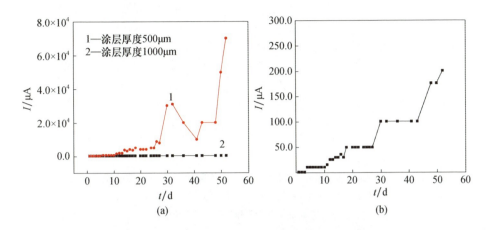

图4-42 500μm和1000μm厚的环氧阳极屏涂层在-10V(SCE)下的阴极极化电流随试验时间的变化
(a)涂层厚度为500μm和1000μm;(b)涂层厚度为1000μm(2的电流放大图)。

了解辅助阳极周围船体上的电位分布对阳极屏涂层的涂装(涂刷厚度)具有很好的指导意义。采用长条状大排流量钛基金属氧化物辅助阳极组件安装在涂刷阳极屏的钢板上进行了实海试验。试验模拟实船情况,将钢板垂直吊挂在钢质浮码头的侧面海水中。阳极的长度方向和浮码头的长度方向一致。图4-43所示为当阳极排流量不同时在阳极周围沿阳极长度方向钢板电位分布。图4-44所示为相同条件下沿海水深度方向(阳极宽度方向)钢板电位分布,所测电位为相对于铜/饱和硫酸铜参比电极的电位值。从图4-43中可以看出,随阳极排流量的增大,钢板电位负移,越靠近阳极中心阴极电位绝对值升高得越大。当阳极排流量分别为20A、50A和100A时,在阳极托架边缘处(长度方向)的电位分别为-1.84V、-3.3V和-5.2V。若从深度方向电位分布来看,在阳极托架边缘处的阴极电位分别为-2.9V、-5.3V和-9.6V。这表明在长条状阳极周围与阳极屏涂层交界处的电位分布是不均匀的。越靠近阳极中心处对阳极屏的耐电位性能要求越高。事实上,阳极屏涂层的厚度靠阳极托架处最厚,从里向外逐渐减薄,也是为了改善阳极屏涂层的耐电性能,与阴极电位的分布相一致。所采用的环氧阳极屏涂层在厚度为1000μm时,在-10V电位下经50余天涂层也仍然保持完好,表明该阳极屏涂层具有极优异的耐阴极剥离性能。考虑到阳极托架周围与阳极屏交界的区域最负电位为-9.6V,而此处阳极屏涂层的厚度可达3mm以上,因此该阳极屏涂层可以满足大排流量阳极组件相配套的需要。

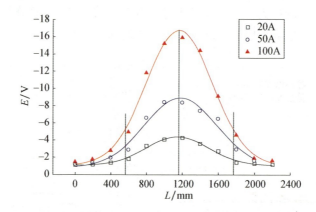

图 4-43 阳极排流量不同时在阳极周围沿阳极长度方向钢板电位分布

数据点为测量值,曲线为拟合值;中间标记线为阳极中心线,
两边标记线间距为阳极托架的长度范围。

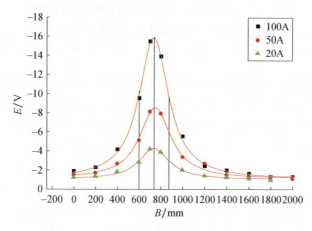

图 4-44 阳极排流量不同时在阳极周围沿海水深度方向钢板电位分布

数据点为测量值,曲线为拟合值;中间标记线为阳极中心线,
两边标记线间距为阳极托架的宽度范围。

图 4-45 和图 4-46 所示分别为排流量为 20A 和 100A 时所测得的阳极周围钢板上的阴极电位等值线分布图。从图 4-45 和图 4-46 中可以看出,在紧靠阳极周围电位最负,然后很快衰减。随阳极排流量增大,钢板的电位均负移,而且中心部位负移最大。另外,在靠近长条板状辅助阳极的周围电位场呈近似椭圆形分布,而随着离开阳极的距离增大,等电位线的形状逐渐变化成圆形,即沿阳极长度方向电位变化梯度较大,而沿着阳极宽度(海水深度)方向的电位梯度较小。这一现象对阳极屏形状的设计是非常有意义的。

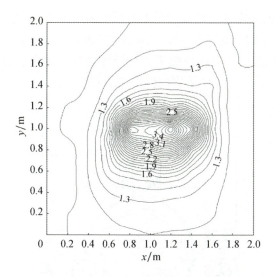

图4-45　排流量为20A时阳极周围的阴极电位分布图

图中标注的电位为绝对值(V)。

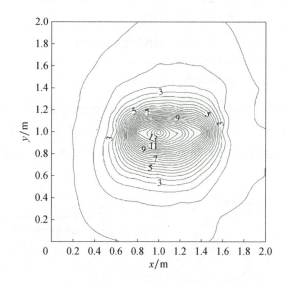

图4-46　排流量为100A时阳极周围的阴极电位分布图

图中标注的电位为绝对值(V)。

4.5.2　轴接地装置及舵接地

为使螺旋桨也和船体壳板一起获得阴极保护,必须使螺旋桨与船体保持电连通状态。但是,由于螺旋桨旋转时,轴承中会形成油膜,使得尾轴和船体之间存在较大的接触电阻,因此需要安装专门的螺旋桨轴接地装置来实现电性连接。轴接地装置主要由安装在轴上的导电滑环、碳刷、刷握和刷握支承架所组成,如图4-47所示[97]。安装的轴接地装置应使螺旋桨与船体之间的电位差降低到0.1V以下,用于测量的碳刷(刷握)应和船体之间保持绝缘状态。

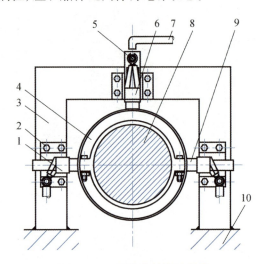

图4-47　螺旋桨轴接地装置

1—刷握;2—固定螺栓;3—刷握支承架;4—滑环;5—绝缘圈;6—测量刷握;
7—测量电缆;8—螺旋桨轴;9—碳刷;10—船体。

舵接地的目的是使得舵与船体处于良好的电性连接状态,从而与船体壳板一起获得保护。可在舵机舱内用截面积不小于$25mm^2$的单芯船用软电缆使舵柱与船体短路,其接地电阻应小于0.02Ω。图4-48所示为舵接地电缆连接示意图[98]。

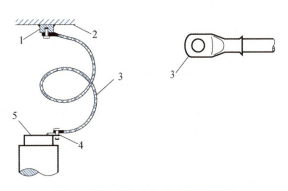

图4-48　舵接地电缆连接示意图

1—电缆接线板(可用螺栓连接或焊接);2—船壳板内侧;3—接地电缆及电缆接头;
4—舵柱上的电缆接线板;5—舵柱。

4.6 外加电流阴极保护系统的设计与安装

4.6.1 外加电流阴极保护系统的设计准则

在阴极保护设计时,首先要确定合适的阴极保护电位范围,既要使船体腐蚀得到有效控制,又不能对船体结构和涂层等产生不利的影响。通常情况下,船体外加电流阴极保护电位宜处于 -0.80 ~ -1.10V(相对于 Ag/AgCl 参比电极,下同),最好控制在 -0.80 ~ -1.00V。对于有氢脆敏感性的高强钢或其他合金材料,应控制其阴极保护电位不可太负;对于表面涂覆有防腐涂层的金属材料,其最负阴极保护电位不应导致涂层产生阴极剥离;对于 -1.10V 的最负电位,常用船体防腐涂层体系通常都是允许的,随着高性能防腐涂层如改性环氧防腐涂层体系的采用,涂层可以耐更负的阴极保护电位。主要船用材料在海水中的合适阴极保护电位范围如表 2-49 所列。

对于同样的材料来说,其在海水中的阴极保护电位准则与阴极保护方式没有关系,外加电流阴极保护和牺牲阳极阴极保护的合适电位范围应该是一致的。但考虑到外加电流阴极保护采用的辅助阳极数量通常较少,每只阳极发生电流量大,易导致船体表面产生更高的电位分布不均匀性,因此当采用外加电流阴极保护时,船体的保护电位范围可以稍微更宽一些。在辅助阳极布置位置和数量受到限制时,船体保护电位范围可为 -0.75 ~ -1.10V[97]。

船用参比电极通常采用银/氯化银参比电极或高纯锌及锌合金参比电极。便携式铜/饱和硫酸铜参比电极则常用于临时性测量。几种参比电极之间的电位差以及船体相对于不同参比电极的保护电位控制范围如图 4-49 所示[97]。

图 4-49 船体阴极保护电位范围与不同参比电极之间的对应关系

船体外加电流阴极保护系统的设计寿命比牺牲阳极要长得多,这是因为牺牲阳极是消耗性的,而船体上又不适合安装太多的牺牲阳极,以免增加航行阻力。随着不溶性辅助阳极材料以及长寿命参比电极的发展,其设计使用寿命可以达到20年。由于不需要经常更换,所以对于大型船舶来说,采用外加电流阴极保护系统可具有较低的寿命周期费用,有更高的效费比。

船体外加电流阴极保护系统设计包括:所需保护电流量的计算;恒电位仪种类和规格的选择;辅助阳极和参比电极材料、型号规格和数量的确定;阳极屏蔽层设计;电缆的选用以及辅助阳极和参比电极的布置等。

4.6.2 船体(含附体)所需保护电流量的计算

应根据船体(含附体)的浸水面积和保护电流密度来计算船体保护所需电流量,保护电流密度与船体的材质、表面涂装状况、船舶在航率、航速、坞修间隔以及水质状况有关。

1. 计算保护面积

船体的浸水面积可按式(3-4)或式(3-5)近似计算。螺旋桨的表面积按式(3-6)近似计算。舵或其他附体按实际尺寸计算面积。

2. 保护电流密度

影响保护电流密度的因素有很多,设计过程中,通常根据标准或类似工程的经验来选取保护电流密度。表4-11所列为推荐的船体不同部位的设计保护电流密度[97]。对于特殊船舶,可视其工作条件和允许进坞间隔期的长短,适当提高保护电流密度。船体表面油漆涂层的质量对保护电流密度影响很大,由于涂层随时间推移不可避免会发生老化和破损,因此船体所需的阴极保护电流密度会随着时间延长而增大[99]。有的标准会考虑涂层的破损系数,以裸金属的保护电流密度为基础,来计算寿命期内所需的最大保护电流[1]。由于外加电流阴极保护系统的输出电流是可调节的,因此保护电流密度的选取并不要求十分精确,只要阴极保护系统留有一定的裕量即可。

表4-11 船体外加电流阴极保护设计保护电流密度

部位	材料	表面状态	保护电流密度/(mA/m²)
船外壳板	钢板	表面涂装	30~50
螺旋桨	青铜、黄铜	裸露	500
声呐导流罩	不锈钢	裸露	350
舵	钢板	表面涂装	150

3. 保护电流量

全船总保护电流量的计算公式为

$$I = i_1 S_1 + i_2 S_2 + i_3 S_3 + i_4 S_4 \tag{4-11}$$

式中:I 为全船所需总保护电流量(mA);i_1 为船体的保护电流密度(mA/m^2);S_1 为船体的浸水面积(m^2);i_2 为螺旋桨的保护电流密度(mA/m^2);S_2 为螺旋桨的表面积(m^2);i_3 为舵的保护电流密度(mA/m^2);S_3 为舵的表面积(m^2);i_4 为其他附体的保护电流密度(mA/m^2);S_4 为其他附体的浸水表面积(m^2)。

4.6.3 外加电流阴极保护系统的选型与布置

根据全船所需的总保护电流量,参照《船用恒电位仪技术条件》(CB 3220—84)来选恒电位的型号规格。当保护电流量比较大,或进行分区阴极保护时,可采用多台恒电位仪独立供电。恒电位仪的输出电压应能克服电缆上的压降、阳极和阴极接水电阻导致的压降、阳极和阴极的极化电压以及开路状态下的反向电动势[100]。由于恒电位仪属于长期连续运行的设备,必须具有高可靠性,其额定输出容量应比正常工作状态留出适当裕量。当选用铂/钛复合阳极或钛基金属氧化物阳极作为辅助阳极时,恒电位仪的额定输出直流电压通常应不超过12V,以避免钛基体发生击穿的风险。恒电位仪应安装在易于操作和维护的位置,可采用立式或壁挂式,并安装减振器。所处环境温度不宜过高,湿度不宜过大,一般安装在机舱或离辅助阳极较近的舱内。

根据全船所需的总保护电流、船舶吨位、船舶总体设计的要求,结合设计保护寿命,参照《船用辅助阳极技术条件》(GB/T 7388—1999)选择辅助阳极的规格型号和数量,通常为偶数,左右舷对称布置。阳极的布置应使船体水下区域的保护电位均匀分布,且满足规定的保护电位范围。原则上,应布置在首部、中部和尾部,尾部偏多或采用大排流量阳极为宜;如遇中部不便安装的船舶也可在首、尾布置或仅尾部布置。对于小型船舶,可仅在尾部布置辅助阳极,使船体首部也能获得保护。对于大型船舶,一般均进行分区控制。首部需要的保护电流相对较小,通常采用圆盘状阳极以适应船体曲率要求。尾部受螺旋桨以及湍流的影响,所需保护电流大,常采用长条状大排流量阳极。阳极安装时应尽量镶嵌在船体上与船体平齐,或采用流线型结构,以减少流体阻力。辅助阳极应避免布置在易受到碰撞、刮擦等机械损坏的区域。

根据船舶总体的设计要求、船舶吨位和恒电位仪的安装数量,参照《船用参比电极技术条件》(GB/T 7387—1999)选择参比电极的规格型号和数量。原则上,每台恒电位仪配套安装的参比电极应不少于两个,其中包括用于控制的参比电极和测量船体电位用参比电极。参比电极布置的位置应具有代表性,通常位于阳极屏边缘以及沿长度方向两个辅助阳极中间部位的船体上。

在选择电缆型号规格时,应保证电缆的导体截面足够大,使其从恒电位仪到阳极接线端的线路电压降小于2V,并使各阳极的线路电压降尽量接近。同时,阴极接地电缆的电压降应小于0.1V。参比电极的电缆应采用屏蔽电缆。

图4-50所示为几种典型的船体外加电流阴极保护布置方案示意图[101]。

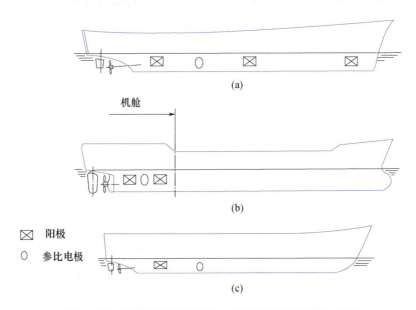

图4-50 典型的船体外加电流阴极保护布置方案示意图
(a)最佳布置方案;(b)船尾部区域布置方案;(c)船舶(长50m)布置方案。

4.6.4 阳极屏蔽层的设计与涂装

为了避免辅助阳极附近船体产生过保护导致船体和防腐涂层的损伤,并且使阴极保护电流分布更加均匀,在辅助阳极周围必须涂刷阳极屏蔽层。阳极屏蔽层的形状应与辅助阳极的形状相对应,目前主要分为圆形和长条形两种。

圆形阳极屏蔽层示意图如图4-51所示[102],其半径的计算公式为

$$r = \frac{I_a \rho}{2\pi (E_{min} - E)} \quad (4-12)$$

式中:r 为圆形阳极屏蔽层的半径(m);I_a 为辅助阳极的额定输出电流(A);ρ 为海水电阻率($\Omega \cdot m$);E_{min} 为船体在海水中最低程度的保护电位(V);E 为离辅助阳极中心为 r 处的船体电位(V),它取决于船体水下部位涂层的耐阴极电位值。

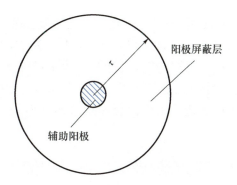

图 4-51　圆形阳极屏蔽层示意图

长条形阳极屏蔽层如图 4-52 所示,其尺寸的计算公式为

$$d = 2Le^{-\frac{\pi L(E_{min}-E)}{I_a \rho}-1} \quad (4-13)$$

式中:d 为阳极屏蔽层边缘至辅助阳极轴线的最近距离(m);L 为长条形辅助阳极的长度(m);E 为离辅助阳极轴线为 d 处的船体电位(V),它取决于船体水下部位涂层的耐阴极电位值;I_a、ρ、E_{min} 含义同式(4-12)。

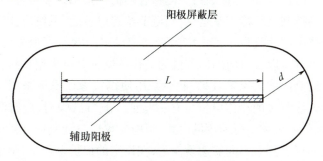

图 4-52　长条形阳极屏蔽层示意图

船体水下部位防腐涂层的耐阴极电位值如表 4-12 所示[97,102]。

表 4-12　船体水下部位防腐涂层的耐阴极电位值

涂层种类	耐阴极电位值/V(相对于 Ag/AgCl 参比电极)
沥青系涂层	-0.95
乙烯系涂层	-1.00
氯化橡胶系涂层	-1.20
环氧沥青系涂层	-1.25
有机富锌涂层	-1.30
无机富锌涂层	-1.30
环氧系涂层	-1.50

阳极屏蔽层在涂装过程中,应首先对船体钢板进行表面处理,表面除锈应达到 Sa 2½ 级或 St 3 级。除锈后应立即涂覆阳极屏蔽层涂料,涂装前的钢板表面应无油污、浮灰、碎屑和浮锈。应选择符合设计要求的阳极屏蔽层涂料,使用分罐装的涂料必须混合均匀,严格按照说明书的涂装工艺执行。阳极屏涂层厚度从阳极处往外逐渐减薄,在阳极屏边缘处的涂层厚度可与交界处的船体涂层厚度保持一致。

4.7 外加电流阴极保护系统的使用与维护

船舶下水后,外加电流阴极保护系统需要进行调试后再投入运行。在外加电流阴极保护系统工作之前的这段时间,如果时间较长的话,应采用牺牲阳极进行临时性保护。

船体外加电流阴极保护系统投入运行前需进行系泊试验和航行试验。系泊试验时应检查外加电流阴极保护系统的接线是否正确,尤其是阴极和阳极的接线不可接反,否则会导致船体的加速腐蚀。需检查阴极保护系统的各种功能是否正常,手动控制和自动控制是否能正常运行,当调节给定电位后,系统应能够自动调节输出电流并使船体电位达到设定值。应测量和记录不同状态下恒电位仪的输出、各辅助阳极的输出电流以及对应船体电位的变化。调试时可采用连接在恒电位仪上的参比电极来监测船体的保护效果,同时采用便携式参比电极来测量船体电位及其分布。不同方法测量的船体电位可互相验证。航行试验时,应监测恒电位仪的自动运行状况,随着船舶航行速度的变化,恒电位仪应自动响应并做出调整。应采用恒电位仪上的仪表测量不同航速条件下,在设定的保护电位下,恒电位仪的输出电压、输出电流、各阳极的排流量以及船体电位和轴地电位差的变化。通过系泊和航行试验,验证和确认外加电流阴极保护系统能达到设计要求,船体的电位处于要求的保护电位范围,并能获得良好的保护。

外加电流阴极保护系统相对于牺牲阳极保护要复杂一些,需要对其运行状况进行日常管理和维护。应对阴极保护设备管理和运行维护的人员进行使用和维护的培训。日常要定期检查阴极保护系统的运行状况并做好记录,对设备和易损件做好维护保养,对损坏的部件或设备要及时进行维修和更换。例如,要经常清除轴接地滑环上的油污,当碳刷磨损量已影响正常使用时应予以更换。当船舶进坞时,应检查辅助阳极和参比电极的表面状态,对表面的海洋生物或沉积物要进行清理,应检查电极与船体的绝缘状况,达不到要求时需重新进行绝缘密封处理。应检查阳极屏是否破损,如发生破损和脱落,需进行补涂处理。进坞时,还可检查船体表面保护状况,根据船体及附体的锈蚀情况可以间接评判阴极保护系统是否工作正常。当外加电流系统不工作时,浸泡在海水中的船体就得不到保护,处于自腐蚀状态。因此,外加电流阴极保护系统不允许长时间停止运行。

4.8 国内外船体外加电流阴极保护技术对比分析

在阴极保护电源方面,国外在阴极保护工程中会尽量采用整流器,主要是考虑到其结构简单,可靠性高的优点。但是,由于船舶工况环境条件变化很大,因此采用手动控制的整流器显然是不合适的,所以一般也都采用自动控制的恒电位仪。我国在船体外加电流阴极保护工程中习惯采用恒电位仪。早期可控硅恒电位仪曾在阴极保护工程中得到大量应用,后来发展了大功率晶体管恒电位仪和高可靠性的磁饱和恒电位仪。随着技术发展和进步,很多成熟、先进的电源设计技术应用到恒电位仪中。由于优点突出,开关电源型恒电位仪在国内外阴极保护工程中都得到了广泛的应用。尤其是大功率器件均压技术、均流技术、浪涌吸收技术、导热散热技术、等效负载模拟技术的应用,智能芯片、单片机、逻辑器件、软启动等新技术的采用,使恒电位仪在自动化、智能化水平和整机性能等方面都得到全面提升。

在辅助阳极方面,不同国家基于使用习惯会采用不同的阳极材料。例如,英国船体阴极保护之前采用铅合金阳极比较多,而美国则主要采用铂复合阳极。我国船体阴极保护早期采用铅银合金和铅银微铂阳极,后来发展了冶金结合的Pt/Ti、Pt/Nb复合阳极并在船体阴极保护中得到广泛应用。随着钛基混合金属氧化物阳极的发展及应用经验的积累,由于其不仅具有优异的性能,而且具有很高的性能价格比,因此在国内外都得到了越来越多的应用。

在参比电极方面,国内外船舶主要采用银/氯化银参比电极和锌参比电极。由于银/氯化银参比电极测量精度更高,电位更稳定,得到了更多的应用。国内发展了长寿命银/氯化银参比电极,使用寿命可达到15年以上。

在船体外加电流阴极保护设计方面,国内外采用物理缩比模型和数值模拟仿真优化设计技术越来越多,尤其是对于一些大型复杂结构的船舶或者是工况环境条件变化很大的船舶。

总体上船体外加电流阴极保护技术国内外差距并不明显,在船舶上的应用也比较成熟。关于船舶外加电流阴极保护,已有相应的ISO国际标准[1]。在国内,也已建立了关于船体外加电流阴极保护的系列化标准[4,21,74,96-97,102]规定了包括辅助阳极、参比电极、恒电位仪、阳极屏以及整个系统的相关技术要求。与国际以及其他标准相比[98],我国的标准规定得更具体,具有较好的可操作性。

参考文献

[1] International Organization for Standardization. Ships and marine technology—Cathodic protection of ships:ISO 20313:2018[S]. Geneva:ISO,2018.

[2] 胡士信. 阴极保护工程手册[M]. 北京:化学工业出版社,1999.

[3] 石油仪器仪表专业标准化技术委员会. 恒电位仪通用技术条件:SY/T 7326—2016[S]. 北京:石油工业出版社,2017.

[4] 全国船舶标准化技术委员会. 船用恒电位仪技术条件:CB*3220—84[S]. 北京:中国船舶工业综合技术经济研究院,1984.

[5] 孙明,龚沈光,刘崇杰,等. 船用恒电位仪整流电路谐波分析[J]. 武汉理工大学学报(交通科学与工程版),2003,27(5):598-601.

[6] 许立坤,权兆安,董克贤,等. 船舶外加电流阴极保护系统可靠性分析与预计[C]//中国腐蚀与防护学会. 全国水环境腐蚀与防护学术交流会论文集. 北京:中国腐蚀与防护学会海水、工业水及生物专业委员会,1998:90-94.

[7] 刘爽,高玉柱,林斌. 恒电位仪在核电行业的应用及发展趋势[J]. 全面腐蚀控制,2012,26(8):5-8.

[8] 迟善武. 阴极保护恒电位仪的技术现状与展望[J]. 油气储运,2006,25(8):53-56.

[9] 李彬,王文龙. 基于单片机新型恒电位仪的设计与应用[J]. 自动化技术与应用,2007,26(7):106-108.

[10] 权兆安. 大功率晶体管恒电位仪:中国,ZL92211971.6[P]. 1995-06-02.

[11] 权兆安,刘志刚,于江水. 恒电位仪研究与发展[C]//中国石油学会. 第二届石油石化工业用材研讨会论文集. 北京:中国石油学会,2001:299-300.

[12] 唐绍恩,王瑞雪. 磁饱和恒电位仪:中国,ZL94240878.0[P]. 1995-12-27.

[13] 郭家广,李威力,汪相辰. 外加电流系统在核电站中应用问题分析[J]. 全面腐蚀控制,2015,29(5):47-49.

[14] 王燕,聂士军. 宁海污水站应用的高频开关式恒电位仪[J]. 石油工程建设,2008,34(3):72-74.

[15] 王瑞鹏. PID控制算法的恒电位仪在船体阴极保护系统中的应用[J]. 船舶,2010,21(1):39-43.

[16] 袁佑新,刘洋,奉潜江,等. 新型恒电位仪的设计与实现[J]. 武汉理工大学学报,2004,26(10):67-69.

[17] 许立坤. 阴极保护用金属氧化物阳极研究[D]. 天津:天津大学,2005.

[18] 福谷英二. 电气防食用难溶性电极について[J]. 防食技术,1978,27(11):583-589.

[19] 佐藤荣一. 阴极防食用铅合金阳极の研究[J]. 防食技术,1960,9(10):436-439.

[20] TUDOR S,TICKER A. Lead alloy anodes for cathodic protection in various electrolytes[J]. Materials Protection,1964,3(1):52-59.

[21] 全国海洋船标准化技术委员会船用材料应用工艺分技术委员会. 船用辅助阳极技术条件:GB/T 7388—1999[S]. 北京:中国标准出版社,2000.

[22] 王轶,李银娥,马光,等. 阴极保护用铂复合阳极的研究与应用[J]. 有色金属,2002,54(增刊):95 – 96.

[23] BABOIAN R. New development in platinum type anodes[C]//Corrosion/78. Houston:NACE:140.

[24] DREYMAN E W. Precious metal anodes:State of the art[J]. Materials Protection and Performance,1972,11(9):17 – 20.

[25] BABOIAN R. Platinum consumption in cathodic protection anodes[J]. Materials Performance,1977,16(3):20 – 22.

[26] 张玉萍,鞠鹤,武宏让,等. 铂钛不溶性阳极研制[J]. 表面技术,2002,31(4):37 – 39.

[27] 杨升红,牛金龙. 钛基镀铂工艺研究[J]. 稀有金属材料与工程,1997,26(2):58 – 62.

[28] 张玉萍,鞠鹤,武宏让,等. 铂复合电极研究进展[J]. 表面技术,2005,34(5):16 – 18.

[29] NOTTON J H F. Fused salt platinum plating for industrial applications[J]. Platinum Metals Review,1977,21(4):122 – 128.

[30] KOKKINIDIS G,PAPOUTSIS A,STOYCHEV D,et al. Electroless deposition of Pt on Ti—catalytic activity for the hydrogen evolution reaction[J]. Journal of Electroanalytical Chemistry,2000,486(1):48 – 55.

[31] 李晴宇,杜继红,汪欣,等. 铂钛电极制备方法研究进展[J]. 钛工业进展,2018,35(6):16 – 19.

[32] 苏旭,张振迻. 铂/钛复合板轧制工艺及结合机理研究[J]. 材料开发与应用,1995,10(1):23 – 28.

[33] 李炎,祝要民,肖宏滨,等. Pt/Ti 爆炸复合双金属界面结构的研究[J]. 电子显微学报,1995,14(4):274 – 278.

[34] WARNE M A. Precious metal anodes – the options for cathodic protection[C]//Corrosion/78. Houston:NACE:142.

[35] 许立坤,董飒英,高玉柱,等. 金属氧化物阳极的失效行为研究[J]. 腐蚀科学与防护技术,1998,10(6):337 – 341.

[36] HAYFIELD P C S. Platinised titanium electrodes for cathodic protection[J]. Platinum Metals Review,1983,27(1):2 – 8.

[37] BABOIAN R. Performance of platinum clad columbium impressed current anodes in freshwater[J]. Materials Performance,1983,22(12):15 – 18.

[38] JUCHNIEWICZ R,WALASZKOWSKI J,BOHDANOWICZ W,et al. Influence of pulsed current on platinized titanium and tantalum anode durability[J]. Corrosion Science,1986,26(1):55 – 61.

[39] EFIRD K D. Current waveform initiated corrosion failure of platinum/niobium impressed current anodes in sea water cathodic protection systems[J]. Materials Performance,1982,21(6):51 – 55.

[40] HAYFIELD P C S. Development of the noble metal/oxide coated titanium electrode:Part I[J]. Platinum Metals Review,1998,42(1):27 – 33.

[41] KAMIYA N,URATA K,MOTOHIRA N,et al. Consumption of Pt anode in phosphoric acid[J]. Denki Kagaku,1997,65(12):1074-1079.

[42] 许立坤,王廷勇,尤良谦,等. 地下结构物外加电流阴极保护用阳极评述[J]. 电化学,2000,6(2):200-205.

[43] KUMAR A,BOY J. New developments in the ceramic anode for cathodic protection[C]//Corrosion/86. Houston:NACE:288.

[44] SMITH J R,WALSH F C,CLARKE R L. Electrodes based on Magneli phase titanium oxides:the properties and applications of Ebonex® materials[J]. Journal of Applied Electrochemistry,1998,28(10):1021-1033.

[45] FUJII T,KODAMA T,BABA H,et al. Anodic behavior of ferrite coated titanium electrodes[J]. Corrosion Engineering,1980,29(4):180-184.

[46] KUMAR A,SEGAN E G,BUKOWSKI J. Ceramic coated anode for cathodic protection[J]. Materials Performance,1984,23(6):24-28.

[47] KUMAR A,ARMSTRONG M. New cathodic protection designs using ceramic anodes for navigation lock gates[C]//Corrosion/87. Houston:NACE:71.

[48] WATANABE A,UEDA M,SHIMAMUNE T,et al. Production of a new lead dioxide-coated electrode with excellent durability[J]. Denki Kagaku,1989,57(2):139-144.

[49] 严宇民,朱祖芳,TIMONINE A V. 阴极保护用三氧化二铁涂层钛阳极[J]. 腐蚀科学与防护技术,1994,6(2):192-194.

[50] TRASATTI S,LODI G. Electrodes of conductive metallic oxides:Part A and Part B[M]. Amsterdam:Elsevier,1980(Part A) and 1981(Part B).

[51] TRASATTI S. Electrocatalysis:understanding the success of DSA[J]. Electrochimica Acta,2000,45(15-16):2377-2385.

[52] 许立坤,宋诗哲,王廷勇,等. 金属氧化物阳极失效过程的电化学监测[J]. 电化学,2003,9(2):177-183.

[53] XU L K,SCANTLEBURY J D. A study on the deactivation of an IrO_2-Ta_2O_5 coated titanium anode[J]. Corrosion Science,2003,45(12):2729-2740.

[54] COMNINELLIS CH,VERCESI G P. Characterization of DSA-type oxygen evolving electrodes:choice of a coating[J]. Journal of Applied Electrochemistry,1991,21(4):335-345.

[55] KRYSA J,MAIXNER J,MRAZ R,et al. Effect of coating thickness on the properties of IrO_2-Ta_2O_5 anodes[J]. Journal of Applied Electrochemistry,1998,28(3):369-372.

[56] XU L K,SCANTLEBURY J D. Electrochemical surface characterization of IrO_2-Ta_2O_5 coated titanium electrodes in Na_2SO_4 Solution[J]. Journal of Electrochemical Society,2003,150(6):B288-B293.

[57] XU L K,SCANTLEBURY J D. Microstructure and electrochemical properties of IrO_2-Ta_2O_5-coated titanium anodes[J]. Journal of Electrochemical Society,2003,150(6):B254-B261.

[58] 王廷勇,许立坤,陈光章. 铱钽钛金属氧化物阳极的电化学特性[J]. 电化学,2000,6(1):

72-77.

[59] 唐益,许立坤,王均涛,等. Ti/IrO_2-Ta_2O_5-SnO_2纳米氧化物阳极的研究[J]. 稀有金属材料与工程,2010,39(4):687-691.

[60] 王廷勇,许立坤. 均匀设计在金属氧化物阳极材料研究中的应用[J]. 海洋科学,2005,29(7):8-11.

[61] 龙萍,许立坤,李庆芬,等. 均匀设计 Ru IrSnLa/Ti 氧化物涂层的回归与灰色关联分析[J]. 化学学报,2009,67(12):1325-1330.

[62] 宁慧利,辛永磊,许立坤,等. 含石墨烯 IrO_2-Ta_2O_5涂层钛阳极性能改进研究[J]. 稀有金属材料与工程,2016,45(4):946-951.

[63] KRYSA J, KULE L, MRAZ R, et al. Effect of coating thickness and surface treatment of titanium on the properties of IrO_2-Ta_2O_5 anodes[J]. Journal of Applied Electrochemistry,1996,26(10):999-1005.

[64] 刘欣,丁慧,王廷勇,等. 基体表面粗糙度对氧化物阳极电化学性能的影响[J]. 材料开发与应用,2016,31(4):18-22.

[65] 胡吉明,孟惠民,张鉴清,等. 制备条件对钛基 IrO_2+Ta_2O_5涂层阳极性能的影响[J]. 金属学报,2002,38(1):69-73.

[66] 初立英,许立坤,吴连波,等. 草酸浸蚀对氧化物阳极形貌及电催化性能的影响[J]. 金属学报,2005,41(7):763-768.

[67] XIN Y, XU L, WANG J, et al. Effect of sintering temperature on microstructure and electrocatalytic properties of Ti/IrO_2-Ta_2O_5 anodes by Pechini Method[J]. Rare Metal Materials and Engineering,2010,39(11):1903-1907.

[68] XU L, XIN Y, WANG J. A comparative study on IrO_2-Ta_2O_5 coated titanium electrodes prepared with different methods[J]. Electrochimica Acta,2009,54(6):1820-1825.

[69] 陈光章,吴建华,许立坤,等. 海船保护发展现状[J]. 腐蚀与防护,1999,20(1):13-14.

[70] 王廷勇,许立坤,陈光章. 混合金属氧化物阳极在海水中的电化学性能[J]. 电化学,2002,8(2):172-176.

[71] 许立坤,王廷勇,高玉柱,等. 船舶外加电流阴极保护用辅助阳极组件[J]. 材料开发与应用,2001,16(2):35-38.

[72] XU L K, WANG T Y. Impressed current anode for ship hull protection[J]. Materials Performance,2011,50(6):40-42.

[73] 王金福,汪成宿,宋航. 船体外加电流阴极保护系统设计与应用[J]. 全面腐蚀控制,2020,34(7):24-28,110.

[74] 全国海洋船标准化技术委员会船用材料应用工艺分技术委员会. 船用参比电极技术条件:GB/T 7387—1999[S]. 北京:中国标准出版社,2000.

[75] 尹鹏飞,陈学政,张伟. 高纯锌和 Ag/AgCl 参比电极性能对比研究[C]//中国腐蚀与防护学会. 第六届全国腐蚀大会论文集. 北京:中国腐蚀与防护学会,2011:1026-1029.

[76] 彭乔,殷正安,郭建伟. 高纯锌参比电极电化学行为研究[J]. 全面腐蚀控制,1995,9(3):

22-25,21.

[77] 王增娣. 高纯锌参比电极稳定性研究[D]. 哈尔滨:哈尔滨工程大学,2006.

[78] 田飞,高志明,宋诗哲. 阳极氧化法提高土壤中锌参比电极电位稳定性[J]. 腐蚀科学与防护技术,2006,18(2):155-156.

[79] 卢阿平,郭津年,徐斌,等. 海水和海泥中长效参比电极的研究[J]. 海洋科学,1990(4):15-22.

[80] 石小燕,邱富荣,郑伟希. 海水中高稳定性参比电极的研制[J]. 中国海洋平台,1999,14(3):13-16.

[81] 向斌,粟京,李焰. Ag/AgCl 固体参比电极性能研究[J]. 高技术通讯,2006,16(12):1265-1268.

[82] 何霖,许立坤,王均涛,等. 热浸涂银/氯化银参比电极性能研究[J]. 腐蚀科学与防护技术,2009,21(5):482-485.

[83] 尹鹏飞. 热浸涂银/氯化银和银/卤化银参比电极性能研究[D]. 济南:山东大学,2009.

[84] 尹鹏飞,侯文涛,许立坤,等. 热浸涂银/氯化银和银/卤化银参比电极对比研究[J]. 腐蚀科学与防护技术,2010,22(5):407-411.

[85] 尹鹏飞,马长江,许立坤. 工程用 Ag/AgCl 参比电极性能对比研究[J]. 装备环境工程,2011,8(3):27-29,53.

[86] 陆文萍,尹鹏飞,许立坤,等. 银氯化银参比电极漏电流情况下的失效机理[J]. 腐蚀与防护,2013,34(3):262-264.

[87] 辛永磊,许立坤,尹鹏飞,等. Ag/AgCl 参比电极的电化学石英晶体微天平研究[C]//中国腐蚀与防护学会. 第六届全国腐蚀大会论文集. 北京:中国腐蚀与防护学会,2011:49-52.

[88] 尹鹏飞,许立坤. 银/氯化银参比电极寿命评价[J]. 全面腐蚀控制,2014,28(2):68-71.

[89] 王庆璋,郭润生,魏琼,等. 海水中银-卤化银固溶体参比电极[J]. 海洋与湖沼,1991,22(4):347-352.

[90] 程聪鹏,高荣杰,王传秀,等. 全固态银/卤化银参比电极的性能[J]. 腐蚀与防护,2015,36(1):11-13,18.

[91] 薛桂林,王均涛,陈兴娟,等. 原料配比对银/卤化银参比电极性能的影响[J]. 腐蚀与防护,2009,30(4):254-257.

[92] 尹鹏飞,薛桂林,王均涛,等. 还原方法对热浸涂银/卤化银参比电极性能的影响[J]. 腐蚀与防护,2009,30(10):697-700.

[93] 辛永磊,许立坤,尹鹏飞,等. 全固态银/氯化银参比电极电位稳定性的影响因素[J]. 中国腐蚀与防护学报,2013,33(3):231-234.

[94] FRANK J A,JAMES R D. Factors affecting the accuracy of reference electrodes[J]. Materials Performance,1994,33(11):14-17.

[95] 吴净. 改性环氧腻子型阳极屏涂料[J]. 材料开发与应用,1999,14(2):22-24.

[96] 全国涂料和颜料标准化技术委员会. 船舶及海洋工程阳极屏涂料通用技术条件:GB/T 7788—2007[S]. 北京:中国标准出版社,2007.

[97] 全国海洋船标准化技术委员会船用材料应用工艺分技术委员会. 船体外加电流阴极保护系统:GB/T 3108—1999[S]. 北京:中国标准出版社,2000.

[98] The British Standards Institution. Cathodic protection of ship hulls:BS EN 16222:2012[S]. London:BSI,2012.

[99] International Organization for Standardization. General principles of cathodic protection in seawater:ISO 12473:2017[S]. Geneva:ISO,2017.

[100] 方志刚,等. 舰船防腐防漏工程[M]. 北京:国防工业出版社,2017.

[101] BAECKMANN W,SCHWENK W,PRINZ W. Handbook of cathodic corrosion protection—The theory and practice of electrochemical protection processes [M]. 3rd edition. Houston:Gulf Professional Publishing,1997.

[102] 中国船舶工业总公司. 船用阳极屏蔽层的设计与涂装:CB/T 3455—1992[S]. 北京:中国船舶工业综合技术经济研究院,1992.

第 5 章

船舶阴极保护优化设计技术

5.1 船舶阴极保护设计概述

阴极保护是防止船舶海水腐蚀的有效方法,阴极保护效果不仅取决于阴极保护用材料和装置,而且也与阴极保护设计密切相关。

在开展船舶阴极保护设计时,首先需要根据船舶的工况条件选择合适的阴极保护方法,通常情况下,对于小型船舶或能经常进坞的船舶,其船体(包括附体)多采用牺牲阳极进行保护;而对于大型船舶的船体则常采用外加电流阴极保护系统。另外,对于船舶压载舱以及海水管路系统,由于受条件限制或出于安全考虑,通常只能采用牺牲阳极保护方法。

牺牲阳极阴极保护设计的主要内容包括:计算船舶结构保护所需的电流大小;确定牺牲阳极的型号规格、数量以及布置安装的位置;使牺牲阳极的寿命以及船舶结构表面的电位及其分布均能满足设计要求。船体外加电流阴极保护系统的设计内容和牺牲阳极阴极保护设计基本相同,主要包括保护电流量的计算;辅助阳极材料、型号、规格(排流量)、数量的确定;参比电极型号及数量的确定;恒电位仪型号、规格(额定输出电压和电流容量)及数量的确定;辅助阳极的布置位置;测量与控制用参比电极的布置位置等。阴极保护设计不合理,会导致船舶产生欠保护或过保护,使船体结构面临海水腐蚀或氢脆断裂的风险。过保护还会导致油漆涂层的剥离损坏,以及阴极保护电流的浪费。

20 世纪 80 年代之前,国内外船舶阴极保护设计主要采用经验法,并形成了相应的标准和规范。经验法主要根据过往类似工程的经验以及相关标准来选取保护电流密度、计算阳极数量、确定安装位置等,往往难以获得优化的保护效果,特别是对大型船舶以及复杂的结构部位,设计风险较大。随着计算机数值仿真等相关技术的发展,阴极保护设计技术也在不断进步。船舶阴极保护设计正从传统的经验设计方法向优化设计技术转变。目前,常用的船舶阴极保护优化设计技术主要包括采用物理缩比模型的优化设计方法和基于数值仿真的阴极保护设计方法。

5.2 缩比模型法阴极保护优化设计技术

缩比模型技术是一种基于物理相似模型的试验技术,英国皇家军事科学院于 1984 年首先将该技术用于船舶阴极保护优化设计[1],随后美国海军实验室通过缩比模型和实船测试数据对比,证明了缩比模型技术准确性[2-3],并将该技术作为美军舰船阴极保护基本设计方法,用于多型舰船的外加电流阴极保护设计。

5.2.1 物理量缩比关系

G. Sinclair 通过麦克斯韦方程证明了全尺寸模型与缩比模型物理量之间存在线性关系,之后 N. Agar 和 T. P. Hoad 建立了电解液中全尺寸模型和物理缩比模型电场之间的变化关系,如表 5-1 所列,p 为全尺寸模型与缩比模型之间的比例关系。

表 5-1 缩比模型与全尺寸模型物理量关系

名称	全尺寸模型	缩比模型
结构尺寸	l	$l' = l/p$
电导率	σ	$\sigma' = \sigma/p$
介质温度	T	$T' = T$
保护电流密度	j	$j' = j$
保护电流	i	$i' = i/p^2$
阴极保护电位	V	$V' = V$
阳极工作电压	V_a	$V_a' = V_a$

5.2.2 基于缩比模型的外加电流阴极保护优化设计技术

1. 外加电流阴极保护组件缩比设计

1)辅助阳极缩比设计

辅助阳极与阴极保护电源正极相连,安装在船壳上,经海水介质向船体施加保护电流。辅助阳极必须与船体绝缘,并保证水密性。缩比模型用辅助阳极材料可选用铂复合阳极或者贵金属氧化物阳极。

根据保护电流密度和保护面积,计算缩比模型所需的阴极保护电流,依据《船用辅助阳极技术条件》(GB/T 7388—1999)规定的辅助阳极最大允许工作电流密度,计算辅助阳极面积,设计辅助阳极规格尺寸。

2) 阳极屏缩比设计

辅助阳极工作电流密度远大于船体阴极保护电流密度,为消除辅助阳极大工作电流密度导致附近船体过保护问题,辅助阳极周围需要涂刷电绝缘阳极屏涂料。长条状辅助阳极四周屏蔽层尺寸按式(5-1)计算,圆盘状辅助阳极四周屏蔽层尺寸按式(5-2)计算[4],即

$$D = 2L/\exp[1 + \pi L(\phi_p - \phi)/I_a \rho] \quad (5-1)$$

$$D = I_a \rho/\pi(\phi_p - \phi) \quad (5-2)$$

式中:D 为长条状阳极屏外缘距离辅助阳极最短距离或者是圆盘状阳极屏的直径(m);L 为辅助阳极长度(m);ϕ_p 为缩比模型最低程度的保护电位(V);ϕ 为阳极屏外缘处的电位(V);I_a 为辅助阳极额定输出电流(A);ρ 为海水电阻率($\Omega \cdot m$)。

3) 参比电极缩比设计

参比电极同样需要进行缩比设计,否则参比电极尺寸过大,会对船体表面电位分布造成影响。适用于缩比模型的参比电极为银/氯化银参比电极,银/氯化银参比电极稳定性与接水面积相关,接水面积越大,电位稳定性越好,因此参比电极缩比设计重点是测量分析参比电极尺寸按比例关系缩比后,电位稳定性是否满足《船用参比电极技术条件》(GB/T 7387—1999)要求,测试满足要求后方可进行缩比试验。如果按缩比比例对银/氯化银参比电极尺寸缩小后,电位稳定性或者制作难以保证,可适当调整参比电极尺寸或者减小缩比比例,但需保证尺寸调整不会对缩比试验结果造成影响。

2. 缩比模型法外加电流阴极保护设计

根据缩比比例关系,将被保护对象结构尺寸和海水电导率按比例缩小,同时按外加电流阴极保护组件缩比设计方法对辅助阳极、参比电极和阳极屏进行设计。采用经验法初步设计计算辅助阳极数量和安装位置,参比电极数量和安装位置,并通过胶黏方式将辅助阳极和参比电极固定在船模上。将船体、辅助阳极和参比电极分别与恒电位仪工作电极、辅助电极和参比电极端连接,恒电位仪输出电流范围和输出精度应满足试验要求。根据试验目的不同,恒电位仪可采取恒流输出或恒电位输出模式。恒流输出模式,即辅助阳极输出电流恒定,可研究辅助阳极不同输出电流时对船体的保护效果;恒电位仪采用恒电位输出时,即参比电极测量点船体电位达到设定值,可研究不同控制电位的保护效果。根据测试结果,优化辅助阳极数量、位置、输出电流以及控制参比电极数量、位置和控制电位等参数,使得船体保护电位分布均匀,并处于 -0.80 ~ -1.05V(相对于 Ag/AgCl 参比电极,本章下

同),即钢的最佳保护电位范围内。

采用缩比模型法对一艘长度为125m船舶进行了外加电流阴极保护方案优化,缩比比例为1∶100。缩比过程中,船体水线以下部分、螺旋桨、舵、轴等对阴极保护电位、电流分布产生明显影响的结构都需要按照型线尺寸进行缩比设计,而船舶上层建筑、内舱等对阴极保护无影响部位无须缩比模拟。根据经验法设计了两支辅助阳极对船舶水线下船体、螺旋桨等进行保护,辅助阳极左右舷对称安装在距离船首115m处的船尾,参比电极安装在距离船首75m处的船体中部。船体保护电位测试结果如图5-1所示,横坐标为距离船首距离,纵坐标为船体阴极保护电位,由测试结果可知,船体表面电位分布不均匀,船尾100~125m范围内保护电位负于-1.05V,超出了最佳保护电位范围。通过不断调整辅助阳极的数量和位置,用缩比模型试验来优化阴极保护效果,最后确定在距离船首55m和105m处左右舷对称安装两对辅助阳极的优化方案。试验表明,该方案的船体保护电位处于-0.80~-1.05V最佳保护电位区间内。

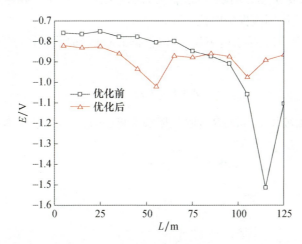

图5-1 采用缩比模型方法优化前和优化后的船体外加电流阴极保护电位分布

5.2.3 基于缩比模型的牺牲阳极阴极保护优化设计技术

1. 牺牲阳极缩比设计

牺牲阳极保护时,等效电路如图5-2所示。牺牲阳极作为阳极,船体作为阴极,二者由于在海水中自腐蚀电位不同,牺牲阳极发生加速溶解,而船体受到保护。保护电流满足欧姆定律,如式(5-3)所示。每块牺牲阳极发生电流量I_f根据式(5-4)计算,I'为模型所需总保护电流,由表5-1中给出的缩比关系计算。牺牲阳极与船体间的接触电阻正常情况下小于0.005Ω,远小于其他电阻,可以忽略不计。船体极化电阻可通过电化学测试得到,海水电阻可根据式(5-5)计算,牺牲阳极与船体间电位差可通过式(5-6)计算,根据式(5-3)可计算得到缩比模型用牺牲阳极接水电阻,即

$$I_\mathrm{f} = \frac{\Delta E}{(R + R_\mathrm{s} + R_\mathrm{a} + R_\mathrm{c})} \quad (5-3)$$

$$I_\mathrm{f} = \frac{I'}{N} \quad (5-4)$$

$$R_\mathrm{s} = \frac{\rho l'}{S} \quad (5-5)$$

$$\Delta E = E_\mathrm{c} - E_\mathrm{a} \quad (5-6)$$

式中:ΔE 为被保护对象与牺牲阳极间电位差(V);R 为牺牲阳极与船体间的接触电阻(Ω);R_s 为海水电阻(Ω);R_a 为牺牲阳极接水电阻(Ω);R_c 为船体极化电阻(Ω);I' 为船模所需保护电流(A);N 为牺牲阳极数量(块);l' 为牺牲阳极与被保护船体距离(m);S 为被保护船体面积(m^2);ρ 为海水电阻率($\Omega \cdot \mathrm{m}$);E_a 为牺牲阳极工作电位(V);E_c 为船体阴极保护电位(V)。

得到缩比牺牲阳极接水电阻后,可以根据 Loiyd 经验公式计算缩比牺牲阳极尺寸,即

$$A + B + 2H = \frac{\rho}{R_\mathrm{a}} \quad (5-7)$$

式中:A 为牺牲阳极长度(m);B 为牺牲阳极宽度(m);H 为牺牲阳极高度(m)。

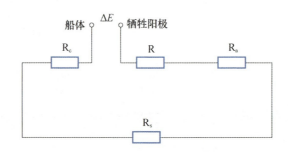

图 5-2 牺牲阳极阴极保护系统等效电路图

2. 缩比模型法牺牲阳极阴极保护设计

缩比模型试验介质为按电导率进行比例稀释后的海水,船舶阴极保护常用的铝合金牺牲阳极在淡化后海水中溶解活化困难,且式(5-7)仅适用海水环境,因此采用缩比模型法进行牺牲阳极阴极保护设计时,需要设计专用试验装置,保证牺牲阳极处于海水环境,而船舶缩比模型处于淡化海水环境。缩比模型牺牲阳极活化装置如图 5-3 所示,该装置工作面为多孔结构,并浇注 1cm 厚的饱和 KCl 琼脂,

海水和缩比后的牺牲阳极密封在活化装置中。牺牲阳极直接与海水接触,确保其可正常工作,产生阴极保护电流;保护电流通过饱和 KCl 琼脂和多孔结构传递到被保护表面。活化装置实现了内外部海水和淡海水隔离,但不影响牺牲阳极保护电流流动。缩比后牺牲阳极通过导线与船模连接,为船舶缩比模型提供阴极保护。

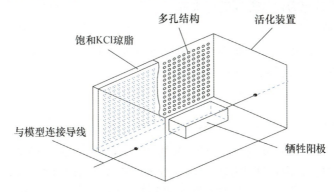

图 5-3 缩比模型牺牲阳极活化装置

缩比模型法牺牲阳极阴极保护设计过程包括:①根据相应的牺牲阳极保护设计相关国际标准[5]、国家标准[6-7]计算牺牲阳极数量、规格尺寸和安装位置;②根据缩比原理,设计合理的缩比比例,按照船舶型值表,制造水下船体、螺旋桨、舵等缩比模型;③根据牺牲阳极缩比设计公式,计算缩比后牺牲阳极尺寸,并将缩比后的牺牲阳极组装到活化装置中;④根据设计位置,将牺牲阳极安装到船舶缩比模型上;⑤将装有牺牲阳极的缩比模型放入按缩比比例电导稀释的淡海水中,待保护电位稳定后,测试船模保护电位分布;⑥根据试验结果,优化牺牲阳极数量和位置,使得保护电位处于最佳范围内,且分布均匀。

5.3 基于数值仿真的阴极保护优化设计技术

5.3.1 数值仿真原理

阴极保护设计目标是通过合理设计辅助阳极/牺牲阳极数量和位置,使得保护电位和保护电流分布均匀,并处于合理的区间范围内。阴极保护电位和电流分布满足欧姆定律:

$$i = -\sigma \nabla \phi \tag{5-8}$$

当船体保护电位稳定后,阴极保护电流不随时间发生变化,因此阴极保护电位分布满足拉普拉斯方程:

$$\sigma\left(\frac{\partial^2 \phi}{\partial x^2} + \frac{\partial^2 \phi}{\partial y^2} + \frac{\partial^2 \phi}{\partial z^2}\right)\mathrm{d}x\mathrm{d}y\mathrm{d}z = 0 \qquad (5-9)$$

拉普拉斯方程为偏微分方程,只能获得其基本解,而无法得到具体的保护电位和保护电流值。为得到拉普拉斯方程解,可通过有限差分法、有限元法和边界元法将偏微分方程转化为代数方程进行求解。

1. 有限差分法

20 世纪 60 年代,阴极保护电位和电流分布求解主要采用有限差分法求解。该方法的求解原理是用代数方程近似代替导数[8]:

$$\frac{\partial \phi}{\partial x}\mathrm{d}x \approx \phi(x + \Delta x) - \phi(x)/\Delta x \qquad (5-10)$$

将船体和海水等电流流经空间域划分为若干个小空间体,使偏微分方程转化为代数方程组。有限差分法原理简单,编程计算容易,但该方法网格划分时难以改变步长,无法对保护电位变化剧烈部位网格精细化处理,而且对于曲面边界,需要采用不同步长划分网格。而有限差分法步长改变难度大,使得这种方法的收敛性和稳定性有时难以保证,难以用于三维复杂结构阴极保护仿真优化。

2. 有限元法

由于有限差分法难以处理复杂结构及三维结构,20 世纪 70 年代,在有限差分法的基础上发展了有限元法。有限元法是变分法和有限差分法的结合,首先将阴极保护仿真场域划分为若干个小场域单元,使复杂结构或复杂环境分属不同的单元,如根据介质电导率不同划分场域,也可根据保护电位梯度划分场域等,将整个区域积分方程展开为各单元泛分总和,即[8]

$$F(\phi) = \sum_{i=1}^{n} \int \left(\frac{\partial^2 \phi}{\partial x^2} + \frac{\partial^2 \phi}{\partial y^2} + \frac{\partial^2 \phi}{\partial z^2}\right)\mathrm{d}x\mathrm{d}y\mathrm{d}z \qquad (5-11)$$

然后再对小场域单元进行有限差分计算,每个小场域内网格尺寸可灵活设置,对电位梯度变化剧烈区域进行精细化网格划分,对电位梯度变化小的区域可进行大网格尺寸,有效解决了有限差分法难以处理复杂三维结构阴极保护电位和电流仿真计算问题。每个小的场域划分网格后,采用有限差分法或变分法将保护电位电流分布偏微分方程变换为代数方程,即可获得阴极保护电位和电流分布。有限元法适用于三维复杂模型阴极保护仿真,且对于不同介质分界面的边界条件不需做单独处理;对不同边界可采用不同精细度网格进行划分,计算精度高;同时有限元法可模拟电场、力学场、流体场、物质传递场等多物理场共同作用,仿真结果更贴近实际。有限元法需要对整个域进行网格划分,进行大型三维结构阴极保护仿真时,网格数量多,对计算机要求较高,计算时间长。

3. 边界元法

与有限差分法、有限元法通过边界条件去逼近拉普拉斯方程不同,边界元法是通过拉普拉斯方程去逼近边界条件,该方法是20世纪80年代迅速发展起来的一种阴极保护数值仿真方法。边界元法仿真计算原理是通过格林公式将拉普拉斯方程的基本解转变为边界积分方程,即

$$\int_{\Omega} \left(\frac{1}{\rho} \nabla^2 \phi \right) \phi^* (P,Q) \mathrm{d}\Omega$$
$$= \int_{S_1+S_2+S_w+S_\infty} \left[\frac{1}{\rho} \frac{\partial \phi}{\partial n} \phi^* (P,Q) \right] \mathrm{d}S - \int_{S_1+S_2+S_w+S_\infty} \left[\phi \frac{1}{\rho} \frac{\partial \phi^* (P,Q)}{\partial n} \right] \mathrm{d}S +$$
$$\int_{\Omega} \left[\frac{1}{\rho} \nabla^2 \phi^* (P,Q) \right] \phi \mathrm{d}\Omega$$

(5-12)

式中:$\phi^*(P,Q)$ 为权函数;P、Q 分别代表场点、源点。

然后将仿真对象边界划分成若干个单元,将边界积分方程变为代数方程,即[9]

$$\begin{bmatrix} H_{11} & \cdots & H_{1j} & \cdots & H_{1n} \\ \vdots & & \vdots & & \vdots \\ H_{i1} & \cdots & H_{ij} & \cdots & H_{in} \\ \vdots & & \vdots & & \vdots \\ H_{m1} & \cdots & H_{mj} & \cdots & H_{mn} \end{bmatrix} \begin{bmatrix} \phi_1 \\ \vdots \\ \phi_i \\ \vdots \\ \phi_m \end{bmatrix} = \begin{bmatrix} G_{11} & \cdots & G_{1j} & \cdots & G_{1n} \\ \vdots & & \vdots & & \vdots \\ G_{i1} & \cdots & G_{ij} & \cdots & G_{in} \\ \vdots & & \vdots & & \vdots \\ G_{m1} & \cdots & G_{mj} & \cdots & G_{mn} \end{bmatrix} \begin{bmatrix} i_1 \\ \vdots \\ i_i \\ \vdots \\ i_m \end{bmatrix}$$

(5-13)

边界元法只需对边界进行单元划分和求解,大大减小了网格数量,显著提高计算速度,计算精度高,特别适合石油平台、船舶等复杂三维结构阴极保护仿真优化。但与有限元法相比,其存在无法进行多物理场作用下的腐蚀和阴极保护仿真计算、对于不同介质分界面的边界条件需进行特殊处理且收敛性难以保障的局限性。

5.3.2　基于数值仿真的外加电流阴极保护优化设计方法

与缩比模型法通过试验优化外加电流阴极保护参数不同,数值仿真方法通过对比计算不同阴极保护参数状态、船体表面电位分布区间以及均匀性,自动确定最佳外加电流阴极保护参数。与缩比模型法相比,数值仿真优化法具有快速、便捷的优点,可自动对辅助阳极安装位置、输出电流进行优化,目前数值仿真技术已广泛用于船舶外加电流阴极保护优化[10-12]。数值仿真外加电流阴极保护优化控制方程如式(5-14)和式(5-15)所示[13],计算原理是找到船体保护电位与目标电位方差最小(船体保护电位分布最均匀),且保护电位处于最佳保护电位区间内所对应的阴极保护参数。

$$\Delta \phi_{\min} = \frac{\sum_{i=1}^{n_s} \sum_{j=1}^{n_e} (\phi_{ij} - \phi_{\text{target},i})^2}{n_s n_e}$$

(5-14)

$$\phi_{\min,i} \leqslant \phi_{ij} \leqslant \phi_{\max,i} \tag{5-15}$$

式中：n_s 为构成船体三维模型面的数量；n_e 为每个面上的单元数；$\varphi_{\text{target},i}$ 为船体 n_i 面上阴极保护目标电位，通常设置为 -0.85V；$\phi_{\max,i}$、$\phi_{\min,i}$ 分别为船体 n_i 面上最正保护电位、最负保护电位要求。

外加电流阴极保护数值仿真优化的主要过程如下。

（1）根据船体型值表，采用三维建模软件构建船体水线下部分的三维结构图，并根据所选用的计算方法，进行有限元或者边界元网格划分，网格质量对计算收敛性和稳定性影响显著，需对网格质量进行检查，图 5-4 所示为高质量网格，图 5-5 所示为长、宽和角度过大的网格均为劣质网格。

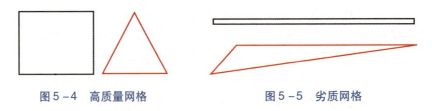

图 5-4　高质量网格　　　　图 5-5　劣质网格

（2）根据经验公式计算辅助阳极数量，并初步确定安装位置，在构建的三维结构图中定义辅助阳极。

（3）在选定的辅助阳极周围，定义辅助阳极待选位置，用于辅助阳极位置优化。辅助阳极待优化位置定义如图 5-6 所示，其中正方形 3 表示船体 n_e 面上的单元网格，正方形 1 代表辅助阳极的初始位置，正方形 2 为辅助阳极待优化区域。设置辅助阳极输出电流范围、n_e 面目标保护电位 $\varphi_{\text{target},i}$、最大保护电位 $\phi_{\max,i}$、最小保护电位 $\phi_{\min,i}$ 后，计算机将根据式（5-13）和式（5-14）确定辅助阳极最佳安装位置以及最佳输出电流。

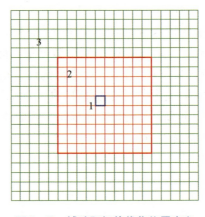

图 5-6　辅助阳极待优化位置定义

(4) 船体结构复杂,结构尺寸较大,数值模拟方法只能在局部小范围内进行自动寻优,而难以自动全船寻优,通过步骤(3)自动优化得到的结果可能是局部区域范围内的最佳位置。实现全船最优化设计,需要人为将船体分成为若干个区域,然后通过步骤(3)对各个区域进行优化,然后对比各区域的优化方案,确定全船最佳保护方案。

5.3.3 基于数值仿真的牺牲阳极阴极保护优化设计方法

牺牲阳极保护效果及寿命与牺牲阳极规格型号、安装数量、安装位置密切相关,因此牺牲阳极保护系统仿真优化包括牺牲阳极规格、数量与位置优化。由于牺牲阳极数量多,因此难以通过5.3.2节所述的自动优化的方式同时对数量众多的牺牲阳极位置进行优化。优化方法和步骤如下:①根据相应的牺牲阳极保护设计标准,初步设计牺牲阳极规格、数量和位置;②根据船舶水线下型值表、牺牲阳极规格尺寸和安装位置,采用数值仿真软件建立船舶水线下阴极保护仿真模型,模型尺寸与实船尺寸相同,对面积占比较小但结构复杂的结构或连接部位,可适当简化处理;③根据所选用的仿真计算方法,对模型的面或体进行网格划分,对规则结构,推荐采用四边形或者六面体网格,对复杂结构,推荐采用三角形或者四面体网格;④以牺牲阳极的阳极极化曲线、被保护船舶材料的阴极极化曲线为边界条件,采用有限元法或者边界元法求解船舶牺牲阳极保护电位分布、每只牺牲阳极发生电流量;⑤根据保护电位仿真结果,优化牺牲阳极位置和数量,使得保护电位为 $-0.80 \sim -1.05$V,且分布均匀;⑥根据每只牺牲阳极发生电流量,计算牺牲阳极使用寿命,根据设计寿命要求,优化牺牲阳极规格尺寸,确保牺牲阳极使用寿命满足要求,且保证每只牺牲阳极使用寿命相近。目前,牺牲阳极阴极保护数值仿真优化方法已广泛用于船舶压载舱、海上采油平台等阴极保护工程中[14-16]。

船舶阴极保护常用到的经验设计法、缩比模型法和数值仿真法优缺点对比如表5-2所列。随着技术发展,经验设计法逐步被设计更为准确的缩比模型法和数值仿真法取代。缩比模型法设计结果可靠,数值仿真法具有不受时间和空间限制、可快速预测优化船舶全寿期阴极保护效果,二者相互结合、相互验证成为船舶阴极保护设计发展趋势。例如,美国海军实验室针对CVN"尼米兹"级航母展开了物理缩比模型与数值仿真的阴极保护联合设计研究,电位可精确控制在 -0.85V 左右。

表5-2 船舶阴极保护设计方法对比

设计方法	优 点	缺点/局限性
经验设计法	设计方法简单,可快速完成设计,适用于结构简单船舶或者有相似船型设计经验、使用数据可供参考的船舶阴极保护设计	基于经验,粗放型设计,易导致欠保护和过保护问题;无法预知保护效果;不适用于结构复杂的新型船舶阴极保护设计

续表

设计方法	优　点	缺点/局限性
缩比模型法	设计可靠,保护电位区间合理且分布均匀,保护效果可知,适用于各型船舶阴极保护设计	缩比模型设计、制作费时费力,投入成本相对较高;设计周期长;模型仅为物理缩比,模型电位与实际电位存在一定误差
数值仿真法	设计精确,可对阴极保护参数进行精确设计,保护电位合理且分布均匀,可预测船舶服役全寿期阴极保护效果	船舶材料及牺牲阳极全寿期极化曲线难以获取,实验室模拟测试结果与实际环境存在一定偏差

5.4 船舶阴极保护优化设计技术应用案例

5.4.1 船体阴极保护优化设计案例

1. 半潜式起重船阴极保护效果预测与优化

以一艘半潜式起重船水线下船体外加电流阴极保护优化设计为案例,展示数值仿真技术在船舶外加电流阴极保护设计中的应用。该起重船主体尺寸如表5-3所列,满载吃水线以下结构如图5-7所示。

表5-3　半潜式起重船主体尺寸

长度/m	宽度/m	空载吃水深度/m	满载吃水深度/m	满载浸水面积/m^2	空载浸水面积/m^2
118	70	7	25	$2×10^4$	$7.5×10^3$

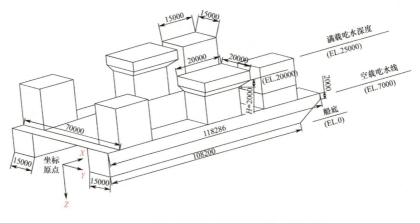

图5-7　半潜式起重船满载吃水线以下结构

第 5 章　船舶阴极保护优化设计技术

采用经验法设计该半潜式起重船外加电流阴极保护系统,外加电流阴极保护系统由 4 台恒电位仪、16 只辅助阳极和 4 只参比电极组成,辅助阳极和参比电极安装在浮体长度方向的四个侧面,每个侧面安装 4 只辅助阳极、1 只参比电极。

1)半潜船船体外加电流阴极保护效果预测

采用 5.3.1 节介绍的边界元法对半潜式起重船外加电流阴极保护效果进行仿真预测,计算结果如图 5-8 所示。由图 5-8(a)可知,满载涂层 2% 破损时保护电位处于 -877 ~ -986mV 区间内,表明水下结构得到良好保护;但当涂层破损率达到 10% 后,保护电位处于 -781 ~ -908mV,图中 5-8(b)红色部位处于欠保护状态。当处于空载状态、涂层 2% 破损时,由于涂层状态较好,所需保护面积较小,水下结构得到良好保护,电位处于 -986 ~ -1055mV 区间内,如图 5-8(c)所示。当涂层达到 10% 的破损后,保护电位处于 -805 ~ -873mV 范围内,如图 5-8(d)所示,表明水下船体仍可得到良好保护。

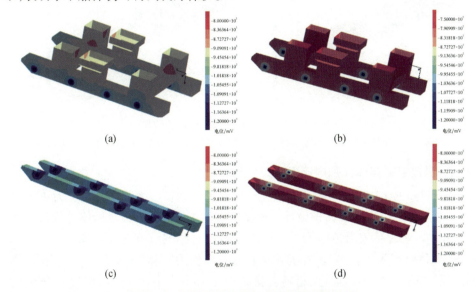

图 5-8　经验法设计外加电流阴极保护效果

(a)满载涂层 2% 破损;(b)满载涂层 10% 破损;(c)空载涂层 2% 破损;(d)空载涂层 10% 破损。

上述仿真计算表明,经验法设计的外加电流阴极保护系统可对空载状态水下船体起到良好保护作用。但满载状态下,由于所需保护面积大,当涂层破损率达到 10% 以后,距离辅助阳极较远部位存在欠保护问题。

2)半潜船船体外加电流阴极保护优化

构建半潜式起重船外加电流阴极保护仿真优化模型,首先仿真优化 12 只辅助阳极保护效果,在模型中定义每只辅助阳极的可安装区域,采用 5.3.2 节介绍的数值仿真优化方法,自动优化辅助阳极位置和输出电流,仿真优化结果如图 5-9 所示。从图 5-9 中可以看出,采用数值仿真优化法对辅助阳极位置和输出电流优化后,无论是满载状态,还是空载状态,不同涂层破损状态,半潜式起重船水下部位均可得到良好保护。通过数值仿真优化,不仅提高了外加电流阴极保护效果,更减少了辅助阳极数量,减少了项目投资。

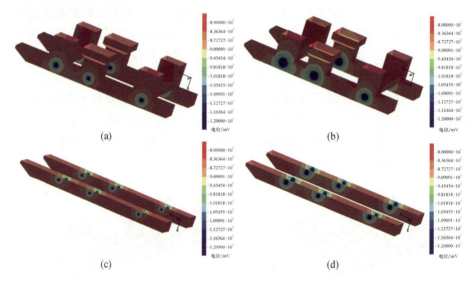

图 5-9　优化后外加电流阴极保护效果

(a)满载涂层 2% 破损;(b)满载涂层 10% 破损;(c)空载涂层 2% 破损;(d)空载涂层 10% 破损。

2. 游艇铝壳船体外加电流保护效果预测

比利时 Elsyca 公司[17]采用有限元法研究了一艘长度为 120m,宽度为 40m(吃水线)游艇外加电流阴极保护设计。该游艇采用 4 只辅助阳极对艇体进行保护,两只阳极左右舷对称安装在船体中部,两只阳极对称安装在船尾。海水电导率为 4S/m,船体材料为铝合金,其在海水中自腐蚀电位为 -880mV,铝壳体采用涂层保护,涂层破损率为 1%,螺旋桨材料为镍铝青铜,在海水中自腐蚀电位为 -200mV。

当四只辅助阳极工作正常,输出电流均为 3A 时,船体保护电位分布云图如图 5-10 所示,保护电位为 -960 ~ -1100mV,船体得到良好保护。当船尾左舷阳极 SP 失效后,船体保护电位如图 5-11 所示,船尾大部分区域保护电位正于 -950mV,处于欠保护状态。数值仿真很好地预测了外加电流阴极保护系统故障对保护效果影响。

3. 舰船船体外加电流阴极保护优化

通过缩比模型技术,可以在静态和动态运行条件下,对每艘舰艇的外加电流阴极保护系统配置进行评价以得到最优化的电位分布,了解分区之间的相互作用和影响。美国海军实验室和英国皇家军事科学院利用物理比例缩比模型研究优化了十几条舰艇的外加电流阴极保护系统,如图 5-12 所示。目前,美国海军实验室将严格的设计规范与舰艇物理缩比模型技术相结合建立了舰艇船体外加电流阴极保护优化设计技术。

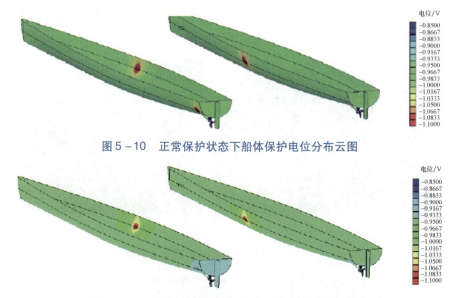

图 5-10　正常保护状态下船体保护电位分布云图

图 5-11　船尾左舷阳极 SP 失效后船体保护电位分布

图 5-12　美国海军实验室舰船缩比模型

5.4.2　压载舱阴极保护优化设计案例

1. 基于缩比模型法的阴极保护效果测试评价

根据缩比理论以及压载舱的型值,设计某型船 1∶5.2 压载舱缩比模型,如图 5-13 所示。根据实船压载舱牺牲阳极保护方案,并按 5.2.3 节介绍的计算方法,压载舱缩比模型采用 10 只直径为 16mm、长度为 30mm 的高活化牺牲阳极进行保护。牺牲阳极采用焊接方式安装在压载舱缩比模型上,安装位置如图 5-14(a)

所示。将缩比模型浸泡于按 1∶5.2 比例稀释的海水介质中,测试评价涂层完好以及涂层 5% 破损时,牺牲阳极保护效果,涂层破损采用悬挂裸片的方式模拟。压载舱内共布置 10 只银/氯化银参比电极,参比电极布置位置主要位于舱体边角区域、异金属接触区和几何屏蔽区等容易腐蚀部位,具体布置位置如图 5 - 14(b)所示,利用阴极保护电位采集仪连续监测舱体的保护电位分布。

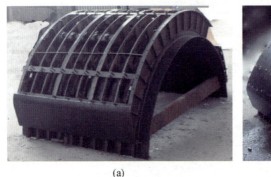
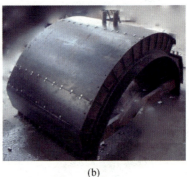

图 5 - 13　压载舱缩比模型

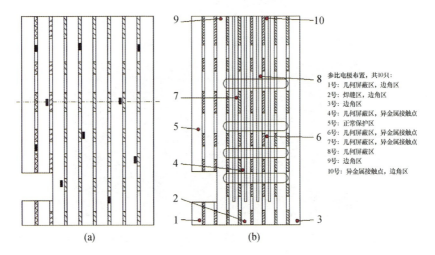

图 5 - 14　优化前牺牲阳极和参比电极布置图
(a)牺牲阳极布置图;(b)参比电极布置图。

涂层完好和 5% 破损时,缩比模型法测得的保护电位分别如图 5 - 15 和图 5 - 16 所示。涂层完好状态,压载舱保护电位范围为 -910 ~ -955mV,压载舱得到良好保护。当涂层破损程度达到 5% 后,压载舱保护电位范围为 -748 ~ -816mV,仅 5 号和 9 号测量点保护电位负于 -800mV,其他测量点保护电位均正于 -800mV,说明压载舱保护不足。

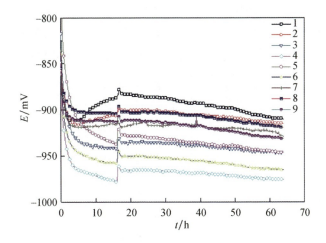

图 5-15　优化前涂层完好时压载舱保护电位

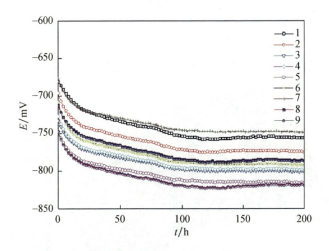

图 5-16　优化前涂层 5% 破损时压载舱保护电位

2. 牺牲阳极保护数值仿真优化

由于经验法防腐设计技术体系是基于经验公式和平均电流密度的思想,无法考虑保护电流密度在空间上的不均匀性和随时间的变化特性,特别是对于压载舱多肋骨、挡板和加强筋等复杂结构,无法精确计算几何屏蔽效应对阴极保护电位和电流分布影响,导致压载舱随着涂层破损率增加处于欠保护状态。以压载舱阴极保护电位范围为 $-1000 \sim -1050\text{mV}$ 为优化目标,特别是 1 号测量点保护电位达 -1000mV 以下为优化目标,采用 5.3.2 节介绍的数值仿真优化方法对牺牲阳极数量和位置进行迭代优化,确定优化后的牺牲阳极数量和布置位置如图 5-17 所示,共采用 14 只直径为 16mm、长度为 30mm 的高活化牺牲阳极进行保护。优化后,涂层完好和 5% 破损状态下的保护电位分布分别如图 5-18 和图 5-19 所示。从图 5-18 和图 5-19 中可以看出,压载水舱在涂层完好时的保护电位分布均位于 -1015 ~ -1045mV,涂层 5% 破损后,保护电位位于 -870 ~ -940mV,均可达到有效保护。

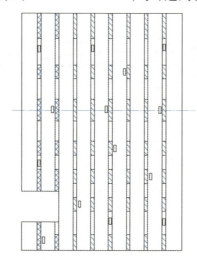

图 5-17　优化后牺牲阳极数量和布置位置

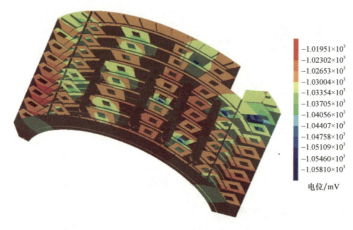

图 5-18　优化后在涂层完好状态时的保护电位分布

3. 阴极保护优化效果验证

采用缩比模型法测量牺牲阳极布置优化后,涂层完好状态及 5% 破损状态下的保护电位分布,分别如图 5-20 和图 5-21 所示。同时,将仿真计算的结果与缩比模型测试结果放在同一图中进行比较。由对比结果可知,二者吻合度较高,最大差异为 3%,数值仿真结果和缩比模型测量结果可相互验证,说明两种优化设计方法所获得的结果均是可靠的。

第 5 章　船舶阴极保护优化设计技术

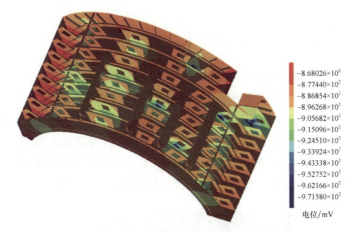

图 5-19　优化后在涂层 5% 破损状态时的保护电位分布

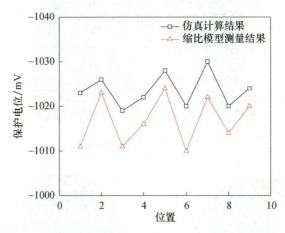

图 5-20　涂层完好状态时仿真计算结果与缩比模型测量结果的对比

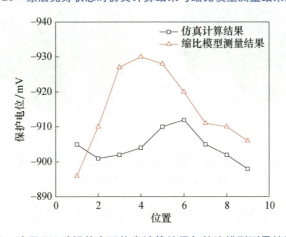

图 5-21　涂层 5% 破损状态下仿真计算结果与缩比模型测量结果的对比

283

5.4.3 海水冷却器阴极保护优化设计案例

1. 锌合金牺牲阳极对冷却器阴极保护效果模拟研究

采用数值仿真法对船用海水冷却器牺牲阳极阴极保护效果进行预测。受空间限制,冷却器内牺牲阳极只能安装在端盖处,如图 5-22 所示。冷凝器端盖、管板、换热管材质均为铜镍合金,共采用两只 Zn-Al-Cd 合金牺牲阳极进行保护,计算得到端盖内表面保护电位分布如图 5-23 所示。由仿真计算结果可知,所采用的锌合金牺牲阳极方案可对冷却器端盖和管板起到良好保护作用。

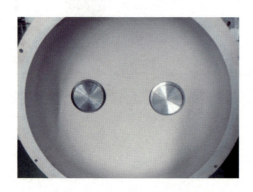

图 5-22 冷凝器端盖物理模型

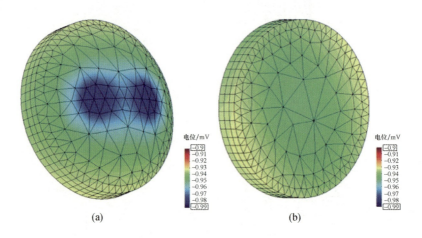

图 5-23 冷却器端盖和管板锌合金牺牲阳极保护电位仿真计算结果
(a)端盖内表面电位;(b)管板表面电位。

为验证仿真结果的可靠性,通过物理模型试验测试了如图 5-24 所示位置的保护电位,其中 1~4 为端盖保护电位测量点,5~8 为管板保护电位测量点,测量参比电极为银/氯化银参比电极,试验结果与仿真结果对比如图5-25所示,两者最大误差小于4%。

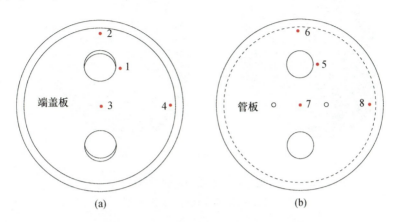

图5-24　端盖及管板保护电位测量点

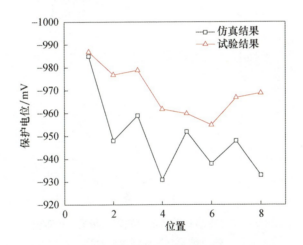

图5-25　冷却器锌合金牺牲阳极阴极保护电位
仿真结果与试验结果的对比

2. 铁合金牺牲阳极对冷却器阴极保护效果模拟研究

采用两只与锌合金阳极相同规格的铁合金牺牲阳极进行保护,计算得到保护电位分布如图5-26所示,保护电位为-0.50～-0.57V,表明端盖和管板均得到良好保护。为验证数值仿真结果的准确性,对铁合金牺牲阳极保护电位进行了试验测量,仿真结果与试验结果对比如图5-27所示,仿真计算结果与试验结果最大误差小于10%。

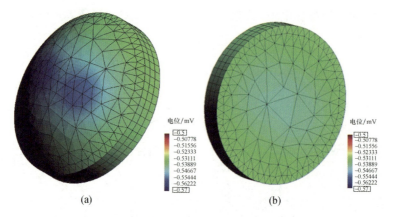

图 5-26 冷却器铁合金牺牲阳极保护电位仿真计算结果
(a)端盖内表面电位;(b)管板表面电位。

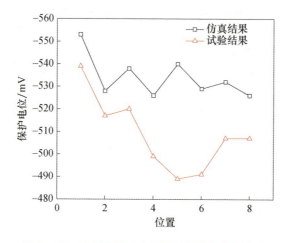

图 5-27 冷却器铁合金牺牲阳极阴极保护电位
仿真结果与试验结果的对比

参考文献

[1] MCGRATH J N,TIGHE-FORD D J,HODGKISS L. Scale modeling of a ship's impressed current cathodic protection system[J]. Corrosion Prevention and Control,1985,32(4):36-38.

[2] PARKS A R,THOMAS E D,LUCAS K E. Physical scale modeling verification with shipboard trial[J]. Materials Performance,1991,30(5):26-29.

[3] DITCHFIELD R W,TIGHE-FORD D J. Theoretical validation of the physical scale modeling of the electrical potential characteristics of marine impressed current cathodic protection[J]. Journal

of Applied Electrochemistry,1995,25(1):54-56.

[4] 中国船舶工业总公司. 船用阳极屏蔽层的设计与涂装:CB/T 3455—1992[S]. 北京:中国船舶工业综合技术经济研究院,1992.

[5] DNV GL AS. Cathodic protection design:DNVGL-RP-B401[S]. Oslo:DNV-GL,2017.

[6] 全国海洋船标准化技术委员会船用材料应用工艺分技术委员会. 滨海电厂海水冷却水系统牺牲阳极阴极保护:GB/T 16166—2013[S]. 北京:中国标准出版社,2014.

[7] 中国船舶工业总公司洛阳船舶材料研究所. 海船牺牲阳极阴极保护设计和安装:GB 8841—88[S]. 北京:中国标准出版社,1988.

[8] 赵健. 阴极保护电位分布计算方法研究[D]. 沈阳:中国科学院金属研究所,2003.

[9] 刘颖. 复杂海洋结构物防腐系统数值模拟仿真[D]. 大连:大连理工大学,2005.

[10] ADEY R A,BAYNHAM J. Design and optimisation of cathodic protection systems using computer simulation[C]//Corrosion 2000. Houston:NACE International:00723.

[11] KALOVELONIS D T,RODOPOULOS D C,GORTSAS T V,et al. Cathodic protection of a container ship using a detailed BEM model[J]. Journal of Marine Science and Engineering,2020,8(5):359.

[12] DIAZ E S,ADEY R. Optimising the location of anodes in cathodic protection systems to smooth potential distribution[J]. Advances in Engineering Software,2005,36(9):591-598.

[13] DIAZ E S,ADEY R. Optimisation of the performance of an ICCP system by changing current supplied and position of the anode[M]//BREBBIA C A,TADEU A,POPOV V,et al. Boundary Elements XXIV. Southampton:WIT Press,2002:476-485.

[14] ADEY R A,BISHOP G and BAYNHAM J. The application of computer modelling to improve the integrity of ballast tanks[C]//Corrosion 2014. Houston:NACE International:4255.

[15] BAYNHAM J,FROOME T,ADEY R A. Jacket SACP system design and optimization using simulation[C]//Corrosion 2012. Houston:NACE International:C2012-0001281.

[16] 邢少华,彭衍磊,张繁,等. 压载舱阴极保护系统性能仿真及优化[J]. 装备环境工程,2011,8(1):5-9.

[17] BORTELS L,VANDEN B,PURCAR M,et al. 3D software simulations for cathodic protection in offshore and marine environments[C]//Corrosion 2007. Houston:NACE International:07085.

第 6 章

船舶电解防污技术

船舶航行或停泊在海水中时,与海水接触的结构表面很容易发生海洋生物污损,如图 6-1 和图 6-2 所示。最常见的污损生物种类有贻贝、藤壶、牡蛎、石灰虫、海藻,以及海洋微生物等[1-2]。这些污损生物给船舶带来极大的危害,主要表现为以下 3 点。一是增加船舶航行阻力,降低航速,增加能耗。在船体发生污损后,其航行阻力可增加数倍以上;螺旋桨表面发生污损时,将导致螺旋桨转速降低,推进效率大幅下降,从而影响船舶的航速,并造成能源上的浪费,还会贻误时机。二是堵塞海水管路,影响海水系统功效发挥。海洋生物在海水管路系统内附着生长会造成管道的流通截面积减小,流动阻力增加,海水流量降低,甚至完全堵塞管路,影响海水系统的正常使用;污损海洋生物脱落后,留存在管道内的硬质污损生物壳体还可能影响阀门的正常开合,并造成管道、泵阀等结构的损伤。三是加速船体金属腐蚀。藤壶、牡蛎等石灰质污损生物附着在金属表面后,会改变金属表面的局部氧含量分布,在污损生物的边缘容易形成氧浓差电池而加速金属腐蚀;而附着的部分厌氧型微生物(主要是硫酸盐还原菌),其代谢过程会产生 H_2S,改变了金属表面的微区环境和电位,从而导致金属加速腐蚀;污损生物还可能损坏船体表面的防护涂层,使船体金属裸露而被腐蚀[3-4]。

图 6-1　船体和螺旋桨海洋生物污损

图 6-2　海水管路海洋生物污损

为了减轻船舶的海洋生物污损,人们很早就开始研究各种防止海洋生物污损的方法,目前最有效的方法是防污涂料和电解防污技术。防污涂料是采用添加毒性防污剂(如氧化亚铜),或者利用低表面能、自抛光等特性来阻止污损生物在船体结构表面附着,但由于防污剂的不断消耗,以及在长期的海水侵蚀作用下,低表面能和自抛光特性会不断下降,使得防污涂料的防污期效相对有限,目前市售的防污涂料使用寿命一般不超过7年。另外,在海水管路、推进器等结构部位应用时,防污涂料还存在施工工艺上的困难,并且在使用过程中易于破坏,无法满足实际需要[5]。

电解防污技术[6]是利用电解的方法在海水中产生有效氯或重金属铜离子等防污剂,使污损海洋生物幼虫的细胞内赖以生存的主酶失去活性,或者使细胞内的蛋白质变质,从而扼杀海洋生物幼虫,起到防止海洋生物污损的作用。电解防污技术具有防污期效长、效果显著、应用工艺灵活等优点,目前在船舶海水管路系统以及特殊部位上得到了广泛的应用。根据产生的防污剂种类不同,目前主流的方法包括电解铜铝防污、电解氯铜防污和电解海水防污技术。

6.1 电解铜铝防污技术

6.1.1 电解铜铝防污技术原理

电解铜铝防污技术的主要原理是通过在海水中对铜阳极和铝(铁)阳极施加直流电使阳极发生电解,从铜阳极溶解出的铜离子(包括亚铜离子)具有毒性,与海水混合后,造成有毒的环境,从而抑制海洋生物的栖息和附着生长。而铝阳极或铁阳极电解后形成凝絮物,作为铜离子的载体,黏附于海水流动缓慢并且易于附着海洋生物的地方,如阀门、弯头、冷凝器等部位。尽管电解出的铜、铝或铁的量非常少,但是,经过一段时间的积累后可以在被保护系统中形成一层薄的保护层,起到类似防污涂层的效果,同时还可以起到防腐的作用,对于钢质结构可以使用铜铝阳极,而对于铜质结构,则采用铜铁阳极更为合适。

在电解时,通常以被保护结构作为阴极,同时可以对被保护结构起到阴极保护的作用,在阳极和阴极表面,以及海水中发生如下反应。

(1)阳极表面。

①铜阳极:

$$Cu - 2e \longrightarrow Cu^{2+} \qquad (6-1)$$

$$Cu - e \longrightarrow Cu^{+} \qquad (6-2)$$

②铝阳极:

$$Al - 3e \longrightarrow Al^{3+} \qquad (6-3)$$

③铁阳极：

$$Fe - 2e \longrightarrow Fe^{2+} \tag{6-4}$$

(2) 阴极表面。

$$2H_2O + O_2 + 4e \longrightarrow 4OH^- \tag{6-5}$$

$$2H_2O + 2e \longrightarrow 2OH^- + H_2 \uparrow \tag{6-6}$$

海水中：

$$Al^{3+} + 3OH^- \longrightarrow Al(OH)_3 \downarrow \tag{6-7}$$

$$Fe^{2+} + 2OH^- \longrightarrow Fe(OH)_2 \downarrow \tag{6-8}$$

6.1.2 电解铜铝防污系统

世界上第一台电解铜铝防污装置是由英国切斯特菲尔德市的阴极与电解工程有限公司在1965年为英国皇家海军潜艇的海水管系研制的。从1970年开始，电解铜铝防污技术从制造海军舰艇等军事领域迅速推广到像海洋船舶、油气平台等民用领域，较好地解决了船舶和海洋平台海水管路系统的海洋生物污损问题。

电解铜铝防污系统主要由电解阳极和电源组成，其中电解阳极至少包含铜阳极，还可以包含铝阳极或铁阳极。常见的电解铜铝防污系统并不包含独立的电解阴极，在安装使用时，通常直接以船体、阀箱或管路作为电解阴极，在电解防污的同时还可以为船体或管路提供阴极保护。

1. 电解阳极

国际镍合金公司曾对105种金属材料进行了防污性能试验，结果表明：有37种金属有防污能力，主要是铜和铜合金[7]。所有含铜量高于70%的合金，对海洋污损生物来说都带有一定的毒性。铜基合金的这种抗生物污损性能与其自身的腐蚀速度紧密相关，只要它们能通过电化学腐蚀，保持不间断地向周围海水释放有毒的铜离子，铜合金就能够维持抗海洋生物污损性能。文献[8]研究认为，海水中的铜离子临界溶解速度为 $4.5 \sim 7.0 \text{mg}/(\text{cm}^2 \cdot \text{d})$，低于该数值，铜合金将丧失抗海洋生物污损的性能。Miller[9]研究了铜对苔藓虫的作用，认为铜的作用在于排斥或杀死幼虫，也可能是抑制幼虫的生长和变态。Wisely[10]则认为铜对藤壶幼虫的作用，是使其在生理变态中死亡。在金属浓度特别高时，引起生物组织的直接损害。但是，一般认为，重金属主要是通过酶系统对生物起作用，汞、铅、锌、锡等能使海洋生物组织发生变化，并使生物酶失去活性，从而阻止生命的生存。金属毒性的大小随金属和生物的不同而有所变化，但作为一个粗略的概括，毒性大小的次序为：汞 > 银 > 铜 > 镉 > 锌 > 铅 > 镍 > 钴。考虑到汞为液态金属，且其对人体和生态环境的影响太大，而银的成本过高，因此目前最常使用的电解阳极材料为铜。

第6章 船舶电解防污技术

铜阳极一般采用纯铜材料,加工成棒状,标准尺寸范围为直径60～120mm,长度为100～1000mm以上不等,可以根据管路海水流量和阳极设计使用寿命进行选择,常用的电解铜铝阳极的型号规格如表6-1所列。阳极一端连接电缆,并进行绝缘灌封。在使用时,阳极通常采用法兰固定的方式安装在船舶的海底阀箱或滤器上,考虑到水密性和安装方便的需求,普遍做法是将阳极与安装法兰做成一体式结构,如图6-3所示。铝阳极或铁阳极通常采用与铜阳极相同的尺寸规格。

表6-1 常用电解铜铝阳极的型号规格

型号	处理海水量 /(m³/h)	阳极长度 /mm	阳极直径 /mm	阳极质量/kg	
				铜阳极	铝阳极
DCA-1	100	250	100	17.5	6
DCA-2	200	300	100	21	7
DCA-3	300	350	100	24.5	8
DCA-4	400	400	100	28	9
DCA-5	500	450	100	31.5	10
DCA-6	600	500	100	35	11
DCA-7	700	600	100	42	13
DCA-8	800	700	100	49	15

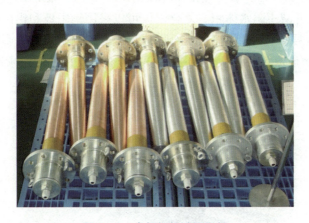

图6-3 电解铜铝防污阳极

电解铜铝阳极在使用过程中,由于阳极的微观组织和表面状态的不均匀性,以及电流分布的不均匀,容易造成阳极溶解的不均匀,尤其是当阳极中部消耗过快时,往往造成阳极从中间溶断,下端直接掉落,造成阳极材料浪费的同时,还会对海水系统造成机械损伤或者堵塞海水管路,存在安全隐患。为了解决该问题,设计开发了钛芯铜铝阳极(图6-4),该阳极由钛芯和外层铜或铝阳极组成,钛芯可采用工业纯钛或钛合金,主要起到导电杆和支撑阳极体的作用。由于钛为阀金属,因此即便有钛芯暴露在海水电解质中,导电杆也不会产生阳极溶解而失效,从而保证铜铝阳极不发生溶断和掉落现象,提高了系统应用的安全性,也保证了电解阳极的使用寿命。钛芯铜铝阳极可以采用铸造工艺制造,需要注意的是,为了保证良好的导电性,钛芯与阳极体之间应紧密结合,不应存在空隙。

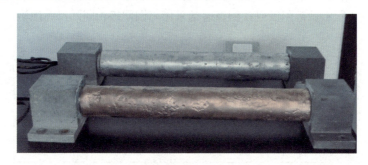

图6-4 钛芯铜铝防污阳极(应用试验后形貌)

对于小型船舶而言,其阀箱和海水滤器尺寸也相对有限,无法安装两根独立的铜阳极和铝(或铁)阳极,即便能够容纳两根电解阳极,但由于阳极占用空间较大,对水流产生较大的阻力,从而影响海水供应。为此,设计了迷你型的双金属复合阳极,如图6-5所示,将铜阳极和铝阳极合并为一根电解电极,从而更适合于小空间安装,并减小阻水体积。复合阳极可以采用铜阳极和铝阳极直接对接而成,也可以采用两个半圆柱形电极拼合而成。考虑到铜阳极和铝阳极的消耗速率以及所需的电解电流不一致,通常还需对双金属复合电极进行绝缘处理,并各自独立供电。

图6-5 电解铜铝防污用双金属复合阳极

在电解铜铝防污时,一般直接将直流电源负极与船体相连,在防污的同时还可以为船体结构提供阴极保护电流,但由于船体或海水管路系统结构复杂,船上接地设备也很多,当接线不当或存在其他问题时有可能使船体或海水管路产生杂散电流干扰。另外,当处理的海水流量较大时,所需的电解电流也较大,过大的电流还可能对阀箱或滤器产生过保护,从而易导致油漆涂层损坏,并增大氢脆风险。为了减小流入船体的电解电流,设计了一种阴阳极一体式电解防污电极装置,如图6-6所示。该电极装置在铜阳极棒的外侧包覆一层阴极网,阴极材料可以选择不锈钢、哈氏合金或者钛等,阴极与阳极之间需进行分隔和绝缘。工作时,阴极网直接与电解电源的负极连接,或者与船体一道接入电源的负极,依靠阴极网的几何屏蔽作用,可以大大减少流入船体结构的电解电流,从而降低船体和管路的杂散电流腐蚀与氢脆风险。

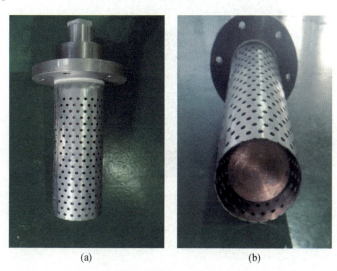

图6-6 一体式电解防污电极

2. 电解电源

电解电源是电解铜铝防污装置的核心部件之一,其需要不断向电解电极提供电流,从而不断地产生防污剂。传统的电解电源通常采用直流电源,其将交流电用工频变压器降压后,在二次侧整流滤波,并串联耗能的调节元件来控制输出,开关电源是将工频交流电直接整流成直流,并通过开关元件逆变为高频脉冲,经高频脉冲变压器降压后再整流滤波形成所需的直流。相对于传统的电解电源,开关电源采用的是一种高效高频技术,具有体积小、重量轻、效率高、功耗小、稳定范围宽、安全可靠等优点,是当今直流电源技术发展的方向。

通常,电解铜铝阳极防污的输出电流为恒定、连续的,因此要求电解电源具有良好的输出稳定性和可靠性,一般电解电源还具备自动控制、故障报警等功能,可以根据设定的参数和程序自动运行。由于船舶上的海水用户较多,需要安装的防污电极也较多,为了减少电解电源的空间占用,现在普遍采用多通道集成式的电解电源,可以同时为多个电解电极提供相互独立的电解电流输出,同时便于监测系统的运行状况。图 6-7 所示为青岛双瑞海洋环境工程公司开发的多通道电解防污控制仪。

图 6-7　多通道电解防污控制仪

6.1.3　电解铜铝防污参数设计

1) 防污剂浓度

根据相关文献和实际工程经验,当海水中铜离子含量为 $2\mu g/L$ 时,即可起到一定的防污作用,当铜离子浓度达到 $10\sim60\mu g/L$ 时,可有效地杀死大部分宏观污损海洋生物。虽然较高的铜离子浓度可以保证更好的防污效果,但也会带来材料和能源的浪费,且铜离子为重金属离子,对环境还存在污染作用。有研究表明,海水中铜离子浓度过高时,会加速部分金属材料的腐蚀,尤其是对于铝合金而言,铜离子在铝合金表面沉积将使铝合金的自腐蚀电位显著正移,诱发铝合金点蚀,但只有在铜离子浓度高于某一临界浓度时才有这种效应,对于不同的铝合金,其诱发点蚀的临界铜离子浓度不同[11]。通常认为,在中性或酸性溶液中,诱发铝合金发生点蚀的临界铜离子浓度为 $20\sim50\mu g/L$。对于钢材而言,铜离子的影响要小得多,只有在高浓度下才会有明显影响。有试验表明,当介质中的铜离子浓度达到 $500\mu g/L$ 时,X65 管线钢的腐蚀速率将会增加 30% 以上[12]。因此,在进行电解铜铝防污工艺设计时,对于防污要求很高的场合(必须杀死污损生物),通常按 $35\mu g/L$ 的铜离子浓度进行计算,用于铝合金结构时应控制铜离子浓度不超过 20μg/L;对于一般防污场合,通常选用的铜离子浓度为 2~5μg/L,小于 2μg/L 时难以起到有效的防污作用。对于铝阳极和铁阳极而言,并没有对其有效浓度进行严格的规定,通常按浓度不超过 4μg/L 进行核算。

2) 电解电流计算

首先确定需要进行防污的海水流量,根据防污要求选择合适的防污剂浓度。然后,按下式计算电解铜阳极所需的电解电流:

$$I_{Cu} = \frac{C_{Cu}Q}{\eta K_{Cu}} \quad (6-9)$$

式中: I_{Cu} 为电解铜阳极所需的电流(A); C_{Cu} 为设计的铜离子加药浓度(mg/L); Q 为海水流量(m^3/h); η 为电流效率,通常 $\eta \geq 70\%$; K_{Cu} 为铜离子的电化学当量, $K_{Cu} = 1.186 g/(A \cdot h)$。

对于铝阳极和铁阳极,也可以采用类似的计算方法,其中,铝离子的电化学当量 $K_{Al} = 0.336 g/(A \cdot h)$,铁离子的电化学当量 $K_{Fe} = 1.045 g/(A \cdot h)$。

3) 电极重量计算

根据要求的设计寿命和防污剂浓度,可以按下式计算得出所需的阳极质量:

$$M = \frac{8760 C_{Cu} Q t}{1000 \varepsilon} \quad (6-10)$$

式中: M 为阳极质量(kg); C_{Cu}、Q 的含义与式(6-9)相同; t 为保护年限(阳极寿命,a); ε 为利用系数,取 0.8。

根据计算得出的阳极重量,可以对阳极进行选型设计,确定阳极的直径和长度。

6.2 电解氯铜防污技术

6.2.1 电解氯铜防污技术原理

电解氯铜(铝)防污技术是电解海水防污技术和电解铜铝(铁)防污技术的组合,利用电解海水产生的有效氯及电解铜产生的铜离子共同作用来杀死海洋生物。其防污原理是采用铜(铝)阳极电解时向冷却海水中释放铜离子,析氯活性阳极电解海水时,产生氯气,形成次氯酸。这两种防污物质同时使用,可产生协同效应,其防污效果比单独使用时更好。

国内外曾对电解铜铝(铁)防污技术、电解海水防污技术以及电解氯铜(铝)防污技术做了全面比较,结果如表 6-2 所列[13]。由表 6-2 可知,与另外两种防污技术相比,电解氯铜防污技术在防污剂用量、防污效果及腐蚀影响方面都具有明显优势:①用氯、铜两种物质的协同作用来防污比单独使用其中一种方法防污效果更好;②与单纯电解海水防污装置相比体积小,布放灵活,便于维护,产氢量小;③与电解铜铝阳极相比,寿命显著增加,处理水量增大,复合防污效果明显改善;④使用的防污剂浓度比单独使用时低,对环境的污染,以及产生的腐蚀影响更为轻微。

表 6 – 2　三种电解防污技术的比较

项目	电解铜铝防污技术②	电解海水防污技术③	电解氯铜防污技术④
微观污损生物	增加	致死	致死
宏观污损生物	减少	致死	致死
腐蚀影响	海水管路中高浓度铜离子易导致铝等金属腐蚀	有效氯浓度过高时,对金属有腐蚀性	腐蚀影响小
年消耗量①	铜:307kg	氯:1.75t	铜:43.8kg,氯:175kg

①处理海水量取 1000m^3/h,处理不同海水流量时可按比例计算。
②铜离子加药浓度取 35μg/L。
③有效氯浓度取 0.2mg/L。
④有效氯浓度取 20μg/L,铜离子浓度取 5μg/L。

6.2.2　电解氯铜防污系统

电解氯铜防污系统是由英国谢菲尔德大学的生物污损和腐蚀控制公司(BFCC)于 20 世纪 90 年代初期研究的[14],用于船舶海水冷却系统的污损控制,其工艺原理如图 6 – 8 所示。该系统由电解铜阳极和制氯电极,以及控制电源等组成,其中电解铜阳极和制氯电极均安装在海水滤器里,由控制电源单独控制每根电极的电流输出,电解防污时,依然采用船体或滤器作为回流阴极。

电解氯铜防污系统所用的铜阳极与电解铜铝防污所用的铜阳极基本一致,只是因为电解氯铜时所需的铜离子浓度更低,所以通常可以选用规格尺寸更小的铜阳极,并可以延长阳极的使用寿命。电解氯铜防污系统中的制氯电极通常采用棒状的钛基混合金属氧化物电极(也称尺寸稳定性阳极,DSA)等,其性能指标与电解海水防污用电极基本一致,将在下一节中进行详细介绍。电解氯铜防污系统的控制电源通常采用直流电源,由于电解氯铜所需的防污剂浓度较低,因此输出的电解电流也相应减小,可以降低电源的容量负荷,也可以减少能源消耗。但是,为了分别控制铜阳极和制氯电极的产出,控制电源需要具有多路独立输出的功能。

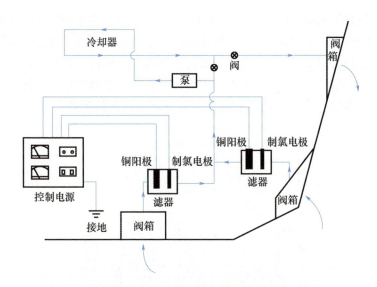

图6-8 电解氯铜防污系统工作原理

电解氯铜防污系统虽然具有较好的防污应用效果,但其将电解铜阳极和制氯电极均安装在滤器里,使得阀箱入口到滤器这一段管路系统无法得到防污作用,且在滤器同时安装两种电极时,还会造成滤器上的阴极电流过大,可能产生氢脆风险。为此,七二五所对电解氯铜系统的应用工艺进行了改进,将铜阳极或者铜铝阳极移至海水阀箱内,在滤器内只保留制氯电极,如图6-9所示。这样可以确保滤器前端的阀箱和管路也得到防污控制,且分散了滤器上的阴极电流。

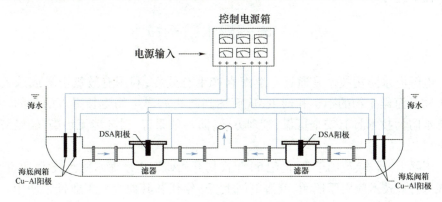

图6-9 国产电解氯铜防污系统工艺图

6.2.3 电解氯铜防污参数设计

BFCC公司的Brent Knox – Holmes[15]在开发电解氯铜防污技术时对比分析了

几种防污手段的防污应用效果,经过 4 个月的防污试验,结果如图 6-10 所示。从图 6-10 中可以看到,采用电解氯铜防污时,添加的铜离子和有效氯浓度分别控制在 5μg/L 和 20μg/L,其防污效果要明显优于电解铜铝防污(铜离子浓度 35μg/L),同样优于有效氯浓度为 0.2mg/L 时的电解海水防污。这样既减少了能源和电极材料的消耗,还降低了大剂量铜离子(铝离子)对环境造成的污染。

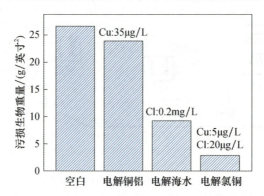

图 6-10　BFCC 公司开展的实海防污试验效果对比

1 英寸^2 = 6.4516cm^2。

电解氯铜防污时,施加在铜阳极和制氯电极上的电解电流为独立控制的,因此,两者的电解电流需要单独计算,其计算方法与 6.1.3 节和 6.3.3 节中一致,即根据防污海水流量和防污剂浓度进行计算,电解铜阳极的重量可以根据防污寿命和消耗率进行计算。

6.3　电解海水防污技术

电解海水防污技术是通过电解海水产生有效氯,利用有效氯击晕或杀死海洋生物及海洋生物的孢子和幼虫,从而达到防止海洋生物生长附着的目的。电解海水防污技术具有安全可靠、管理方便、防污效果好、对环境无污染、较经济等优点[16-17]。

国际上,日本、英国于 20 世纪 60 年代初开始研究电解海水防污技术,并于 60 年代末将该技术应用于船舶、滨海电站上,70 年代在其他沿海工业推广使用。美国、德国、意大利、加拿大等国也于 70 年代末 80 年代初在钻井平台、船舶、沿海工业等应用了电解海水防污技术。

我国电解海水防污技术研究起步较晚,1987 年七二五所青岛分部承担了"海水管道电解防污技术"课题,于 1991 年通过鉴定,并将电解海水防污技术应用于船舶及沿海电厂、化工厂,取得明显的效果,产生巨大的社会效益和经济效益。

6.3.1 电解海水防污技术原理

通过电解海水可以将海水中的氯离子氧化成有效氯（HClO、ClO⁻、Cl_2 的总和）。有效氯具有强氧化性,在很低的浓度下就可对污损生物具有较强的杀灭作用,从而防止污损生物在海水系统中附着和生长。当有效氯浓度达到 20mg/L 时,能杀灭海水中几乎所有的细菌和海洋生物。

电解海水时发生的反应如下[18-19]。

阳极反应：
$$2Cl^- \longrightarrow Cl_2 + 2e \tag{6-11}$$

阴极反应：
$$2H_2O + 2e \longrightarrow H_2\uparrow + 2OH^- \tag{6-12}$$

溶液中：
$$Cl_2 + H_2O \longrightarrow HClO + Cl^- + H^+ \tag{6-13}$$

$$HClO \longrightarrow H^+ + ClO^- \tag{6-14}$$

除此之外,在阳极、阴极和溶液中还可能会发生副反应,其中阳极副反应如下：
$$2H_2O \longrightarrow O_2\uparrow + 4H^+ + 4e \tag{6-15}$$

$$6ClO^- + 3H_2O \longrightarrow 2ClO_3^- + 4Cl^- + 6H^+ + 1.5O_2 + 6e \tag{6-16}$$

$$2ClO^- \longrightarrow 2Cl^- + O_2\uparrow \tag{6-17}$$

阴极副反应如下：
$$Mg^{2+} + 2OH^- \longrightarrow Mg(OH)_2\downarrow \tag{6-18}$$

$$Ca^{2+} + 2OH^- \longrightarrow Ca(OH)_2\downarrow \tag{6-19}$$

其中,式(6-15)为析氧反应(OER),因其和析氯反应一样在阳极得电子,故析氧反应的发生会直接降低有效氯的产量,影响析氯效率;式(6-16)和式(6-17)是消耗有效氯的副反应,它的发生也会影响有效氯的产量;式(6-18)和式(6-19)的产物易在阴极材料表面沉积从而会增大耗电率。从以上反应可知,要使电解防污装置安全连续高效运行,必须抑制无谓消耗有效氯的副反应,注意排氢,并按一定的周期酸洗去除钙镁盐的沉积物。

6.3.2 电解海水防污装置

电解海水防污装置主要由电解槽、控制系统,以及其他辅助部件(如泵、阀、管件、除氢器等)组成,其中电解槽包含电解阳极和电解阴极,是电解海水防污装置的核心部件,决定了电解海水防污装置的产氯量和使用寿命等关键性能。

1. 电解阳极

在电解海水防污装置中,阳极材料是关键,它的使用性能和寿命直接决定防污效果,因此阳极材料是电解海水防污技术研究中的重点。

近半个世纪以来,科技工作者为研制得到更理想的阳极材料做了大量的工作,使电解海水用阳极在理论上和应用上都得到了迅猛的发展。早期使用的阳极材料有石墨、铅银合金等,存在析氯活性较低、笨重、使用寿命较短等问题,直到1965年钌钛氧化物涂层阳极(也称尺寸稳定性阳极)研究成功,使电解海水防污技术得到突破性发展,应用范围得到不断扩展。目前,电解海水防污中常用的阳极一般都属于以二氧化钌为主的多元金属氧化物涂层阳极,如 $Ti/RuO_2 - TiO_2$、$Ti/RuO_2 - TiO_2 - IrO_2$、$Ti/RuO_2 - TiO_2 - SnO_2$、$Ti/RuO_2 - TiO_2 - SnO_2 - IrO_2 - Co_2O_3$、$Ti/IrO_2 - Co_2O_3/RuO_2 - TiO_2 - SnO_2 - IrO_2$ 等[20]。析氯电位、析氯电流效率及使用寿命等是阳极性能的关键技术指标,通过涂层配方和结构优化、制备方法改进、失效机理研究等工作,使阳极的应用性能不断得到提升。

1) 阳极配方体系

钌钛系氧化物涂层阳极具有较高的析氯活性,在氯碱工业中得到非常成功的应用。电解海水阳极通常也以 RuO_2 为主要活性组元,通过添加铂族贵金属(Ir、Pt、Pd、Rh 等)和化合价小于等于4的过渡金属(Ti、Sn、Sb、Co、Mn、Ni 等),能与 RuO_2 形成固溶体结构的多元金属氧化物涂层,充分发挥不同氧化物的电化学特性,以达到降低析氯电位、提高析氧电位、延长电极使用寿命的目的。

以 $Ti/RuO_2 - TiO_2$ 阳极为基础,加入 Ir、Sn 等元素后发现阳极的析氯电位基本不变,但 $Ti/RuO_2 - TiO_2 - IrO_2$ 电极的析氧电位较高;而 Sn 组分的加入可抑制氧的析出,降低含氧量,但对电极稳定性提高的作用不明显[21]。通过研究钌锡比对 $Ti/RuO_2 - IrO_2 - SnO_2$ 氧化物阳极性能的影响,结果发现,随着钌含量的增加,阳极析氯电位先降低后升高,当 Ru:Sn = 20:70 时,析氯电位最低,继续增加 Ru 含量,析氯电位呈现不断升高趋势,如图 6-11 所示;而阳极的强化电解寿命则随钌锡比的增加先增加后减小,当 Ru:Sn = 20:70 时,阳极的强化电解寿命最长,如图 6-12 所示[22]。

基于 Pt 组分具有良好的电催化活性和稳定性,可通过采用少量的 Pt 取代 Ir 组分以改善阳极性能,尤其耐正反交替电解性能。图 6-13 所示为不同 Pt 含量的 $Ti/RuO_2 - IrO_2 - SnO_2 - PtO_x$ 阳极在3.5% NaCl 溶液中的循环伏安曲线。通过对曲线进行积分处理,发现随着 Pt 含量的增加,阳极的循环伏安电量增大。主要是由于加 Pt 后阳极表面的析出颗粒增加了表面活性物质数量,从而使阳极的电催化活性得到改善[23]。

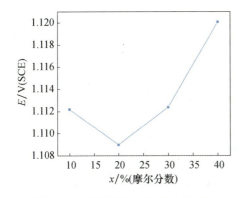

图6-11 Ti/RuO$_2$-IrO$_2$-SnO$_2$电极析氯电位随涂层钌锡比的变化
(Ru:Ir:Sn = x:10:(90-x))

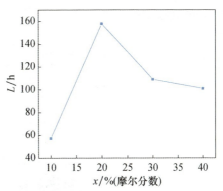

图6-12 钌锡比对Ti/RuO$_2$-IrO$_2$-SnO$_2$电极强化电解寿命的影响
(Ru:Ir:Sn = x:10:(90-x))

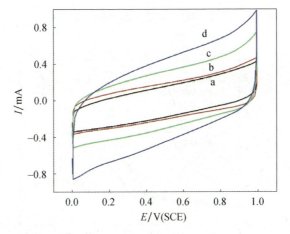

图6-13 不同Pt含量Ti/RuO$_2$-IrO$_2$-SnO$_2$-PtO$_x$阳极的循环伏安曲线
a—0%;b—2%;c—5%;d—10%。

碳纳米管(CNT)作为一维纳米材料,具有良好的导电性,传递电子速率迅速,且比表面积较大,有助于提高氧化物阳极的电化学性能。研究了添加碳纳米管对Ti/RuO$_2$-IrO$_2$-SnO$_2$阳极性能的影响,热重分析和能谱分析表明,在烧结温度为470℃条件下,CNT未发生高温氧化分解,仍以单质形式存在阳极涂层中。图6-14和图6-15分别给出了不同CNT含量的Ti/RuO$_2$-IrO$_2$-SnO$_2$阳极的循环伏安曲线和强化电解寿命试验结果。从图6-14和图6-15中可以看出,添加适量的CNT可显著改善Ti/RuO$_2$-IrO$_2$-SnO$_2$阳极的电化学性能,不仅增大了阳极的活性表面积,提升其析氯电催化活性,同时还能延长阳极的强化电解寿命,提高阳极的稳定性。其中,添加0.1g/L CNT的Ti/RuO$_2$-IrO$_2$-SnO$_2$阳极具有最优的阳极电催化活性和稳定性[24]。

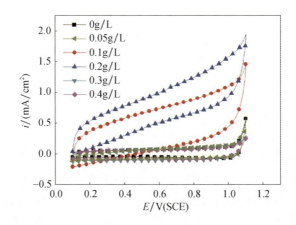

图 6-14　不同 CNT 含量 Ti/RuO_2-IrO_2-SnO_2 阳极
在 3.5%NaCl 溶液中的循环伏安曲线

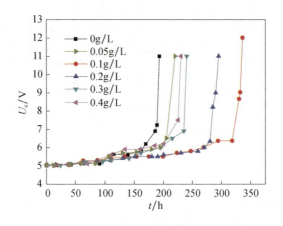

图 6-15　不同 CNT 含量 Ti/RuO_2-IrO_2-SnO_2 阳极的
强化电解寿命试验结果

2) 阳极涂层结构优化

氧化物阳极的涂层结构设计改进主要从以下两个方面着手:一是研制梯度型氧化物涂层阳极;二是开发嵌有中间层的氧化物涂层阳极。这两种阳极的涂层结构如图 6-16 所示。

梯度型阳极氧化物涂层中的组分从里到外呈现梯度变化,通过梯度化可以减小电极涂层中的裂缝,提高电极涂层的结合力,并延长电极的寿命。例如,利用 SnO_2 和 Ti 基体具有很好的结合能力且能与 RuO_2 形成稳定的固溶体的特点,在传统的 Ti/RuO_2 - TiO_2 电极制备中用 Sn 进行过渡,即每次涂敷不同 Sn 与 Ru 浓度比的涂液,由此得到的电极寿命比传统 Ti/RuO_2 - TiO_2 电极提高数十倍[25]。梯度型氧化物涂层阳极具有比传统电极更好的稳定性,但存在组分的连续变化难以实现稳定控制;在制备阳极时需要配制很多不同成分的涂液,使制备过程更复杂等问题。

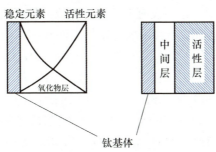

图 6-16 梯度型和嵌有中间层的氧化物阳极的涂层结构
(a)梯度型;(b)嵌有中间层。

在析氯活性涂层和 Ti 基体之间嵌入中间层,也是改善阳极稳定性的有效途径。嵌入的中间层首先要求与活性层和基体都有良好的结合力,并具有良好的导电性和稳定性。目前,中间层主要采用具有高氧过电位的金属或金属氧化物,如 Ir、Sn、Sb、Co、Pt、Pd 等。常用的中间层大体可分为三种[26-27]:①金属中间层,如 Pt、Ta 等;②金属氧化物中间层,如 IrO_2、SnO_2 - Sb_2O_5、IrO_2 - Ta_2O_5、IrO_2 - Co_3O_4 等;③金属与金属氧化物的混合物中间层,如 Pt - TiO_2、Pt - SnO_2 等。

例如,对比 Ti/RuO_2 - TiO_2 阳极和以 Ir、SnO_2 - Sb_2O_5 氧化物作为中间层的 RuO_2 - TiO_2 电极在析氧条件下的加速寿命,发现电极 Ti/IrO_2/RuO_2 - TiO_2 的寿命达到 112.5h,远远长于 Ti/SnO_2 - Sb_2O_5/RuO_2 - TiO_2 的 24h 和 Ti/RuO_2 - TiO_2 的 9.5h,可见中间层对电极寿命影响很大,含 IrO_2 中间层的氧化物阳极具有更长的使用寿命[28]。

尽管这些嵌中间层钛阳极在改善电极耐蚀性和稳定性上起到非常明显的作用,但在改善阳极的电化学活性方面通常没有明显效果。

在实际工程中,海水中某些带电离子氧化后会在阳极表面上沉积,例如,海水中的锰离子会在阳极表面沉积形成 MnO_2,导致阳极电解一段时间后电流效率下降[29-30],目前主要通过机械清洗、酸洗和通反向电流法进行重新活化。因此,电解海水用阳极有时还应具有耐正反电流交替电解能力。

对比研究了不同中间层对电解海水用 Ti/RuO_2 - IrO_2 - SnO_2 阳极性能的影响。表 6-3 列出了 Ti/RuO_2 - IrO_2 - SnO_2、Ti/IrO_2 - Ta_2O_5/RuO_2 - IrO_2 - SnO_2 及

$Ti/IrO_2 - Ta_2O_5 - SnO_2/RuO_2 - IrO_2 - SnO_2$ 阳极的析氯电位、析氧电位和氯氧电位差。从表 6-3 中可以看出,具有中间层的 $Ti/IrO_2 - Ta_2O_5/RuO_2 - IrO_2 - SnO_2$、$Ti/IrO_2 - Ta_2O_5 - SnO_2/RuO_2 - IrO_2 - SnO_2$ 阳极的析氯电位和析氧电位均比 $Ti/RuO_2 - IrO_2 - SnO_2$ 阳极高,增加中间层后析氧和析氯的电位差由 192mV 分别增加到 224mV 和 246mV。表明嵌入中间层同时降低析氯和析氧活性,但对析氯电位的影响很小,而对析氧反应的抑制更明显。这不仅有助于改善电极的析氯选择性,而且由于减少析氧量还可延缓钛基体的钝化,改善阳极稳定性。图 6-17 给出了 $Ti/RuO_2 - IrO_2 - SnO_2$、$Ti/IrO_2 - Ta_2O_5/RuO_2 - IrO_2 - SnO_2$ 及 $Ti/IrO_2 - Ta_2O_5 - SnO_2/RuO_2 - IrO_2 - SnO_2$ 阳极的强化电解寿命(ALT)和正反交替电解寿命(AEL)。在相同的氧化物载量下,与 $Ti/RuO_2 - IrO_2 - SnO_2$ 阳极相比,嵌中间层的 $Ti/IrO_2 - Ta_2O_5/RuO_2 - IrO_2 - SnO_2$ 及 $Ti/IrO_2 - Ta_2O_5 - SnO_2/RuO_2 - IrO_2 - SnO_2$ 阳极强化电解寿命更长。另外,$Ti/IrO_2 - Ta_2O_5/RuO_2 - IrO_2 - SnO_2$ 和 $Ti/IrO_2 - Ta_2O_5 - SnO_2/RuO_2 - IrO_2 - SnO_2$ 阳极的正反交替电解寿命均远高于单一涂层的 $Ti/RuO_2 - IrO_2 - SnO_2$ 阳极[23]。

表 6-3 嵌中间层阳极的析氯电位、析氧电位及氯氧电位差

阳 极	析氯电位/V(SCE)	析氧电位/V(SCE)	电位差/mV
$Ti/RuO_2 - IrO_2 - SnO_2$	1.140	1.332	192
$Ti/IrO_2 - Ta_2O_5/RuO_2 - IrO_2 - SnO_2$	1.141	1.365	224
$Ti/IrO_2 - Ta_2O_5 - SnO_2/RuO_2 - IrO_2 - SnO_2$	1.147	1.393	246

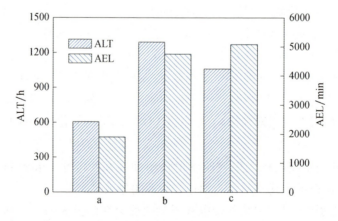

图 6-17 嵌不同中间层氧化物电极的强化电解寿命(ALT)和正反交替电解寿命(AEL)
a—$Ti/RuO_2 - IrO_2 - SnO_2$;b—$Ti/IrO_2 - Ta_2O_5/RuO_2 - IrO_2 - SnO_2$;
c—$Ti/IrO_2 - Ta_2O_5 - SnO_2/RuO_2 - IrO_2 - SnO_2$。

3) 阳极制备方法

电解防污用阳极的制备方法主要包括电沉积法、热分解法、聚合物溶胶-凝胶

法等。整个制备工艺所涉及的参数较多,如钛基体刻蚀时间和温度、涂液性质(溶剂种类、涂液浓度等)、涂敷量、干燥和烧结的温度及时间以及冷却方式等,不同的参数组合得到的氧化物涂层阳极性能不同,往往某一阳极对应一组特定的最优工艺参数,因此金属氧化物阳极的制备工艺直接影响电极的性能。

目前,电解防污用金属氧化物阳极的制备工艺大多还是采用热分解法,其工艺流程如图 6-18 所示。

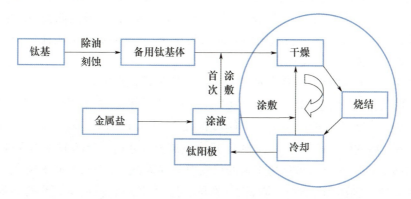

图 6-18 采用热分解法制备电解防污用阳极的工艺流程

然而,传统热分解法制备的阳极涂层常存在组分不均匀的问题,影响阳极的性能,为此发展了溶胶-凝胶法。溶胶-凝胶法制备氧化物阳极的关键在于涂液溶胶的配制,其他涂覆和烧结工艺同热分解法一致。与传统的热分解法相比,溶胶-凝胶法具有涂液存放时间长、组元烧损少且分布均匀、电极表面裂纹少和涂层晶粒尺寸小等优点,有助于提高阳极的电化学性能。

利用柠檬酸与乙二醇发生聚合反应,形成聚合物网络,使金属离子均匀分散,再将其涂覆在经过预处理的钛基体上,经多次烘干和烧结制得相应的金属氧化物涂层阳极。这种溶胶-凝胶方法称为聚合物前驱体(PP)方法,也称 Pechini 方法[31-32]。

文献[33]对比研究了分别用异丙醇和乙二醇/柠檬酸聚合物为溶剂制备的电极微观结构,结果显示前者制备的氧化物涂层的晶粒尺寸为 10.54nm,而后者只有 7.39nm。聚合物溶胶-凝胶法使得涂层中表面活性点分布更加均匀,晶粒更细小,有助于提高阳极的比表面积,增大阳极的析氯电催化活性,延长电极使用寿命。

4) 氧化物阳极的失效机理

电解防污用金属氧化物阳极失效主要有短路失效、涂层剥落、基体钝化等主要形式。在研究钌系阳极失效行为时:发现初始阶段槽压略有下降,然后进入并长期处于电压平稳阶段,最后电压迅速上升。普遍认为,钌系阳极因存在裂纹、孔隙等缺陷,电解液易渗透到其内表面,由于 RuO_2 被氧化成易溶的 RuO_4 导致电极活性点数量减少而增大电压。另外,钛基体如果裸露,会形成不导电的 TiO_2 钝化膜,使涂层的导电性能降低,而导电性的下降会引起工作电位升高,又进一步加快 RuO_2 的溶解,在析出气体的冲刷下,最后涂层剥落,导致阳极失效[34-35]。

另外,海水中的 Mn^{2+} 易在阳极上被氧化成高价不溶性氧化物 MnO_2 而沉积在阳极表面,不仅减少有效氯的产量,同时也缩短阳极的使用寿命。海水中 Mn^{2+} 对氧化物阳极性能影响极大,浓度仅大于 2×10^{-8} 的 Mn^{2+} 即可导致阳极"中毒"。采用定期正反向电流电解可去除阳极表面的污染物,但钌系氧化物阳极经历反向电流电解将严重降低正常使用寿命[36]。

对 $Ti/RuO_2 - IrO_2 - SnO_2$ 阳极正反电流电解失效机理研究表明,失效后氧化物阳极的固溶体结构 $(Ru, Ir, Sn)O_2$ 和 $(Ir, Sn)O_2$ 被破坏,活性物质几乎完全丧失。图 6-19 所示为 $Ti/RuO_2 - IrO_2 - SnO_2$ 阳极在 $1mol/L\ H_2SO_4$ 溶液中正反电流交替电解失效前后的循环伏安曲线,控制正、反向电流密度分别为 $2500A/m^2$ 和 $750A/m^2$,换向周期 1min。失效后氧化物阳极的伏安电量显著减小,表明表面的电化学活性点大大减少,这是由于活性物质脱落导致的,进一步说明正反向电流交替导致阳极表面活性物质脱落是氧化物阳极失效的根本原因[36]。张惠等研究了反向电解和正反交替电解对 $Ti/RuO_2 - IrO_2 - SnO_2$ 电极的影响[37]。阳极失效后表面大量涂层脱落,只有少部分的残留涂层不规则分布在电极表面。与反向电解相比,正反交替电解对涂层的损害更为严重,这可能是由于正反交替电解使涂层表面交替地发生氧化和还原过程,导致氧化物涂层呈现不稳定状态,加剧了涂层的损伤。

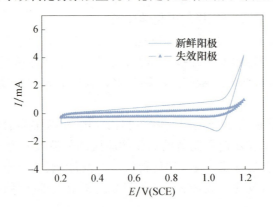

图 6-19 $Ti/RuO_2 - IrO_2 - SnO_2$ 阳极正反电流交替电解失效前后的循环伏安曲线

在电解海水制氯系统中,海水温度会影响海水电解槽的电流效率。海水温度随季节和海域的不同而变化很大,冬季海水温度最低能达到 0℃,夏季最高达 35℃以上。一般情况下,海水温度升高,析氯电位会降低,阳极极化会减小,有利于氯气的析出。但随温度升高,氯气在海水中的溶解度降低,次氯酸盐的分解加剧,从而导致阳极电流效率下降,能耗上升。另外,过低的介质温度将引起电解槽压的上升和电流效率的下降,同时对氧化物阳极造成不可恢复的破坏[38]。在实际电解海水防污工程中,当海水温度较低(通常低于 10℃)时,阳极的使用寿命会大大缩短,析氯电流效率大幅降低,显著影响电极性能。表 6-4 列出了电解防污用 Ti/RuO_2-IrO_2-SnO_2 阳极在低温海水中失效后的能谱分析结果。电解温度为 5℃,失效阳极涂层中 Ru、Ir、Sn 元素都发生不均匀溶解,涂层发生局部剥落,阳极中心区域存在少量残存涂层,而边缘地带 Ti 基体基本暴露。低温条件下阳极析氯电位升高,析氯反应选择性降低,阳极活性组分 RuO_2 易氧化成高价态的 RuO_4,与海水介质中的 Cl^- 结合,生成可溶的氯化络合物,使氧化物涂层固溶体结构遭到破坏,稳定性变差。活性组元的电化学溶解、涂层局部剥落以及低温对活性点的抑制等因素的共同作用,是导致低温条件下阳极失效的主要原因[39]。

表 6-4 新阳极和低温(5℃)海水中失效阳极表面不同位置的能谱分析结果

位置	元素含量/%(质量分数)				
	Ru	Ir	Sn	Ti	O
新阳极试样	11.67	24.69	26.72	20.77	16.15
失效阳极试样中心处	2.41	12.10	7.79	63.69	14.01
失效阳极试样边缘处	1.35	5.18	4.16	76.15	13.16

2. 电解槽

最早研制成功的工业化电解海水制氯电解槽是由 Engelhard 公司(现为美国 Electrocatalytic 公司)发明的 Chlorpic 电解槽。该电解槽的结构是套管式双极性电解槽,海水(或盐水)从同心内外钛管之间流过,内外钛管分别为电解阳极和阴极,阳极采用钛基混合金属氧化物,阴极则为纯钛。通常管式电解槽的阴阳极之间的间隙很小,仅为数毫米至几个厘米不等,这样可以降低阴阳极之间的电压,提高电流效率。该型电解槽的安装和控制十分方便,可以根据产氯量需求使用多个电解槽进行串联使用,如图 6-20 所示,目前是船舶和海洋平台上电解防污装置中应用最多的电解槽结构形式。

进入 20 世纪 70 年代中期,贵金属氧化物涂层阳极技术日益成熟。其较低的成本、优异的电化学性能和可加工成任意形状,为开发新型电解槽提供了技术保障。各国先后研制出可工业化的多种电解槽,其中具有代表性的有美国 Exceltec 公司的单板式网状透明 Sanilec 电解槽、意大利 DeNora 公司的双极式、管板式 Seaclor 电解槽,到 1996 年为止,由这两家公司电解槽生产的次氯酸钠总产量约占全世界的 50%。

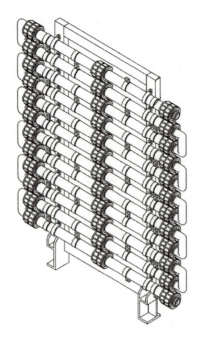

图6-20 套管式双极性电解槽

几种海水电解槽的结构特征和优缺点如表6-5所列。

表6-5 几种海水电解槽特点的比较

项目	透明板网状电解槽	管式电解槽	管板式电解槽
结构特点	采用三片式PVC材料壳体,通过O形圈密封。采用亚克力透明外壳可直观地观察电解槽内部结垢过程。重量相对较轻	同心双钛管结构,无外壳体,连接处密封性较差。结构最为轻便。无法直观观察电解槽运行情况及结垢情况	外部PVC缠绕玻璃钢管,重量大。内部板式双极式电极。无法直观观察电解槽运行情况及结垢情况
电极	阳极采用钛基贵金属氧化物阳极,阴极采用哈氏合金。阳极为板网式,增加海水的湍流,提高电解效率。阳极和阴极间距约2.5mm,可以降低槽电压,减少能耗	阳极采用钛基贵金属氧化物阳极,阴极采用纯钛。阳极和阴极形状为管状。阴阳极间距3mm以上,槽压较高,间距太小容易造成堵塞,且影响流量	阳极采用钛基贵金属氧化物阳极,阴极采用纯钛。电极为板式。阳极和阴极间距2~3mm,槽压低,能耗小
产氯量	单个电解槽产氯量高	单个电解槽产氯量有限,为实现较大的产氯量,需要多个电解槽串联	单个电解槽产氯量高

续表

运行与维护	装置调试简单、运行参数控制方便。采用低流速（1m/s）运行，须定期酸洗电解槽内产生的沉淀。更换时仅需更换阳极	多列电解槽组共用进出水管，流量控制困难。流速可以较高，能起到冲刷沉积层的作用。更换时整个电解槽（阴、阳极）均需要更换，检修困难	装置调试较简单。采用低流速（1m/s），由于槽体横置，容易在管内形成沉积层，造成酸洗周期短。更换时可以只更换阳极，一般需要整体返回原厂维修保养

三种常用电解槽的结构形式和性能特征各有利弊，工程设计时可以根据实际情况进行选用，但无论哪种结构形式的电解槽，均应满足相关标准规定的性能指标要求，表6-6所列为国家标准《电解海水次氯酸钠发生装置技术条件》（GB/T 22839—2010）规定的电解槽技术要求。

表6-6 电解海水防污用电解槽技术指标要求

序号	技术参数	指标要求
1	电流效率/%	≥75
2	直流电耗/(kW·h/kg)	≤4.5
3	阳极累计使用寿命/a	≥5
4	阳极强化电解寿命/h	≥30
5	析氯电位/V(SCE)	≤1.13
6	阴极使用寿命/a	≥20
7	酸洗周期/d	≥30

影响电解槽性能的主要因素除了电极材料以外，还包括以下因素：

（1）结垢。由于海水中存在着比较丰富的Mg^{2+}和Ca^{2+}，在电解槽电解海水过程中，必然会产生氢氧化镁（$Mg(OH)_2$）和碳酸钙（$CaCO_3$）等电解副产物，大多数的电解副产物都会随海水一起排走，但在系统运行较长一段时间后，部分副产物可能附着或聚集在电解槽内部，阻塞电解槽，附着在电解电极上将影响电流稳定。随着不溶物的沉积增多，电解槽的电流会越来越小，海水流量也会受其影响，还可能会造成电极烧毁，故使用中必须定期对电解槽进行酸洗。

（2）电解槽结构。电解槽的结构形式对电解槽的性能有着重大影响，尤其是电极间距，通常阴阳极间距过小容易造成堵塞，且影响过流量，而间距过大则会增大槽压，增加能耗。通常电极间距以2~8mm为宜。

（3）电解质。海水成分比较复杂，不同区域的海水成分不尽相同，有许多成分对电解过程产生影响，直接关系到有效氯的产量。海水温度对电流效率有一定影响,温度越低,电流效率降低,当低于10℃时电流效率急剧下降。另外,当船舶驶入淡水区域时,由于淡水含盐量极低,对电解槽性能的影响非常明显,电解槽甚至无法正常工作。

3. 集成式装置

由于电解海水防污所需的电解电流通常比较大,考虑到阴极析氢以及杂散电流的影响,电解海水防污一般不采用原位电解的方法,而是采用取水电解再注入的方式,如图6-21所示。因此电解防污装置通常采用集成式设计,以便于安装维护,并减少船上空间占用。

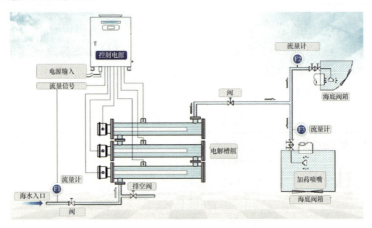

图6-21 电解海水防污应用工艺

集成式电解防污装置通常采用橇体式结构,控制电源和电解槽紧凑布局,依靠船上管路进行取水和加药,从而最大限度地减少装置的体积,如图6-22所示。

图6-22 橇体式电解海水防污装置

船用大型电解海水制氯防污系统可以产生高达15kg/h的有效氯,适用于液化天然气(LNG)运输船等大型船舶使用。

6.3.3 电解海水防污参数设计

1. 有效氯浓度

有效氯对海洋污损生物有很强的杀灭效果,表6-7列出了有效氯浓度对海洋生物的影响[40]。在有效氯浓度大于0.3mg/L时,即对污损生物的卵虫有致死效果;达到1.5mg/L后,可将贻贝等大型污损生物的卵虫和成虫全部杀死。且有效氯浓度越高,杀死污损生物所需的时间越短。根据《船用电解海水防污装置设计和安装》(GB/T 17435—1998),海水中设计的加药(有效氯)浓度应该为0.1~1.0mg/L。

表6-7 有效氯浓度对海洋生物的影响

有效氯浓度/(mg/L)	卵虫致死时间(镜检结果)/min	在敞口水槽中杀死贻贝卵虫及成虫情况
≤0.1(国家允许排放标准)	—	
0.3	8	—
1	3.5	杀死50%
1.5	3	全部杀死
2	3	贻贝全部张壳死亡
2.5	1.5	贻贝全部张壳死亡

普遍认为,海水中过高的有效氯浓度将对船体材料造成腐蚀,采用静态全浸腐蚀失重试验方法测试了几种船用金属材料在含不同浓度次氯酸钠的海水中的腐蚀速率,试验在避光的试验箱中进行,试验周期14d。结果如图6-23所示。在初始次氯酸钠浓度不超过100mg/L时,B10和高锰铝青铜合金(12-8-3-2)的腐蚀速率变化不大;初始次氯酸钠浓度增加至1000mg/L时,其腐蚀速率有明显增加。607A和907A钢在初始次氯酸钠浓度不超过10mg/L时,其腐蚀速率随次氯酸钠浓度变化不大,当初始次氯酸钠浓度增加至100mg/L及以上时,两种钢材的腐蚀速率均显著增大,最大腐蚀速率约为0.18mm/a。需要说明的是,由于次氯酸钠的分解,海水中的实际次氯酸钠浓度会不断下降。上述结果表明,在正常的电解海水防污有效氯浓度范围内,对船用金属材料腐蚀没有明显的影响。

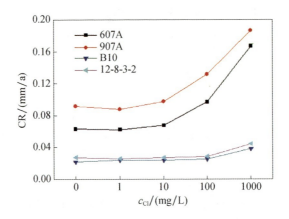

图 6-23 有效氯浓度对船用金属材料腐蚀的影响

2. 电解海水防污参数计算

1) 所需产氯量计算

电解海水防污所需的产氯量根据防污海水流量和加药浓度进行计算：

$$G_0 = \frac{C_0 Q}{1000} \tag{6-20}$$

式中：G_0 为设计产氯量（kg/h）；C_0 为设计有效氯浓度（mg/L）；Q 为预计的防污海水流量（m³/h）。

2) 电解电流计算

所需的电解电流按下式计算：

$$I_0 = \frac{1000 G_0}{1.323 n \eta_0} \tag{6-21}$$

式中：I_0 为电解电流（A）；G_0 为设计产氯量（kg/h）；n 为串联的电解槽数量；1.323 为有效氯的电化学当量（g/(A·h)）；η_0 为预计的电流效率，不低于 75%。

3) 实际产氯量计算

在电解海水防污装置运行过程中，其实际产氯量可按下式进行计算：

$$G_A = \frac{C_A Q_c}{1000} \tag{6-22}$$

式中：G_A 为实际产氯量（kg/h）；Q_c 为实测的防污海水流量（m³/h）；C_A 为实测的有效氯浓度（mg/L）。

工程中通常采用硫代硫酸钠溶液滴定的方法进行有效氯浓度测量，测量方法可参考 GB/T 22839—2010，测试结果按下式进行计算：

$$C_A = \frac{1000 c V_1 M}{V} \tag{6-23}$$

式中：C_A 为有效氯浓度（mg/L）；c 为硫代硫酸钠标准滴定溶液的浓度（mol/L）；V_1 为硫代硫酸钠标准滴定溶液的用量（mL）；V 为水样体积（mL）；M 为氯的摩尔质量（g/mol），$M=35.45\text{g/mol}$。

4）直流电耗计算

装置的直流电耗按下式计算：

$$P = \frac{UI_A}{1000G_A} \quad (6-24)$$

式中：P 为直流电耗（kW·h/kg）；G_A 为实际产氯量（kg/h）；U 为电解槽的总槽压（V）；I_A 为电解槽的实际输出电流（A）。

5）实际电流效率计算

电解槽的实际电流效率 η_A 按下式进行计算：

$$\eta_A = \frac{1000G_A}{1.323I_A n} \times 100\% \quad (6-25)$$

6.4 电解防污技术的应用

6.4.1 电解防污在船舶海水管路系统的应用

海水管路系统是海洋生物污损的重灾区，海洋生物通过海底阀箱进入到海水管路后在管道内壁附着和繁殖，增加管道内壁的粗糙度，缩小管道的管径，阻碍阀门开闭，甚至造成部分管路堵塞，引发安全事故，严重危害海水管路系统正常运行。污损还能引起缝隙腐蚀、微生物腐蚀，严重时导致管壁腐蚀穿孔。

电解海水防污技术最早即是为海水冷却水系统开发的，目前海水系统依然是电解防污应用最多的对象，无论是船舶、海洋平台，还是滨海电厂等设施均需安装电解防污装置对海水管路系统进行污损控制。对于船舶海水管路系统而言，电解铜铝防污、电解海水防污和电解氯铜防污技术均有大量应用，其常见的安装方式如图 6-24 所示，分别为海水阀箱安装方式和过滤器安装方式。这两种方式均采用了原位电解防污的方法，即在管路系统内实时电解防污，区别在于电解电极的安装位置不一样。两种安装方式各有利弊，安装在阀箱时，可以保证整个海水管路系统均能得到防污控制，但电极的更换和维护难度较大，一般需要船舶进坞才可进行拆装；电极安装在海水滤器里时，原则上可以在关闭滤器前后的阀门后对电极进行检修和更换，但滤器前端管路和阀箱部位没有防污效果。

除了在阀箱和滤器安装外，日本 NAKABOHTEC 株式会社还开发了管道安装的电极结构，如图 6-25 所示，电解电极通过连接法兰直接安装在管道上，使得电极的安装位置更具灵活性,且检修与更换也比较方便。但该方式限制了电解电极的尺寸,对于消耗性阳极需要经常更换。

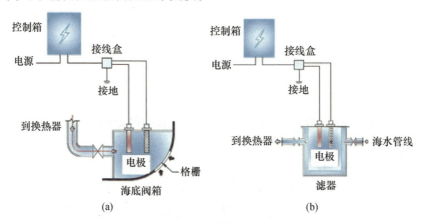

图6-24 船舶海水管路电解防污常见安装方式
(a)海水阀箱安装方式;(b)过滤器安装方式。

图6-25 海水管道上安装的原位电解防污装置

对于大型海水管路系统而言,其海水流量较大,所需消耗的防污剂也相应较多,而阀箱和滤器的空间通常有限,无法容纳大规格的阳极,也难以承受过高的电解电流,且电极的频繁更换也存在难度。为此,研发了箱式电解铜铝防污装置,如图6-26所示。该装置包括一个大型处理水箱,铜和铝阳极安装在水箱内,根据防污需要,还可以同时安装多个防污电极以提高防污剂的产量。通电后,电解铜铝阳极在水箱内首先电解产生含高浓度铜离子防污剂的电解液;然后利用加药泵和管路将富含防污剂的电解液注入海底阀箱内,再随流动海水进入管路系统,从而实现管路防污。该装置可以安装在船舶的甲板上或者机舱内等合适的地方,并且可以随时对电解阳极进行检修和更换,从而解决了以往大型船舶防污阳极(安装在海底阀箱上)必须进坞才能更换的问题。

图6-26 箱式电解铜铝防污装置

对于电解海水防污装置在船上的应用,通常采用与箱式电解铜铝防污装置相似的方法,即采用非原位电解的方法,电解电极和电解槽均设置在防污装置内,从海水系统取水后,在电解槽内电解产生次氯酸钠防污剂,然后再将防污剂注回海水管路系统,从而实现防污。与箱式电解铜铝防污装置不同,电解海水防污装置一般不需要大型处理水箱,仅在电解槽内进行电解即可满足产氯需求。

针对船舶多管路用户的防污需求,七二五所还开发了集中电解海水防污控制系统,该系统根据船舶海水系统的工况特征,设计采用集中电解分布式加药的方式对海水管路进行防污控制,其工艺流程如图6-27所示。海水经过滤后进入电解槽,由控制系统根据防污需求调节电解电流输出,在电解槽内进行电解,产生次氯酸钠防污剂,含防污剂的海水进入排氢系统,进行水气分离后,氢气经压缩空气稀释至1%以下,然后排出舷外,电解液经加药分配系统由各加药管路注入海底阀箱进行防污,各阀箱的加药量根据各海水管路的流量信息,由控制系统自动调节分配,使各海水管路系统均达到有效防污范围。

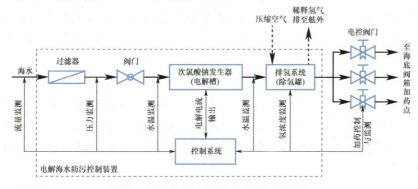

图6-27 集中电解海水防污工艺流程

图 6-28 所示为多用户集中电解海水防污控制系统,该系统采用了高度集成的设计方法,将电解槽、控制系统、海水系统、排氢系统和加药分配系统集成在一个小型装置内,并可同时满足多路海水系统的防污应用,同时具备自动监测和报警保护等功能,可以满足船舶多用户、大流量海水管路系统防污应用,并最大程度地节约船上空间。

图 6-28　多用户集中电解海水防污控制系统

6.4.2　电解防污在船舶推进系统的应用

船舶推进系统中的螺旋桨长期浸泡于海水中,海洋生物污损同样无法避免,海洋生物污损将显著降低螺旋桨的推进效率,增加能耗,影响航速,因此需要采取有效的防污措施。与海水管路系统不同,船舶推进系统处于开放或者半开放海水环境中,受潮流、浪涌等影响,推进器周围的海水处于不断交换中,防污水体体积相对较大,且难以准确估计,使得电解防污应用存在较大难度。

尽管如此,对于船舶螺旋桨而言,电解海水防污技术仍具有一定的应用优势:①在船舶航行时,由于水流的冲击,海洋生物无法在螺旋桨上附着,因此,只需在系泊时对螺旋桨进行防污损控制,这将大大降低防污应用成本;②电解防污技术不受螺旋桨转动时产生的冲刷和空蚀影响,使用寿命和防污效果远高于防污涂料。

针对螺旋桨的工况环境和结构特征,近年来发展了螺旋桨原位电解防污技术和岸基电解防污技术。

（1）原位电解防污技术。原位电解防污即通过在船舶的螺旋桨附近安装电解电极，通以电解电流后，在电极表面产生次氯酸钠防污剂，防污剂依靠扩散和浪涌作用扩散到螺旋桨周围，从而实现防污控制。该方法同时以螺旋桨和船体作为电解阴极，在电解防污的同时还可以为船体及螺旋桨提供阴极保护。该方法结构原理相对简单，但由于电极规格和数量有限，产氯量相对较低，且电极距离螺旋桨仍有一定距离，受海浪等影响，防污剂难以准确扩散到螺旋桨表面，从而降低了防污应用效果。

（2）岸基电解防污技术。岸基电解防污系统主要用于解决船舶停泊码头时的螺旋桨海洋生物污损问题，由移动式电解海水防污装置和喷管组成。电解海水防污装置放置于码头上，当船舶系泊码头时，装置运行。电解海水产生的高浓度次氯酸钠溶液经由喷管喷射到螺旋桨表面，从而避免海洋生物的生长。该方法无须在船舶上安装电解防污装置，因而对船舶影响小，且防污效果相对原位电解防污更加有效。

6.4.3 电解防污在船体其他部位的应用

对于在船体表面安装的小型精密器件，或者易受海洋生物污损影响的结构，比如传感器、水下光学视窗等，可以采用电解防污的方法进行污损防控。这些器件和结构通常位于船体外表面，处于开放海域中，表面不允许像船体那样通过覆盖防污涂层来进行防污。

1. 水下传感器

水下传感器通常结构尺寸很小，需要防污的区域相对有限，因此可以采用原位电解海水的方法进行防污。其原理是将开放式电解电极单元安装于传感器下侧位置，该单元由阳极和阴极组成，通过原位电解海水产生次氯酸钠防污剂，防污剂扩散至传感器表面，从而起到防污作用。电源和控制装置安装在舱内，暴露于海水中的电解电极单元可以是由一对阳极和阴极或多对阳极和阴极所构成，电极尺寸和工作面积应与所需防污面积相适应，通过调节输出电流来控制有效氯产量，以保证传感器的防污效果。

2. 水下透明视窗

水下光学窗口被海洋生物污损后将影响视线和透明度，原位电解海水析氯是解决该污损问题的有效方法。通过引进氧化铟锡（ITO）透明涂层使非导电玻璃转化为导电电极，通过电解，使海洋生物不能在玻璃表面附着，既可以防止宏观生物污损，又可防止透明视窗上细菌黏膜的生成。透明电极不仅可以防污，而且避免了对光线传播的影响。

图 6-29 所示为透明的掺锑二氧化锡(ATO)阳极材料用于玻璃视窗电解防污的试验情况。当把普通玻璃和通电的 ATO 导电玻璃一起置于海水中浸泡 90d 时间,普通玻璃表面渐渐有污损生物的附着,最后影响其透明效果。对 ATO 玻璃进行电解,即使经历了 90d 的浸泡时间,玻璃表面依然光洁如初,这说明在玻璃表面电解海水析氯可以有效保护玻璃基体免受生物污损[41]。

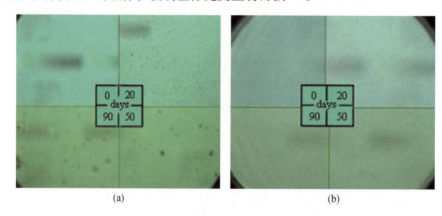

图 6-29 玻璃表面浸泡在海水中的电解防污效果
(a)未防污的玻璃;(b)电解海水防污的导电玻璃。

6.5 国内外的船舶电解防污技术对比分析

国外针对船舶电解防污技术的研究和应用相对较早,经过数十年的发展,目前无论是防污技术还是设备产品都已相对成熟,并在大量船舶上进行了安装应用。其中,电解铜铝阳极防污装置因其成本低廉、结构简单、安装简便、效果可靠等优点而得到了广泛使用。美国海军除了采用电解铜铝防污技术以外,也采用了电解海水防污技术。电解海水防污装置已用于驱逐舰的钛合金海水管路系统。

国内的电解防污技术起步稍晚,但在吸收引进国外技术的同时,也进行了不断的改进与创新,目前无论是技术还是产品质量均已达到国外同等水平,在应用技术的开发方面甚至超越了国外水平。例如,国内针对船舶推进系统的防污大胆尝试了电解海水防污技术的应用,并设计开发了相应的应用工艺和防污装置产品,经过应用验证试验,取得了良好的防污效果。为防止船舶海水管路系统的海洋生物污损,国内船舶也已普遍安装电解防污装置,包括电解海水、电解铜铝和电解氯铜防污装置,其中电解铜铝阳极防污和电解氯铜防污技术得到了更多的应用。

参考文献

[1] 中国海洋学会. 我国海洋科学三十年[M]. 北京:海洋出版社,1980.

[2] 李洁民,黄修明,黎国珍,等. 中国几个主要海港附着生物生态的研究[J]. 海洋与湖沼,1964,6(4):371-408.

[3] 黄宗国,蔡如星. 海洋污损生物及其防除[M]. 北京:海洋出版社,1984.

[4] 蔡如星,黄宗国. 海洋污损生物的危害性及其防除[J]. 东海海洋,1983,1(3):69-72.

[5] 张治财,齐福刚,赵镍,等. 海洋防污涂料/层技术研究现状及发展趋势[J]. 材料导报,2019,33(S2):116-120.

[6] 逯艳英,吴建华,孙明先,等. 海洋生物污损的防治——电解防污技术的新进展[J]. 腐蚀与防护,2001(12):530-534.

[7] LAQUE F L. Proceedings of the 3rd International Congress on Marine Corrosion and Fouling, National Bureau of Standards,1972[C]. Evanston:Northwestern University Press:2-6.

[8] LAQUE F L,CLAPP W F. Relationships between corrosion and fouling of copper-nickel alloys in sea water[J]. Transactions of the Electrochemical Society,1945,87(1):103-126.

[9] MILLER M A. Toxic effects of copper on attachment and growth of bugula neritina[J]. The Biological Bulletin,1946,90(2):122-140.

[10] WISELY B. Effects of antifouling paints on settling larvae of the bryozoan bugula neritina[J]. Australian Journal of Marine and Freshwater Research,1963,14(1):44-59.

[11] 黄桂桥,杨海洋,刘雯. 海水中铜试样溶出的铜离子对铝合金腐蚀的影响[J]. 装备环境工程,2017,14(2):1-5.

[12] AGUIRRE J,WALCZAK M. Effect of dissolved copper ions on erosion-corrosion synergy of X65 steel in simulated copper tailing slurry[J]. Tribology International,2017,114:329-336.

[13] 高玲. 海洋平台防海洋生物装置选型设计[J]. 石油和化工设备,2016,19(1):73-75.

[14] KNOX-HOLMES B. Biofouling control with low levels of copper and chlorine[J]. Biofouling,1993,7(2):157-166.

[15] KNOX-HOLMES B,HASSAN A M,WILLIAMS E E,et al. Fouling prevention in desalination plants[C]//The Second Gulf Water Conference,Bahrain. 1994,1:66-75.

[16] 李长彦,张桂芳,付洪田. 电解海水防污技术的发展与应用[J]. 材料开发与应用,1996,11(1):38-43.

[17] TORU Y,KENJI U,KEI U. Anti-fouling system for ship hull by electrolysis of sea water[J]. Zairyo to Kankyo,1972,21(11):523-529.

[18] YANAGASE K,YOSHINAGA T. The production of hypochlorite by direct electrolysis of seawater-influence of electrode gap[J]. Denki Kagaku,1981,49(5):274-280.

[19] 潘会波. 海水电解用阳极[J]. 稀有金属材料与工程,1997,26(5):7-12.

[20] 王彬,侯世忠,韩严,等. 海水电解防污用金属氧化物涂层阳极研究现状[J]. 材料开发与

应用,1998,13(1):41-45.

[21] 黄君明. 钌钛锡三元涂层使用情况[J]. 氯碱工业,1989(10):16-19.

[22] 嵇雷,王均涛,刘文彬,等. 钌锡比对 Ru-Ir-Sn 氧化物阳极涂层性能的影响[J]. 电化学,2008,14(3):263-268.

[23] 唐益. 嵌中间层钛基金属氧化物涂层阳极研究[D]. 北京:中国舰船研究院,2009.

[24] 廉锋,辛永磊,马伯江,等. 添加碳纳米管对钌铱锡氧化物阳极性能的影响[J]. 电化学,2015,21(4):375-381.

[25] 邹忠,李劼,丁凤其,等. 梯度功能型金属氧化物涂层阳极(DSA)的制备[J]. 功能材料,2001,32(4):431-433.

[26] 江嘉鹭,唐电. 钛基铱系氧化物涂层的研究[J]. 金属热处理,2005,30(增刊):257-261.

[27] KAMAGAYA Y. Improved durability of iridium oxide coated titanium anode with interlayers for oxygen evolution at high current densities[J]. Electrchimica Acta,1995(40):889-895.

[28] 陈康宁. 高氧超涂层金属阳极的研究[J]. 氯碱工业,1979,15(6):61-66.

[29] TRASSATTI S. Electrodes of conductive metallic oxides(Studies in physical & theoretical chemistry)[M]. Amsterdam:Elsevier Science Ltd,1981.

[30] GERBALDI C,BODOARDO S,FIORILLI S. Characterization of Mn species in mesoporous systems:An electrochemical study[J]. Electrochimica Acta,2005,50(28):5539-554.

[31] FORTI J C,OLIVI P,DE ANDRADE A R. Characterization of DSA type coatings with nominal composition $Ti/Ru_{0.3}Ti_{(0.7-x)}Sn_xO_2$ prepared by polymeric precursor[J]. Electrochimica Acta,2001,47(6):913-920.

[32] XU L K,XIN Y L,WANG J T. A comparative study on $IrO_2-Ta_2O_5$ coated titanium electrodes prepared with different methods[J]. Electrochimica Acta,2009,54(6):1820-1825.

[33] TEREZO A J,PEREIRA E C. Preparation and characterization of Ti/RuO_2 anodes obtained by sol-gel and conventional routes[J]. Materials Letters,2002,53(4-5):339-345.

[34] 许立坤,董飒英,高玉柱,等. 金属氧化物阳极的失效行为研究[J]. 腐蚀科学与防护技术,1998,10(6):337-341.

[35] 黄运涛,彭乔. 海水电解用金属氧化物阳极的失活机理[J]. 稀有金属材料与工程. 2006,35(10):1610-1615.

[36] 王均涛,韩严,许立坤,等. Ru-Ir-Ti 氧化物阳极正反电流电解失效机理研究[J]. 电化学,2005,11(4):407-411.

[37] 张惠. 钛基金属氧化物电极电解时效行为与检测技术研究[D]. 济南:山东大学,2010.

[38] XIN Y L,XU L K. Effect of electrolysis temperature on surface morphology and stability of $Ti/RuO_2-IrO_2-SnO_2$ anode[J]. Materials Research Innovations,2014,18(S4):665-668.

[39] 张胜健. 特殊工况下 $Ti/RuO_2-IrO_2-SnO_2$ 阳极性能与失效行为研究[D]. 济南:山东大学,2013.

[40] 黄运涛,彭乔. 海水电解防污技术的发展应用状况[J]. 辽宁化工,2004,33(9):543-545.

[41] 薛玉喜. 水下窗口防生物污损用新型复合电极的研究[D]. 青岛:青岛科技大学,2016.

第 7 章

船舶杂散电流腐蚀与防护

7.1 船体杂散电流腐蚀

7.1.1 船体杂散电流腐蚀的原理

所谓杂散电流(stray current)是指在非限定回路中流过的电流[1]。由这种杂散电流引起的腐蚀称为杂散电流腐蚀,有时也习惯性称为电腐蚀或电解腐蚀。对很多金属结构物来说,杂散电流是个严重影响结构完整性和安全性的重要问题。杂散电流问题比较突出的有电气化轨道交通(包括电气化铁路、地铁和轻轨、城市有轨电车等)导致的埋地管道等金属结构物的杂散电流腐蚀、高压直流和交流输电导致的埋地管线的杂散电流腐蚀、由于焊接和漏电导致的船舶及海洋工程结构物的杂散电流腐蚀以及由于外加电流阴极保护系统干扰而导致的附近金属结构物杂散电流腐蚀等。

杂散电流具有多源性的特征,根据杂散电流的性质不同,杂散电流腐蚀可以分为两类:直流杂散电流腐蚀和交流杂散电流腐蚀。直流杂散电流的来源主要为直流电源设备和采用直流电的系统。交流杂散电流干扰往往是由于工业用电的传输、感应和馈地产生的,不仅导致结构物的交流杂散电流腐蚀,而且故障状态下的瞬间高感应电压可以击穿管道的防腐层和绝缘法兰,击毁阴极保护设备,甚至严重威胁操作人员的人身安全。尽管交流杂散电流会造成金属的加速腐蚀,但其作用相对较弱,并且与频率有关。低频交流电造成的金属腐蚀要高于高频交流电。据估计[2],对于60Hz的交流电而言,其腐蚀作用还不到相同大小直流电流的1%,所以,直流杂散电流的腐蚀作用更为强烈。

根据杂散电流干扰类型的不同,杂散电流腐蚀还可分为静态干扰电流导致的腐蚀和动态干扰电流腐蚀。静态干扰电流是指较稳定的杂散电流,通常是由于外加电流阴极保护系统发生干扰导致的。动态干扰电流是指大小和方向随时间变化的杂散电流。动态干扰电流主要来自电力传输系统,如地铁、电气化铁路等。

杂散电流腐蚀本质上是电化学腐蚀,属于金属电解作用。杂散电流从船体的某一部位流入,然后从另一部位流出而进入电解质(通常为海水),结果造成流出部位的船体结构产生腐蚀[3]。电流流入的部位为电解池的阴极,发生阴极还原反应;而电流流出的部位为电解池的阳极,发生阳极氧化反应。对于浸泡在海水中的钢壳船来说,其阳极和阴极反应如下:

阳极反应:

$$2Fe \longrightarrow 2Fe^{2+} + 4e \tag{7-1}$$

阴极反应:

$$O_2 + 2H_2O + 4e \longrightarrow 4OH^- \tag{7-2}$$

或者是:

$$4H_2O + 4e \longrightarrow 4OH^- + 2H_2 \uparrow \tag{7-3}$$

阳极反应的结果是金属的溶解,即发生杂散电流腐蚀。阴极反应的结果是导致局部强碱性,形成阴极产物(钙镁沉积层)以及析出氢气。因此,电流流入的部位会受到阴极保护。当杂散电流强度很高时,往往会导致在阳极部位的快速腐蚀,而阴极部位则易产生过保护,导致油漆涂层加速剥离,并增大高强钢的氢脆风险。

杂散电流造成的金属腐蚀速率往往是很高的,例如,在某些情况下,当杂散电流导致水下船体的局部电流密度达到 $5A/m^2$ 时,腐蚀速率就可以达到大约 $6mm/a$,比钢在海水中的自然腐蚀速率高 $40 \sim 50$ 倍[4]。因此,杂散电流腐蚀可以在很短的时间内就造成船体的严重破坏。

杂散电流的腐蚀速率可以由法拉第定律来确定。若已知流出船体的杂散电流大小,则杂散电流腐蚀造成的金属损失量为

$$M = KIt \tag{7-4}$$

式中:M 为损失金属的质量(g);I 为流出阳极部位的杂散电流强度(A);t 为腐蚀时间(h);K 为金属的电化学当量($g/(A \cdot h)$),可按下式计算:

$$K = M'/(nF) \tag{7-5}$$

其中:M' 为金属的摩尔质量(g);n 为金属被氧化过程中失去的价电子数;F 为法拉第常数,等于 $26.8A \cdot h$。

船体杂散电流腐蚀的速率为

$$v = M/(St) = Ki \tag{7-6}$$

式中:v 为杂散电流引起的腐蚀速率($g/(m^2 \cdot h)$);S 为杂散电流腐蚀表面积(m^2);i 为船体上流出的杂散电流密度(A/m^2)。

从上述计算公式可以看出,杂散电流的腐蚀速率与杂散电流密度大小成正比,

但实际腐蚀速率与由式(7-6)计算出的结果有一定的差别,这是因为受到介质环境、材料成分、电蚀系数(电流效率)等因素的影响[5]。

腐蚀速率大是船体杂散电流腐蚀的典型特征之一,其可以在较短的时间内,如几个月就导致船体腐蚀穿孔或其他水下附体的严重破坏。通常情况下,材料在海水中的自然腐蚀、由不同金属接触造成的电偶腐蚀都难以达到杂散电流腐蚀这么高的腐蚀速率。因此,当船体发生异常严重的腐蚀事故时,常常需要考虑是否是因为发生了杂散电流腐蚀。

由于船体通常涂有油漆(绝缘涂层),因此杂散电流只能从水下裸露的金属表面进出。往往会集中在涂层破损的局部区域,使得该部位的电流密度显著升高,结果导致非常严重的局部腐蚀。杂散电流不仅从完全裸露的金属表面通过,而且也能穿过涂层有气孔等缺陷的部位以及涂层非常薄的金属表面,如铆钉头、焊缝加强处等,导致在这些部位出现局部腐蚀。

图7-1所示为两种典型杂散电流腐蚀场景的等效电路模型。图7-1(a)所示为船上设备泄漏电流导致的杂散电流腐蚀的等效电路。图7-1(b)所示为来自水中(外部干扰源)的杂散电流腐蚀的等效电路。

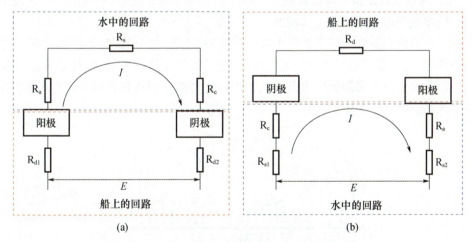

图7-1 杂散电流腐蚀的等效电路模型
(a)船上设备导致的杂散电流;(b)来自水中的杂散电流。

图7-1中的电压、电流和电阻之间的关系符合欧姆定律:

$$I = E/(R_{d1} + R_{d2} + R_a + R_s + R_c) \quad (7-7)$$

或

$$I = E/(R_{s1} + R_{s2} + R_a + R_d + R_c) \quad (7-8)$$

式中:E 为杂散电流流动的驱动电压,来自电源设备等干扰源;R_{d1}、R_{d2} 以及 R_d 为金属导体回路的电阻;R_s 以及 R_{s1}、R_{s2} 为电解质(海水)的电阻;R_a 为阳极的界面接水电阻;R_c为阴极的界面接水电阻;I为流过的杂散电流。

由此可见,杂散电流的大小取决于来自于杂散电流源的驱动电压以及回路的总电阻。等效电路中,金属导体的电阻通常都非常小,可以忽略。海水的电阻率大约为$25\Omega \cdot cm$[6],要明显低于淡水或土壤的电阻率。海水的低电阻率有利于杂散电流在海水中的流动,可以使杂散电流的影响传得更远。低的介质电阻率和大量涂层破损裸露的表面有利于降低界面接水电阻,因此有利于增大杂散电流。由于杂散电流不是在规定的回路中流动,因此往往会选择电阻最小的路径。

杂散电流产生的表面腐蚀形貌和自然腐蚀有明显的不同。杂散电流腐蚀一般都呈现出局部腐蚀特征,形成的蚀坑或穿孔分布在涂层的缺陷或薄弱点位置,以及裸露金属结构物的边缘、尖角等在海水中易发生放电的处所。所形成的蚀坑刨面光滑,有时呈现金属光泽,有锐利的边缘和与涂层破损相同的外形,腐蚀产物似炭黑色细粉状,有明显电解迹象。

7.1.2 船体杂散电流腐蚀分析

1. 焊接造成的杂散电流腐蚀

1)单线供电造成杂散电流腐蚀

当新造船舶下水后停靠在码头进行舾装时,或者是当旧的船舶停靠在码头进行修理时,常常需要进行焊接施工。此时,如果焊接接线不正确,往往会导致严重的杂散电流腐蚀。早期船厂用码头上的焊机进行船上焊接作业时,经常采用单线供电线路,如图7-2所示[4]。

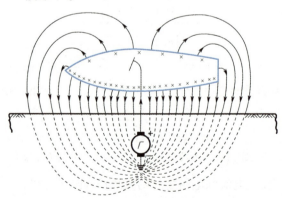

图7-2 停靠码头的船舶焊接作业的单线供电示意图

从图7-2中可以看出,对于单线供电模式,在船上焊接时:电流首先从岸上的焊机经由导线(焊机连接到焊枪的电缆)流到焊接部位;然后从船体经由海水回到码头上焊机的负极。图7-2中还画出了电力线的分布,大部分杂散电流从船体靠码头一侧流出,也有少部分杂散电流从船体其他部位流出,这些电流流出到海水中的地方就是杂散电流腐蚀发生的位置。当焊接作业的时间较长或焊接电流较大时,会导致船体产生非常严重的腐蚀。例如,大连某海运大队的一条船,停靠在岸边修理,利用单线进行轴系的焊接工作,持续时间约 5h,结果导致一只铸钢螺旋桨腐蚀损坏。从图 7-2 中也可以看出,杂散电流腐蚀具有一定的方向性,通常首先发生在船体靠近码头的一侧。

图 7-3 给出的例子也是采用单线焊接,焊机的负极在码头上接地。当在船上进行焊接作业时,不仅导致该船船体产生严重的杂散电流腐蚀,而且可以导致相邻停泊的其他船的船体也发生杂散电流腐蚀。两条船上电流流入海水的部位就是杂散电流腐蚀的位置。

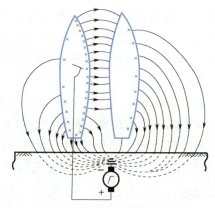

图 7-3 单线焊接时造成相邻船舶的杂散电流腐蚀

当在码头上采用单线焊接时,如果焊机负极接地点离焊接的位置很远,也可以导致停泊在岸边的船舶产生杂散电流腐蚀,如图 7-4 所示。

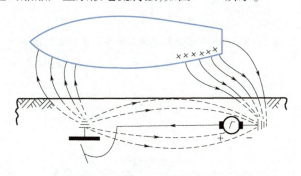

图 7-4 在码头上焊接导致停泊在岸边的船体发生杂散电流腐蚀

2)线路故障导致船体杂散电流腐蚀

上述这种单线焊接接线方式属于违规行为,现在船厂已严格禁止使用。后来一般都采用双线接线的焊接方法,即将焊机的正极和负极电缆导线均接到船上来进行焊接作业。然而,在实际工作中,由于接线接触不良或存在电缆的绝缘包覆层破损等问题,仍会导致杂散电流腐蚀。例如,连接到焊机负极的电缆线在船上并没有用螺钉拧紧,或者只用东西压在钢板上,导致接触不良,这时就会有部分杂散电流经由海水回到焊机。有时,电缆线发生了断裂,而又没有及时发现,焊接时也会导致杂散电流腐蚀。另外,当电缆线发生绝缘破损时,也可导致焊接电流不是全部从电缆线回到焊机,而是有部分电流从水中经由码头上的电缆破损点回到焊机,这种情况下也会产生杂散电流腐蚀。

大连某船厂在建造46000t系列船舶时,在海区系泊期间,水下船体产生不同程度的腐蚀现象[7]。如船尾部局部区域产生严重腐蚀,焊缝区出现蚀坑,腐蚀坑内有黑色粉末铁锈。现场检查发现该船在系泊期间,对船舶进行电焊时,有些电焊机采用了如图7-5所示的错误接线法。电焊机负极接在码头上,通过钢缆和铁条来回流,而不是将负极用电缆接在被焊船体上。这种接线方式形成了两条电的通路:一条是电焊机正极→船体→钢缆→钢码头→电焊机负极;另一条通路是电焊机正极→船体→海水→钢码头→电焊机负极。焊接接线的等效电路如图7-6所示。从图中可以看出,当钢缆与船上以及码头上的系缆桩接触不良导致电阻 R_1 较大时,R_2 回路中将会有电流流过,即总焊接电流($I_总$)的一部分电流(I_1)经由钢缆回到焊机,另一部分电流(I_2)则从船体经由海水和铁条回到焊机,结果造成船体杂散电流腐蚀。

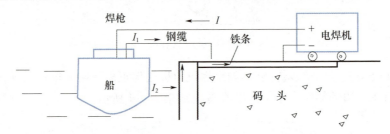

图7-5 某船厂新造船舶停靠码头焊接接线示意图

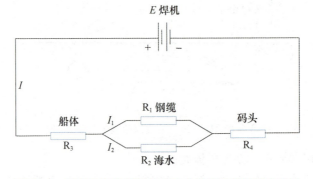

图7-6 某船厂新造船舶停靠码头焊接接线等效电路图

当用一台电焊机同时在两条靠泊的船上进行焊接时,也易产生杂散电流腐蚀。图7-7所示为这种情形的示意图。从图7-7中可以看出,尽管采用了双线模式,但当一条船上的回路(图中a处)发生损坏或接触不良,导致电缆a的电阻比电缆b的电阻大时,则会有部分电流经由另一条船从电缆b回到焊机的负极。这种情况将导致左边的船靠尾部发生杂散电流腐蚀。事实上,两艘船上的焊接回路电阻不可能完全相等,因而在两船之间不可避免地要出现平衡电流。曾有报道,苏联的一家船厂就发生了这样的杂散电流腐蚀事例,结果一艘在码头进行舾装的船的船体发生了腐蚀穿孔[4]。

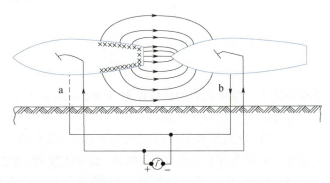

图7-7 一台焊机同时为两条船上的焊接作业供电的示意图

2. 水中电场导致的杂散电流腐蚀

由于阴极保护、焊接以及其他泄漏电流会导致水中存在电场,有电流流动,产生电位梯度。当船舶处于该电场当中时就会受到干扰而产生杂散电流腐蚀,如图7-8所示。其中,电流流入船体的一侧会产生阴极极化,而电流流出到海水的一侧船体则作为阳极而发生腐蚀。当该杂散电流场较强时,船体的水下部分会发生严重的腐蚀破坏。通常牺牲阳极阴极保护产生的水下电场较弱,作用的范围较小,发生杂散电流干扰的风险可以忽略;而外加电流阴极保护由于驱动电压高,发生电流大,因而可以在低电阻率的海水中产生很强的杂散电流干扰。例如,当码头的钢板桩岸壁采用外加电流阴极保护时,如果辅助阳极以地床形式布放在离岸壁一定距离的海底,当有船舶停靠码头或停泊在码头附近时,则该船将处于阴极保护导致的水下电场中,结果就会出现图7-8所示的情形,导致船体靠码头侧产生严重腐蚀。另外,有些码头上有电力驱动的轨道车辆(如有轨电车)通过,如果轨道绝缘不好,导致杂散电流进入大地,也可以流入码头附近的海水中,在水中形成杂散电流场而导致船体发生腐蚀。

对于一些老旧的海洋平台,为了延长其使用寿命,在原始安装的牺牲阳极消耗完以后,经常会采用外加电流阴极保护来对平台导管架等结构进行保护。这种方法比更换牺牲阳极现场工作量和难度要小一些,且提供的保护电流大,保护所需的电流可以自动进行调节。当采用布置在海底的远地床阳极进行保护时,在阳极地床和平台之间就形成了水下电场。当有船舶因平台维修或补给而停靠在平台边上时,船舶就位于水中的阴极保护电场中,有可能导致船体产生杂散电流腐蚀问题。

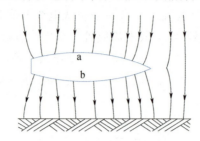

图 7-8　船体受到水中杂散电流干扰的示意图

a 侧为阴极区,b 侧为阳极区。

前面分析了船舶位于钢板桩码头的阴极保护电场中导致发生杂散电流腐蚀的情形。不过有时也有可能出现反过来的情况,即采取了外加电流阴极保护的船舶对码头钢板桩产生了干扰,导致钢桩发生杂散电流腐蚀,如图 7-9 所示[8]。由辅助阳极排出的电流经由海水大部分为船体(含附体)表面所吸收,使船体产生足够的阴极极化,达到所要求的阴极保护电位范围,使船体获得有效的保护。同时,由于靠泊在码头上,从辅助阳极到钢板桩的路径很短,使得电流从海水中流到钢板桩,随后又从钢板桩流回到船体艉部的回路电阻要小于电流从辅助阳极经海水直接到达船体尾部的溶液电阻,则钢板桩上就会有杂散电流流过,导致在电流流入海水位置发生腐蚀。对于靠泊的船舶来说,由于杂散电流回流的影响,使得参比电极测量的船体电位发生变化,为维持该位置处于设定的保护电位,恒电位仪会自动调节辅助阳极输出电流大小,其结果可能导致船体其他部位产生欠保护或过保护问题。也就是说这种干扰作用不仅导致码头钢板桩的腐蚀,而且影响船体自身的保护效果。

3. 船体杂散电流干扰的数值模拟分析

很多海洋结构物如码头、平台、管道、船舶等都采用阴极保护来防止金属腐蚀,在此过程中会在其邻近的海水中形成静电场,并在金属结构物的表面形成电位和电流分布。当在该电场中存在其他金属结构物时,该金属结构物将和阴极保护系统发生干扰,导致部分阴极保护电流流入该金属结构物,然后又从其他部位流走,结果将导致该金属结构物的杂散电流腐蚀。对于这种阴极保护电场干扰,除了上面所给出的一些定性分析以外,还可以采用数值模拟的方法来进行一些定量的分析,从而可以更好地了解和评判杂散电流腐蚀的风险。边界元方法已经成功应用于阴极保护方案的设计优化[9],其同样也可以应用于阴极保护对金属结构物的杂散电流干扰分析[10-11]。

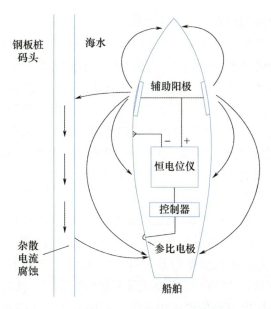

图 7-9　船体外加电流阴极保护导致钢板桩码头的杂散电流腐蚀示意图

阴极保护问题实质上是通过求解泊松方程来获得海水中的静电场分布[8]。以金属在介质中的极化曲线为边界条件,将复杂结构的金属界面划分成大量的网格单元,通过计算机迭代计算获得表面电位和电流的分布,从而实现阴极保护效果的预测和阴极保护方案的优化。当引入杂散电流概念时,还必须加入另一组矩阵方程。对于系统中的每一金属构件如船体或钢桩码头,其电流是守恒的,即每个表面的总的电流之和等于零。通过这种方法,可以量化杂散电流对每个导电金属结构物电位和电流分布的影响,实现对杂散电流干扰及其程度的分析和预测。

边界元模型被用于分析船舶和附近裸露钢板桩之间的杂散电流干扰[12]。结果表明船体阴极保护系统受到了严重影响,导致船体电位及其分布发生变化。而且导致用作控制信号的参比电极的测量值偏离设定的保护电位,使得船体外加电流阴极保护系统的输出电流较没有钢桩干扰时增大约一倍。

4. 船体杂散电流干扰的物理缩比模型分析

船舶通常都会采用牺牲阳极或者外加电流阴极保护系统来防止船体水下部分的腐蚀。阴极保护会在海水中形成静电场,在被保护结构物的周围产生电位和电流的分布。当在船体周边附近海水中存在其他的外部电源或没有保护的其他金属结构物时,就会引起杂散电流干扰。前面船体外加电流阴极保护系统和停靠钢板桩码头之间的杂散电流干扰就是一个典型的情形。当两条船舶停靠在一起时,其上的阴极保护系统也会发生相互干扰,影响船体的电位分布,有可能引发杂散电流腐蚀。

除了采用数值模拟的方法进行船体杂散电流干扰分析以外,还可以采用物理缩比模型(PSM)的方法进行分析[13]。该方法基于相似性原理,将金属结构物的尺寸按比例 k 缩小构建模型,介质电导率按同样比例减小,即模型的尺寸和介质电导率之间维持线性关系。这样电流流过电解质到达模型的电阻路径与全尺度结构时的情况具有相似性。船体缩比模型上任意两点之间的电位差和实际船体上对应两点之间的电位差是一致的。实际情况下的其他物理量与缩比模型之间的关系相应为:面积和电流的大小均为 k^2 关系,而电流密度则是相同的。物理缩比模型方法已成功应用于船舶外加电流阴极保护系统的优化设计和评价,也可用于验证数值模拟计算结果的准确性[14-15]。

以某船为研究对象,按 1/100 的比例建造了缩比模型,船体为 PVC 材料,模拟船体涂层处于完好绝缘状态,轴为套 PVC 的不锈钢材料,螺旋桨为镍铝青铜,属于需要保护的阴极。船体缩比模型如图 7-10(a) 所示[13]。采用独立的双区阴极保护系统,即在船首和船尾各有一套外加电流阴极保护装置。辅助阳极、控制用参比电极以及测试用参比电极的位置标注在图 7-10(b) 中。在船体模型的右舷距离船模的轴向中心线 19cm 处设置有平行于船模长度方向的双极子(双电极),极间距离为 238cm,以模拟来自附近的大型船舶外加电流阴极保护系统的杂散电流源。从船首流向船尾方向的杂散电流符号为正,从船尾往船首方向的电流符号为负。研究了不同分区阴极保护以及不同大小的杂散电流对船体电位分布的影响。

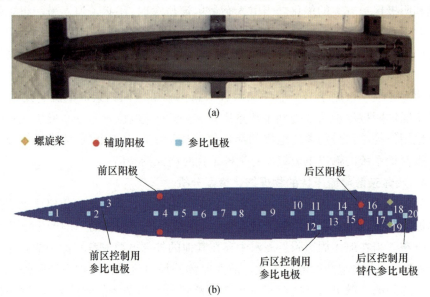

图 7-10 船体缩比模型底部照片和外加电流阴极保护电极位置顶视图
(a)底部照片;(b)顶视图。

图 7-11 所示为采用尾部单区阴极保护时纵向杂散电流对船体电位分布的影响。对于一些小型船舶,通常仅在尾部安装一对辅助阳极,这种方案在商船上应用比较普遍。从图中可见,在辅助阳极位置船体的电位最负,尾部受铜合金螺旋桨的影响电位偏正。控制用参比电极位置对应的船体电位为设定的 -0.85V(相对于 Ag/AgCl 参比电极)。在没有杂散电流影响时,船体的首部和中部的电位分布比较均匀。当存在正向杂散电流时,船首的电位发生负移,而船尾的电位发生正移,并且电位偏移的幅度随杂散电流的增大而增大。当杂散电流的方向为负时,则是首部的电位发生正移,而尾部的电位有所负移。电位的变化也是随杂散电流的增大而增大。这是因为水中的杂散电流对船体阴极保护电场产生了影响。

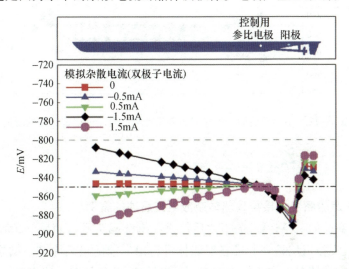

图 7-11 尾部单区阴极保护时纵向杂散电流对船体电位分布的影响

图 7-12 所示为采用前后双区阴极保护时纵向杂散电流对船体电位分布的影响。当没有杂散电流时,双区阴极保护和单区阴极保护类似,船体具有较均匀的电位分布。当存在正向杂散电流时,由于首部的电位往负移,使得前区阴极保护的控制参比电极处的电位负于设定的电位 -0.85V(相对于 Ag/AgCl 参比电极),结果导致前区阴极保护系统停止保护电流的输出,因此其船体的电位分布和只有尾部单区阴极保护时的情况类似。当存在负向的杂散电流时,中部和尾部的电位发生负移,而首部的电位发生少量正移。首部控制参比电极处的船体电位可控制在设定值。由于试验的杂散电流值并不大,所以在单区或双区阴极保护时都可使船体处于合适的保护电位范围。

另外,还测试了只有首部单区阴极保护时的情况。结果表明,该阴极保护系统只有有限的补偿杂散电流干扰的能力,尤其是在存在正向杂散电流场时,会使船体尾部达不到有效的阴极保护电位,处于欠保护状态。

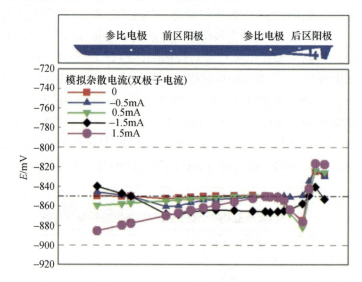

图 7-12　前后双区阴极保护时纵向杂散电流对船体电位分布的影响

7.1.3　船体杂散电流腐蚀案例

1. 某新造船舾装焊接导致船体杂散电流腐蚀的案例

某船厂新造的一条运输船,下水后停靠在钢浮码头进行舾装。2009 年 4 月在舾装完成后,安排进坞检查并准备对船体进行出厂前的最后涂装。结果发现船体出现了异常腐蚀情况。在船体上发现大量腐蚀坑,尤其是在一些焊缝区域、尖角的地方以及涂层破损的点,产生深的蚀坑,可达数毫米。通过调查发现,这是一起典型的杂散电流腐蚀事故。舾装时电焊机放在浮码头上(趸船上),由于接地不正确导致。最后只能进行补焊处理,严重影响工期质量,造成很大的损失。需要特别提到的是,同时下水的另一条船由于焊接接线正确,则没有发生船体杂散电流腐蚀问题。

图 7-13 ~ 图 7-15 所示为船体发生杂散电流腐蚀的典型部位的照片,从这些图中可以看出,腐蚀主要发生在有涂层破损或涂层较薄弱的水下船体部位。从图 7-13 中可以看出,腐蚀坑主要沿油漆划痕分布,蚀坑形状不规则,且有一定的方向性。从图 7-14 中可以看出,在船底和舷侧的交界处的棱边上出现大量的蚀坑,有的部位蚀坑连通形成了连续的腐蚀凹槽,这是因为棱角上涂层较薄,更容易破损并发生尖端放电而导致杂散电流腐蚀。图 7-15 所示的是焊缝上发生的腐蚀坑,以及船体板上蚀坑经打磨后的表面形貌,可见杂散电流导致的腐蚀坑既可能是分立的,也可能是聚集的;蚀坑不仅向深处发展,而且也会向周边扩展。这是因

为杂散电流总是遵循阻抗最小的路径流动。

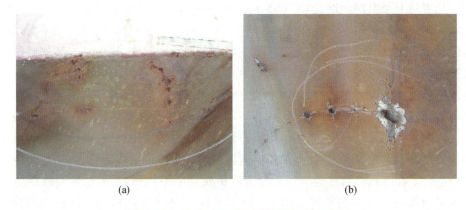

图 7-13 船体上的腐蚀坑沿涂层划痕分布

图 7-14 船体底面和舷侧交界的棱边上产生大量蚀坑

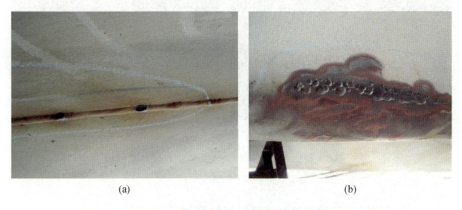

图 7-15 船体焊缝上的蚀坑和表面打磨后的船体蚀坑形貌
(a)焊缝上的蚀坑;(b)表面打磨后的蚀坑。

2. 某船在船厂停泊修理时造成的严重杂散电流腐蚀案例

几乎与上个案例同期,2009年5月在另一家船厂也发生了船体杂散电流腐蚀问题。一条小型快船在完成修理和试航后,进坞检查水下船体的情况,结果发现船体以及螺旋桨、轴套以及尾轴支架等部位出现了严重的腐蚀,导致某些结构部位出现严重的破损。原因分析表明,这次腐蚀事故也是由于在码头焊接时的杂散电流造成的。由于去现场勘验时,船体上的一些腐蚀部位已经开始修理,因此只能看到修理后的情况。图7-16和图7-17所示为船体腐蚀以及修补后的部分形貌照片。从图7-16可以看出,船体结构棱边和尖角处易于发生腐蚀,船体侧面防浪条前端尖角处曾腐蚀穿孔,船体上油漆有破损的地方也出现了腐蚀坑,对这些腐蚀部位均进行了补焊和打磨修理。尽管没有看见腐蚀的原始形貌,但这些腐蚀部位仍体现了杂散电流腐蚀的特征。图7-17所示为船体尾部结构的腐蚀破损形貌照片。螺旋桨的桨叶边缘因杂散电流腐蚀导致缺失。尾轴支架为0Cr13不锈钢材质,其支架毂和上部边缘均出现了严重的腐蚀,导致局部破损缺失。舵板与舵轴的连接处以及固定螺栓也出现了严重腐蚀。从上面的腐蚀情况来看,腐蚀造成了船体结构尤其是尾部附体结构出现了非常严重的损坏,这可能是因为螺旋桨是裸露金属表面,尾轴支架是不锈钢材质,表面涂层结合不良,易于发生涂层破损的缘故。杂散电流首先从接水电阻小的部位流入海水,导致这些部分优先发生腐蚀。从腐蚀的程度看,其遭受的杂散电流是比较大的,腐蚀速率也比较大。上述事例也表明,杂散电流腐蚀对船体的危害是很严重的,在实际工程中需要高度重视并注意避免。

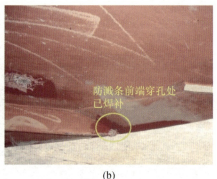

(a)　　　　　　　　　　　　(b)

图7-16　船体结构棱边和尖角处腐蚀坑修补后的照片
(a)棱边;(b)尖角处。

3. 不锈钢尾轴的杂散电流加速缝隙腐蚀案例[16]

这是一个不太常见的船舶杂散电流腐蚀案例,其特殊之处在于是由牺牲阳极阴极保护所导致的干扰,同时其局部环境也很特殊。在加拿大,有多条新造船的推进器轴是由 316 不锈钢制造的,结果在下水 12 天后就在局部出现严重的点蚀。发生腐蚀的主要部位位于尾轴管内用水润滑的轴承填料密封处。该部位具有诱发缝隙腐蚀的环境条件,但常规的缝隙腐蚀不太可能使 316 不锈钢具有如此快的腐蚀速率。经过勘验分析以及实验室内的模拟试验,表明点蚀的快速发生是受到了杂散电流的作用。

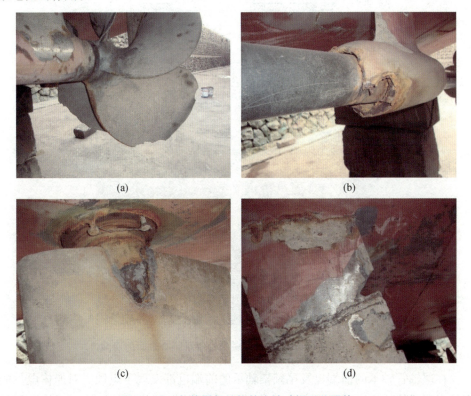

图 7-17　船体尾部结构的腐蚀破损形貌照片
(a)螺旋桨桨叶腐蚀破损;(b)尾轴支架毂腐蚀破损;(c)舵轴部位的腐蚀;(d)尾轴支架上部腐蚀破损。

图 7-18 所示为发生腐蚀的船舶推进器尾轴结构和环境示意图。不锈钢轴通过轴承安装在钢质尾轴管内,轴和轴承之间是电绝缘的,并采用海水进行润滑。每根轴都配有密封填料函,通过一个柔性的不导电的联轴器和引擎相连。船体外壳板采用锌合金牺牲阳极保护,但尾轴管内以及黄铜密封填料端盖都没有专门的阴极保护。

在船下水浸泡在海水中 12 天后,对推进器轴的拆解检查发现,轴上有多处发生了腐蚀,其中腐蚀最严重的部位为轴前端密封填料下面、靠近轴承的地方,如图 7-19 所示。

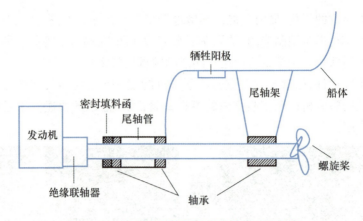

图7-18 船舶推进器尾轴结构和环境示意图

图7-19 316L不锈钢尾轴在密封填料处表面的腐蚀

在尾轴管轴承的前端以及尾轴架轴承的前端也都发现了点蚀。对船体电位的测量表明船体均达到了保护电位要求,处于良好的保护状态。但轴与船体之间接地不好,存在较大电阻,测量的电位差达到280~400mV。如果将轴接地装置的碳刷断开,则轴与船体间的电位差可达到730mV。在尾部船体上安装的牺牲阳极发生的电流由于船体新涂刷的涂层阻抗高,因此很容易流向附近海水中裸露的不锈钢轴,然后沿轴流动。由于该轴和船体之间存在较大电阻,所以沿轴传递的电流在尾轴管的密封填料缝隙处流入海水并经尾轴管回到船体,结果导致该处产生杂散电流腐蚀。在实验室进行模拟实验,在12天的试验周期内复现了尾轴上观察到的腐蚀现象。通过实验也验证了杂散电流对不锈钢缝隙腐蚀的促进作用。实验3天后就观察到了由杂散电流诱发的缝隙腐蚀。模拟实验还证实了只要使轴与船体有良好的电接触就可以消除尾轴的杂散电流腐蚀问题。

第 7 章　船舶杂散电流腐蚀与防护

4. 某船外置箱式冷却器的杂散电流腐蚀

该箱式冷却器为结构紧凑的闭路冷却系统,安装在通海的海底阀箱内,如图 7-20(a)所示。由于位于船体凹进的空间内,因此可以避免受到机械碰撞等而导致损坏。和常规的船用热交换器不同,它不需要额外的海水管路系统,不需要水泵和滤器。冷却管束的内部走要冷却的工质,而管束外部浸泡在海水中。该箱式冷却器通过海水自然对流换热,来达到冷却的目的。即冷的海水从下部入口进入通海阀箱内,通过热交换后,海水温度升高,密度降低,使得热的海水从阀箱的上侧面排出,实现自然对流。当船舶处于航行状态时,会增强海水的流动,从而进一步提高换热效率。

 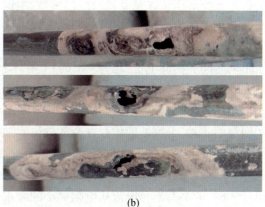

(a)　　　　　　　　　　　　　　　　(b)

图 7-20　浸泡在海水中的箱式冷却器及冷却管腐蚀形貌
(a)船上安装的箱式冷却器;(b)冷却管腐蚀穿孔形貌。

该换热器冷却管的材质为 B10 铜镍合金,具有较高的耐海水腐蚀性能和良好的导热性能,并且表面不易生长附着污损生物。该冷却器在安装时和船体完全绝缘,以防止对船体钢板产生电偶腐蚀。然而这种结构形式非常容易产生杂散电流干扰。不论是船体外加电流阴极保护系统,还是海底阀箱内安装的牺牲阳极都有可能导致铜管束的杂散电流腐蚀。阴极保护的电流进入到裸露在海水中的铜合金冷却管,但由于和船体结构之间是电绝缘的,因此电流只能从铜冷却管表面经由海水流到船体上。结果导致铜合金管腐蚀,甚至在较短的时间内发生腐蚀穿孔。图 7-20(b)所示为某船上安装的箱式冷却器铜管杂散电流腐蚀的照片。

5. 船舶采用岸电供电产生的杂散电流腐蚀案例[17]

某单位新造的小型工作船,由某内河船厂建造,采用双主机、双尾轴、双螺旋桨、双舵叶的推进形式。每侧尾轴由两道支架(美人架)支撑;水下船体为钢质;螺旋桨、舵叶、美人架为镍铝青铜材质;尾轴为不锈钢材质。船体按常规方式涂刷防锈和防污漆,采用锌合金牺牲阳极保护;尾轴有接地连接;美人架和舵叶与船体绝缘以减轻电偶腐蚀作用,美人架轴承采用橡胶轴承;螺旋桨为可变螺距桨,桨毂将军帽内安装特制圆形锌块阳极。该船出厂时对船体进行了检查,发现螺旋桨、舵叶及美人架均有轻微坑状腐蚀,分析判断可能是铜合金发生了脱成分腐蚀,或者是由于附着的生物导致的局部腐蚀。

该船交给用户后在海水中使用了 4 个月,进坞检查发现以上部件的腐蚀情况均有不同程度的加重,左舵叶双面大面积腐蚀,腐蚀坑增大且加深。右侧舵叶较 4 个月前亦有明显加重,但较左侧腐蚀要轻。双侧美人架均有较大程度的腐蚀,出现腐蚀沟槽。双侧螺旋桨腐蚀较轻,没有明显加重迹象。双侧尾轴光亮如初,没有发生腐蚀。船体油漆状况良好,但锌合金牺牲阳极消耗严重,有的锌块已近耗尽。螺旋桨保护用锌阳极亦消耗大半,达到换新要求。

该船长期靠泊码头,周围没有其他设备干扰,但靠泊时采用岸电系统供电。测量了不同时间船体的电位,约为 $-0.69V$(相对于 Ag/AgCl 参比电极),表明船体没有处在有效的阴极保护状态。将岸电从码头岸电箱拆除后,使船舶与码头没有连接,再多点多次测量船体电位,其平均值为 $-0.78V$,表明岸电系统使得船体电位发生了明显的正移,可判断船体存在杂散电流腐蚀。

该船的电力系统和岸电均为 380V/50Hz 三相四线制,由于船上设备用电不平衡,会导致零线中有很强的电流流过,当零线线径太细以及接线螺栓锈蚀导致零线电阻较大时,就会有部分电流从电阻更小的海水中流过,结果导致船体发生杂散电流腐蚀。岸电与船电系统之间的连接如图 7-21 所示。

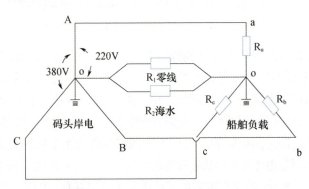

图 7-21　岸电与船电系统之间的连接

由于美人架均处于机舱底部,与发电机中性点接地部位较近,遭受杂散电流的密度较大,故腐蚀较重。左侧舵叶离码头更近,受杂散电流影响更大,所以左侧舵叶较右侧舵叶腐蚀更重。由于螺旋桨通过轴接地与船体连接良好,且其桨毂中安装有锌块,可获得有效的牺牲阳极保护,所以左右螺旋桨腐蚀情况没有变化。船体由于涂刷有防锈和防污漆,并且安装有牺牲阳极,所以得到了良好的保护,没有发生杂散电流腐蚀。

6. 其他船体杂散电流腐蚀案例[18]

由于认知和重视程度的问题,20 世纪六七十年代船体杂散电流腐蚀案例在我国多有发生。1968 年 7 月出厂的"海运"某艇在旅大地区海面使用不到半年,厚度为 5mm 的船体钢板在某些部位就烂穿了。上排检查发现,船体水下部分遍布腐蚀点,并有十多处穿孔,有的焊缝整段烂穿。该艇使用期间主要在海里作为交流电源给另一船供电,累计工作时间为 92h。

1968 年出厂的 5 艘港湾潜水工作艇,在舟山海区使用一年多,水下部分船壳板也发生了严重的腐蚀,最严重的一艘已烂穿十多处(船板厚度为 5mm)。通常在凸出部位如艏柱、舭龙筋、舵等处腐蚀特别厉害。另有 6 艘在其他海区服役的同型船也发生了类似的严重腐蚀。

1973 年由沪东造船厂建造的"海磁"号船进坞检查时发现右侧首部、尾部旁板上出现大片密集的小蚀点,其直径约为 2 ~ 5mm,深度约 0.5mm。而左侧只有首部旁板上有一小片细小的蚀点。另外在尾部底部有一片蚀坑,最深处达 1.5 ~ 2mm。该船尽管下水近两年,但尚未交船,仅进行了一次试航。该船的主发电机在做负荷试验时,为了冷却,把作为负荷的电阻放在黄浦江里(船的右侧)。试验电压达数百伏,电流达数千安,累计试验时间接近两个月。

上述案例都和杂散电流干扰有关,其腐蚀速率都非常大,远远超过船体钢板自腐蚀的速率,导致船体发生严重腐蚀事故。

7.1.4 船体杂散电流的检测

当杂散电流流入和流出浸泡在海水中的船体结构时,会在相应的金属表面产生阴极极化和阳极极化,结果导致金属的电位发生变化。因此通过检测/监测船体表面的电位变化及其分布状况,就可以确定是否发生了杂散电流腐蚀。测量电位的方法需要用到参比电极以及电压表。参比电极可采用便携式的铜/饱和硫酸铜参比电极或者是银/氯化银参比电极;测量直流杂散电流可采用输入阻抗大于 10MΩ 的、精度为 4 位以上的数字电压表;测量交流杂散电流可采用对消式电位差计。图 7 – 22 所示为船体电位测量的示意图[1]。

为了解船体电位分布,需要测量船体不同部位的电位,包括两舷以及其他位置。船体电位测量的时间应选择在无焊接作业时段、有电焊作业时段和施加排流防护措施后。通过测量船体电位来评判杂散电流干扰程度和排流效果。对于水中静态电场的干扰,则可测量船体电位并比较不同时段看是否存在差异。也可以采用自动测量装置来监测船体电位随时间的变化,尤其是在有发生杂散电流腐蚀的风险时。有时也采用参比电极来测量水中的电场梯度,不仅可以确定水中是否有杂散电流场存在,而且还可以指示杂散电流流动的方向,便于确认杂散电流源的位置。

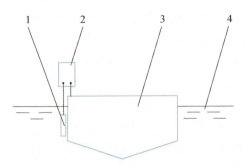

图7-22 船体电位测量示意图

1—参比电极;2—数字电压表或电位差计;3—船体;4—水域。

船体杂散电流的判断准则是:在没有船体阴极保护的情况下,焊接作业如果引起船体的电位正向偏移20mV,即可判定船体存在杂散电流腐蚀。当船体存在阴极保护时,由于焊接等引起船体电位正向偏移超出有效阴极保护范围,则可认为船体产生了杂散电流腐蚀。当杂散电流源为交流电时,如果监测的船体电位发生交替变化,则可判定船体产生了交流杂散电流腐蚀。

以下介绍两个船舶杂散电流检测的实例。

(1)对大连某船厂处于建造舾装阶段的46000t船舶在焊接施工过程中的船体电位进行了测量,具体结果如表7-1所列。从表中可以看出,船体各点的电位均不在正常的保护电位范围,和船体的自腐蚀电位(通常为-0.70V)相比,局部电位发生明显正移,尤其是右舷和尾部,表明船体存在杂散电流腐蚀,且右舷和尾部的杂散电流比较强烈。

表7-1 焊接作业时船体电位测量结果(相对于铜/饱和硫酸铜参比电极)

位置	左舷电位/V	右舷电位/V
船首	-0.690	-0.152
船中	-0.650	-0.285
船尾	-0.180	+0.551

(2)对停泊在船厂码头边的某15万吨轮进行了杂散电流检测,采用便携式铜/饱和硫酸铜参比电极和数字万用表进行船体电位测量,每点测量两期,一期在午餐

休息期间,另一期在电焊机集中作业的工作繁忙期间。在每一期间,对每个测量点每分钟取值一次,共测 5 次,求得电位的算术平均值。设置了 6 个测试点,分别在左、右舷的船首、船中、船尾处。

表 7-2 所列为船体电位的测量结果[19]。由表 7-2 中可以看出,在工作休息期间电位值比较稳定。基本处在 -0.60V 左右。船尾的电位稍正,约为 -0.59V。而在工作繁忙期间,船体电位值变化很大,且船尾比船首变化幅度大,电位值更正。船首电位变化范围为 -2.00~5.85V,左舷的平均电位为 1.15V,右舷为 1.11V。船尾的电位变化范围为 -2.15~8.15V,其左舷平均电位为 3.67V,右舷为 2.86V。通过测量发现,无论是电位的瞬时值和平均值,还是两个测量期间的电位偏移都是船尾大于船首,左舷大于右舷,最大点在船尾左舷。这些结果表明该船船体在电焊机作业的工作期间明显存在杂散电流腐蚀问题,与上面的实例相比,其杂散电流强度更大,对船体的腐蚀危害更严重。

表 7-2 船体不同期间的电位测量结果(相对于铜/饱和硫酸铜参比电极)

测量时间	右舷船首电位/V	左舷船首电位/V	右舷船中电位/V	左舷船中电位/V	右舷船尾电位/V	左舷船尾电位/V
休息期间	-0.60	-0.60	-0.60	-0.59	-0.59	-0.59
工作期间	1.11	1.15	1.14	2.48	2.86	3.67
电位偏移	1.71	1.75	1.74	3.07	3.45	4.26

为了进一步探讨修造船期间船体周围海水中的杂散电流场的分布规律,研究人员开展了实验室内的缩比模拟试验研究[19]。模拟船体用 16Mn 钢制造,并涂刷船用底漆和面漆,介质为 1:5 的稀释海水,采用可调直流稳压电源模拟电焊机工作情况,采用高精度数字电压表测量电位,采用铜/饱和硫酸铜电极作为测量用参比电极。通过调整电源电压和模拟接地点位置,施加了可调的模拟杂散电流。待系统稳定后测量模拟船体电位,当测得的电位值与实船测量结果吻合后,再在模拟船体的周围进行等电位线测量。

根据实船和实验室模拟试验的测量结果,绘出上述两个期间的等电位线和电力线分布图,如图 7-23 所示。图 7-23 中带有箭头的线是电力线,标有电位的线是等电位线。电力线的分布可形象地描绘电场中场强的大小和方向。图 7-23(a) 所示为在没有电焊机等用电设备工作时的情况,基本没有杂散电流干扰。船尾的电位略正,且船体各部位的电位均比钢在海水中的自然电位偏正,这是因为铜合金螺旋桨与船体及其他钢质附体形成电偶所导致的影响。从船体的电位来看,船体没有阴极保护,呈现出在海水中自然腐蚀状态。这可能是船体采用的是外加电流阴极保护系统,在此期间并没有投入运行的缘故。图7-23(b)所示为正常施工作业期间的电场分布情形。从图中可见,在修造船作业高峰期间存在杂散电流腐蚀,且由于船的大部分设备安装工作是在船体尾部,电焊作业也大部分在此进行,所以船尾比船首电力线密集,电位更正。由于船体左舷靠近码头,码头上有焊机等供电装置供船上作业使用,所以船体左舷比右舷的电力线密集,受杂散电流的影响更大。

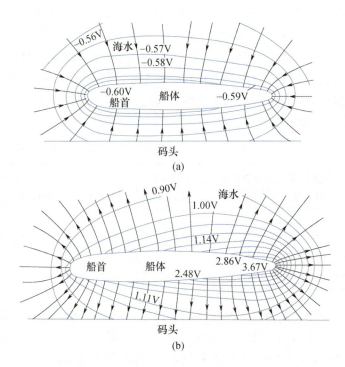

图7-23 模拟试验测得的船体周围海水中的等电位线和电力线分布图
(a)无杂散电流时的电场分布;(b)有杂散电流时的电场分布。

7.2 船体杂散电流腐蚀的防护方法

7.2.1 消除杂散电流源

消除杂散电流源是防止杂散电流腐蚀的最根本的方法。消除杂散电流就是要让电流在规定的回路中流动,而不是通过船体经由海水形成回路。首先需要掌握杂散电流腐蚀发生的原因和来源;然后采取针对性的措施。

1. 消除电焊引发的杂散电流

很多船体杂散电流腐蚀是由电焊接线不当导致的,因此在焊接作业时必须严格按照规范接线。严格禁止单线焊接。当采用码头上的焊机进行船舶上的焊接作业时,必须采用双线制,电焊机应与地(码头)绝缘。图7-24所示为停泊在码头边上的船舶正确的焊接接线方式[20],电焊机接线必须将地线直接接到船上,并确保电焊机负极和船体良好的电性连接。接地线应通过螺栓或焊接方式牢固连接到与船体焊接在一起的接线板上(图7-25),并选用足够粗的导线,以保证回路具有低电阻。供电电缆导线不应存在破损,应保证绝缘良好。

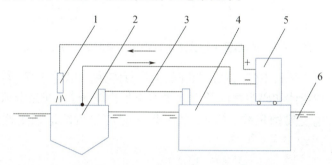

图7-24 船舶利用码头上的电焊机焊接时的接线示意图

1—焊枪;2—船体;3—缆绳;4—码头;5—焊机;6—海水。

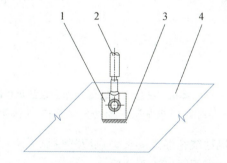

图7-25 焊接负极电缆(接地线)与船体连接示意图

1—接线板;2—接地线;3—焊缝;4—船甲板。

当采用码头上的多台焊机同时在船上进行焊接作业时,应在码头建立地线汇流排,如图7-26所示[7]。汇流排和焊机的连接以及汇流排和船体的连接必须保证具有低的电阻,也可采用多根电缆线将船体与汇流排连接,并且汇流排和电焊机均应和码头绝缘,以确保焊接电流经由连接导线而不是海水和大地回到焊机。大型船舶连接焊接地线时要确保与船的首部、中部和尾部均可靠电连接,以避免回路电阻过大引起杂散电流[21]。

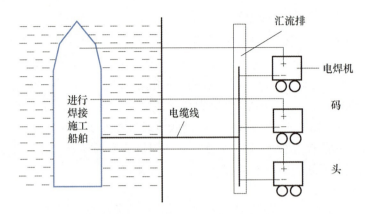

图7-26　船舶采用码头上多台焊机作业时的接线示意图

另外一种方式是将电焊机直接放在船上进行焊接,如图7-27所示[1],这样就可避免焊接时在船体和码头之间的海水中有杂散电流流过,即完全消除了海水旁路导致的杂散电流腐蚀风险。因此,船上焊接时应尽可能地采用这种焊接作业模式。

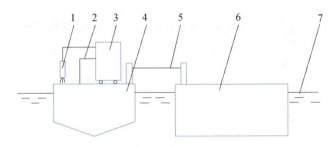

图7-27　焊机放在船上进行焊接作业接线示意图
1—焊枪;2—接地线;3—电焊机;4—船体;5—缆绳;6—码头;7—水域。

另外,焊接时电焊机地线在船上的接地点应尽量靠近施焊点,以尽量降低回路的电阻。对大型船舶,两点间距应小于30m。

2. 消除其他杂散电流源

船舶停泊期间采用岸电作为供电电源时,应采用三相四线制,即采用四芯线连接船上和岸上的电源,其中的零线在船上、岸上均应可靠接地,如图7-28所示[7]。从图7-21等效电路图中可以看出,如果岸上和船上的零线没有可靠的电连接,导致电阻过高,甚至没有直接连接,则当发生三相用电不平衡时,将会有漏电流从 R_2 海水中流过,从而引发杂散电流腐蚀。

另外,船舶供电系统以及电气设备等应绝缘良好,接地可靠。需定期检查,防止发生漏电。

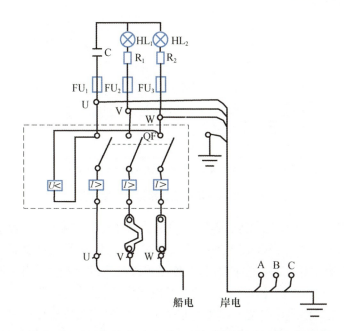

图 7-28　船舶采用岸电供电时船电与岸电连接接线示意图

7.2.2　采用导线直接排流

在某些复杂的情况下,并不知道杂散电流源自何处,或者不能够避免杂散电流的产生,此时可采用导线直接排流来防止船体杂散电流腐蚀。导线直接排流是指采用导电性良好的铜芯电缆连接船体和岸边接地回路(或相邻船舶),将影响船舶的杂散电流直接导入岸边接地回路,从而使水下船体流入海水的电流完全消除或降低到适当值。图 7-29 所示为导线直接排流的原理图[4]。图 7-29 中,I_{ap} 为排流导线中的电流,I_B 为水中导致船体腐蚀的杂散电流。两条电流的通路相当于并联的两个电阻,可见要有效抑制水中的杂散电流腐蚀,与溶液通路的电阻相比,排流导线的电阻必须足够小。当溶液电阻越小,船体水下部位面积尤其是涂层破损和裸露金属面积越大,以及杂散电流($I_{ap} + I_B$)越大时,所采用的排流铜导线的线径(导电截面积)就应越大。

对于没有安装阴极保护系统,或已经安装外加电流阴极保护系统但系统没有运行的船舶,可以采用导线排流来防止或减轻杂散电流腐蚀。排流导线安装位置一端是码头的接地回路;另一端是在船上靠码头的舷侧(位于杂散电流流出的舷侧)。对于大型船舶,可间隔采用多根电缆导线往码头上排流。电缆连接接头应安装牢固,保持良好的电连接。

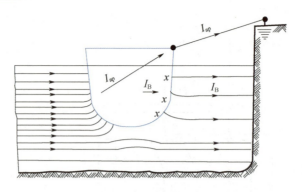

图7-29 采用导线直接排流的原理图

对于安装了阴极保护系统且阴极保护系统正在运行的船舶,一般不建议采用导线排流[21],这是因为当杂散电流不是很强时,阴极保护系统可使船体电位达到规定范围,船体就能受到良好保护,腐蚀处于可以接受的范围[22];当杂散电流非常强时,导线排流也不能完全防止船体的杂散电流腐蚀,最佳的解决方法还是要消除杂散电流源,或避免使船舶位于杂散电流场中。另外,当用排流导线将船舶和码头或邻近船舶电连接后,则船舶的阴极保护系统会受到码头和邻近船舶的干扰,当钢板桩码头或钢浮码头以及邻近船舶没有阴极保护或阴极保护不足时,则会增大需要阴极保护的面积,改变阴极保护电位和电流的分布,增加船舶阴极保护系统的负担,有可能超出其设计容量而导致船舶得不到有效的保护。

7.2.3 牺牲阳极排流

和导线排流的原理不同,牺牲阳极排流是通过浸泡在海水中的牺牲阳极将杂散电流排放到海水中。其本质上是通过牺牲阳极的消耗来保护船体,避免杂散电流从船体及附体结构流入海水而发生腐蚀。即将本来可能发生在船体和附体上的腐蚀转移到了故意设置的牺牲阳极上。由于杂散电流是从牺牲阳极上流入海水,而牺牲阳极又是比较活泼的金属,所以牺牲阳极会以较高的速度消耗。因此,若船舶停泊的水域存在杂散电流电场时,应在原设计的阳极数量上适当增加一些阳极,以补偿由于杂散电流排流而导致的额外消耗。采用牺牲阳极排流的另一个好处是,牺牲阳极本身还可对水下船体结构提供阴极保护,从而防止船体在海水中的电化学腐蚀。

排流用牺牲阳极和常规船体阴极保护用牺牲阳极材料没有什么不同,可以采用锌-铝-镉合金牺牲阳极,也可以采用铝-锌-铟系合金牺牲阳极。这些阳极材料在海水中均具有优异的电化学性能。对于电阻率较高的淡水环境,可采用电位更负的镁合金牺牲阳极。

对于新造的船舶,可以在设计时考虑杂散电流的影响,而调整牺牲阳极阴极保护的方案。对于易于发生杂散电流腐蚀的尖角等涂层保护薄弱之处以及裸露金属部位,增大牺牲阳极的尺寸和布置的数量。然而,由于杂散电流的发生、杂散电流的强度以及作用的时间很多时候是难以预计的,所以在设计船体牺牲阳极阴极保护系统时就把所有杂散电流的影响完全考虑进去是不现实的。通常的做法是在了解到水域中存在杂散电流问题后,采取临时性牺牲阳极来进行排流。这种排流方式是将牺牲阳极悬吊在舷侧的海水中,采用电缆导线将牺牲阳极和船体电性连接。通常采用长条状阳极以降低阳极的接水电阻,所需吊挂牺牲阳极的规格和数量视杂散电流的大小确定。吊挂的位置通常在船体的周围,但应重点布置在杂散电流从船体流入海水的舷侧和部位(可通过测量船体电位分布来确定)。牺牲阳极排流效果好坏的关键在于阳极的质量和与导线的可靠连接。导线和阳极之间的连接接头需要采用环氧树脂或热缩套管等材料进行绝缘封闭处理,以避免在海水中排流时从接头处优先溶解而导致连接失效。这种吊挂安装方式,在牺牲阳极消耗完后,可以很方便地进行更换。

杂散电流对牺牲阳极性能会产生不利的影响[23]。当水中的杂散电流经由牺牲阳极表面进入船体时,会导致牺牲阳极发生阴极极化,使其表面不发生溶解而失去牺牲阳极阴极保护作用。当牺牲阳极起排流作用时,或者船体发生杂散电流腐蚀时,牺牲阳极会发生快速溶解消耗,导致保护寿命缩短,达不到设计要求。另外,在杂散电流(特别是交流杂散电流)作用下,牺牲阳极的效率会明显下降。

7.2.4 加强对杂散电流腐蚀的管理

由于杂散电流一旦发生往往会造成严重的腐蚀,影响船舶的安全,增加修理的工作量,延长船舶建造或修理的工期,导致显著的经济损失,所以必须加强杂散电流腐蚀的预防和管理。应加强船舶靠泊码头期间电焊作业的接线管理,制定防止船舶杂散电流腐蚀的焊接作业规范,及时检查电焊接线是否错误或不可靠,确保接线和电焊作业符合规范要求[24-25]。

应加强对杂散电流的检查和监测,应检查港口码头附近是否有大型直流电力系统,如电厂、直流电气化铁路等。增强对船舶附近周围水域中杂散电流可能来源的检查和分析,应对船体不同部位的电位及其随时间的变化情况进行监测,尤其要关注有焊接作业或周围有其他水下电场干扰时的情况。通过测量判断杂散电流源的强度、方向和位置。一旦发现有杂散电流腐蚀问题,应立即采取预防措施,消除杂散电流干扰。

应做好船舶的电力供应系统和电气设备的绝缘,防止漏电。对于螺旋桨、美人架、尾轴、舵等水下附体结构应和船体保持良好的电性连接,同时采用牺牲阳极或船体外加电流阴极保护系统进行保护。

同时，应开展产生杂散电流腐蚀的原因分析，并修订相关制度和规程，避免类似的情况再次发生。

7.3 船舶海水管路系统的杂散电流腐蚀与防护

7.3.1 海水管路杂散电流的来源与危害

船舶海水管路系统的杂散电流是指在管壁及管内海水中流动的杂散电流，当杂散电流由金属管壁进入到管内侧海水中时，会导致金属管内壁发生腐蚀，即杂散电流腐蚀。图 7-30 所示为海水管路发生杂散电流腐蚀的示意图。当由于某些原因导致杂散电流进入管路系统后，电流的特性必然会沿着电阻最小的路径流动，尽管管路金属材料是电的优良导体，但管路系统中通常会存在一些绝缘法兰连接，使得整个管路系统并不具有连续电导性，当沿管壁流动的电流到达绝缘法兰处时，电流只能从电阻更低的海水中绕回到下一段金属管壁，直到在某处杂散电流能够流出管路系统，返回杂散电流源或接地系统，构成完整回路。在电流流入海水的部位（图中绝缘法兰的左侧），发生阳极反应，导致金属溶解腐蚀，而在电流由水中流入管壁的位置发生阴极反应，可使管内壁获得阴极保护，并形成钙镁沉积层。当杂散电流较大而导致局部电位过负时，管壁表面会产生析氢反应。管路系统的杂散电流腐蚀与船体杂散电流腐蚀没有本质的差别，均是电流作用下的电解过程，只是由于结构差异使得具体表现形式有别。

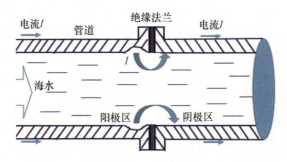

图 7-30 海水管路发生杂散电流腐蚀的示意图

海水管路杂散电流的来源主要是设备不正常接地或设备漏电。例如，船舶的空调系统漏电会导致部分电流流入到冷却海水管路中；再比如海水管路系统上的电解防污装置的工作电流在回流不畅时，也可能进入到海水管路系统中；船舶在建造或修理期间，进行舱内焊接作业时也存在形成管路杂散电流的可能性，且会导致比较快速的腐蚀破坏。

杂散电流腐蚀发生位置集中,局部电流密度大。因此,造成的腐蚀危害巨大。调研表明,曾有国内船舶海水管路系统发生多起因设备漏电形成的杂散电流而导致快速腐蚀穿孔的案例。

某船采用具有良好耐流动海水腐蚀性能的 B10 铜镍合金管做海水管道,结果在较短的时间内就发生了腐蚀穿孔,导致海水泄漏[26]。对 B10 管材进行了化学成分和金相组织检测和分析,均符合船用 BFe10-1-1 成分指标要求。现场调研发现,B10 海水管路多处出现明显腐蚀,特别是在管路与海水泵间挠性接管处出现了穿孔泄漏的情况。B10 海水管路法兰处内表面腐蚀形貌如图 7-31 所示。从图 7-31 中可以看出,管内表面有明显腐蚀坑斑,腐蚀坑周围可见具有金属光泽的 B10 管材基体。经测量,现场 B10 管的最大腐蚀速率约为 3.2mm/a,远高于该 B10 管材在海水中实测的静态腐蚀速率(0.012mm/a)和流动海水中的腐蚀速率(流速为 3m/s 时的腐蚀速率 0.163mm/a)以及文献值[27-29]。如此快速的腐蚀显然不是常规海水腐蚀造成的,很可能与外部的加速腐蚀因素相关。由于 B10 管路内海水流速较高,管路使用频繁,腐蚀部位没有沉积物,故不太可能发生微生物腐蚀,但腐蚀泄漏部位靠近电解防污装置,因此怀疑 B10 管的快速腐蚀很可能与杂散电流有关。为此,在船上开展了管路杂散电流检测。测量了在 B10 管与海水泵间挠性接管处流过的电流,结果表明,当电解防污装置开启时,挠性接管处有约 60mA 电流通过;而电解防污装置关闭时接管处也有大约 11mA 电流,这说明该船海水管路受到杂散电流影响,电解防污装置是该处发生快速腐蚀的主要杂散电流源。在实验室内对 B10 铜管上截取的试样进行了模拟杂散电流腐蚀试验,试样裸露表面尺寸为 70mm×30mm,采用直流恒流源作为杂散电流源,通入 60mA 的阳极电流,其电解前后的表面形貌如图 7-32 所示。从图 7-32 中可以看出,通电 6h 后去除腐蚀产物,试样表面出现了很多蚀坑,与实船失效管路的腐蚀形貌非常相似。根据测量的腐蚀失重(0.594g/6h)计算其腐蚀速率约为 46mm/a,足以在很短的时间内就导致管路腐蚀穿孔。

图 7-31　某船用 B10 铜镍合金管内表面腐蚀形貌

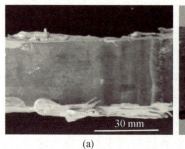 

图 7-32　B10 试样在 60mA 电流下电解前后的表面形貌

(a)未电解试样表面；(b)电解 6h 后去除腐蚀产物的表面形貌。

海水管路系统是船舶推进系统、电力系统和辅助系统的重要组成部分，对保证船舶动力装置、辅助机械和设备的正常工作具有重要作用。一旦出现腐蚀泄漏问题，将严重影响管路以及相关设备的正常运行，甚至造成停机事故，使船舶失去动力，严重威胁船舶的运行安全。随着船舶现代化，各种电气设备增多，可能的杂散电流泄漏源也增加了，使得海水管路系统发生杂散电流腐蚀的风险也明显增大。

7.3.2　海水管路杂散电流腐蚀特点

海水管路的电解质处于管内，杂散电流腐蚀点位置必然处于管内壁，这样的结构特征使得海水管路杂散电流腐蚀非常隐蔽，通常腐蚀造成泄漏穿孔时才会被发现。

由于用作海水管路的材料必须具有较高的耐海水腐蚀性能，所以目前船舶海水管路通常采用铜合金材料。电流总是循电阻最小的路径流动的，由于铜合金管段具有优良的导电性，所以杂散电流优先在金属管体中流动，只有当遇到绝缘法兰接头处，或接头处的接触电阻很大时，电流才会选择电阻更小的海水通路，从管壁进入到管内海水中，从而产生杂散电流腐蚀。可见，管段绝缘阻断了电流沿管体的流动是发生管路杂散电流腐蚀的必要因素。在海水中流动的杂散电流绕过绝缘接头后，又会流入下个管段的管壁，并再次在金属管体中流动。当遇到下一个绝缘接头时，电流还会进入海水中，从而导致该管段的部位也发生杂散电流腐蚀，直到该杂散电流能够回到电源设备的负极为止。因此，一旦海水管路发生杂散电流腐蚀，往往容易导致多处发生腐蚀泄漏。

管路杂散电流腐蚀是一种严重的局部腐蚀，通常主要集中在管内壁靠近绝缘位置的边缘处。杂散电流腐蚀程度与电流大小、作用的时间和铜管表面状态直接相关。所在位置流入海水的电流密度越大则腐蚀速率越大，穿孔越快。

7.3.3　海水管路杂散电流的检测

按照船体杂散电流检测的评判标准[1]，当船体不存在阴极保护时，由于直流焊接等干扰导致其电位正向偏移+20mV,即可判定船体发生了杂散电流腐蚀。由于船体是浸泡在海水中的,所以可以很方便地用便携式参比电极测量船体不同位置的电极电位。对于埋地管道,也可通过测量土壤中的电位场梯度来检测杂散电流,当管道附近土壤中的电位梯度大于0.5mV/m时,即可确认有直流干扰。需要说明的是,通过测量电位或电位梯度都无法实现杂散电流量的定量测量,只能用于对杂散电流的定性判断。

船体和埋地管道的杂散电流腐蚀发生在外表面,然而海水管路杂散电流腐蚀发生在与海水接触的管内侧,这给管路杂散电流的检测带来了更多的困难。采用在管壁上安装参比电极的介入测量方法容易影响管路功能,并且在高速流动的海水中电位测量信号波动会掩盖杂散电流腐蚀导致的电位偏移,虽然测量电位仍然是评判杂散电流的有用方法。有利的方面是,管路杂散电流要么在管体金属中流动,要么在管内有限截面的海水中流动,电流只能局限在一定的范围内,这就提供了远远好于埋地管线或水下船体杂散电流测量的条件,即有可能实现定量的杂散电流测量。但是,目前针对船舶海水管路的杂散电流腐蚀检测开展的工作极少,可采用的方法包括串接法、高精度霍尔传感器等方法。

串接法是在海水管路上有绝缘状态的部位上如挠性接管处,将绝缘的两端金属管路通过一个电流表连接,可直接测量管路上流过的电流大小。或者是通过并联一个合适的标准电阻的方式连接,此时原有的从绝缘位置处流入到海水中的电流将会部分从并联的电阻中流过,通过测量电阻两端的电压即可测算管路杂散电流。这种方法可行性高,容易实现现场测量。霍尔传感器对电缆中电流测量较为常见,应用广泛,一般分为闭环型和开环型两种。闭环型传感器内径小,测量精度高,但是此类型传感器不能用于现场管路的测量。开环型的传感器现场使用方便,但是测量精度较低。后续仍需发展适于船舶管路系统的简便易行的杂散电流监测和检测方法。

7.3.4 海水管路杂散电流腐蚀的防护措施

1. 海水管路杂散电流腐蚀的防护方法

杂散电流腐蚀控制途径可分为两类:一类是"堵"的方法,即防止其他设备的杂散电流流到管路上,通过控制杂散电流产生的源头,消除或抑制杂散电流腐蚀,如做好各类电气设备的绝缘和接地,防止发生电流泄漏;另一类是"疏"的方法,也称为排流法,即对已产生的杂散电流采取排流或其他方法减少其腐蚀危害。前者从根本上消除杂散电流源头,隔离所有可能的杂散电流流入途径,尽可能增加杂散电流回路中的阻抗,这是比较理想的防止杂散电流腐蚀的方法。后者是人为控制金属结构中的杂散电流流动路径,避免杂散电流从管路上直接流入海水中,包括牺牲阳极排流、直接排流等方法。

2. 牺牲阳极排流

排流所用的牺牲阳极为铜合金管路阴极保护常用的锌合金牺牲阳极和铁合金牺牲阳极。牺牲阳极排流的原理是利用牺牲阳极材料活性高,接水电阻低的特点,使管路上的杂散电流优先从牺牲阳极处进入海水,从而避免管路内表面发生杂散电流腐蚀。为验证牺牲阳极的排流效果,开展了海水管路台架试验。图7-33所示为试验用管路台架示意图,其中采用锌合金牺牲阳极保护1号铜管段,铁合金牺牲阳极用来保护2号铜管段,铜管段1号和2号、2号和3号之间都做了绝缘处理。在整个管路两端(图中"+"和"-"所示)加载电流100mA,经过263.33h后,对被保护的两根铜管段、锌合金牺牲阳极和铁合金牺牲阳极进行检测分析。

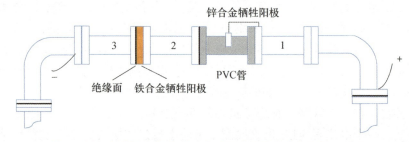

图7-33 牺牲阳极排流验证试验用海水管路台架结构示意图

结果表明,在锌合金牺牲阳极和铁合金牺牲阳极的保护下,1号和2号B10铜合金管几乎未发生腐蚀,而两种牺牲阳极则腐蚀显著,如图7-34所示。表7-3所列为试验前后腐蚀失重的测量结果,可见牺牲阳极失重明显,而铜合金管则没有发生腐蚀。

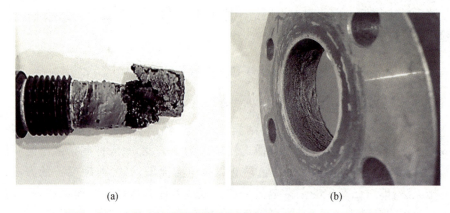

图7-34 杂散电流腐蚀防护验证试验后塞状锌合金牺牲阳极和
法兰间铁合金牺牲阳极的腐蚀形貌图
(a)塞状锌合金阳极;(b)法兰间铁合金阳极。

表 7-3 牺牲阳极排流试验后 B10 铜管段和阳极的质量变化

试样	试验前质量/g	试验后质量/g	通电时间/h	质量变化/g
1 号铜管	3558.83	3558.87	263.33	-0.04
锌合金牺牲阳极	65.41	40.26	263.33	25.15
2 号铜管	3566.46	3566.50	263.33	-0.04
铁合金牺牲阳极	1342.38	1330.70	263.33	11.68

显然,牺牲阳极起到了很好的排流作用,使本来应该在铜管端部发生的腐蚀转移到了牺牲阳极上,对管路杂散电流腐蚀起到了很好的控制效果。值得注意的是,排出的电流仍在管路中流动,在下一个绝缘处还会造成杂散电流腐蚀危害,直到其流回电源的负极,这也就是为什么上段的锌合金牺牲阳极排流后,电流仍然能够导致下段的铁合金牺牲阳极再次发生加速腐蚀消耗。牺牲阳极的排流仅能对所在位置处有电连接的管路起到杂散电流转移的作用,但是并没有从根本上消除隐患。

3. 直接排流

所谓直接排流是指用电缆或导线将管路绝缘接头的两端连接在一起,构成杂散电流的通路,以避免杂散电流从靠近绝缘接头的管道内表面流入海水中,从而防止管路的杂散电流腐蚀。图 7-35 所示为导线直接排流验证试验用海水管路台架结构示意图。其中,1 号、2 号铜管通过导线连接,1 号铜管和阀模拟件、阀模拟件和 2 号铜管之间都做了绝缘处理。试验时在管路两端加载 100mA 的电流,经过 263.33h 后试验结束,对管件进行检查分析,结果表明阀模拟件和两端的铜合金管均未发生异常腐蚀,如图 7-36 所示。表 7-4 所列为直接排流试验后 B10 铜管段和阀模拟件的质量变化,可见各管件几乎没有失重,说明杂散电流并没有对其造成腐蚀破坏。相比于牺牲阳极排流,直接排流是引导电流在管壁中流动,不进入到海水中造成腐蚀。图 7-35 中的直接排流方式可以有效地减缓管材和阀模拟件的杂散电流腐蚀,而且不影响 1 号管与阀模拟件以及 2 号管与阀模拟件之间电绝缘措施的有效性。如果不能从源头消除杂散电流,全连通有利于管路杂散电流排流和杂散电流腐蚀的控制。

表 7-4 采用直接排流试验后 B10 铜管段和阀模拟件的质量变化

编号	试验前质量/g	试验后质量/g	通电时间/h	质量变化/g
1 号铜管	3573.60	3573.57	263.33	0.03
阀模拟件	1328.67	1328.56	263.33	0.11
2 号铜管	3561.29	3561.32	263.33	-0.03

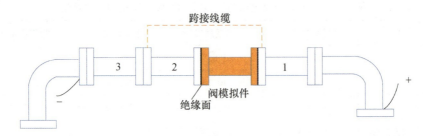

图7-35 直接排流验证试验用海水管路台架结构示意图

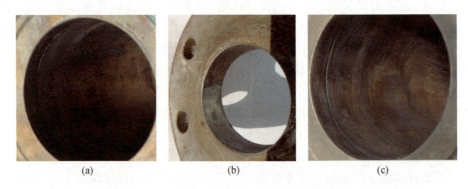

图7-36 试验后1号铜管、阀模拟件和2号铜管的腐蚀形貌
(a)1号铜管;(b)阀模拟件;(c)2号铜管。

参考文献

[1] 全国海洋船标准化技术委员会船用材料应用工艺分技术委员会. 船体杂散电流腐蚀的防护方法:CB/T 3712—2013[S]. 北京:中国船舶工业综合技术经济研究院,2014.

[2] MCINTOSH D H. Grounding where corrosion protection is required[J]. IEEE Transactions on Industry Applications,1985,1A-18(6):600-607.

[3] 全国防腐蚀标准化技术委员会. 防腐蚀 电化学保护 术语:GB/T 33373—2016[S]. 北京:中国标准出版社,2017.

[4] 鲍戈拉德 И Я,等. 海船的腐蚀与保护[M]. 王曰义,杜桂枝,等译. 北京:国防工业出版社,1983.

[5] 宋吟蔚,王新华,何仁洋,等. 埋地钢质管道杂散电流腐蚀研究现状[J]. 腐蚀与防护,2009,30(8):515-518,525.

[6] 全国海洋船标准化技术委员会船用材料应用工艺分技术委员会. 海船牺牲阳极阴极保护设计和安装:CB/T 3855—2013[S]. 北京:中国船舶工业综合技术经济研究院,2014.

[7] 王文杰. 船舶杂散电流腐蚀的检测与防止措施[C]//中国腐蚀与防护学会. 全国水环境腐蚀与防护学术交流会论文集. 北京:中国腐蚀与防护学会海水、工业水及生物专业委员会,

1998:72-76.

[8] TREVELYAN J,HACK H P. Analysis of stray current corrosion problems using the boundary element method[M]//BREBBIA C A, KASSAB A J. Transactions on Modelling and Simulation, Vol. 8. Southampton:WIT Press,1994:347-356.

[9] DEGIORGI V G, THOMAS E D, KAZNOFF A I. Numerical simulation of impressed current cathodic protection systems[R]. Computer Modelling for Corrosion, ASTM STP 1154,1991.

[10] METWALLY I A,AL-MANDHARI H M,GASTLI A,NADIR Z. Factors affecting cathodic protection interference[J]. Engineering Analysis with Boundary Elements,2007,31:485-493.

[11] 余晓毅,常炜,于浩,等. 杂散电流对海底管道表面电位影响预测方法研究[J]. 表面技术,2016,45(5):57-71.

[12] ADEY R A,PEI Y H. Computer simulation as an aid to corrosion control and reduction[C]// Corrosion/99. Houston:NACE,1999.

[13] WANG Y,ALLEN K J K. Physical scale modelling of stray current interference to shipboard ICCP system[J]. Corrosion Engineering,Science and Technology,2017,52(3):212-219.

[14] TIGHE-FORD D J,MCGRATH J N,HODGKISS L. Design improvement for a ship's impressed current cathodic protection system using dimension and conductivity scaling(DACS)[J]. Corrosion Prevention and Control,1985,32(5):89.

[15] WANG Y,ALLEN K K. Comparison of impressed current cathodic protection numerical modelling results with physical scale modelling data[J]. Corrosion,2010,66(10):105001-1-105001-15.

[16] LENARD D R,MOORES J G. Initiation of crevice corrosion by stray current on stainless steel propeller shafts[J]. Corrosion,1993,49(9):769-775.

[17] 刘英杰. 船舶杂散电流腐蚀与防护案例分析[J]. 船电技术,2019,39(7):13-15.

[18] 周瑞康,陈超君. 关于电弧焊杂散电流对船体腐蚀作用的试验[J]. 造船技术,1979,(5):8-13.

[19] 任厚珉,张振邦,梁成浩,等. 船体受杂散电流腐蚀时的电力线分布[C]//中国腐蚀与防护学会. 全国水环境腐蚀与防护学术交流会论文集. 北京:中国腐蚀与防护学会海水,工业水及生物专业委员会,1998:68-71.

[20] 全国海洋船标准化技术委员会船用材料应用工艺分技术委员会. 船体杂散电流腐蚀的防护方法:CB/T 3712—1995[S]. 北京:中国船舶工业综合技术经济研究院,1995.

[21] 张安明,曲本文,孙小舟,等. 船舶杂散电流腐蚀研究现状[J]. 全面腐蚀控制,2015,29(11):51-54.

[22] 查鑫堂,张建文,陈胜利,等. 杂散电流干扰和阴极保护作用下碳钢腐蚀规律研究[J]. 表面技术,2015,44(12):12-18,26.

[23] 邓树滨. 杂散电流腐蚀及其对牺牲阳极阴极保护的影响[J]. 材料开发与应用,1995,10(2):44-49.

[24] 马青华,王戈,周建奇. 船舶修理期间的腐蚀与控制[J]. 中国修船,2018,31(3):35-38.

[25] 汤元辉,刘超,邵萍波,等. 船舶修理中对焊接设备的检查要求[J]. 世界海运,2002(1):

47 – 48.

[26] 杨辉,杨瑞. 某船海水管路泄漏失效原因分析[J]. 材料开发与应用,2016,31(6):28 – 32.

[27] 林乐耘,徐杰,赵月红. 国产 B10 铜镍合金腐蚀行为研究[J]. 中国腐蚀与防护学报,2000, 20(6):361 – 367.

[28] 张永强. 国产 B10 合金耐海水冲刷腐蚀对比研究[J]. 材料开发与应用,2007,46(12): 36 – 39.

[29] 杜娟,王洪仁,杜敏. B10 铜镍合金流动海水冲刷腐蚀行为[J]. 腐蚀科学与防护技术, 2008,20(1):12 – 18.

第 8 章

船舶电化学保护技术的新发展与新应用

8.1 船舶阴极保护技术的新发展与新应用

8.1.1 传统阴极保护技术的新发展

阴极保护是船舶防腐的重要手段之一。船舶阴极保护适用的范围主要包括船体水下结构及附体、压载水舱以及海水管路系统。图 8-1 对船舶阴极保护的对象、环境条件、阴极保护系统的设计与应用进行了较系统的概括[1]。

阴极保护用于船舶防腐已有约 200 年的历史。伴随船舶阴极保护技术的应用过程,阴极保护材料、装置、设计方法等均得到不断发展和完善,一些新的阴极保护材料和技术呈现快速发展的趋势。高性能、体系化、智能化是船舶阴极保护技术的发展方向。

1. 牺牲阳极材料的发展与应用

电容量和电流效率是牺牲阳极材料重要的性能参数。牺牲阳极的电容量越大,表明消耗同样重量的合金可以提供的保护电流越大或保护寿命越长,因而可以节约金属资源。高的电流效率意味着阳极材料自腐蚀少,用于保护的实际发生电流量增大,减少了合金的无谓消耗。因此,牺牲阳极的一个重要发展方向是研发大电容量、高效率的高性能牺牲阳极材料,以促进经济和社会的可持续发展。

例如,Zn-Al-Cd 合金牺牲阳极的实际电容量大于 780A·h/kg,电流效率超过 95%;Al-Zn-In-Sn、Al-Zn-In-Si 等常规铝合金牺牲阳极的实际发生电容量大于 2400A·h/kg,电流效率大于 85%;而 Al-Zn-In-Mg-Ti、Al-Zn-In-Mg-Ga-Mn 等高效率铝合金牺牲阳极的电容量超过 2600A·h/kg,电流效率达到 90% 以上。因此,在船舶阴极保护中采用铝合金牺牲阳极替代锌合金牺牲阳极已成为趋势,并且高效率铝合金牺牲阳极得到了越来越多的应用。

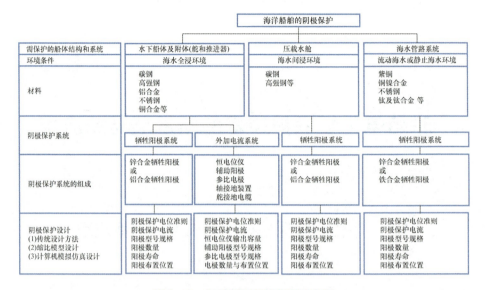

图 8-1 船舶阴极保护范围及应用

牺牲阳极的另一个发展方向是构建牺牲阳极材料体系,以满足不同工况环境阴极保护的需要。体系化发展的牺牲阳极材料主要包括:常规海水中用的牺牲阳极、适于铜和不锈钢等电位较正结构阴极保护的铁合金牺牲阳极、海水干湿交替环境用牺牲阳极、高强钢用低电位牺牲阳极、低温海水环境中用的牺牲阳极等。

目前,在常规海水环境中的牺牲阳极材料已较为成熟,包括已列入国家标准的锌合金阳极和系列铝合金阳极。这些常规牺牲阳极材料具有较负的工作电位和优良的电化学性能,适用于海水中钢铁结构的保护。

对于铜和铜合金以及钛与不锈钢或铜合金构成的混合结构,常规的锌合金或铝合金牺牲阳极由于驱动电压(电位差)偏大,易导致牺牲阳极消耗较快,保护寿命较短。为此发展了铁合金牺牲阳极,其工作电位为 $-0.65 \sim -0.75\text{V}(\text{SCE})$,与铜合金或不锈钢之间具有合适的驱动电压,且不会由于电位太负而导致钛的氢脆。随着铜及铜合金海水管路在船舶上应用越来越多,铁合金牺牲阳极也得到了越来越广泛的应用。

对于海水干湿交替的周浸环境,Al-Zn-In-Mg-Ga-Mn 合金牺牲阳极具有较好的性能,在周浸条件下,其较其他牺牲阳极更容易均匀溶解,不易产生溶解产物结壳以及电化学性能随周浸周期而快速下降的现象。然而,对于浸水率低或连续长时间处于不浸水状态的压载舱等船体结构,上述牺牲阳极的活化性能仍有待进一步提高[1]。

随着高性能船舶的发展,高强度材料在船舶结构上得到越来越多的应用。而随着金属材料强度的提高,其在海洋环境中的应力腐蚀敏感性也增大[2-6]。当阴极保护电位较负时,在海水中会析氢,从而导致氢致应力腐蚀开裂或氢脆。采用常规的锌合金或铝合金牺牲阳极来保护高强钢时,由于工作电位较负,所以存在发生氢脆风险。对于不同强度级别的高强钢材料,其阴极保护电位标准或适宜的阴极保护电位范围是不一样的。表8-1列出了一些不同强度级别的高强钢的允许最负保护电位[1]。因此,需要开发系列低电位牺牲阳极材料以满足不同强度级别的高强钢阴极保护的需要。

表 8-1　高强钢在海水中允许的最负阴极保护电位

高强钢材料	最小屈服强度/MPa	最负保护电位/V(SCE)	文献
E550/HSLA-80	550	-1.00	[2]
X80	555	-0.95	[3]
HSLA-80 焊接接头	780	-0.80	[5]
Steel 900	900	-0.77 ~ -0.79	[6]

注:银/氯化银/海水参比电极相对于饱和甘汞电极(SCE)的电位约为 1.5 ~ 9.5mV[7]。

随着全球变暖,海冰加速融化,使得极地航线的开通成为可能。然而常规牺牲阳极在极地低温海水中的性能会降低,因此需要针对极地航行船舶开发能在热带海域和极地环境中均具有良好电化学性能的牺牲阳极材料。

目前,国内外已开发了一些适应高强钢以及低温环境的牺牲阳极材料。然而,这些阳极的种类尚不能满足实际需要,其性能尚需要做进一步的改进提升。同时,还缺少实际应用经验和性能数据的积累。例如,低电位牺牲阳极 Al-Ga 合金具有较正的工作电位,其在海水中的工作电位为 -0.78 ~ -0.83V(相对于 Ag/AgCl 参比电极),实际电容量超过 1800A·h/kg,并且已列入美国军用标准[8-10]。然而,该二元铝合金牺牲阳极的电容量和电流效率明显偏低,阳极性能的稳定性以及表面溶解性能还需要改进[11]。随着各类新型牺牲阳极材料的开发以及成熟应用,牺牲阳极材料体系也将不断得到完善。

2. 外加电流阴极保护技术的发展与应用

外加电流阴极保护技术主要用于大型船舶的船体防腐保护。辅助阳极、参比电极和电源设备是构成船体外加电流阴极保护系统的关键部件。高性能的电极材料以及智能化的电源设备是外加电流阴极保护技术的发展方向。

在辅助阳极方面,目前广泛使用的主要有铂复合阳极和钛基混合金属氧化物阳极[12-13]。铂阳极发展比较成熟,其具有优异的电化学性能和长的使用寿命,性能可靠,但成本较高。钛基混合金属氧化物阳极同样具有优异的电化学性能,但其使用寿命要比铂复合阳极短一些,推荐工作电流密度也比铂阳极要低,其应用的经验不如铂复合阳极丰富。由于以钛为基体,在海水中钛的击穿电位大约为 8~10V(SCE),因此对于要求大排流量(高工作电流密度)的阳极有基体发生击穿的危险。由于钛基混合金属氧化物阳极具有高的性价比,因此其在船舶外加电流阴极保护中得到了越来越多的应用。

为进一步提高氧化物阳极的性能,改进其工作可靠性,近年来发展了含钽中间层的高性能金属氧化物阳极材料。它首先通过采用真空热分解或磁控溅射等方法在钛基体上沉积含钽的中间层,然后在其上制备混合金属氧化物电催化涂层[14]。在 1mol/L H_2SO_4 溶液中的强化电解加速寿命试验可用于评价阴极保护用金属氧化物阳极的电化学稳定性[15]。图 8-2 所示为含钽中间层混合金属氧化物阳极和不含中间层氧化物阳极加速寿命试验的对比情况[16],当槽压 U_c 达到 10V 时的电解时间即为强化电解寿命。可见含钽中间层氧化物阳极的强化电解寿命较不含中间层的阳极成倍提高,其电化学稳定性要显著高于常规的混合金属氧化物阳极,这意味着改进型高性能金属氧化物阳极在相同的工作电流密度下具有更长的使用寿命,或在满足同样使用寿命要求的条件下可以在更大电流密度下长期工作。

图 8-3 所示为钛基体和沉积有钽中间层的钛基体在海水中的动电位极化曲线。从图 8-3 中可以看出,钛基体的击穿电位大约为 10V(SCE),而沉积有中间层的钛基体的击穿电位超过 40V(SCE),表明钽中间层显著增加了金属氧化物阳极的工作可靠性,使其在大电流密度下也能可靠地运行。

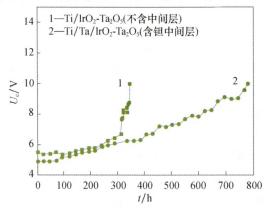

图 8-2 含钽中间层氧化物阳极($Ti/Ta/IrO_2-Ta_2O_5$)和不含中间层的氧化物阳极($Ti/IrO_2-Ta_2O_5$)在 1mol/L H_2SO_4 溶液中于 30000A/m^2 电流密度下的强化电解加速寿命试验的对比情况

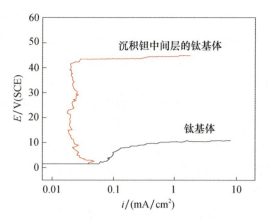

图8-3 钛基体和沉积有钽中间层的钛基体在
海水中的动电位阳极极化曲线

对于极地航行的船舶来说,低温海水环境对辅助阳极的性能也会产生明显的影响。钛基混合金属氧化物阳极在低温海水中电化学活性会显著降低,阳极使用寿命也会大大缩短[17]。这是因为在同样的排流量下,低温海水中阳极的极化电位更高,导致氧化物涂层中的活性组元更容易溶解消耗。随着海水温度的降低,介质的电阻率增大,同时电极表面电化学反应的阻力增大,导致需要在更高的工作电压下才能输出同样大小的保护电流。目前,金属氧化物阳极在低温海水中的失效机制尚不明晰,还需要开展进一步的研究。

为了防止辅助阳极在低温海水中发生早期失效,金属氧化物阳极应在较小的电流密度下工作。尽管低温下钢的腐蚀速率一般会减小,但由于低温海水中往往具有高的溶解氧含量,且具有保护作用的钙质沉积层不易形成,或形成的钙质层保护性较差,因此船体阴极保护常常需要更大的保护电流[18-21]。这种情况下,对辅助阳极的性能以及船体阴极保护设计提出了更高的要求。尚需要发展适用于低温海水环境的高性能金属氧化物阳极材料。同时,阴极保护系统的设计需要进一步的优化,如增加辅助阳极的数量、调整辅助阳极布置,以使船体在低温海水以及热带海水中均可获得良好的保护[22]。

参比电极的作用是监测船体的保护电位,并为自动控制的恒电位仪提供信号。参比电极的关键性能为电位稳定性、抗极化性能以及使用寿命。在海水中,银/氯化银参比电极相较于其他工程用参比电极电位稳定性更好,精度更高。然而,电极的寿命取决于制备的工艺。粉压法制备的银/氯化银参比电极通常要短一些,可达7~10年,其在使用的后期易发生粉化而失效。采用热浸涂加电化学还原方法制备的长寿命参比电极具有更好的抗极化性能以及更长的使用寿命,可达到20年,从而可以与辅助阳极寿命更好的匹配,使得外加电流阴极保护系可以与船体同寿命。由于辅助阳极和参比电极都是安装在水下船体上,通过水密结构穿过船体与舱内电缆和设备连接,因此对辅助阳极和参比电极的可靠性提出了更高的要求。一旦发生失效,通常需要等船舶进坞后才能维修更换,这势必导致船体在一段时间内处于保护不足的状态。国外曾研制了可水下更换的辅助阳极和参比电极组件,然而其更换仍非常复杂,需要潜水员在水下作业。因此最好的方法还是要保证辅助阳极和参比电极组件的质量和可靠性,同时采用冗余设计,在某一只阳极或参比电极失效后,剩余的阳极和参比电极仍能够保证系统的正常运行,并使船体继续得到保护,尽管可能船体保护不是处于最优化状态。有时也在同一参比电极组件中安装有两只平行的参比电极,当其一发生失效后,另一只参比电极可继续提供监测和控制用电位信号,从而提高了船体外加电流阴极保护系统的可靠性。

恒电位仪是船体外加电流阴极保护的电源设备,不仅要将交流电整流为直流电,而且需要根据船体测量电位自动调节保护电流输出。其发展的趋势是模块化和智能化。一台恒电位仪具有多个电源模块,可以为多个分立的阳极独立供电,并能够自动调节。同时,自动记录所有阴极保护运行参数,并向控制中心反馈系统的运行情况和船体的保护状况。绿色能源的应用也是船体外加电流阴极保护技术的发展方向之一,例如,利用船上安装的太阳能电池为阴极保护提供所需的保护电流,这种方式可节约燃油消耗,减少碳排放。

3. 船舶阴极保护系统的优化

随着船舶朝大型化发展以及船体结构趋于更复杂,对船舶阴极保护系统的优化提出了更高的要求。阴极保护设计将由经验设计向数值仿真方向发展,从而实现阴极保护电位的更精细控制。很多时候需要将不同的设计方法结合到一起,例如,先开展经验设计获得初步的阴极保护方案,然后在此基础上开展计算机模拟仿真,可以提高优化的效率,获得更合理的方案。

对于大型船舶,往往采用分区控制的外加电流阴极保护。例如,船首、船中、船尾区域以及侧推装置等为各自独立的阴极保护系统,由于各区之间往往存在界面重叠,因此给电位控制带来很大的挑战。需要减少各分区阴极保护系统之间的相互影响和干扰,这就要求优化每只阳极和控制用参比电极的布置位置,并需要精确调节每只阳极的电流输出。这种复杂情况下,可以采用边界元数值模拟技术来优化阴极保护系统,并通过智能化控制的模块化阴极保护电源来实现船体保护电位的合理分布,避免出现欠保护和过保护现象[23]。

由于船体上安装的参比电极数量有限,通常是布置在代表性的位置,因此恒电位仪只能测量和记录船体少数位置的保护电位,这些位置的电位并不能够完全反映整个船体的整体电位分布,从而不能够全面了解船体的保护状况。随着恒电位仪的智能化发展以及计算机数值仿真技术的广泛应用,将可以根据实际测量的局部船体电位值,来反演推算整个船体上的电位分布。并且可以根据电位计算结果自动寻优,来控制调节各分立的阳极输出。通过这种循环改进,将可以使得实际船体的保护状况不断得到优化,从而获得最优的阴极保护效果。

8.1.2 光生阴极保护技术的发展

1. 光生阴极保护的原理

光生阴极保护和传统的阴极保护技术一样,也是通过使被保护金属的电位发生负移,从而达到防止金属腐蚀的目的。但与传统的阴极保护不同的是,其阴极保护电流或电子的来源不是靠牺牲阳极自身的消耗,也不是靠外部直流电源供电,而是依靠特殊半导体膜层材料的光电转换效应,通过光照来产生阴极保护所需的电子。

半导体是指电导率介于导体和绝缘体之间的物质。当原子处于基态时,它的所有电子从最低能级开始依次向上填充。对于半导体,电子刚好填充到某一个能带满了,下一个能带全空。这些被填满的能带中能量最高的能带称为价带(VB)。价带到能量更高的下一个能带之间有一个禁带(带隙),由于半导体禁带的宽度(能量)不是很大,所以电子在外界条件的激发下有机会跃迁到下一个能带。由于这个能带几乎是空的,所以电子跃迁到这个能带之后就可以自由地迁移,称为自由电子,这个能带称为导带(CB)。金属导体的导带和价带是重叠的,因而具有良好的导电性。绝缘体的价带和导带之间的带隙很宽,存在很高的能量壁垒,电子难以发生跃迁,因此是不导电的。而半导体材料具有较窄的带隙,如图8-4所示。价带中的电子易于跃迁到导带,导带中的自由电子和价带中的空穴均可参与导电,使半导体具有一定的导电性,呈现出独特的光电性能。

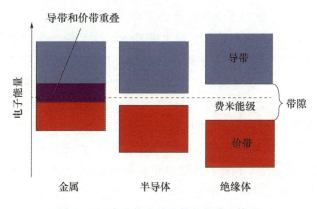

图8-4 半导体中的能带与带隙示意图

可用图8-5所示的示意图来说明半导体膜层的光生阴极保护原理[24]。在光照的条件下,当光子的能量 hv 高于半导体(通常为 n 型半导体材料)带隙时,半导体价带中的电子会被激发而跃迁至导带,形成高活性光生电子-空穴对。在半导体膜与溶液界面处的空间电荷电场作用下,光生电子与光生空穴分离,空穴(h^+)迁移到半导体膜的表面与溶液中的电子供体 OH^-、H_2O 等发生氧化反应,而导带中的光生电子(e)一部分与空穴复合,另一部分光生电子则向半导体本体迁移,当该 n 型半导体材料与偶联的金属材料间具有合适的电位匹配时,半导体材料上产生的光生电子就可以转移到与之偶联的金属材料上,导致被保护金属表面电子密度增加,使得金属表面的电势降低。当光生电位相较于自腐蚀电位产生足够的负移后,会使金属进入热力学稳定区域,从而抑制金属腐蚀,起到阴极保护作用。

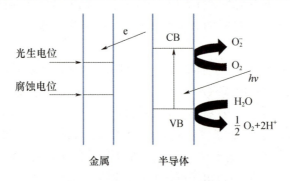

图 8-5　光生阴极保护原理示意图

图 8-6 描述了采用 TiO_2 光阳极对 304 不锈钢在 3.5% NaCl 溶液中进行光生阴极保护的机制[25]。图 8-6(a)所示为达到平衡之前的能带电势状态,E_{304SS} 为不锈钢在氯化钠溶液中的自腐蚀电位,其比 n 型 TiO_2 半导体的费米能级 E_{Fermi} 更正。E_{NaCl/H_2O} 为氯化钠溶液的氧化还原电位,其比 E_{304SS} 更正。当半导体电极浸入氯化钠溶液中后,费米能级 E_{Fermi} 被拉平到电解质的氧化还原电位 E_{NaCl/H_2O},如图 8-6(b)所示。在半导体和溶液界面能带发生向上弯曲,而远离界面处的能带则往正向偏移。这种情况下,费米能级比不锈钢的自腐蚀电位更正,在它们之间会形成电子转移的能垒 ΔE_b。当半导体受到光照时,价带中的电子受到激发会跃迁到导带上(图 8-6(c)),费米能级会发生负移,与电解质的氧化还原电位之间会产生光电压 V_{ph},其大小取决于半导体的平带电位以及导带上光生自由电子的数量。如果光阳极上产生的光生电子和空穴对不能够有效地分离,则光电压 V_{ph} 会非常小,光照后的 E_{Fermi} 不能移动到比不锈钢自腐蚀电位更负的区域,这样就不能够对不锈钢提供光生阴极保护。而如果半导体上产生的光生电子和空穴的分离能力非常强,则导带中激发的自由电子数量会增大,产生的光电压 V_{ph} 会更大,结果 E_{Fermi} 移动到比

E_{304SS} 更负的电位区域,两者间电位差为 ΔE_{ocp},如图 8-6(d) 所示。此时,光生电子可以从 TiO_2 导带转移到不锈钢上,从而产生光生阴极保护效应。

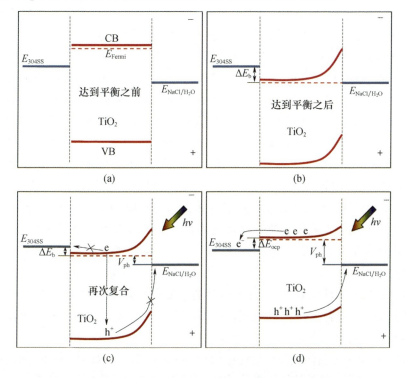

图 8-6 采用 TiO_2 光阳极对 304 不锈钢进行光生阴极保护的机制
(a) 系统达到平衡之前的状态;(b) 系统达到平衡之后的状态;
(c) 光阳极转换效率低时的情形;(d) 光阳极转换效率高时的情形。

光生阴极保护有以下两种方式。一种是将半导体膜涂覆在被保护金属表面,光照产生的电子直接提供给膜层下的金属基体。这种一体化的光生阴极保护方法不仅可获得阴极保护作用,而且膜层本身还可屏蔽隔离腐蚀性介质,对金属基体有一定的保护作用,并且明显减少阴极保护所需的电流(光生电子)。这种阴极保护方式可用于防止金属的大气腐蚀,而且还可充分利用自然界日光的照射作用。由于传统的阴极保护只适用于浸泡在水或其他电解质中的金属结构物,而不能够对暴露在大气环境中的金属提供保护,所以这种方式的光生阴极保护技术可以填补该空缺,体现出其独特的优势。另一种是将半导体材料作为光阳极,通过导线与被保护金属相连来提供阴极保护,分立的光阳极和被保护金属通常应浸泡在同一种电解质中,当光阳极和被保护金属处于不同的电解质中时,电解质间需用盐桥连接。该方法和传统的阴极保护技术类似,主要用于保护在水、土壤等介质中的金属,而不适于大气环境中金属的保护。

2. 光生阴极保护的主要影响因素

光生阴极保护的效果与半导体材料的组成、结构和表面特性以及被保护材料的种类等材料因素密切相关。光生阴极保护的半导体材料与被保护金属间的连接方式、阴极和阳极所处电解质的种类等也会产生重要的影响。

1) 半导体材料和被保护金属特性的影响

基于光生阴极保护的原理,半导体材料的导带电位应明显负于被保护金属的电位,导带电位越负,越有利于对更广泛种类的金属起到光生阴极保护作用。通常对于不锈钢等自腐蚀电位较正的金属材料,其达到阴极保护所要求的电位也较正,因此较容易实现有效的光生阴极保护;而对于碳钢和低合金钢等自腐蚀电位较负的材料来说,要实现有效的阴极保护,其要求达到的保护电位更负(一般要求电位负于$-0.80V(SCE)$),因此对光生阴极保护用半导体材料的能带结构提出了更高的要求。

光生阴极保护所用半导体材料必须是以电子导电为主的 n 型半导体,n 型半导体在光照下产生光阳极电流。这种光阳极可以为被保护金属提供光生电子,从而实现阴极保护。如果是 p 型半导体,则会产生相反的整流效应,因此不能用于光生阴极保护[25]。

为了提高光电转化效率,半导体材料的禁带宽度应较窄,以降低激发光生电子的能量壁垒。半导体光阳极材料还应该具有良好的稳定性,在工作环境和介质作用下不易发生腐蚀老化。

另外,被保护金属阴极极化特性也会对光生阴极保护效果产生影响,阴极极化率越大,表明金属更容易发生阴极极化,因此达到保护电位所需的光电流就可以更小。

2) 半导体材料的结构和表面状态的影响[26]

半导体材料的粒径越小,其比表面积就会越大,与电解液等接触反应的表面积也越大,反应速率和效率就越高。同时,材料粒径越小,光生载流子越容易迁移到颗粒表面,光生电子与空穴的二次复合概率就越小,光电转换性能就越高。因此,依据量子尺寸效应,采用纳米半导体材料可以极大地提高光电转换的效率。此外,当同一种材料具有不同的晶型时,其光生电子和空穴对的分离效率也将不同,光电转换性能和光生阴极保护的效率也会不同,因此可以通过热处理等手段改变半导体材料的晶体结构和晶粒大小以及表面状态来调节光电化学性能。

半导体材料的形貌对光电性能会产生明显影响。构筑特殊生长形貌的光电涂层材料,如纳米管、纳米线阵列结构以及多相结复合材料,都可能促进光生电子的迁移。光生电子的迁移率越高,将导致其对金属提供光电化学阴极保护的电流密度越高,这对提高光电化学阴极保护性能具有重要意义。

半导体材料表面状态的影响也不应忽视。半导体材料的表面活性组分,如羟基基团,可有效捕获光生电子,抑制光生电子和空穴的二次复合。此外,半导体材料的孔隙率、表面水合状态等因素也会影响材料的光电转换性能及光生阴极保护性能。

3) 电解质溶液的影响

半导体材料界面上光生空穴的消耗对光生电子的产率及阴极保护效率也起着重要的作用。在光阳极上光生电子的转移速度要比光生空穴快得多,因此电子可以快速通过半导体膜层转移到金属基体上。而光生空穴需要转移到半导体表面,和溶液中的空穴捕获剂发生氧化反应。只有当光生电子转移到金属表面,而光生空穴与电解质中电子供体反应消耗时,才会保证光生阴极保护过程的进行。如果溶液中没有空穴捕获剂或者是捕获剂的量很少,则阳极的去极化过程会受到阻滞,结果会增加光生电子-空穴对的分离难度。通常环境介质中均有水分子存在,因此光阳极上产生的光生空穴的电位应正于水发生氧化的电位。为提高光生电子和空穴的分离效率,还可在电解质溶液中加入专门的光生空穴捕获剂。因此,电解质溶液的种类、浓度、氧化还原电位等都将对光生阴极保护效果产生明显的影响。

4) 半导体材料和金属偶联方式的影响

如前面所述,依据半导体材料与金属偶联方式的不同,光生阴极保护有两种不同的应用形式。将半导体材料做成单独的光阳极并与金属用导线连接的光生阴极保护方式,与将半导体材料直接涂覆在被保护金属表面构成一体化的光生阴极保护系统的方式在技术上有明显的差异。采用光阳极方式时,主要从金属与光阳极间的电子流向来判断光生电子能否迁移到金属上。而采用涂覆金属表面构成一体化光生阴极保护系统时,情况则复杂得多,不仅要考虑光致电位的变化、光致电子及空穴的流动方向问题,还需要解决光生空穴与溶液反应生成的产物是否会改变半导体/溶液界面处的氧化还原电位等问题,一体化的光生阴极保护技术面临更多的挑战。

3. 光生阴极保护电极材料的发展

1) TiO_2 及其改性光电极材料

TiO_2 作为典型的光电转换半导体材料,具有清洁、稳定、无毒、廉价、制备简便以及具有较好的光电化学性能等优点,在光催化降解污染物、光解水制氢、太阳能电池光阳极材料等领域得到广泛应用。在光生阴极保护技术领域,TiO_2 半导体材料是最早被研究也是研究得最多的光生阴极保护材料。TiO_2 为 n 型半导体,其禁带宽度为 3.2eV,可吸收波长小于 387nm 的紫外光,产生光电转换效应,使金属获得光生阴极保护。

TiO_2 半导体薄膜的制备方法有多种,如溶胶-凝胶法、阳极氧化法、水热法、液相沉积法、气相沉积法、溅射法、直接涂覆法等,不同制备方法对 TiO_2 薄膜的结构和性能会产生较大影响。常见的有溶胶-凝胶法、阳极氧化法、水热法等,有时也将多种制备方法联用来制备复合薄膜。

溶胶-凝胶法是以钛的有机或无机溶液为前驱体,加入适量的醇、醚类溶剂混合均匀,经一系列水解、缩聚反应,形成稳定的溶胶。进一步凝胶化后,采用高温烧结使凝胶中的溶剂、水以及添加剂等物质分解,最终得到 TiO_2 薄膜。该方法制备的纳米 TiO_2 纯度高、均匀性好,并且制备工艺相对简单,反应条件不苛刻,是制备纳米 TiO_2 材料常用的方法。它可在不同基体表面成膜,且较容易进行掺杂改性。

阳极氧化法是以钛为阳极,在电解质溶液中通过在钛阳极和辅助电极之间施加一定直流电压,使得钛表面生长出有序的 TiO_2 纳米管阵列。氧化电压、电解质性质及浓度、电解质温度和氧化时间以及后续热处理等工艺参数直接影响 TiO_2 膜层的晶体结构、形貌和厚度,对其光电化学性能也有明显影响。

水热法制备 TiO_2 是将钛盐前驱体放置于高压釜中,在高温、高压条件下,将常温、常压不溶的物质溶解,并通过控制高压釜内钛溶液的温差使产生对流,以形成过饱和状态而析出生长 TiO_2。该方法制备的 TiO_2 颗粒分布均匀,不易团聚。但对设备要求高,且须严格控制温度、压力。

液相沉积法是将金属基体浸入前期配好的溶液中,通过沉淀得到均匀的氧化物或氢氧化物薄膜。反应液一般为金属氟化物的水溶液,通过溶液中金属氟化络离子与氟离子消耗剂之间的配位体置换,驱动金属氟化物的水解平衡移动,使金属氧化物沉积在基体上[27]。该方法对温度要求不高,适合大面积制备,但其制备的 TiO_2 粒径较大,且须严格控制浓度、时间、温度等沉积参数,这些参数对 TiO_2 薄膜光生阴极保护性能有显著影响。

半导体材料对太阳光的利用率是影响其光生阴极保护效能的重要因素。由于 TiO_2 仅对紫外光有效,而太阳光中紫外光仅占4%,因此其对太阳光的利用率比较低,需要将吸收范围向可见光区甚至红外光区拓展。另外,TiO_2 的禁带宽度较大,并且光生电子与空穴极易复合,暗态下对金属保护效应难以持续,光电化学性能还需提高。为进一步提高 TiO_2 的光生阴极保护性能,可采用金属元素掺杂、非金属元素掺杂、半导体复合等方法对 TiO_2 进行改性处理。

掺杂的金属元素一般为过渡金属,这些元素与 Ti 具有相似的性质,掺杂到 TiO_2 中后,可引入杂质能带,并在晶格中造成缺陷,从而改变其光电化学性能,如图 8-7 所示[28]。过渡金属的 d 轨道电子与 TiO_2 导带或价带之间产生电荷跃迁,即过渡金属离子可成为光生电子和光生空穴的捕获势阱,从而减小电子与空穴的复合概率,扩大对光的吸收范围,提高对太阳光的利用率。研究发现,Fe^{3+}、Mo^{5+}、Re^{5+}、Ru^{2+}、V^{4+}、Rh^{3+} 等金属离子的掺杂可提高 TiO_2 的光电化学性能,其中 Fe^{3+} 提高得最明显[29-31]。金属元素掺杂虽然可降低 TiO_2 的带隙能级,使光吸收范围扩展到可见光区,但同时也会导致其紫外光催化活性的降低。

掺杂的非金属元素主要有氮、碳、硫、卤素等,其原理是 TiO_2 中氧原子的 2p 轨道和非金属中能级与其能量接近的 p 轨道杂化后,会导致价带宽化上移,形成杂质能带,从而减小禁带宽度,扩大对光波的利用范围。其杂质能带的原理与金属掺杂是类似的。

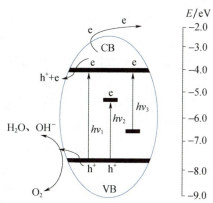

图 8-7　金属元素掺杂 TiO_2 杂质能带原理示意图

采用过渡金属离子和非金属共掺杂,可发挥协同效应,从而提高 TiO_2 薄膜材料的光电活性和光谱吸收范围。

半导体复合是将 TiO_2 和其他半导体材料复合在一起,形成异质结构来改善光生阴极保护性能。由于不同半导体的价带、导带存在差别,因此半导体复合后可造成能带的杂化交叠,光生载流子在几种半导体的价带和导带之间进行迁移和分离,从而减少光生电子与空穴的复合,同时也可以在光照时储存电子,而在暗态时释放这些电子,从而达到对金属的持续保护[32]。图 8-8 所示为半导体与 TiO_2 复合光电材料的电子转移过程示意图[28]。可与 TiO_2 复合的半导体材料主要包括 WO_3、Fe_2O_3、CeO_2、ZnO、SnO_2、ZnS、CdS、$CdTe$、$CdSe$、$g-C_3N_4$ 等,通过一种或多种半导体与 TiO_2 复合能够明显提高 TiO_2 的光生阴极保护性能,这类半导体复合光电材料有很好的发展前景。

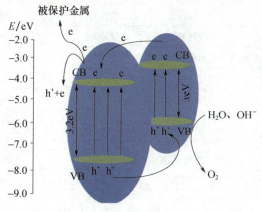

图 8-8　半导体与 TiO_2 复合光生阴极保护材料的电子转移示意图

除了上述几种主要方法外,还有一些其他的改性方法,如自组装改性、氢化改性、碳纳米管改性、石墨烯改性等。自组装方法是在不引入其他元素的情况下,通过改变 TiO_2 的结构,从而提高其光电性能。如形成纳米结构(纳米晶、纳米线、纳米管和介孔结构等)的 TiO_2 薄膜可有效减小光生载流子扩散距离,降低光生电子 - 空穴对的复合率,扩大比表面积,提高其对光的吸收率和光电效率。氢化改性是利用氢气将 TiO_2 轻度还原成 TiO_{2-x},同时引入 Ti - OH 杂质,来增加晶格中的缺陷,为光生电子提供更多的捕获空间,从而提高光生阴极保护性能。通过加入碳纳米管、石墨烯或氧化石墨烯,与 TiO_2 以及其他半导体形成复合光电材料,可阻止光生电子与空穴的复合,增大光电子传导能力,提高光电流密度,增大被保护金属的电位负移范围,提高光电化学性能。

表 8-2 列出了一些文献中 TiO_2 及其改性光阳极材料的光生阴极保护性能[25]。从表中可见,采用液相沉积法制备的 TiO_2 光阳极材料比其他方法制备的 TiO_2 有更大的光生阴极保护电位降,表明该方法制备的 TiO_2 具有更好的性能。在改性的 TiO_2 材料中,ZnS/CdS@ TiO_2 和 Ag/SnO_2/TiO_2 复合材料在可见光照射下较其他改性材料具有更高的光生阴极保护性能,但该两种复合材料具有较低的稳定性。因此,掺杂改性的 TiO_2,尤其是 N - F 共掺杂 TiO_2 具有更好的应用研究前景。另外,从保护对象来看,基于 TiO_2 光阳极保护的金属材料主要为不锈钢、铜等电位较正的金属,这是由 TiO_2 的导带电势所决定的。其比不锈钢、铜的自腐蚀电位更负,因而可以提供阴极保护。但对于碳钢、低合金钢等自腐蚀电位更负的金属来说,由于 TiO_2 产生的光生电子不能克服从导带转移到金属上的能垒,因此 TiO_2 不适于钢的光生阴极保护,需要发展具有更负导带电势的半导体光生阴极保护材料。

表 8-2 TiO_2 及其改性光阳极材料的光生阴极保护性能

光阳极材料	制备方法	光源	光生阴极保护电位降/mV	金属
纯 TiO_2	溶胶 - 凝胶	紫外光	600	Cu
纯 TiO_2	喷涂热解	紫外光	250	304
纯 TiO_2	液相沉积	白光	655	304
纯 TiO_2	阳极氧化	白光	354	304
纯 TiO_2	水热合成	白光	262	316L
纯 TiO_2	溶胶 - 凝胶	白光	525	304
纯 TiO_2	溶胶 - 凝胶	紫外光	439	316L
纯 TiO_2	溶胶 - 凝胶,水热	白光	560	403
Ni - TiO_2	溶胶 - 凝胶	可见光	300	304
Cr - TiO_2	溶胶 - 凝胶	模拟阳光	230	316L
Fe - TiO_2	液相沉积	白光	405	304

续表

光阳极材料	制备方法	光源	光生阴极保护电位降/mV	金属
N–TiO$_2$	阳极氧化	可见光	400	316L
N–TiO$_2$	水热合成	紫外光	470	316L
N–F–TiO$_2$	液相沉积	可见光	515	304
CdS/TiO$_2$	阳极氧化,电化学沉积	紫外光	246	304
CdS/TiO$_2$	阳极氧化,电化学沉积	白光	215	304
SnS/CdS@TiO$_2$	阳极氧化,电化学沉积	白光	900	403
Ag/SnO$_2$/TiO$_2$	光还原沉积,溶胶–凝胶	可见光	550	304
多壁碳纳米管/TiO$_2$	溶胶–凝胶	紫外光	400	304
石墨烯/TiO$_2$	溶胶–凝胶	紫外光	400	304
聚丙烯酸钠/TiO$_2$	液相沉积	白光	710	304

2) SrTiO$_3$光电极材料

SrTiO$_3$属于钙钛矿结构的半导体材料,其带隙约为3.2eV。该材料在电容器、光催化、太阳能电池等领域得到很多应用。SrTiO$_3$在光催化有机物降解、光电化学产氢等光化学领域比TiO$_2$具有更多的优势,这是由于它们具有不同的能带电势。图8–9所示为SrTiO$_3$和TiO$_2$的能带电势分布[25]。从图8–9中可以看出,SrTiO$_3$的导带电势比TiO$_2$更负一些,这种能带结构对光生阴极保护更为有利,尤其是有利于对钢铁等自腐蚀电位较负金属的保护。光生电子可以较容易克服半导体和金属之间的能垒,迁移到金属基体,实现光生阴极保护。

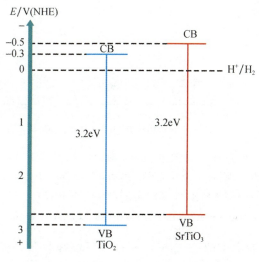

图8–9 SrTiO$_3$和TiO$_2$的能带电势分布

$SrTiO_3$ 可采用多种方法制备，如水热法、溶胶-凝胶法、化学共沉积法、高温固态反应法等。制得的 $SrTiO_3$ 通常为粉末，需要以导电玻璃或其他导电材料为基体，将粉末制成的浆料涂布到基体上而构成光阳极。也可以采用电泳涂装方法制备 $SrTiO_3$ 涂膜；也可以在钛基体阳极氧化形成的 TiO_2 纳米管阵列上采用水热法原位合成 $SrTiO_3$，制备光生阴极保护用阳极材料。

以氧化铟锡（ITO）导电玻璃为基体，采用喷涂热分解的方法制备了 $SrTiO_3$ 涂膜，测试了该电极对碳钢的光生阴极保护性能。图 8-10 所示为碳钢以及不同条件下的光电极的极化曲线[33]。从图 8-10 中可以看出，在 $20mW/cm^2$ 紫外光照射下，$SrTiO_3$ 光电极可以产生光电子，为钢提供阴极保护。厚膜（约 $1.5\mu m$ 厚）$SrTiO_3$ 光阳极在 3% NaCl 溶液（pH=5）中的光生电位大约为 $-770mV$（相对于 Ag/AgCl 参比电极，下同），明显低于碳钢的自腐蚀电位（约 $-500mV$），因而可以提供有效的阴极保护。薄膜（约 $0.7\mu m$ 厚）$SrTiO_3$ 光阳极的光生电位大约 $-630mV$，其对钢的保护作用比厚膜要差一些。而 TiO_2 涂膜光阳极由于光生电位高于钢的自腐蚀电位，则不能够对钢进行阴极保护。厚膜 $SrTiO_3$ 光阳极具有更强的阴极保护作用是因为其表面更粗糙、比表面积更大，因而产生的光生电子更多，比薄膜呈现出更负的电位。另外，测试表明，随溶液的 pH 值增大，$SrTiO_3$ 光阳极的电位以约 $-50mV/pH$ 的斜率发生负移。这表明在中性或碱性 NaCl 溶液中，更有利于对钢的光生阴极保护。

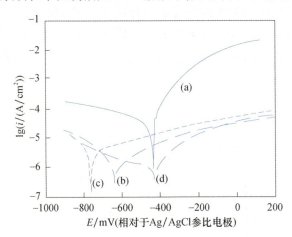

图 8-10　碳钢和不同光阳极在 3% NaCl 溶液（pH=5）中的极化曲线
(a) 没有光照的钢基体；(b) 紫外光照射的涂覆 $SrTiO_3$（厚度约 $0.7\mu m$）ITO 光电极；
(c) 紫外光照射的涂覆 $SrTiO_3$（厚度约 $1.5\mu m$）ITO 光电极；
(d) 紫外光照射的涂覆 TiO_2（厚度约 $1.2\mu m$）ITO 光电极。

由于 $SrTiO_3$ 具有宽带隙（3.2eV），所以其只能吸收紫外光。另外，其光生电子-空穴对的复合率比较高，导致对光的利用效率低。为了解决这些问题，发展

了掺杂的 $SrTiO_3$ 光阳极材料。通过金属掺杂(如掺杂 Cr、La、Rh、Sb、Fe 等),或非金属掺杂(如 N 等),或者金属和非金属共掺杂(如 Cr - N 等),可以减小半导体的带隙,使得可见光也能被吸收,从而提高太阳光的利用效率。还可以通过与其他半导体的复合来阻止光生电子 - 空穴对的复合。如 $SrTiO_3/TiO_2$ 纳米复合材料、$CuO/SrTiO_3$ 复合膜、$SrTiO_3/Cu_2O$ 构成的 p - n 异质结复合材料均使得光生阴极保护性能较 $SrTiO_3$ 得到了进一步的改善。

3) 其他光电极材料

ZnO 也是一种 n 型半导体,其导带电位比不锈钢、碳钢的自腐蚀电位更负,并且无毒、价格较低,因此也是一种很有发展前景的光生阴极保护材料。和 TiO_2 相比,尽管光电化学性能要优一些,但 ZnO 的化学稳定性较低。通过将 ZnO 和其他材料复合或掺杂可以改善其光生阴极保护性能,提高其稳定性。例如,In_2S_3/ZnO、TiO_2/ZnO 半导体复合光阳极材料可以扩展 ZnO 的光波吸收范围,降低光生电子和空穴的复合率,提高在可见光范围 ZnO 的光生阴极保护性能。

石墨氮化碳($g - C_3N_4$)是一种不含金属的半导体,其带隙宽度为 2.7eV,比 TiO_2 和 $SrTiO_3$ 都要窄,具有较好的光电化学性能,其导带电位比较负,因此在光生阴极保护领域近年来得到较多的关注。$g - C_3N_4$ 的缺点是价带电位太低,水氧化反应不容易进行,在常规腐蚀介质中光生空穴的阳极去极化过程比较困难,因此需要对 $g - C_3N_4$ 进行改性,以提高其光生空穴的去极化能力。这些改进包括形成 $C_3N_4@ZnO$ 核壳结构复合材料、$C_3N_4@In_2O_3$ 复合材料等。复合后在界面所形成的异质结可有效促进光生电子和空穴的分离,加速界面反应,使更多的光生电子迁移到被保护的金属中。

光生阴极保护的特点是需要光照来产生电子,但在黑夜里没有自然光照,这时金属的电位会向自腐蚀电位方向衰减(正移),常常会导致金属在暗态时得不到有效的保护。为解决这一问题,需要发展具有储存电子能力的光生阴极保护光电极材料,该材料在受到光照时产生的光电子既要满足金属阴极保护的要求,还要有额外的部分光电子可以储存在材料内,在暗态时能够将储存的能量用于维持金属的阴极保护。对于这种具有双功能的光电材料,其设计原理和工作机制与传统的光阳极有明显不同。考虑到通过与具有储存电子能力的半导体进行复合所构建的异质结可以使 TiO_2 上产生的光生电子和空穴的复合得到有效的抑制,因此可以采用这种方法来设计构建由 TiO_2 和电子储存半导体复合的新型光生阴极保护材料。用来储电的半导体应具有可逆的氧化还原性能,其导带电位应位于 TiO_2 产电半导体导带电位与金属的自腐蚀电位之间。图 8 - 11 所示为这种具有储电能力的光生阴极保护系统的工作原理[34]。在光照状态下,半导体价态中的电子被激发跃迁到导带上,这些光生电子一部分注入被保护的金属,使其电位产生足够负移而获得保护;其余电子流入储能半导体(储电池)。在暗态下,半导体不能产生新的光生电子,此时储电池中的电子可流入被保护的金属,使其继续获得阴极保护。

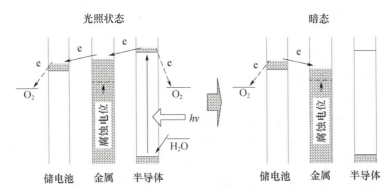

图 8-11　具有储电能力的光生阴极保护系统工作原理

基于上述原理,研发了 WO_3-TiO_2 复层薄膜材料,TiO_2 膜层起到光生电子作用,而 WO_3 膜层起储能作用。当 WO_3 接收到 TiO_2 的光生电子后,溶液中的阳离子 M^+（M = H 或 Na）会与之发生还原反应生成 M_xWO_3（$x \leq 1$）,结果使光生电子得到储存。在暗态下,会发生逆反应,M_xWO_3 与溶液中的 O_2 发生氧化反应生成 WO_3,释放的电子会转移到金属基体上,继续提供阴极保护。这种充电、放电过程可以随有、无光照而重复循环。WO_3 的这种作用得益于 W 元素存在多种价态。

Sn 也具有多种价态,而且 SnO_2 的导电性能优于 WO_3,因此 SnO_2-TiO_2 复层材料被用于需要暗态保护的光生阴极保护。有试验表明[35],TiO_2/SnO_2 双层复合光电极在光照下可以储存电荷,而在光照中断后储存的电荷可以缓慢释放,使其在没有光照的暗态下仍能维持阴极保护。

4. 光生阴极保护技术的发展展望

光生阴极保护是一种新型的阴极保护技术。相较于传统的牺牲阳极或外加电流阴极保护,光生阴极保护技术利用的是取之不尽、用之不竭的日光,具有绿色环保、可持续使用、应用环境更加广泛等优点。因此,该技术受到了广泛关注,并具有良好的发展前景。光生阴极保护涉及半导体、金属、涂层等多种材料和光电化学、腐蚀电化学、材料科学等多个学科,是金属腐蚀与防护领域的研究热点之一。尽管国内外学者在光生阴极保护方向开展了大量的研究,并取得了很多的突破,但该技术尚处于实验室研究阶段,离实际工程应用还有很远的距离。下面介绍光生阴极保护技术急需解决的一些主要问题以及未来的研究发展方向[25-26]。

（1）提高半导体材料的光电化学性能。需要提高光生电子的产率和材料的稳定性。可以针对性地构筑各种异质结（p-n 结、n-n 结）体系,制备具有特殊形貌、有序结构、大比表面积的光电半导体材料,以扩展半导体材料对光波的吸收范围,减少光生电子和空穴的复合,提高半导体涂层光生阴极保护效率。对于光生阴极保护来说,光电流密度也是非常重要的性能,尤其是对于采用分立光阳极进行阴极保护的方式。可通过减小带隙宽度、降低表面电化学反应的能垒、添加少量具有负功函的导电材料、提高响应光谱范围和光电转换效率等方法来提高阴极保护电流密度。需要强调的是,在调控过程中需要综合考虑各种光电化学性能要求,避免因增强某一性能而导致其他光生阴极保护性能的明显降低。

(2)半导体材料导带电位的调控。一般认为,只有当半导体材料的导带电位足够负,且负于偶联金属的电位时,光电半导体薄膜材料才会对偶联的金属提供光生阴极保护。而要达到有效的阴极保护,通常金属的电位应从自腐蚀电位负移200mV以上。目前广泛研究的TiO_2的导带电位大约为$-0.29V(NHE)$,因此只适于保护像不锈钢、铜合金等自腐蚀电位较正的金属。因此,如何进一步拉负n型半导体光电极材料的导带电位或是光生电子的准费米能级,使其对碳钢等自腐蚀电位较负的金属也具有光生阴极保护作用,是光生阴极保护技术应用中需要解决的主要问题之一。目前,导带电位比TiO_2更负的$SrTiO_3$(导带电位为$-0.49V(NHE)$)受到了关注,而具有更负导带电位的$AlTiO_3$(导带电位为$-0.86V(NHE)$)和$MgTiO_3$(导带电位为$-0.75V(NHE)$)研究还不多,是值得深入研究的有潜力用于保护碳钢的新型光生阴极保护材料。尽管这几种钛酸盐材料只能吸收紫外光,但通过适当的掺杂可以提高其对日光的利用率。

(3)半导体材料价带电位的调控。光生阴极保护过程中除了需要较负的导带电位来提供光生电子外,还需要保证光电材料的价带电位尽可能地正于水被分解产生氧的电位。这样才可在没有空穴捕获剂存在的真实自然条件下,使光生空穴被水分子捕获达到去极化,从而分离出光生电子以用于保护偶联金属的目的。因此,如何有效拉正半导体材料的价带电位仍是目前光电阴极保护技术应用中需要解决的问题之一。

(4)提高暗态下金属的持续光电化学阴极保护能力。需要发展高性能的保护/储能双功能光生阴极保护复合材料,提高光生电子储存能力。调控储能材料的微观形貌、结构,调整光电转换材料与储能材料的匹配性,使其可长时间维持暗态下对偶联金属的阴极保护。这是光生阴极保护材料的研究难点,也是实现光生阴极保护实际应用必须要解决的关键技术问题,需要在其关键制约因素的调控等方面展开广泛而深入的研究。

(5)光生阴极保护和传统防腐方法的结合。在下雨天或晚上没有阳光照射时,半导体光电极不能产生光电子,只能靠储存的电子来提供保护。尽管可以延缓金属保护电位的衰减(正移),但通常难以提供长时间的持续保护,因而会影响阴极保护效果。通过和传统阴极保护方法相结合,可以使两种保护方法互相补充,既可降低传统阴极保护的能源消耗,又可使金属一直达到有效的阴极保护。对于直接涂覆在金属表面的光电化学膜层材料,通过掺杂某些促进金属钝化的合金元素(如 Ni、Cr、P 等)或加入具有缓蚀作用的有机物(如聚乙烯亚胺、聚苯胺等)有可能实现光电化学性能调制和金属防腐性能改善的双功能。对于采用分立光阳极的阴极保护系统,通过在金属上涂覆高性能绝缘防腐涂层可以降低阴极保护所需电流密度,提升光生阴极保护的效果。

8.2 船舶电解防污技术的新发展与新应用

8.2.1 电解防污材料与技术的新发展

电解防污技术经过数十年的发展,目前已相对比较成熟,但该技术还并非完善。目前,仍存在一些问题需要解决:①电解海水电极的环境适应性有待改进,尤其是低温环境下电流效率会大幅降低,另外在含有 Mn^{2+} 的海水中,电解析氯用金属氧化物阳极易发生中毒失效;②电解防污技术目前主要用于海水管路系统等封闭环境,对于开放环境仅适用于传感器等小型装置和局部结构的防污,无法做到整个船体的防污应用;③电解防污技术对电能的消耗是持续且巨大的,开发无源电解防污技术具有显著的经济效益;④电解防污技术产生的铜离子等防污剂对环境存在不利影响,随着环境保护意识的加强,环保型电解防污技术将有更广阔的发展前景。

1. 电解海水防污电极材料的改进

电解海水防污用阳极材料通常都是采用钛基金属氧化物阳极,其组元主要包括 Ru、Ir 以及其他金属的氧化物。该阳极在通常的海水条件下具有较高的电流效率和较长的使用寿命(一般为 5 年),但其在低温环境(低于 10℃)时电流效率下降严重,电解槽压显著升高,大幅增加了电解防污的能耗,且阳极在低温环境下的消耗率也明显上升,阳极的使用寿命大大缩短。海水温度对 $RuO_2-IrO_2-SnO_2$ 金属氧化物阳极析氯电流效率和槽压的影响如表 8-3 和图 8-12 所示[36]。从表 8-3 中可以看出,在常温海水中电解析氯电流效率可达到 90% 以上,而当温度低于 10℃ 后,电流效率显著降低,5℃ 时仅为 56.3%。从图 8-12 中可以看出,随温度降低电解槽压明显升高,在较大工作电流密度下,这种差异更为明显。

表 8-3 $RuO_2-IrO_2-SnO_2$ 金属氧化物阳极在不同温度海水中的析氯电流效率

海水温度/℃	5	10	15	20	25
析氯效率/%	56.3	79.1	94.5	92.5	91.6

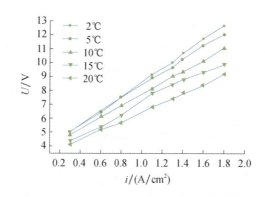

图 8−12 海水温度对 $RuO_2-IrO_2-SnO_2$ 金属
氧化物阳极电解槽压的影响

通过对低温海水条件下氧化物阳极的强化电解失效行为及机理研究[37],认为低温下阳极析氯电位升高,析氯反应选择性降低,导致析氧副反应增强,加速破坏了氧化物涂层的固溶体结构。因此低温海水氧化物阳极失效主要是由于低温影响表面电化学反应活性,促进活性组元的选择性溶解和涂层局部剥落导致。

另外,在淡海水或稀 NaCl 溶液中,常规金属氧化物阳极的析氯电流效率会较海水中降低,使用寿命也会缩短。这是因为在淡海水或稀盐水中,氧化物阳极表面析氯反应受到抑制,析氧反应增强,结果导致氧化物阳极加速失效。

为了提高电解海水防污阳极的广谱适应性,可通过调整氧化物涂层的成分来提高其在特殊条件下的性能。文献[38]介绍了一种适于低温海水中使用的电解防污用金属氧化物阳极,其以具有较高的析氯电催化活性和稳定性的 PtO_x 为主要活性组元,通过加入适量的 SnO_2 和 Co_3O_4,构成混合金属氧化物涂层,该电极在低温海水电解条件下具有较优的综合性能。在 10℃ 海水中的析氯电流效率在 85% 以上,析氯电位为 1.11V(SCE),在低温条件下阳极的析氯电催化活性明显提高;另外,与常规 $RuO_2-IrO_2-SnO_2$ 氧化物阳极相比,该新型阳极的强化电解寿命更长,表明在低温条件下阳极的稳定性得到显著改善。

通过增加中间层也是提高金属氧化物阳极低温性能的途径之一。将 TiN 纳米粉体与 $TaCl_5$ 正丁醇溶液混合制得中间层涂覆液,通过热分解法在 400℃ 焙烧温度下得到了含有中间层的 $Ti/(Ti-Ta_x)O_2/IrO_2$ 电极,其析氯电化学活性和电化学稳定性均有明显提升[39]。

另外,在含有 Mn^{2+} 的污染海水中,电解过程中阳极上会形成 MnO_2 沉积层,从而导致电解海水用氧化物阳极失去电化学活性,导致槽压升高,甚至不能正常工作,即出现所谓的"中毒"现象。解决该问题一方面靠经常性酸洗来去除沉积层,但这会带来很多繁重的维护工作;另一方面可以采用周期性反向电解来使"中毒"

的氧化物阳极重新活化,但这种正反交替的工况会严重损伤电极涂层,导致使用寿命大大缩短,因此需要发展具有很好的耐正反交替电解性能的电解海水防污阳极[40]。以 $RuO_2 - IrO_2 - SnO_2$ 氧化物阳极为基础,通过加入少量 Pt 制备的多元混合金属氧化物阳极在海水中不仅具有较好的抗锰离子污染作用,而且还具有优良的耐正反交替电解性能[41-42]。另外,采用嵌中间层氧化物阳极也可改善电解海水防污阳极的耐正反交替电解性能。通过在钛基体和 $RuO_2 - IrO_2 - SnO_2$ 氧化物表面涂层之间加入中间层而构成的 $Ti/IrO_2 - Ta_2O_5/RuO_2 - IrO_2 - SnO_2$ 以及 $Ti/IrO_2 - Ta_2O_5 - SnO_2/RuO_2 - IrO_2 - SnO_2$ 嵌中间层电极,不仅增大了在海水中析氯反应的选择性,而且改善了电极的稳定性,使其耐正反交替电解性能较 $Ti/RuO_2 - IrO_2 - SnO_2$ 阳极显著提高[43]。

在实际电解防污工程中,仍需要积累各种新型电解海水防污用金属氧化物阳极的使用经验,同时还要考虑技术经济性,不断发展电解防污阳极材料体系,以满足各种工况条件下的需要。

2. 开放环境电解防污技术

电解防污技术的应用效果与海水中的防污剂浓度有着直接对应的关系,对于开放环境而言,如船体外表面等,其周围存在巨量的海水,由于电解防污的加药点通常有限,在海浪的作用下将很快稀释防污剂的浓度,使其无法在船体表面均匀分布,从而使电解防污失去效果。针对这一问题,参考防污涂层的作用原理,通过在船体表面均匀产生电解防污剂,即可达到防污效果。为此提出了导电涂层电解防污的概念,导电涂层电解海水防污技术是在船体涂绝缘层后,以导电涂层为阳极、以船壳钢板为阴极,当微小电流通过时,会使海水电解,产生次氯酸钠,以达到船壳表面防止海洋生物附着的目的[44-45]。

从 20 世纪 90 年代起,欧美等发达国家就开展了基于导电涂层的防腐和防污一体化技术研究。海水电解用导电防污涂料是日本三菱重工株式会社于 20 世纪 90 年代开发的新型防污涂料。通过在涂料中添加导电填料来获得高电导率涂层。首先,在船体表面涂覆绝缘漆膜层,然后涂装导电涂层。该导电涂层为电解海水用阳极,船体钢板和螺旋桨等与海水接触的部分为电解海水用阴极。工作时,在船舶漆膜表面处通以弱电流,使海水电解,产生次氯酸,涂层附近的海洋生物因此被杀灭。通以电流时所产生的次氯酸浓度较低,甚至低于在自来水中的浓度,对环境所造成的污染微乎其微。该技术已在多艘小船上进行了实船试验,展现出了一定的应用前景。

我国从 20 世纪 90 年代也开展了导电防污涂层技术研究,通过添加导电聚苯胺和石墨,涂层电导率达 0.1S/m。实海试验研究表明,以研制的导电涂层作为阳极,船体作为阴极,通入微小电流后,可对船体起到良好的防污效果。但该技术还存在工程化的问题,导电涂层的性能也还需要提高,因此目前并没有实现工业化应用。但该技术具有很好的发展和应用前景。

3. 自偶合电解防污技术

目前,电解防污技术都是采用外加电流强制电解的方法产生防污剂,因此其在运行过程中需要持续地消耗电能。这不仅需要耗费大量的资源,也限制了防污技术的应用范围。

七二五所探索了一种自偶合电解防污技术,其适用于钛合金等高电位金属管路。该技术通过将防污阳极与钛合金管路进行偶接,依靠两者的电位差产生电偶腐蚀效应,来获得防污要求的铜离子等防污剂。该技术已通过实海管路系统的试验,取得较好的效果,并开始在船舶上得到应用。

4. 其他电化学防污技术

电解防污技术是目前应用成熟的技术,但是需要保证海水中有一定浓度的毒性防污剂,无论是铜离子还是次氯酸钠,均对海洋生态环境有一定的影响。因此有待开发一种对环境影响小,并可以长期、稳定维持防污效果的技术。

通过电解的作用产生活性氧(也称为电催化氧化)是防止海洋生物污损的另一种手段,该技术是由日本的学者首先提出来的,其发现在低于析氯电位的氧气发生区域中能够取得很好地防海洋生物附着效果。科学家们进一步研究发现通电后的电极上产生了·OH、$HO_2·$、O_2^-、ClO^- 等具有强氧化性的基团,这些基团可以降解有机物,直接把有机物氧化为矿物盐、CO_2 和 H_2O,从而破坏污损生物的细胞结构,达到防污的效果,其作用机理如图 8-13 所示。另外,·OH 等活性基团在海水中的存在时间非常短,能够很快就自然湮灭,因此对环境的副作用较小,但其对污损生物的破坏是不可逆的。

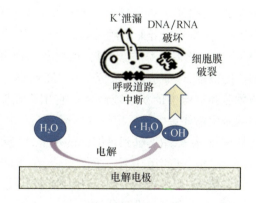

图 8-13　电解活性自由基防污作用机理

另外,高压脉冲电对细菌也有着极强的杀灭效果,当前理论认为,在高压脉冲电作用下,细菌的细胞膜会遭到破坏,进而导致细菌的死亡,其杀菌机理主要解释为电崩解和电穿孔。

电崩解机理认为微生物的细胞膜是一个电容器,内部注满了电解质。当外界电压增大,细胞膜本身的电位差亦会增大,细胞膜厚度减小,膜上小孔增多。当外界电压达到临界值时,微生物细胞膜便从膜上小孔处开始崩解,物质从细胞膜内逐渐向外流出,以致微生物死亡。

电穿孔机理则认为由于细胞膜对电场十分敏感,细胞膜的磷脂双分子层结构会因外加电场而改变,细胞膜上的蛋白质通道因此增大。此时因细胞膜的压缩,在膜上会形成一些小孔。小孔一旦形成,便不可逆转。因外界电势的增大和时间的增加,细胞膜通透性增加,渗透率增大。外界大量小分子物质开始渗入细胞膜,导致细胞与环境的渗透不平衡,细胞内环境受损,细胞膜开始暂时性或者永久性破裂,致使微生物死亡。利用高压脉冲电快速杀灭细菌的特性,在船体表面导电涂层上,快速且持续地通以高压脉冲电场,使得附着的海洋生物持续地受到外加电场的作用,细胞膜遭到不可逆转的破坏,在涂层周围的海洋生物会逐渐死亡。海洋生物的附着从而得到抑制,达到防污的目的。因此,高压脉冲防污技术有可能成为海洋防污领域的一个新方向。

8.2.2 电解海水防污技术在船舶压载水处理中的应用

1. 船舶压载水管理要求

1) 船舶压载水管理的目的

随着经济全球化发展,航运业对全球经济发展的巨大推动作用被广泛认同。但同时,航运业的快速发展,也使船舶压载水的"生物污染"问题日渐显现,且有全球蔓延趋势。大量研究证实,船舶压载水是外来水生生物入侵的一个重要途径和载体。据国际海事组织估计,每年世界船队约带着100亿t压载水周游世界。大约7000~10000种不同的有潜在危害的海洋微生物、植物及动物每天在全球"旅行",这必将带来对生态平衡的破坏,进而造成对经济、人类健康的不良影响。

压载水是船舶压载舱和货舱中的淡水或咸水。它用于在船舶不载货、载货量不足或因在波涛汹涌的海面需要更大的稳定性时,提供航行中的稳定性和操纵性。压载水也可以用来增加重量,使船舶下沉到足够低的水下,以便通过桥梁和其他结构物。压载水从港口区域抽取,随船运往下一个停靠港,在那里可以排放。船舶在多个港口接收或者交付货物的,可以在每个港口释放或者接受一部分压载水。在这种情况下,船舶压载水包含来自多个港口的混合水。

大型商船(如集装箱船、散货船、其他货船、油轮和客船)通常有专用于此目的的压载舱,有些船舶也可能压载空货舱。排放量因船舶类型、压载舱容量和卸、压载设备类型而异。压载水的排放量很大,可以达到几十万立方米。例如,客船的平均压载

容量约为 $2600m^3$,而超大型原油船的平均压载容量约为 $93000m^3$。一艘在大湖区工作的现代油轮可容纳多达 $53000m^3$ 的压载水。据估计,像 VLCC 这样的油轮约占所有压载水排放量的 40%,其次是散货船和集装箱船。客船只占压载水排放量的 1%。

船舶压载水和沉积物的无节制排放导致有害水生物和病原体的转移,对生态环境、人体健康、财产和资源造成损伤或损害。

在压载水排放控制的初期,一些国家主要通过要求进港船舶在距离本国海域一定距离的远洋海域进行压载水置换,来减少长期储存的压载水中细菌与外海域物种的影响。例如,在澳大利亚、新西兰和以色列联合发表的海事通告(Marine Notices 1532、1662)中,规定了在其国家港口停靠的船舶必须进行压载水的排放控制。以色列则要求更换从外水域带来的压载水,到达埃拉特港口的船只必须在红海以外更换压载水;访问地中海的船舶必须在大西洋更换压载水。但置换法并非一种彻底的压载水污染控制方法,一方面在保障船体强度安全的情况下很难实现压载水的彻底置换,某种程度而言仅是一种稀释;此外,公海或者近海置换也只是将污染转移而非真正的治理。

因此,国际海事组织在 2004 年 2 月通过了《2004 年国际船舶压载水及沉积物控制和管理公约》(以下简称《压载水公约》),旨在通过对船舶压载水和沉积物的控制和管理来防止、减少并最终消除有害水生物和病原体的转移对环境、人体健康、财产和资源引起的风险。此外,美国、澳大利亚等国家为了保护本国水域的生态安全和相关利益,制定了压载水处理的单边标准,要求行驶在该国水域的船舶进行压载水处理。根据压载水公约要求,所有公约适用范围内的船舶应按照船舶特定的压载水管理计划对其船上的压载水和沉积物进行控制和管理以符合公约规定的标准。压载水管理标准是分阶段适用的。在开始阶段,要求船舶在深海进行压载水置换(D-1 标准),属于过渡性措施。在后期适当的时候则要求这些船舶满足压载水处理性能标准(D-2 标准),即应达到排放的压载水中水生物数量限制指标。

2)对船舶压载水管理系统的要求

船舶压载水管理系统(BWMS)是国际海事组织强制要求安装的船舶关键设备之一。主要用于对船舶压载水进行灭活处理,防止由船舶压载水无控排放造成的生物入侵。由于用于远洋船舶,使得船舶压载水处理装置必须满足国际公约与法规要求,满足各海域、各航线使用要求,并符合船舶工况安装使用特点。为统一实施压载水公约,国际海事组织在公约通过后由海洋环境保护委员会(MEPC)相继制定和通过了如下 14 个相关导则(G1~G14):

G1——沉积物接收设施导则(MEPC.152(55));

G2——压载水取样导则(MEPC.173(58));

G3——压载水管理等效符合导则(MEPC.123(53));

G4——压载水管理和制定压载水管理计划导则(MEPC.127(53));

G5——压载水接收设施导则(MEPC.153(55));

G6——压载水置换导则(MEPC.288(71),废除 MEPC.124(53));

G7——风险评估导则(MEPC.162(56)被 MEPC.289(71)取代);

G8——压载水管理系统批准导则(MEPC.174(58)被 MEPC.279(70)取代);

G9——使用活性物质的压载水管理系统批准程序(MEPC.169(57));

G10——压载水原型处理技术批准和审议程序导则(MEPC.140(54));

G11——压载水置换设计和建造标准导则(MEPC.149(55));

G12——船舶压载舱中沉积物控制导则(MEPC.150(55));

G13——包括应急状态下的附加措施导则(MEPC.161(56));

G14——指定压载水置换区域导则(MEPC.151(55))。

经 MEPC70 会议批准并经 MEPC72 会议通过,G8 导则已经变为强制性规则,在《压载水管理系统认可规则》(简称 BWMS 规则)(MEPC.300(72))生效后,废除上述 G8 导则。

国际海事组织另外还制定了港口国检查导则(PSC 导则)。随后 10 多年间又陆续制定颁布了指南、统一解释等近 60 个压载水通函:一方面是对压载水公约实施提供技术性和操作性指导;另一方面是对公约相关条款的统一解释。2017 年 7 月的 MEPC71 会议上国际海事组织又批准了《压载水管理手册——如何做》,为公约缔约国政府、船旗国主管机关、港口国当局、船东、试验机构、设备厂家、船级社以及其他相关方提供了非常实用的信息和指导。

为满足压载水公约要求,阻止通过压载水造成外来水生物的入侵,对于国际航行船舶的压载水管理方式主要有以下几种。

(1)国际航行时不装压载水。

(2)船上携带的压载水不在他国水域排放,而是带回压载水原加装地排放。

(3)船舶将压载水排至港口接收设备。

(4)将船上在港区内加装的压载水用深海里的水置换,即 D-1 标准,是对压载水管理的一种过渡性措施。

(5)将船上的压载水进行处理达到规定的压载水排放标准,即 D-2 标准。

《压载水公约》明确提出了船舶压载水处理后的生物排放标准(D-2 标准),公约生效时间和船舶压载水处理系统的安装时间要求,并规定所有远洋航行船舶在公约生效后按照公约要求在规定的时间内安装符合国际海事组织和船级社要求的船舶压载水处理系统。按照公约规定现有船舶最迟应于 2024 年 9 月 8 日满足 D-2 标准要求,也就是安装压载水管理系统对压载水进行处理。

在《压载水公约》中的 D-2 标准要求下,相关船舶需要安装压载水管理系统,以满足对船舶压载水的处理及管理要求。为了最大限度降低由船舶压载水和沉积物转移而带来的有害水生生物和病原体的排放风险，船舶压载水处理系统必须能够在各种典型船舶运行条件范围内有效控制和管理船舶压载水，并且不会由于压载水的排放导致对人体健康、船舶安全及压载水排放地点的环境产生不利的影响。压载水处理设备必须满足国际压载水公约对各种环境条件、水生生物、流量、处理量及存留时间的规定。

经处理后的船舶压载水生物指标要求如表8-4所列[46]。若港口国有更严格标准，应符合港口国当地标准。

表8-4 《压载水公约》D-2标准中规定的排放水中的生物指标

序号	生物指标	标准要求
1	最小尺寸不小于50μm的存活生物	<10 个/m³
2	最小尺寸小于50μm但不小于10μm的存活生物	<10 个/mL
3	有毒霍乱弧菌（血清型O1和O139）	<1cfu（菌落形成单位）/100mL 或 <1cfu/g 浮游动物样品（湿重）
4	大肠杆菌	<250cfu/100mL
5	肠道球菌	<100cfu/100mL

总残余氧化物（TRO）指标：排放压载水时压载水中TRO浓度应不大于国际海事组织规定的0.1mg/L。若港口国有更严格标准，应符合港口国当地标准。

压载水处理是指对加装上船的压载水在排放到另一水域内前必须对其中的水生物进行杀灭处理，使得其在压载水中的存活率达到D-2标准，从而不会对接收港水域造成不利影响。压载水管理系统是目前符合D-2标准的最主要手段。根据《压载水公约》第D-3条，船舶压载水管理系统必须由主管机关根据船舶《压载水管理系统批准导则》（G8）要求进行陆基试验、实船试验以及环境试验，另外，使用活性物质或含有一种或多种活性物质的配制品的压载水管理系统同时要根据国际海事组织所制定的《使用活性物质的压载水管理系统的批准程序》（G9）申请国际海事组织基本及最终认可，以确保BWMS不构成对环境、人类健康、财产或资源的威胁。

《压载水公约》要求用于满足D-2标准的BWMS必须对船舶、设备和船员是安全的。此外，G8导则或BWMS规则包含了BWMS获得型式认可应该满足的许多技术规定，包括一般性原则，如BWMS应有效满足D-2标准且对环境安全；BWMS的设计应考虑到无论采用何种技术，处理后存活下来的生物有可能在处理后至排放前的间隔期内再繁殖。技术规定还涉及设计和构造的可靠性、安全因素和风险减少措施、维护安排、校准和监控布置等事项。所有压载水管理系统必须进行认可以验证压载水管理系统是否能够满足国际海事组织以及相关主管机关要求。

除国际海事组织制定的压载水置换标准和性能标准（D-1 标准及 D-2 标准）外，美国、澳大利亚等对于压载水管理较严格的国家针对各自区域的特殊要求，也纷纷出台了自己的压载水置换要求和性能标准。尤其是美国，其海岸警卫队（USCG）及加利福尼亚州、纽约州等均以联邦或州的名义出台了相关压载水置换及性能要求以及执行计划和方案。其中一些规定在国际海事组织标准的基础上又对压载水性能标准及处理系统本身做出了更严格的要求。这些规定将随着世界压载水处理、检测技术以及市场的发展而被决定是否进行改进实施以及采取何种方法实施。另外，国内外各主要船级社（如 CCS、DNVGL、BV、ABS、LR、NK、KR 等）也都相继出台了压载水管理系统指南，对压载水管理系统的要求及性能等做出了明确的规定，只有满足相关船级社各自的规定后，才能发放其型式认可证书并同意该处理系统安装在入籍的船舶上。

《压载水公约》已于 2017 年 9 月 8 日正式在全球生效，所有受到《压载水公约》控制的船舶已全面进入压载水管理实施阶段，港口国也正式开展对船舶压载水管理的港口国履约监督检查工作。另外，美国制定了不同于《压载水公约》的压载水管理规定，对航行前往美国水域的国际航行船舶提出了不同于《压载水公约》的压载水管理要求。美国一些州还提出了比联邦法规更加严格的压载水管理规定。

目前，就美国主要的压载水排放标准而言，除 USCG 阶段-1 标准类似于国际海事组织标准之外，其他标准均要比国际海事组织标准严格，某些指标要高 100 倍或 1000 倍，甚至要求达到"零生物活体"排放标准。

为确定现有压载水处理技术是否能够满足比国际海事组织标准高 100 倍甚至 1000 倍的标准，USCG 委托美国科学顾问委员会（SAB）对 USCG 压载水阶段-2 排放标准进行了可行性评估，发现：

（1）在审查的所有压载水处理系统中，没有一个能够满足比国际海事组织压载水管理标准（D-2 标准）高 100 倍或 1000 倍的标准，也不能满足"零生物活体"排放标准。

（2）如果改进现有压载水处理系统，某些系统可能满足比国际海事组织压载水管理标准 D-2 标准规定高 10 倍的标准，但不能满足比 D-2 标准高 100 或 1000 倍的标准。

（3）为满足比国际海事组织压载水管理标准高 100 倍或 1000 倍的标准，需要开发全新的压载水管理系统。

由于现有压载水处理系统不能满足美国有关压载水排放标准，美国海岸警卫队以及相关州可能会对有关压载水排放标准进行调整。

2. 船舶压载水处理技术的分类及特点

船舶压载水基本处理技术分为两大类：固液分离技术和消毒灭活技术。分离技术可在进舱或排放前将生物从压载水中去除；消毒技术可杀死压载水中生物或使生物无法繁殖。大多数压载水处理系统都是采取上述技术的组合，以克服某单一技术的缺点。船舶压载水处理技术的具体分类如图8-14所示。

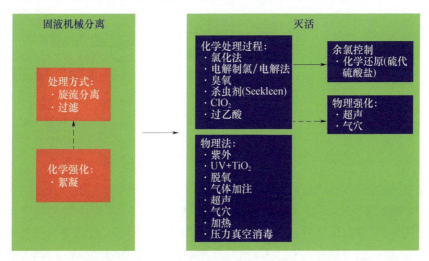

图8-14　船舶压载水处理系统的基本处理技术及分类

专用设备通过生物体的自然物理差异（生物体大小）将生物体与压载水分离，或通过引入化学药品使生物凝固和絮凝，从而使生物分离更容易发生。压载水处理系统中最主要的分离技术类型是过滤系统，通常与其他消毒灭活方法结合使用，以提高消灭水生生物的总体效率。从压载水中消除较大的生物可以减轻后续消毒技术的负担，降低压载水系统的能耗或活性物质的用量等。

生物灭活是压载水处理过程的重要组成部分。根据 MEPC. 300(72) 号决议的压载水准则，"可生长的生物"定义为"有能力成功地产生新的个体，以繁殖物种的生物"。消毒可以杀死或改变生物，使生物无法繁殖或存活。

船舶压载水管理系统中采用的消毒技术包括电化学、臭氧处理、脱氧和紫外线（UV）处理等。这些处理技术的灭活能力和效果会受到所处理水的盐度、温度、浊度以及其他物理化学参数的影响。

根据系统在压载水加装、储存和排放过程中工作时段的不同，可将压载水处理系统分为前处理式（压载水加装时处理）、中间处理式（压载舱中处理）、后处理式（排放时处理）以及这几种处理方式的组合。已通过国际海事组织和/或主管机关认可且已实际应用的压载水处理系统，主要为前处理式或者前处理+后处理式两种形式。

图8-15所示为压载水处理系统典型处理方法流程图。压载水通常首先通过一个过滤器进行物理处理，以去除直径不小于 $50\mu m$ 的水生物和污泥，有一些系统

使用空化装置来进行物理处理;然后采用化学处理方法来进行灭活处理以杀死微生物,被处理后的压载水注入到压载舱中。压载水排放时有的需要进行中和处理,达到标准后进行排放。

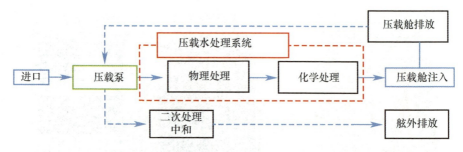

图 8-15 压载水处理系统典型处理方法流程图

主要的船舶压载水处理技术及其特点如下。

(1) 置换法。深海海水与沿海相比,其生物物种较少,同时生物所处环境也存在明显的差别,深海的生物通常很难生存在沿岸地区。因此,公海更换压载水被作为减少有害生物入侵的措施之一。但是此方法存在一定的缺点,如所需时间较长、受更换位置等自然因素影响等。因此,置换法只是一种暂时处理压载水的方法。

(2) 机械法。机械法主要是利用海洋生物和压载水之间的物理差异,通过机械设备将两者分离。当前旋流分离法和过滤法是机械方法中常用的方法。该方法可分离海洋生物,但是在病毒、微生物等处理方面却并没有十分显著的效果。

(3) 物理法。该方法要先进行过滤处理,以避免杂质影响后期水处理系统的运行。然后利用超声处理、紫外线光照等物理处理方法进行生物灭活处理。紫外线(UV)辐射处理技术使用低压或中压紫外线灯来分解细胞膜或破坏细胞 DNA 以便杀死生物或导致其无法繁殖。在压载和排载操作期间,都需要进行紫外线处理。过滤后,压载水通过紫外线室,然后进入压载舱。为了防止微生物的潜在再生,压载水在排载过程中会经过再处理,绕过过滤器,并在压载水排放到船外之前使用紫外线箱。紫外线处理的效果取决于压载水的紫外线透射率。压载水中泥沙、沉积物和高浓度有机化学物质会降低紫外线透射率,从而限制处理效果。另外,基于紫外线的压载水处理系统需要较大功率的电力消耗。需要对紫外线灯进行维护和清洗,UV 灯石英套管应无水垢,并尽可能清洁,以提供高的紫外线透射率。定期清洁维护会造成更高的运行费用。紫外线照射法无法处理大尺寸的有害浮游植物,而浮游植物的修复能力极强,所以如果选择采用紫外线照射处理的办法,最好结合其他方法共同使用。

(4) 化学法。化学法主要是利用化学药剂或者化学反应将压载水中的水生生物消灭,如利用强氧化性物质、消毒剂、化学杀菌剂等。其中,常用的是电解法、臭氧法和二氧化氯(ClO_2)法。电解法主要是利用海水分解形成次氯酸盐达到水处理的目的,该种方法具有良好的杀菌效果。臭氧是一种高效杀菌剂,臭氧法主要利用臭氧的强氧化性来消灭压载水中的有害生物。电解法和臭氧法需要用到强氧化剂,尽管在使用过程中会发生分解,但排放前有时还需要中和处理以达到排放要求。另外,氧化剂浓度应控制在合适范围,过高的浓度易对金属产生腐蚀。ClO_2加注也是一种有效的压载水化学处理技术,ClO_2可由船上储存的前体化学品制备生成,并在压载作业中注入压载水。与氯不同,ClO_2只与活细胞反应,不会与有机化合物反应产生不受欢迎的消毒副产品,在排载操作过程中不需要用中和剂进行二次处理。ClO_2处理对于功率有限的船舶和应用其他技术比较困难的船来说有一定的优势。但储存化学品需要较大的空间,且制备ClO_2的前体化学品在较高的环境温度下会加速降解。另一个问题是在船舶的贸易路线目的地是否能够补充药品。使问题复杂化的是,在一些进行补给的货运码头,可能不允许处理和补充ClO_2前体化学品。另外,一些ClO_2处理技术的压载水管理系统需要一个最小的保存时间,才能消耗掉压载水中相关化学物质的浓度。这可能对压载航行时间短于最低保存时间的船舶不利,从而影响船只的周转时间。

(5)生物法。生物法是一种非常环保的方法,通过引入新物种与原浮游生物产生竞争关系来消灭压载水中的有害物种,或者利用改变生物基因的方法避免外来生物的入侵。虽然生物法相对环保,但是当前仍然没有成熟的技术,也不可预测基因技术是否会带来严重的不良后果,为此生物法大多停留在理论研究上,还没有实际的应用。

(6)脱氧法。采用脱氧处理技术时,压载水中的溶解氧被去除,取而代之的是惰性气体(CO_2或N_2)。去除氧气不仅会杀死压载水中的好氧生物,还可以对防腐蚀产生积极的作用。脱氧技术通常需要将压载水保存较长的时间(96h或更长时间),以杀灭压载水中的生物,达到排放标准。采用惰性气体/脱氧的压载水处理方法特别适于长时间压载的航行状态。因为没有与压载水系统的连接,并且该方法不需要对化学品进行中和,因此在压载或排载操作过程中不需要任何额外处理。脱氧处理的功效不依赖于压载水的盐度、温度、浊度或悬浮固体含量,因此它比紫外法或电解法更可靠。然而,脱氧技术需要额外的燃料消耗。通过燃烧燃油,气体发生器会产生氮氧化物和气态碳,这些气体可以将压载舱的环境调整为低氧状态。由于舱内缺氧或处于低氧状态,因此需要有保证人员安全的防护措施。

(7)复合法。复合法是选择多种技术进行合理地搭配使用,充分发挥不同技术的优势,从而提高压载水处理的效果。复合法中最常用的是机械处理、过滤、水力旋流器组合的方式,通过这种方法能够有效地处理掉大颗粒杂物。紫外线、高温、脱氧组合处理办法能够有效去除压载水中的微生物,同时结合使用臭氧处理可以有效将紫外线杀菌的效果提升。采用过氧化氢、臭氧、ClO_2 等杀灭剂也可以有效地清除压载水中的不良物质,但是这些化学方法容易受到温度、pH 值等多方面因素的影响,对设备要求也比较高。

图 8-16 所示为国内外典型的船舶压载水处理技术。

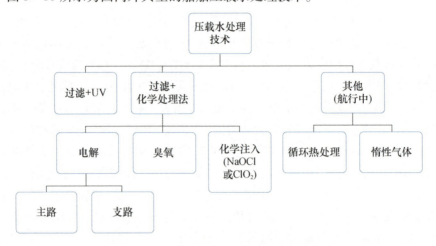

图 8-16　国内外典型的船舶压载水处理技术

表 8-5 列出了一些压载水处理系统的主要技术特点。

表 8-5　不同压载水处理系统主要技术特点

压载水处理技术	主要技术特点
过滤	采用过滤器除去沉积物和颗粒物。可多个过滤单元并列安装。过滤精度达到 20~50μm。对较大颗粒物和生物体比较有效。反冲洗需要保持水流最小压降要求
旋风分离	离心力作用下固体颗粒的分离,沿着设备内部水流方向对压载水加速。可以替代过滤法,仅对较大颗粒物有效
电解	直接将压载水电解产生有效氯或羟基基团,或通过产生臭氧和过氧化氢,以达到生物灭活效果。可能产生副产品。排放时残余氧化剂需要中和后排放
紫外光(UV)	可破坏细胞膜,对生物和病原体进行灭活,适用低压降的压载水系统。技术成熟、应用广泛,可以杀死大多数微生物。照射效果受到水的混浊度的制约,耗电量大
消毒杀菌剂(化学注入法)	直接在压载水中添加具有消毒灭菌作用的化学添加剂(主要有次氯酸钠、过氧乙酸和二氧化氯),适用于大容量压载水处理。对所有微生物、细菌和其他病原体都有效。在混浊度很高的水中也有效。通常需要对水中药物进行中和处理,对人体有害,对船舶管路、泵和船舶的其他结构部件可能造成腐蚀
气穴/超声	缝隙板或文丘里管产生空化气泡,气泡内爆引起的局部高能量灭活。在压载水处理过程中作为前处理效果较好,必须与其他方法结合使用才能完全杀灭所有的微生物

续表

压载水处理技术	主要技术特点
脱氧	通过压载水中溶解氧的去除和惰性气体置换来进行压载水处理。可能需要几天的时间才能保证对水生物的杀伤率,压载舱一定要有密闭的通风系统且应被完全惰化。对厌氧菌、孢子等杀灭效果基本上为零,耗能大
絮凝-机械分离	注入可附着生物体和沉积物的絮凝剂,磁性分离和过滤用于去除固体颗粒
加热	循环加热压载水进行高温灭活,适用于中小容量压载水处理

目前,船舶压载水处理装置的主流技术为电解法及紫外光法。紫外光处理系统主要用于那些不需要太多压载水以及压载水流量小于 $3000m^3/h$ 的船只,典型的应用处理范围为 $100 \sim 1000m^3/h$。而电解法理论上适用于任何船只,尤其适于压载水处理量大的船舶,可处理的压载水流量高达 $8500m^3/h$,该技术具有非常好的生物灭活效果,已在很多船舶上得到成功的应用。

3. 压载水电化学处理技术

电解法是通过电解海水产生次氯酸等活性物质对压载水中有害生物进行杀灭的技术。电解海水制氯是一种传统的防止海洋生物污损的方法,在电厂和船舶海水冷却系统得到广泛的应用,该方法也非常适用于船舶压载水的生物灭活处理。在电解过程中,电流直接施加于海水中,从而产生游离氯(Cl_2)、次氯酸钠($NaClO$)、低溴酸($HBrO$)和羟基自由基。

电解法压载水处理系统主要包括过滤单元、电解单元、中和单元、整流器、控制系统、总残余氧化剂(TRO)分析检测仪等。船舶电解法压载水处理装置的处理流程通常分为"过滤""电解""中和"三步。

(1)过滤。在压载过程中利用高过滤精度的自动反冲洗过滤器,对主管路中的压载水进行过滤,过滤出杂质及 $50\mu m$ 以上的生物。

(2)电解。电解海水法分为主路电解法和支路电解法。主路电解法选择将全部的压载水通过电解装置进行电解;支路电解法只取 $1\% \sim 2\%$ 的压载水进入电解装置,产生具有杀菌效果的高活性氧化物质,回注入压载水主管路,同主管路压载水混合压入压载舱,杀死残余的浮游生物、病原体及其幼虫或孢子等,达到国际海事组织 D-2 压载水生物排放标准。

其主要反应式为

阳极:
$$2Cl^- \longrightarrow Cl_2 + 2e \qquad (8-1)$$

阴极:
$$2H_2O + 2e \longrightarrow 2OH^- + H_2\uparrow \qquad (8-2)$$

氯气能溶于水产生次氯酸和盐酸：

$$Cl_2 + H_2O \longrightarrow HOCl + Cl^- + H^+ \quad (8-3)$$

总反应：

$$NaCl + H_2O \longrightarrow NaOCl + H_2 \uparrow \quad (8-4)$$

(3) 中和。压载水排放时，当 TRO 浓度大于国际海事组织规定值时，中和系统自动启动，向排载管注入中和剂，中和处理后压载水中的 TRO，应达到国际海事组织及 USCG 规定的 TRO<0.1mg/L 的压载水排放标准。

以电解法为基础的船舶压载水处理系统非常有效，只需要在压载时进行处理(在排压载水时可能需要进行适当中和)。该系统能在船上进行杀菌处理及在航行途中提供舱内循环处理。但电解反应时会产生副产物氢气，这一因素需要被纳入安全考虑范围内并具有相应安全保障措施。

和电解海水防污一样，电解法压载水处理系统在低盐和低温的环境中使用有一定的限制，因为当水中的氯离子浓度太低或温度太低时，阳极上的析氯反应活性会显著降低，影响电解槽的产氯效率。同时，这种条件下阳极材料的寿命也会明显缩短。因此，为保证电解法压载水处理系统在低盐和低温海水条件下仍继续工作，可通过添加食盐或电解预留的海水，以及采取升温措施来解决。支路电解系统处理水量小，电解单元体积小，电解效率高，可方便解决淡水压载和低温电解的问题。支路电解尤其适合中大型船舶的压载水处理。

通过实验室内实验研究了 TRO 浓度对大型浮游动物丰年虫的杀灭效果。结果表明 TRO 对丰年虫的杀灭效果随着时间的延长而增加，3mg/L TRO 作用 2h，生物杀灭率超过 50%。随着作用时间延长，杀灭率不断升高。但是，只有较高浓度 TRO，随着时间延长才能达到较高杀灭率(大于 80%)，低浓度 TRO 即使延长时间，也不能达到较为理想的杀灭率，如图 8-17 所示。

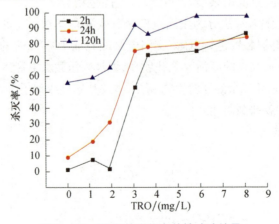

图 8-17 TRO 的生物有效性试验结果

鉴于实海中不仅含有浮游动物,而且还含有大量浮游植物及微生物,因而陆基试验中,选择 TRO 的处理浓度为 5.0~14.5mg/L。研究结果表明,在陆基试验过程中,TRO 处理浓度为 5~6mg/L 时,处理效果易受流入水的水质影响,处理效果不稳定。在符合流入水指标条件下,当流入水中颗粒有机碳(POC)、溶解有机碳(DOC)数值较低,处理效果能达到标准要求;当流入水中 POC、DOC 数值较高时,处理效果往往达不到标准要求,特别是 120h 处理舱内的微生物易出现复活现象。当处理浓度大于 7mg/L 时,处理结果可达到国际海事组织 D-2 标准要求,多轮陆基实验表明处理水中,无活体微藻和微生物,仅有极少量浮游动物活体。继续提高 TRO 处理浓度,当 TRO 浓度大于 11mg/L 时,处理水中无活体生物,处理效果达到美国第二阶段标准。

针对使用活性物质的电解法压载水处理系统,USCG 和国际海事组织对排载水中的活性物质(以残余氧化物(TRO)计)的浓度均有明确要求,其中 USCG 要求排载时 TRO 的排放浓度应不超过 0.1mg/L,而国际海事组织在 2014 年 MEPC68 会议上决定将 TRO 的最大允许排放浓度由 0.2mg/L 改为 0.1mg/L。因此,当排载水中的 TRO 浓度大于 0.1mg/L 时,必须对排载水的残余氧化物进行中和处理以保证符合 USCG 和国际海事组织的最新排放要求。

目前绝大多数电解法压载水处理系统均使用硫代硫酸钠作为中和剂,与排放压载水中的残余氧化物进行中和反应,以保证排载 TRO 浓度不超标。

以电解法压载水处理系统中常用的活性物质次氯酸钠为例,中和处理涉及的具体化学反应如下:

$$Na_2S_2O_3 + 4NaClO + H_2O \longrightarrow 2NaHSO_4 + 4NaCl \quad (8-5)$$

电解法处理系统采用的是外加直流电在极板进行电解反应产生活性物质用于压载水处理的装置。电解反应属于电化学反应,是一种将电能转化为化学能的过程,该过程电解产物产生量由电化学中的法拉第电解定律决定。这个转化过程有一定的反应效率,该反应效率称为电流效率,电流效率越高,也就意味着在相同直流电下,更多的电能用于产生活性物质,活性物质产生量越多。而电流效率除了与电极材料以及电解槽设计有关外,还会受到很多环境因素的影响,其中温度和盐度是主要的环境影响因素。

一般说来,海水温度对电流效率的影响方式如图 8-18(a)所示。一定温度范围内,温度越高,电流效率越高,电解产生的活性物质越多;相应的温度越低,电解产生的活性物质越少。太高的温度会导致析氧副反应增强,所形成的有效氯也更容易分解。盐度对电流效率的影响方式如图 8-18(b)所示。一定盐度范围内,随着盐度的增加,电流效率会增加,相应的活性物质的产生量会增加。但当盐度增加到一定浓度后,继续增加盐度,电流效率也不会随之继续增加,这是因为盐水已处于饱和状态。

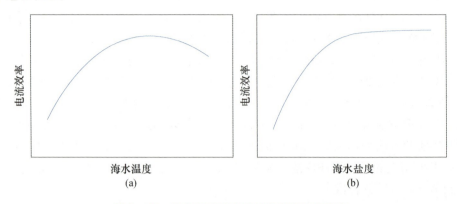

图8-18 海水温度和盐度对电流效率的影响
(a)温度的影响;(b)盐度的影响。

通常,当盐度和温度较低时,需要额外的(直流)电压达到要求的(直流)电流来生成消毒剂,从而增大了功率消耗。另外,阳极上析氧副反应的增大也会造成金属氧化物阳极的提早失效。

压载水管理系统电解单元的主要结构包括进出口阀门、电解槽、旋风分离器、缓冲罐以及加药泵等部件。具体原理为:一定流量的海水进入电解槽,经过直流电的电解后,会产生以次氯酸钠为主要成分的消毒剂和副产物氢气,电解后所有气液混合物进入旋风分离器,该旋风分离器起到气液分离的作用,被分离出的气体从上方管道排出,剩余的液体消毒剂进入缓冲罐,最后由加药泵注入压载主管路,与压载主管的水混合后一起进入压载舱,起到杀菌灭活的作用。

电解单元中设置除氢装置,对电解过程中产生的副产物氢气进行分离,并加以收集(因考虑到氢气的微量溶解性能,建议选择支路电解法以减少氢气因为溶解在压载水中而产生的影响)。根据压载水处理技术,氢气可以被冲到压载舱,自然地从通风口中通风,或与侧流分离,通过旋风分离器用空气稀释,并排出到船外安全区域。排出管道内的氢气体积含量应低于1%,以保证船舶的安全[46]。

由于电解制氯系统采用海水作为电解质,在电解槽阴极上会发生钙镁沉积物的沉积,堵塞电解槽极板之间的狭窄缝隙。为了防止电解槽使用寿命的降低,需要定期清洗电解槽。这可能会产生化学品的费用及设备制造商额外的维护费用。

4. 电化学处理压载水对压载舱腐蚀的影响

为了评价压载水管理系统处理后的压载水的腐蚀性能,研究了船体材料在处理水中的腐蚀行为。试验包括低碳钢的腐蚀速率、破损涂层钢的腐蚀等级评价、PSPC涂层性能试验、非金属材料的老化试验以及316L不锈钢的腐蚀行为。通过全面的腐蚀试验,对处理后压载水的腐蚀性做出综合评价。

1) 对裸钢腐蚀的影响

选择船体钢 360 和压载管道钢 CCS B,测试压载水对金属材料腐蚀的影响。将制作好的试样分别浸泡在处理后的压载水中,压载水的 TRO 初始浓度为 9.5mg/L,试验温度(23±2)℃。以青岛海域的天然海水作为对照。试验周期为 180d。

结果表明,360 钢和 CCS B 钢在天然海水和处理后海水中都未发生局部腐蚀,都呈现出均匀腐蚀形貌。360 钢在海水和处理的压载水中的腐蚀速率分别为 0.087mm/a 和 0.089mm/a;而 CCS B 钢在两中介质中的腐蚀速率分别为 0.090mm/a 和 0.093mm/a。两种钢在天然海水和处理海水中的腐蚀速率很接近,处理压载水未明显促进材料的腐蚀。

对 Q235 钢在总余氯浓度为 5mg/L、10mg/L、20mg/L 的 NaCl 溶液中的腐蚀行为和性能研究表明[47],钢的早期腐蚀过程(24h)可分为三个阶段,表面迅速氧化、表面形成氧化物覆盖层以及覆盖层的破坏和腐蚀。在试验浓度范围内,增加总余氯含量对钢的加速腐蚀作用并不明显,当余氯含量较高时还可能促进钢的表面形成致密腐蚀产物,具有减轻腐蚀的作用。

文献[48]测试了 A3(Q235)钢在总余氯浓度为 0~15mg/L 的电解海水中的腐蚀速率,结果如表 8-6 所列。从表中可以看出,随余氯浓度增大,钢的腐蚀速率增加。浸泡时间越短,不同余氯含量对应的腐蚀速率相差越大。而随着腐蚀时间延长,各余氯浓度下的腐蚀速率均降低,且相差不大。这表明在试验的有效余氯浓度范围内,对钢的腐蚀速率影响不太明显。

文献[49]也开展了类似的试验,测量了 A3 钢在天然海水以及余氯浓度为 7.5mg/L、17.0mg/L、28.0mg/L 的电解处理海水中的腐蚀速率,结果表明,钢的腐蚀速率随余氯浓度升高有所增大,而随着浸泡时间的延长则逐渐降低。在余氯浓度为 17.0mg/L 溶液中的腐蚀速率从浸泡初期的 $0.095g/(m^2 \cdot h)$ 逐渐下降到 15d 时的 $0.070g/(m^2 \cdot h)$,该试验结果与表 8-6 具有一致性。电解处理的压载水中由于含有强氧化剂,因此初始腐蚀速率会比天然海水中要大,但这些氧化剂会促进表面更致密腐蚀产物膜的形成,因而使钢的腐蚀速率随时间延长而降低。

表 8-6 不同余氯浓度下 A3 钢的腐蚀速率 (单位:$g/(m^2 \cdot h)$)

腐蚀时间/h	余氯浓度/(mg/L)			
	0	5	10	15
12	0.0818	0.1046	0.1261	0.1301
24	0.0795	0.1014	0.1077	0.1086
36	0.0708	0.0905	0.0983	0.0983
48	0.0636	0.0839	0.0861	0.0921

2) 对涂层钢腐蚀的影响

以 CCS B 级钢为基底材料,用 725-E47 无机富锌涂料和 850 压载舱环氧油漆涂覆,研究处理压载水对破损涂层腐蚀的影响。处理压载水的初始浓度为 9.5mg/L,以青岛海域的天然海水作为对照。试验周期为 180d。

测试结果表明[50],破损涂层钢在处理压载水中的腐蚀程度比天然海水中略低,见图 8-19。除掉涂层,根据 ASTM D1654-08 的方法对试样的腐蚀等级进行了评价,经过 6 个月的浸泡试验,有划痕的涂层钢在天然海水中的腐蚀等级是 7,而在处理压载水中的腐蚀等级为 8,腐蚀程度低于天然海水。

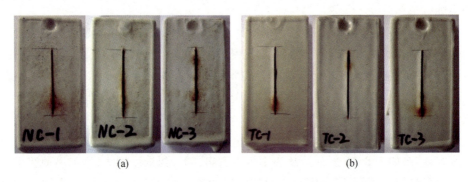

图 8-19 涂层钢在天然海水和处理压载水中的腐蚀形貌
(a)天然海水;(b)处理压载水。

文献[49]对带划痕的压载舱环氧涂层试样在天然海水和余氯浓度为 17.0mg/L 的电解压载水中开展了浸泡 28d 的试验,结果表明在试验周期内仅划痕涂层下的金属基体发生腐蚀,而未被破坏区域未发生肉眼可见的腐蚀。涂层钢在两种溶液中的腐蚀没有明显差别。这一方面说明保护性涂层的重要作用,另一方面也表明电解处理过的压载水中有效余氯不会明显加速涂层钢的腐蚀失效。

3) 对 PSPC 涂层的影响

所有船舶的压载舱都有涂层,按照国际海事组织要求,所有压载舱涂层都必须符合 PSPC 标准。为了评价电解法处理后的压载水对涂层性能的影响,进行了为期 6 个月的试验。

涂层试验样板的基体材料采用 CCS B 钢,底层为 Interplate 317 无机硅酸锌车间底漆,再喷涂 2 道 160μm 的 Intergard 403 防腐蚀环氧漆。处理压载水的初始浓度为 9.5mg/L,以青岛海域的天然海水作为对照,试验温度为 (23±2)℃。试验周期为 180d。

180d 的浸泡实验完成后,取出试样,按照 ISO 标准方法,分别对涂层的附着力(ISO 4624)、起泡等级(ISO 4628-2)、生锈(ISO 4628-3)、裂痕(ISO 4628-4)、剥落(ISO 4628-5)和划痕周边的分层和腐蚀程度(ISO 4628-8)进行评价。测试结果表明,在天然海水和处理压载水中,涂层样板均未发生鼓泡、锈蚀或开裂等破坏情况,涂层下划痕宽度基本一致,无显著差异,因此处理压载水对环氧涂层的腐蚀与天然海水处于相近水平。

4) 对非金属材料的影响

船舶压载系统中会有一些非金属材料,如橡胶垫圈等。需要研究电解处理后的压载水对这些非金属材料是否会有潜在影响。我国的远洋船舶上应用较多的垫圈材料是丁腈橡胶(NBR)。

此处以丁腈橡胶为研究对象,测试了处理压载水对丁腈橡胶拉伸强度、拉断伸长率、断裂拉伸强度、邵尔硬度、密度以及压缩率等主要性能指标的影响。以天然海水作为对照。处理压载水的初始浓度为 9.5mg/L,以青岛海域的天然海水作为对照,试验温度为 (23 ± 2)℃。试验周期为 180d。

测试结果表明,浸泡在处理海水中的丁腈橡胶试样与天然海水中的相比,其主要性能指标相近,表明电解法处理后的压载水对橡胶的老化作用与天然海水相当,见表 8-7。

表 8-7 丁腈橡胶试样的测试结果

项目	天然海水	处理水
拉伸强度/MPa	17.04	16.38
拉断伸长率/%	540	524
断裂拉伸强度/%	20	18
邵尔硬度/HA	66	66
密度/(mg/m³)	1.20	1.20
压缩率/%	21	20

5) 对 316L 不锈钢腐蚀行为的影响

316L 不锈钢广泛应用于船舶压载系统自动监测设备,其腐蚀问题关系到船舶安全。利用显微观察、点蚀密度和深度测量、极化曲线等方法研究了电解处理压载水对 316L 不锈钢腐蚀行为的影响。

经过 180d 浸泡后,采用三维视频显微镜对 316L 试样的腐蚀形貌进行观察,结果表明,在电解处理海水中的试样腐蚀较轻,平均点蚀密度约为 (0.25 ± 0.05) 个/cm²,和在海水中的点蚀密度 $((0.80 \pm 0.16)$ 个/cm²) 相比明显降低。在电解处理海水以及天然海水中的最大点蚀深度分别为 (0.10 ± 0.03) mm 和 (0.38 ± 0.03) mm。这表明 316L 不锈钢在电解处理海水中的局部腐蚀倾向明显减小。另外,浸泡在天然海水中的试样表面有黏滑感,可能与微生物黏附有关,而在处理海水中的试样则没有该现象。

开路电位监测表明,在天然海水中,316L不锈钢的开路电位随浸泡时间延长,由初始的$-170\text{mV}(\text{SCE})$正移至$-110\text{mV}(\text{SCE})$附近。在电解处理海水中,316L不锈钢的初始开路电位为$-35\text{mV}(\text{SCE})$,显著正于天然海水中的开路电位。处理海水中316L不锈钢随时间延长,电位显著正移,约8d后达到最大值,之后在$300\text{mV}(\text{SCE})$附近波动,这表明316L不锈钢在电解处理海水中形成的钝化膜较天然海水中具有更好的防护性能。

极化曲线测试表明,316L不锈钢在天然海水中浸泡10d、20d、40d时的点蚀电位(E_b)分别为$+0.316\text{V}(\text{SCE})$、$+0.485\text{V}(\text{SCE})$以及$+0.415\text{V}(\text{SCE})$。在处理海水中浸泡10d、20d、40d时,$E_b$分别为$+0.695\text{V}(\text{SCE})$、$+0.909\text{V}(\text{SCE})$、$+1.092\text{V}(\text{SCE})$,比天然海水中的明显升高,而且随着浸泡时间的延长,E_b也在增大。E_b的高低与钝化膜的厚度和致密性有重要关系。对比两种介质中的点蚀电位可知,316L不锈钢在处理海水中的E_b较天然海水中正移370mV以上,显示在处理海水中形成的钝化膜的厚度和致密性有较大改善,耐局部腐蚀的能力明显增强。这主要是由于电解处理海水中含有ClO^-、Cl_2和$HClO$等强氧化性物质,促进了316L不锈钢表面钝化和耐蚀性能的提升。

上述腐蚀试验结果表明,电解法船舶压载水处理技术在正常条件下不会明显增加船舶相关材料的腐蚀,在船舶安全性方面是可接受的。其他类似的研究以及实船压载水处理应用试验也得到类似的结果[51-52],在电解处理压载水中金属腐蚀与天然海水相比并没有显著差异,电解法压载水处理技术不会明显加速压载系统的腐蚀。船舶压载水电解处理技术和船舶电解海水防污技术尽管具有相同的原理,但两者所需有效氯浓度有差异,电解防污的目的是避免生物在管壁等结构表面附着和生长,因此只需较低的有效氯浓度[53],而压载水处理必须杀灭水中的生物,因此需要更高一些的浓度。尽管在压载水处理有效氯浓度范围内电解处理的压载水不会对压载舱有明显加速腐蚀的作用,但电解槽中电解产生的氧化剂浓度很高,因此电解槽体、储罐、加药管路及相应的泵、阀、仪表管路等必须采用具有良好耐蚀性的材料。

8.2.3 电解海水防污技术在船舶生活污水处理中的应用

1. 船舶生活污水处理要求

船舶生活污水主要为黑水和灰水。黑水主要是指人员排出的粪便污水和混有粪便污水的其他废水;灰水是指除黑水以外的其他污水,包括淋浴废水、洗涤废水、厨房废水等。船舶生活污水是一种流动性污染源,其污染负荷较高,生化需氧量、总悬浮颗粒物(TSS)等比城市生活污水要高得多。由于船舶数量众多,因此其污水排放对海洋和水体的影响不容忽视。生活污水会对海洋造成污染,导致海洋环境富营养化。

随着海洋环境污染日趋严重,海洋环境保护也得到了越来越多的重视。为保护海洋环境,国际海事组织(IMO)海上环境保护委员会(MEPC)于 1973 年通过了 MARPOL 公约,该公约的附则 IV 为防止船舶生活污水污染规则(简称"附则 IV")。该规则对加强船舶生活污水管理,推动船舶生活污水处理技术发展起到了非常积极的作用。几十年来,IMO 不断加强对国际防污染条约及议定书的管理、修订和实施。表 8-8 所列为国际海事组织海上环境保护委员会分别于 1976 年(MEPC. 2)、2006 年(MEPC. 159(55))和 2012 年(MEPC. 227(64))决议中规定的海洋船舶生活污水排放要求,可以看出 IMO 对船舶污水排放标准作了大幅度的提高,从 MEPC. 2 到 MEPC. 159(55),再到 MEPC. 227(64),总悬浮颗粒物(TSS)、五日生化需氧量(BOD_5)、大肠菌群数等指标越来越严格,并且逐步增加了化学需氧量(COD)、总氮、总磷等新指标要求[54]。另外,在阿拉斯加水域、香港维多利亚港等特殊区域,对某些船舶生活污水排放指标如 TSS、BOD_5 等提出了更高的要求。

表 8-8 国际海事组织关于船舶生活污水排放的水质要求

水质指标	MEPC. 2	MEPC. 159(55)	MEPC. 227(64)
TSS/(mg/L)	50	35	35
BOD_5/(mg/L)	50	25	25
COD/(mg/L)	—	125	125
大肠菌群数/(个/L)	2500	1000	1000
pH 值	6~9	6~8.5	6~8.5
总氮/(mg/L)	—	—	20
总磷/(mg/L)	—	—	1.0
余氯/(mg/L)	尽可能低	0.5	—
实施日期/年	2004	2010	2016

我国新修订的船舶水污染物排放控制标准中规定[55],自 2018 年 7 月 1 日起,400 总吨及以上船舶以及 400 总吨以下且经核定许可载运 15 人及以上的船舶在距离陆地 3n mile 及以内的海域,船舶生活污水不得直接排入环境水体,要么利用船载收集装置收集后集中排入接收设施;要么经船载生活污水处理装置处理达标后在航行中排放。处理后的船舶生活污水中污染物排放限值如表 8-9 所列。从表中也可看出,对船舶生活污水排放的指标要求越来越严格。对于海船,生活污水排放控制要求与国际公约是一致的;对于航行于内河的船舶,提出的自 2021 年 1 月 1 日起向内河排放生活污水的污染物排放控制要求,在指标数量和在排放限制上均

高于国际公约 MEPC. 227(64)的要求。

表8-9 船舶生活污水污染物排放限值

污染物指标	限值(一)[①]	限值(二)[②]	限值(三)[③]
BOD_5/(mg/L)	50	25	20
TSS/(mg/L)	150	35	20
大肠菌群数/(个/L)	2500	1000	1000
COD_{Cr}/(mg/L)		125	60
pH 值		6~8.5	6~8.5
总氯(余氯)/(mg/L)		<0.5	<0.5
总氮/(mg/L)			20
氨氮/(mg/L)			15
总磷/(mg/L)			1.0

注:①在2012年1月1日以前安装(含更换)生活污水处理装置的船舶,执行限值(一)。
②在2012年1月1日及以后安装(含更换)生活污水处理装置的船舶,除执行限值(三)的船舶外,均按限值(二)执行。
③在2021年1月1日及以后安装(含更换)生活污水处理装置的客运船舶,向内河排放生活污水,须按限值(三)执行。

2. 常用的船舶生活污水处理技术及其特点

船舶污水处理技术需要考虑船舶污水的特性以及船舶上的空间限制。船舶生活污水的水质和水量不够稳定,处理设备受船舶类型、航行时间和路线影响较大,船舶上用于安装污水处理装置的位置和空间有限,因此陆地上的污水处理技术并不能很好地满足船用要求。船舶污水处理技术主要有物化法、生化法和电解法三种[54]。生化-膜法和电解法污水处理装置是两大主流处理工艺,其中电解法在船舶上具有很好的发展和应用前景。

物化法技术原理主要是将化学药剂加入污水中进行循环、粉碎、沉淀、消毒处理。该方法的优点是工艺简单,装置体积较小,缺点是没有进行生化反应,对有机物净化程度不够彻底,而且需要使用大量消毒剂[56]。

生化法技术原理是在氧气充足的条件下,利用活性污泥中的好氧菌微生物进行生物降解,再通过沉淀来实现固液分离。该方法的优点是净化效果好,但装置体积较大。另外,老式生化法处理装置还存在两个尚未很好解决的问题:①由于采用重力沉淀工艺,一旦船舶处于倾斜摇摆状态,则污水固液分离效果较差,影响处理后的水质;②由于微生物的浓度低,使得污水耐有机负荷和水力负荷的冲击能力差。上述问题造成了老式生化法污水处理装置易发生污泥膨胀现象和沉淀柜沉淀污泥反硝化现象,处理后的水质达不到 MEPC. 159(55) 和 MEPC. 227(64) 标准要求,已经逐渐被淘汰。生化-膜法是将生物处理与膜分离相结合而构成的一种高效污水处理工艺,该污水处理装置在船舶及海洋平台上已得到较多应用。其工作原理是利用反应器的好氧微生物降解污水中的有机污染物,同时利用反应器内硝化细菌转化污水中的氨氮以除去污水中产生的异味。其通过膜分离来代替泥水的自然沉降分离,提高了在船舶摇摆和振动条件下的固液分离效果。采用膜分离技术大大强化了生物反应器的功能。该方法可适应水质和水量变化,有较强的抗冲击负荷能力,具有投资较少、运行费用低、自动化程度高等优点。但生化-膜法和常规生化法一样,也需要培养微生物群落,存在较长时间停机后菌种的快速启动问题,并且灰水中的有些化学物质对微生物活性可能有不利影响。另外,还存在膜的清洗和使用寿命的问题。在海洋平台使用时,由于海洋平台污水量超负荷、操作不到位、维护工作不规范等原因,经常出现超标排放情况,处理效果不稳定。因此中国海洋石油总公司限制生化-膜法装置在平台上使用,明确在新建海上油气生产设施中,生活污水处理将统一采用电解法处理工艺,所有在建项目海上油气生产设施生活污水处理也都调整为电解处理方法[54]。

电解法技术原理是通过电化学过程对污水进行电解氧化和消毒,它是将混有海水的污水送入装置内部的电解槽进行电解,电解产生的次氯酸钠是氧化剂和消毒剂,在次氯酸钠作用下,有机物被氧化分解,污水中微生物被杀灭,从而实现污水净化。电解法优点是处理流程快、装置体积小,不用培养和维持微生物存活和生长,灰水和黑水都可以处理,比较适合于船舶、海上平台等空间有限的场合。但电解法污水处理装置操作维护较复杂,运行费用较高。

3. 船舶电化学污水处理技术

1)电化学污水处理技术原理

船舶要处理的废水包括黑水和灰水,废水中盐含量较高,同时含有大量油污、难降解的表面活性剂,常规的生化处理往往不能达到新的排放标准要求,需要进行深度处理。电化学污水处理是解决船舶污水达标排放的有效手段之一。

船舶生活污水的电化学处理主要基于两种作用机理,一种是电解制氯(氯化处理)作用,另一种为电催化氧化(ECO)作用。

对于掺有海水的高盐生活污水,电解时 Cl^- 可被氧化,产生 Cl_2、$HOCl$、ClO^- 等活性有效氯,反应过程如下[57]:

$$2Cl^- - 2e \longrightarrow Cl_2 \qquad (8-6)$$

$$Cl_2 + H_2O \longrightarrow HClO + HCl \qquad (8-7)$$

$$HClO \longrightarrow ClO^- + H^+ \qquad (8-8)$$

这些活性物质不仅可以杀死细菌等微生物,起到消毒作用,而且可与有机污染物发生脱氢、亲电加成等电子转移反应,使有机物发生降解或分解为 CO_2 和水。

电催化氧化是在电场的作用下,利用具有催化性能的电极或溶液相中的修饰物促进在电极上发生电子转移反应,产生具有强氧化能力的羟基自由基($\cdot OH$)[58]。羟基自由基为亲电子自由基,具有极高的氧化电位(2.8V),$\cdot OH$几乎可以无选择性地进攻富含电子的有机物并与之发生快速的链式反应,因此可以处理一些难降解的有机废水。电催化氧化可分为直接氧化和间接氧化,直接氧化主要发生在电极/溶液界面附近,氧化能力受吸附态$\cdot OH$、活性氧化物(MO_{x+1})浓度和传质作用的影响。直接氧化包括了电化学转化和电化学燃烧,前者将有毒的污染物转化为无毒的小分子物质或易生物降解物质;后者将污染物降解为CO_2、N_2和H_2O。间接氧化是通过阳极反应产生强氧化性的活性中间物质来氧化污染物。间接氧化主要发生在溶液本体中,氧化能力更多依赖于游离的活性自由基。电催化氧化使污染物降解主要通过如下步骤进行[57,59-60]。

首先,H_2O或OH^-通过在阳极上放电产生物理吸附态的羟基自由基($\cdot OH$):

$$MO_x + H_2O - e \longrightarrow MO_x(\cdot OH) + H^+ \quad (8-9)$$

其次吸附的羟基自由基和阳极上的氧反应,并使羟基自由基中的氧转移给金属氧化物晶格而形成高价氧化物MO_{x+1},即化学吸附态的活性氧:

$$MO_x(\cdot OH) - e \longrightarrow MO_{x+1} + H^+ \quad (8-10)$$

当溶液中存在可氧化的有机物R时,发生如下反应:

$$R + MO_x(\cdot OH)_z - ze \longrightarrow CO_2 + zH^+ + MO_x \quad (8-11)$$

$$R + MO_{x+1} \longrightarrow RO + MO_x \quad (8-12)$$

当废水中存在氨氮时,发生如下反应:

$$2NH_3 + 6MO_x(\cdot OH) \longrightarrow N_2\uparrow + 6H_2O + 6MO_x \quad (8-13)$$

物理吸附活性氧在电化学燃烧中起主要作用,而化学吸附活性氧MO_{x+1}则主要参与电化学转化过程。

在实际电解过程中,直接和间接电化学氧化没有明显的界限,一般来说,整个降解过程通常包括了这两个过程。电解产生的具有氧化作用的含氯物质(Cl_2、$Cl\cdot$、OCl^-)及羟基自由基($\cdot OH$)共同与有机污染物反应,使其氧化分解。电解过程中还有可能产生一些其他的具有很强氧化能力的物质,如臭氧、H_2O_2、ClO_2、$O_2\cdot$等,均可促进污染物的氧化降解。

2)电化学污水处理装置与工艺

电解法船用生活污水处理装置主要包括工艺和电控两部分[61]。工艺部分由污水储存箱(V-1箱)、粉碎泵、污水电解槽、空气稀释系统、处理后的污水溢流箱(V-2箱)、排泄泵及连接所需的管道和阀门组成。电控部分是由带控制系统的直流电源(含隔离变压器)及液位、温度等控制系统组成。污水处理装置中的主要设备和部件及其要求如下:

(1)粉碎泵。粉碎泵的作用是将生活污水中混入的较大的固形物,如骨头等食物残渣,磨碎成细小的颗粒。粉碎泵的外壳材料常选用铜合金或不锈钢,叶轮切刀采用不锈钢材料制成,机械密封。粉碎泵应耐污水的腐蚀作用,切刀应具有高硬度、耐磨损和长寿命。粉碎泵将污水从污水储存箱中抽出,经过磨碎过程变成稀浆,再与海水混合后进入电解槽中。

(2)电解槽。电解槽是电化学污水处理装置的核心部件,其性能直接决定了污水处理的效果。电解槽的结构决定了污水处理的效率和能耗。通常采用板式电解槽,外壳采用耐腐蚀的PVC材料制成,前部盖板和槽体紧扣在一起,由O形圈密封,形成一个密封的水室。电解槽为无隔膜式,槽内板状或网状阳极和阴极交替安装。阴极通常采用钛或哈氏合金,阳极通常采用钛镀铂或钛基金属氧化物涂层阳极。当电解槽的阳极和阴极之间加电后,流经电解槽的污水就可以进行电解氧化和消毒处理。

金属氧化物涂层阳极寿命长,电流效率高,减少电流消耗,增加电解过程的转化效率。哈氏合金阴极析氢电位低,能大幅度提高电解效率。

(3)污水储存箱。污水储存箱是用于储存电解装置要进行处理的生活污水。船用生活污水具有较强的腐蚀性,因此储存箱应耐污水腐蚀。其材质通常为碳钢,内衬环氧重防腐涂层,外涂防腐保护涂层,以防止污水储存箱的腐蚀。污水储存箱的外侧安装有玻璃管液位计,便于直接观察箱内液位变化,内部安有浮球液位开关,以控制系统按程序自动运行和报警。

(4)污水溢流箱。污水溢流箱是用于储存和处置经电化学处理过的污水。其材质通常为碳钢,内衬环氧重防腐涂层,以确保使用时不受污水和次氯酸等电解产物的腐蚀。外涂防腐保护涂层,防止舱内潮湿环境的腐蚀。溢流箱设有溢流口,可用排泄泵将经过滞留的、处理好的废水排出舷外。在溢流箱底部设有出口,可使污水中的未处理好的沉积物通过返洗管道重新回到污水储存箱(V-1),以便再次进行电解处理。另外,污水溢流箱还装有废气分离排放装置。

(5)电源及控制装置。电解采用交流整流的直流电源,包括隔离变压器、可控硅整流电源模块或开关电源模块、电流控制板及控制电路。污水处理系统既能通过污水储存箱中的液位按照程序自动运行,又可以人工手动进行操作。控制电路对液位、温度等参数实行系统安全保护及故障报警控制。

(6)排泄泵。在系统不能依靠重力排放污水时,需要采用排泄泵从V-2箱溢流口排出处理好的污水。排泄泵可采用外壳为不锈钢的离心泵,密封方式为水密封,可避免由于空转而造成的水泵烧损。

(7)空气稀释系统。电解过程中会产生少量氢气和其他废气,这些气体必须排出至大气中。气体排出舷外可采用三种方式:压缩空气方式、抽风机方式和水射器方式。一般选用压缩空气方式,它是利用文丘里管原理,使用压缩空气高速射流,对周围气体产生黏滞和卷吸效应,造成负压,抽出产生的废气,废气在喷射器内与空气混合稀释至安全浓度以下,然后排至大气中。

(8)管路系统。管路系统由管道、接头、阀门等组成。为防止含有次氯酸的海水(或盐水)和污水对管道系统的腐蚀,所有管道、阀门和附件均应采用耐腐蚀材料。可采用增强 UPVC 材料,这种材料不仅耐腐蚀,而且具有较高的强度和韧性。

船舶生活污水处理装置应该能承受住船上运行期间可能遇到的机械和环境的影响,在下列环境条件下应能正常工作[62]:①从其垂直工作位置向任何方向倾斜 22.5°;②环境温度为 0~55℃,冲洗水温度为 5~30℃;③相对湿度不大于 95%。

图 8-20 所示为典型的船用生活污水电化学处理装置的示意图[59]。其工作流程为:船上的黑水和灰水通过污水收集系统进入污水储存箱(V-1 箱)。V-1 箱内装有液位控制系统,当污水达到启动液位时,装置开始工作。粉碎泵吸入污水,将污物粉碎后,与海水或盐水混合,进入电解槽,进行电化学氧化消毒处理。电解后的污水进入污水溢流箱(V-2 箱),在 V-2 箱停滞约 30min,进一步接触氧化和消毒,滞留过程可以确保所有的细菌被杀死,同时静置沉淀,分离气体。沉积到底部的少部分未被氧化分解的物质,将再次返回至 V-1 箱,重新处理。处理好的污水经溢流管,由排泄泵抽至舷外排放。污水电解处理过程中产生的废气经分离后,通过排气管和空气稀释系统排至大气。

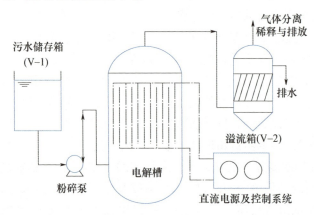

图 8-20 典型的船用生活污水电化学处理装置的示意图

电解催化电极影响氧化物质产生及其反应,进而影响污水处理的效果和装置的效率。理想的催化电极需要具备良好的导电性、稳定性和氧化剂生成能力。对于以活性氯为主要氧化消毒剂的场合,应选用对析氯反应有良好催化性能的金属氧化物阳极,这和前面电解海水防污用阳极类似,通常为含有 RuO_2、IrO_2 等组元的混合金属氧化物阳极。由于污水中混合有海水或盐水溶液,槽压往往比较低,可降低污水处理时的电能消耗。对于以电解氧化产生羟基自由基为主的氧化消毒剂的场合,则应选择具有较高析氯和析氧过电位的阳极材料,以促进强氧化性物质的产生以及污染物的氧化降解。在目前已知的阳极中,硼掺杂金刚石(BDD)膜电极、亚氧化钛(TiO_{2-x})电极和钛基$SnO_2-Sb_2O_3$电极被认为具有较高的析氧过电位,有利于催化产生羟基自由基等活性氧化物质。采用三种不同的阳极材料(Ti/BDD、Ti/IrO_2、Ti/IrO_2-RuO_2)对生活污水处理效果的影响研究表明[63],Ti/BDD电极的析氧过电位和电催化选择性最高,能够产生足够浓度的·OH、H_2O_2及活性中间体,氧化能力最强,水处理效果最好。

电化学处理装置的运行工艺参数对污水处理的效果有重要影响。电流密度较低时,电压较低,不足以引发反应或反应速率很慢,产生的氧化性物质较少。通常随电流密度的增大,污染物浓度会快速降低,但随着电流密度的进一步增大,污染物浓度的降低将变得很缓慢。并且当电流密度过大时,会导致电耗增加,副反应增多,阳极极化严重,电流效率降低,电极板寿命下降。因此,对于不同的电解槽设计存在一个较佳的工作电流密度范围。

通常温度升高对电化学污水处理是有利的,因为温度会促进电极表面电化学反应以及有机物的氧化反应。同时,低温会加速阳极材料的失效。但有试验表明[64],在0~55℃范围内,船舶生活污水经电化学处理后的出水水质相差不大,均能实现达标排放。这主要是由于电催化反应活化能来自电能。此外,尽管在低温条件下,电化学反应速率较慢,但电催化氧化反应多为放热反应,同时低温下溶液电导率相对较低,电流密度固定,槽压增大,电耗增加,造成系统温度升高,故随着反应进行,反应器电解槽水温与常温下相差不大。在较高温度下,污染物电化学降解反应速率虽然较快,但随着反应的进行,体系温度进一步升高,副反应会同时增强,并且电极板容易产生钙质层沉积结垢现象,反而不利于电极催化效率的提高。一般情况下,水温保持在10~35℃范围内较合适。

船舶不同时段产生的生活污水量波动较大,不同的船舶由于用水方式不同可导致污水电导率相差较大。当进水电导率较低时,随着电导率的升高,出水污染物浓度均明显下降,主要有以下原因:①较低的电导率使电解效率下降,电子在反应介质间传递效率下降,造成污染物降解效果下降;②在较低电导率下,槽压较高,副反应较多,造成电催化氧化效率下降,同时系统能耗较高。但当进水电导率超过一定值后,随着电导率的进一步提高,导致极板间的电势差过低,极板表面产生·OH减少,从而造成体系氧化效率降低。因此,适当控制电催化氧化反应装置进水电导率,不仅有利于降低能耗,而且能提高电解氧化效率,提高污水处理效果。

另外,为保证污染物能得到充分的氧化处理,需要维持合适的停留时间,一般随停留时间的增加,出水污染物浓度会逐渐降低。但当停留达到一定时间后,继续延长停留时间,则出水水质变化不明显[65]。

3)船舶生活污水电化学处理技术的应用与发展

由于船舶生活污水电化学处理技术具有设备简单、占用空间小、化学药品依赖程度低、污泥产量小、自动化程度高,易于操作等优点,在船舶以及海洋平台上得到了越来越多的应用。

实际应用和相关试验均表明,采用电解法处理船舶或海洋平台生活污水可以达到相关标准的排放限值要求。图 8-21 所示为针对渤海某平台生活污水采用电解法进行处理后的结果[64]。该平台污水由黑水和灰水混合组成。污水的 COD 浓度为 600~980mg/L,BOD_5 浓度为 200~400mg/L。经电解法处理后,出水 COD 浓度为 100~115mg/L、BOD_5 浓度为 10~15mg/L,达到国际海事组织 MPEC.159(55)及我国国家标准(GB 4914—2008)的要求[66]。

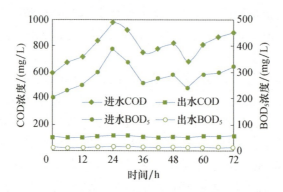

图 8-21 海洋平台生活污水经电解法处理前后的污染物浓度值

船舶生活污水电化学处理技术今后发展的趋势为:①研究发展降解效率更高、使用寿命更长的先进电极材料,开发防止电极形成污垢以及对电解槽简便的维护方法;②优化设计高效的电解槽结构,进一步提高处理效率,降低能耗,并使装置运行更加可靠稳定;③发挥不同工艺方法的技术优势,将电化学处理方法与其他处理技术结合,以获得最好的效果。

随着国际船舶防污染法规的进一步实施和不断修改,船舶生活污水的排放要求也将越来越严格,需要不断研发新技术,提高船舶生活污水处理的技术水平,以满足保护海洋环境,防止海洋污染的需要。

参考文献

[1] XU L K, XIN Y L, MA L, et al. Challenges of cathodic protection for marine ships[J]. Corrosion Communications, 2021, 2:33-40.

[2] 陈祥羲,张海兵,赵程,等. 阴极保护电位对 E550 钢氢脆敏感性的影响[J]. 腐蚀科学与防护技术,2016,28(2):144-148.

[3] 胡茹萌,杜敏. 海水中阴极极化对 X80 钢应力腐蚀及氢脆敏感性的影响[J]. 装备环境工程,2018,15(3):1-8.

[4] 常娥,闫永贵,李庆芬,等. 阴极极化对 921A 钢海水中氢脆敏感性的影响[J]. 中国腐蚀与防护学报,2010,30(1):83-88.

[5] BANERJEE K,CHATTERJEE U K. Effect of applied potential on hydrogen embrittlement of weld simulated HSLA-80 steel in sea water[J]. British Corrosion Journal,2000,35(4):273-278.

[6] BATT C,DODSON J,ROBINSON M J. Hydrogen embrittlement of cathodically protected high strength steel in sea water and seabed sediment[J]. British Corrosion Journal,2002,37(3):194-198.

[7] 全国海洋船标准化技术委员会船用材料应用工艺分技术委员会. 船用参比电极技术条件:GB/T 7387—1999[S]. 北京:中国标准出版社,2000.

[8] PAUTASSO J P,GUYADER H L,DEBOUT V. Low voltage cathodic protection for high strength steels:Part 1-Definition of a new aluminium galvanic anode material[C]//Corrosion 98. Houston:NACE:725.

[9] LEMIEUX E,LUCAS K E,HOGAN E A,et al. Performance evaluation of low voltage anodes for cathodic protection[C]//Corrosion 2002. Houston:NACE:02016.

[10] Department of Defense. Anodes,sacrificial,aluminium alloy:MIL-DTL-24779B(SH)[S]. Washington,D. C.:Defense Quality and Standardization Office,2009.

[11] MONZEL W,DRUSCHITZ A P,MAXFIELD M. Development of new,low voltage,aluminium,sacrificial anode chemistries[C]//Corrosion 2014. Houston:NACE International:4284.

[12] HAYFIELD P C S. Development of the noble metal/oxide coated titanium electrode. Part I:The beginning of the story[J]. Platinum Metals Review,1998,42(1):27-33.

[13] HAYFIELD P C S. Development of the noble metal/oxide coated titanium electrode. Part II:The move from platinum/iridium to ruthenium oxide electrocatalysts[J]. Platinum Metals Review,1998,42(2):46-55.

[14] 吴维兰,许立坤,侯文涛,等. 钛基上含钽涂层的热分解法制备[J]. 材料保护,2011,44(6):40-42,64.

[15] International Organization for Standardization. Accelerated life test method of mixed metal oxide anodes for cathodic protection-Part 2:Application in soils and natural waters:ISO 19097-2:2018[S]. Geneva:ISO,2018.

[16] 吴维兰. 含钽中间层钛基金属氧化物电极的性能研究[D]. 济南:山东大学,2011.

[17] 张胜健. 特殊工况下 Ti/RuO$_2$-IrO$_2$-SnO$_2$ 阳极性能与失效行为研究[D]. 济南:山东大学,2013.

[18] LARCHE N,DILER E,VITTONATO J,et al. Cathodic protection in arctic conditions[J]. Materials Performance,2018,57(8):26-30.

[19] KUNJAPUR M M,HARTT W H,SMITH S W. Influence of temperature and exposure time upon calcareous deposits[J]. Corrosion,1987,43(11):674-679.

[20] LI C J,DU M,QIU J,et al. Influence of temperature on the protectiveness and morphological characteristics of calcareous deposits polarized by galvanostatic mode[J]. Acta Metallurgica Sinica(English Letters),2014,27(1):131-139.

[21] JOHNSEN R,STANGELAND H W. Cathodic protection in cold seawater-current density requirements[C]//Corrosion 2009. Houston:NACE International:09521.

[22] LEE MIN-JUNG,LIM CHAE-SEON. ICCP system design on the hull of an ice breaker by computational analysis[C]//Corrosion 2014. Houston:NACE International:4004.

[23] KALOVELONIS D T,RODOPOULOS D C,GORTSAS T V. Cathodic protection of a container ship using a detailed BEM model[J]. Journal of Marine Science and Engineering,2020,8(5):359.

[24] 李春冬,程文华,刘广义,等. 二氧化钛光生阴极保护材料研究进展[J]. 材料开发与应用,2017,31(3):1-7.

[25] BU Y Y,AO J P. A review on photoelectrochemical cathodic protection semiconductor thin films for metals[J]. Green Energy & Environment,2017,2(4):331-362.

[26] 刘星辰,李亨特,荆江平,等. 光电化学阴极保护的原理及研究进展[J]. 装备环境工程,2017,14(6):1-7.

[27] 张菁,刘峥. 光致阴极保护研究进展[J]. 腐蚀与防护,2015,36(3):250-257.

[28] 郑新华,田维军,顾艳红,等. 基于阴极保护 TiO_2 光生材料的改性研究进展[J]. 材料保护,2018,51(7):104-109,143.

[29] CHOI W,TERMIN A,HOFFMANN M R. Effects of metal-ion dopants on the photocatalytic reactivity of quantum-sized TiO_2 particles[J]. Angewandte Chemie International Edition in English,1994,33(33):1091-1092.

[30] LI J,YUN H,LIN C J. Investigations on the Fe-doped TiO_2 nanotube arrays as a photoanode for cathodic protection of stainless steel[J]. ECS Transactions,2008,43(3):1-9.

[31] 李静,云虹,林昌健. 铁掺杂 TiO_2 纳米管阵列对不锈钢的光生阴极保护[J]. 物理化学学报,2007,23(12):1886-1892.

[32] 张亮,孙好芬,王秀通,等. 改进型 TiO_2 光生阴极保护研究进展[J]. 腐蚀科学与防护技术,2015,27(1):99-102.

[33] OHKO Y,SAITOH S,TATSUMA T,et al. Photoelectrochemical anticorrosion effect of $SrTiO_3$ for carbon steel[J]. Electrochemical and Solid-State Letters,2002,5(2):B9-B12.

[34] TATSUMA T,SAITOH S,OHKO Y,et al. TiO_2-WO_3 photo-electrochemical anticorrosion system with an energy storage ability[J]. Chemistry of Materials,2001,13(9):2838-2842.

[35] SUBASRI R,SHINOHARA T,MORI K. Modified TiO_2 coatings for cathodic protection applications[J]. Science and Technology of Advanced Materials,2005,6(5):501-507.

[36] 许实,付洪田,刘光洲,等. 海水温度对电解制氯效率的影响研究[J]. 化学工业与工程技

术,2013,34(5):57-60.

[37] 张胜健,杜爱玲,许立坤,等. 海水温度对金属氧化物阳极强化电解失效行为影响[J]. 稀有金属材料与工程,2013,42(12):2613-2618.

[38] 辛永磊,许立坤,李相波. 新型的电解低温海水防污用混合金属氧化物电极:ZL201410257504.1[P]. 2017-02-15.

[39] 王锐,王廷勇,徐海波. 低温海水用钛基金属氧化物阳极的制备与性能[J]. 高等学校化学学报,2016,37(4):701-705.

[40] 王均涛,韩严,许立坤,等. Ru-Ir-Ti 氧化物阳极正反电流电解失效机理研究[J]. 电化学,2005,11(4):407-411.

[41] 辛永磊,唐益,许立坤,等. $Ti/IrO_2-RuO_2-SnO_2-PtO_x$ 氧化物阳极研究[C]//中国化学会第十五次全国电化学学术会议论文集. 北京:中国化学会,2009.

[42] 陈明,朱镭,辛永磊. 电解海水防污用钌系金属氧化物阳极的研制[J]. 材料保护,2013,46(8):18-20,51.

[43] 唐益,许立坤,辛永磊,等. 嵌中间层金属氧化物电极[J]. 电化学,2009,15(2):146-151.

[44] 金晓鸿. 海洋污损生物防除技术和发展(Ⅲ)[J]. 材料开发与应用,2006,21(1):44-46.

[45] 任润桃,梁军. 海洋防污涂料发展现状与研究趋势[J]. 材料开发与应用,2014,29(1):1-8.

[46] 全国海洋船标准化技术委员会船用材料应用工艺分技术委员会. 船舶压载水电解法处理系统设计与安装:CB/T 4399—2014[S]. 北京:中国船舶工业综合技术经济研究院,2014.

[47] 刘光洲,王建明,张鉴清,等. 电解法处理船舶压载水对舱体用钢腐蚀行为的影响[J]. 金属学报,2010,46(9):1093-1097.

[48] 宋永欣,党坤,池华方,等. 电解法处理船舶压载水对压载舱金属腐蚀的影响[J]. 大连海事大学学报,2005,31(3):45-46,61.

[49] 范丽,施祝斌. 经电解的压载水对压载舱的初期腐蚀行为[J]. 上海海事大学学报,2011,32(4):32-37.

[50] 于青,丁慧,王海涛,等. 电解法船舶压载水处理技术对压载系统腐蚀的影响[C]//中国腐蚀与防护学会. 第七届海峡两岸材料腐蚀与防护研讨会. 北京:中国腐蚀与防护学会,2010.

[51] VENTURA G,TRAVERSO E,MOLLICA A. Effect of NaClO biocide additions in natural seawater on stainless steel corrosion resistance[J]. Corrosion,1989,45(4):319-325.

[52] 丁慧,于青,王智磊,等. 船舶压载水处理技术对船用材料腐蚀的影响[C]//中国腐蚀与防护学会. 第七届海峡两岸材料腐蚀与防护研讨会. 北京:中国腐蚀与防护学会,2010.

[53] 中国船舶工业总公司洛阳船舶材料研究所. 船用电解海水防污装置设计和安装:GB/T 17435—1998[S]. 北京:中国标准出版社,1999.

[54] 白韬光,李星仪,周昊. 船舶与海工生活污水处理技术及其发展趋势[J]. 船舶工程,2016,38(11):82-84.

[55] 环境保护部水环境管理司. 船舶水污染物排放控制标准:GB 3552—2018[S]. 北京:中国环境科学出版社,2018.

[56] 曹海滨. 现代船舶生活污水处理技术现状与展望[J]. 中国水运,2007,7(9):38-39.
[57] 刘洋,陈武,吴达. 电化学处理废水过程产气作用及危害研究进展[J]. 应用化工,2018,47(10):2235-2241.
[58] 钟登杰,胡芝悦. 电化学法处理生活污水研究进展[J]. 工业水处理,2016,36(4):5-9.
[59] 殷珠辉,谢军,黄光良,等. 电催化氧化处理海上平台生活污水影响因素及稳定性[J]. 水处理技术,2018,44(2):120-123.
[60] 应传友. 电催化氧化技术的研究进展[J]. 化学工程与装备,2010,(8):140-142.
[61] 李晶,韩严,刘波. 电解法生活污水处理技术在船舶上的应用[C]//中国腐蚀与防护学会. 全国水环境腐蚀与防护学术交流会论文集. 北京:中国腐蚀与防护学会海水、工业水及生物专业委员会,2001:194-197.
[62] 全国船用机械标准化技术委员会. 船用生活污水处理设备技术条件:GB/T 10833—2015[S]. 北京:中国标准出版社,2015.
[63] DAGHRIR R,DROGUI P,TSHIBANGU J,et al. Electrochemical treatment of domestic wastewater using boron-doped diamond and nanostructured amorphous carbon electrodes[J]. Environmental Science and Pollution Research,2014,21(10):6578-6589.
[64] 张子臣,王万福,霍志坚,等. 电催化氧化处理海上平台生活污水[J]. 化学与生物工程,2017,34(1):62-65.
[65] 张重德,闫肃,滕厚开,等. ECO一体化反应器处理海上平台生活污水试验研究[J]. 工业水处理,2014,34(5):73-75.
[66] 全国海洋标准化技术委员会. 海洋石油勘探开发污染物排放限制:GB 4914—2008[S]. 北京:中国标准出版社,2009.